# 让伟大公司为你打拼的 秘密

## SECRETS ON THE STOCK MARKET

### 涌金门投资笔记

道法自然 **著**

上海文化出版社

# 目　录

# 漫步行业篇 ■311

# 投资系统篇：　拥有自己的投资系统，做长期赢家 ■331

# 前　言

2001 年时我刚刚工作了几年，手里有了点闲钱，就开始投资股市。那个年代能接触到的股民，也就是同事和亲戚。2005 年我出差到广州，席间和同事聊起股市，他们不屑地说："你看看现在谁还炒股？"如今回想起来，那个时候恰恰是投资股票的黄金岁月。2006 年，在工作单位认识了余总，他向我推荐了招商银行这个公司，并且说了一句我终生难忘的话："一个人的第一只股票能够折射一个人的价值观。"

用老股民的话说，炒股主要用于防止老年痴呆，赚一点赶快跑。"又被套牢了，好卖掉啦"，这是老股民经常说的一句话。在一群老股民的包围下，我断断续续地做我的工作和投资，用一些闲钱一边工作一边投资，经验越来越丰富，也越来越懂得了一个人一个投资方法的深刻道理。

我很幸运的是，从接触股市开始并没有过多痴迷于技术分析，这可能源自我的理工科背景，我比较注重分析市场运行的逻辑和原因。这些年来，伴随着经验的增长，我尝试着把我的投资思想和股市的量、价、心理博弈结合起来分析，发现了其中很多相通之处。

一人一投资，一花一世界。只有持续赚钱的投资者才是最终的赢家。

2017 年我接触到了一位老人。"有时想想，真想把我所有的股票都卖掉，全仓茅台",这是老人给我印象最深的一句话！但是 2017 年的我,对于投资企业和企业商业模式的认知,已经提高到自视甚高的程度,那个时候我也对白酒行业犹如印钞机一般的商业模式有了全新的认识,虽然没有机会和这位老人深入交流,但我知道他是个持续赚钱的投资者。

在这近 20 年里,我陆陆续续看了很多关于投资的书,把个人资产的 80%投在了股市。这些年,亏损过,也赚过大钱,投资的道路并不平坦,但是如果真的找对了符合自己性格的投资方式,也是万幸。

相比较于其他资产(房子、债券、期货、艺术品、比特币),股市是迷人的。

一直很想写一本小书,总结一下我这些年的投资心得,留给有缘人。终于, 2020 年的春天,我决心开始动笔了。

本书是写给业余投资者看的,也就是常说的散户,我想尝试用最简单朴实的语言,结合自身投资经验和大家分享一个普通人是如何进入投资的世界并获取财富的。限于我的写作水平和写本书的立意,书中基本没有采用复杂的金融行业术语和过于复杂的研究结果。对于书中的一些个人想法,若有意见不一者,还请见谅。

我写本书的缘由,还有一个深刻的背景。在基本实现财务自由后,我了解到,职业股市投资人从股市获取的绝大部分财富,主要依赖于对市场波动的理解和对人性贪婪恐惧的认知。股市是个关于预期的心理游戏,我们更多是在利用市场先生的错误定价获取利润。坦诚来说,股票交易本身并不创造价值。当然,投资者在企业上市初期投入资金,让企业获得了融资,这的确是支持实体经济的善举,但投资者内心深处渴望的其实还是利用市场的错误来投机和获取暴利。绝大多数股票交易者都热衷于炒作和在买卖中谋取差价，这是不争的事实。2020 年 5 月，特斯拉的 CEO 埃隆·马斯克在接受采访时说："人们总是把消费和资本配置混为一谈。所以你看沃伦·巴菲特……他做了大量的资本配置。他看了很多公司的年报、会计资料……说实话这很无聊，他总想弄清楚的是，是可口可乐还是百事可乐该获得更多资本？"

"尤其是在美国，金融和法律领域的人才已经配置过剩。可以说，有太多的聪明人进入了金融和法律行业。"

我非常认可马斯克的观点，应该让更多的人才进入制造业，进入科技领域，进入各种实业，也应该鼓励更多年轻人去做医生、护士和从事教育，获得良好的薪酬回报。如果从事金融的人过多，社会很可能会以更快的速度滑向混乱。每一次金融市场的繁荣和萧条，背后都有人类过度贪婪炒作资本市场的身影在出没。我也希望通过编写这本书提醒自己，要多投资那些伟大的实体经济企业，以及那些为我们的生活和未来带来福祉的企业家。

祝愿千千万万的普通朋友，在日益富足后，能够用自己闲置的资金在股票投资上有所收获。我也希望这一点微薄的努力，能够帮助更多的人找到适合自己的投资方向，实现人生的小小财富梦想。

我出生于杭州，杭州古代有个地方叫涌金门，据资料显示：

涌金门为古代杭州西城门之一。五代天福元年，吴越王钱元瓘引西湖水入城，在此开凿涌金池，筑此门，门濒湖，东侧有水门。传说为西湖中金牛涌现之地，因而得名。南宋绍兴二十八年，增筑城垣，改称丰豫门。明初，仍复旧名。涌金门历来是从杭州城里到西湖游览的通道，为市区繁华地段，城门楼上有楹联曰："长堤接清波看水天一色；高楼连闹市绕烟火万家。"西湖游船多在此处聚散，故有"涌金门外划船儿"之谚。清康熙四十年，康熙南来杭，从城内河道出涌金水门游西湖。民国二年杭州开始拆城，继拆除

"旗营"之后，涌金、清波、钱塘三门间城墙均拆除改建为南山路、湖滨路。从此西湖与市区连接。为使后人明了城池变迁，于故址立碑志。

我觉得涌金门是个带有好运光环的名字，它象征牛市的铜牛一直在西湖水里半隐半现，等待着有缘分的你我前去捕捉。所以我给这本小书取名《让伟大公司为你打拼的秘密——涌金门投资笔记》，希望杭州的涌金门能够给有缘分看到本书的你带来财富和好运。

入门篇

# 第一章　来股市是为了什么？

在投资股市之前，首先要理解透彻一个问题——来股市的期望值是什么？有很多人喜欢说"我想来学习"。其实呢，来到股市 100％是为了赚钱。那么，赚多少？如何赚？赚的是什么钱？这些问题就至少有 80％的人可能回答不出来。

来股市是为了什么？当然是赚钱。而且要可持续赚钱。

在进入主题之前，首先要理解投资回报率的概念。

举个例子，你出资 100 元，存到银行，等于是你借给了银行 100 元，假如银行每年给你的利息是 4％，也就是 4 元钱，这个 4％就是回报率。

再例如你家里有一套闲置不用的房子，你租给别人，这房子按照现在的市场价值 500 万，最后租客一年支付给你 12 万，一个月一万的租金，那么你这套房子一年的回报率就是 12/500＝2.4％，租金回报率为 2.4％。实际情况下，可能还到不了 2.4％，因为租客可能会换，而且不一定能够保证每年 12 个月都能租出去，每年维护房子还多少要花费点钱。这个就是租金回报率的估算方式。

我们在投资股市时，预期可以获得两笔收益：一笔来自股票背后的公司分红，一笔来自股票上涨后的价差。例如，我们买入了工商银行的股票，预期每年大概有 4.5％的分红，而工商银行还有可能股价上涨或者下跌，这笔价差你还不一定铁定能够赚到。股市的其中一个秘密，就是如何识破股价上升和下降的秘密。后续章节会详细分析这个问题。

这时会遇到两种情况。第一种情况，股票分红了；第二种情况，股价比买入价格要高，也就是股票涨了。例如买入价格是 6 元/股，一年之后，你得到了 0.24 元的分红，然后股价涨到了 6.8 元，假设这时出售工商银行的股票，那么你的回报率就是：$[(6.8+0.24)/6]-1=17.33％$

看，相比存银行和出租房子，这个回报率是不是很高？

也许有人觉得这一点儿回报不算什么，我想分享给大家的一个事实是：全世界几百年的资产管理历史上，有三大类资产是普通人经常会用到的——存款（债券）、房子、股票。而历史一再表明，从这三类资产来看，股票的长期投资回报率最高，那么在世界历史上，股票的平均回报率是多少呢？

7％左右。

是不是比较你想象中的低？没错，很多人内心是看不上这个 7％ 的。但如果一个投资者每年能够持续做到 7％ 的投资回报，已算不俗的战绩。

一切的关键在于能不能持续赚到钱。"一年三倍者如过江之鲫，三年一倍者却寥寥无几，"说的就是这个"持续"的道理。要想持续做到稳定客观的回报，在投资的丛林世界里是非常难的。

那么到底多少投资回报率算合适的投资期望呢？在投资行业的漫长历史上，衡量投资回报率的基准是什么？

这个基准通常是一个政治经济相对稳定的国家的 10 年期国债回报率。当下我们国家 10 年期国债回报率是 3.32％ 左右。（截至 2020 年 12 月）

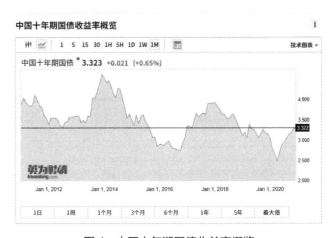

**图 1　中国十年期国债收益率概览**

数据来源：英为财情网站 cn.investing.com

基准是什么意思呢？

简单一点说，假如你有一笔钱，在几乎没有任何风险的情况下，你买什么最安全？绝大多数人能够想到的就是存银行定期买国债。在和平年代，银行和国债都是由国家信用支撑的，可视为几乎没有任何风险的投资。

表 1 银行定期利率表

| 项目 | 年利率（％） |
|---|---|
| 一、城乡居民存款 | |
| （一）活期 | 0.30 |
| （二）定期 | |
| 1. 整存整取 | |
| 三个月 | 1.35 |
| 半年 | 1.55 |
| 一年 | 1.75 |
| 二年 | 2.25 |
| 三年 | 2.75 |
| 五年 | 2.75 |
| 2. 零存整取、整存零取、存本取息 | |
| 一年 | 1.35 |
| 三年 | 1.55 |
| 五年 | 1.55 |
| 3. 定活两便 | 按一年以内定期整存整取同档次利率打六折执行 |
| 二、通知存款 | |
| 一天 | 0.55 |
| 七天 | 1.10 |

数据来源：各大商业银行网络。

当下我们国家 10 年期国债回报率是 3.1％左右（截至 2020 年 1 月），所以，就算是最坏的情况，你这笔钱一年也至少有 3.1％的利息作为回报率。这就是常说的"无风险回报率"。

所以大家在投资时经常拿无风险回报率和其他资产的回报率做比较，判断是

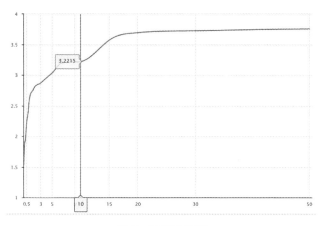

**图 2　国债收益率**

数据来源：中国债券信息网 http：//yield.chinabond.com.cn/

否值得投。股票虽好，但是很多人赔钱，所以依旧有很多人选择存银行、买国债这些虽利息微薄但安全系数高的投资方式。

看到了国债和定期存款的收益率后，是不是顿时感觉自己存银行、买国债太亏了？的确如此，所以投资回报率要常记心中。存银行、买国债，得到的微薄利息可能连基本的物价上涨都抵消不了，因此必须要找到一种投资回报率更高的投资方式。

接下来介绍复利的概念。

所谓复利，就是年复一年的按照一个投资回报率赚钱的意思。通俗点说，就是利滚利。

假设一开始你有 1 万元投资股票，假设第一年你赚了 7%，你就有 1.07 万了，那么第二年，你又赚了 1.07 万的 7%，这是 1.145 万元了，……以此类推，那么 10 年之后你有多少钱呢？这个数字是 1.96 万，也就是差不多 10 年你的本金就翻倍了。

说到这里，很多人应该能够理解到，当我们大学生毕业后走向社会得到第一份工作，假设每年拿一部分钱出来投资股市，如果每年能够得到 7% 左右的回报，利滚利之后，40年之后退休时，这将是一笔巨大的财富。

按照7%的复利，假设你22岁时投入1万元，62岁你退休时这笔钱变成14.9万。尤其是考虑到你的本金（每年可以投入的工资比例）会越来越多，如果持续投入，显然这笔钱就会类似滚雪球一般，越来越多。

许多人都是在工作了若干年之后存一些钱才开始投资的，这时相对投入的本金会成倍扩大。假设你现在30岁，有20万左右的本金投资股市，每年能够获得7%的复利回报，那么这笔钱在你65岁退休时，也就是35年之后，会是多少呢？

$$未来的资金＝20 万 *（1＋7\%）^{35}＝213.53 万$$

这显然是一笔不菲的财产。如果以后你能够每年增加投入10万元本金，到你65岁时，这笔钱会为你的晚年生活带来意想不到的乐趣。又或者你刚刚有了孩子，想给孩子储存教育基金，那么建议你拿出一些买玩具、上课外辅导班的钱，及早地为孩子存入几万元钱，然后等他18岁时，等他22岁毕业时，这笔钱将起到意想不到的作用。假设你在孩子3岁左右时投入5万元，那么15年之后，假设每年7%的合理回报，这笔钱将变成：

$$5 *（1＋7\%）^{15}＝13.79 万$$

18岁的孩子要上大学，这笔钱也可以补贴不少学费了。

所以在投资股票领域，投资一定要趁早，建议在刚刚开始有闲置资金时就开始理性持续地投资。我们国家的中小学、大学教育，很少给予孩子投资管理方面的教育。如果有时光机器，我愿回到18岁，提醒年轻的我，早一点开始学习理财。因为当我们老了，我们比年轻一辈更加需要物质上的保护。英国作家与艺术家奥斯卡·王尔德（Oscar Wilde）曾言：我年轻时，曾以为金钱是世界上最重要的东西。现在我老了，才知道的确如此。

对于绝大多数人来说，一生之中有三个股票投资黄金时间点：第一是25岁大学毕业之后，或者在社会上闯荡了三年左右，这时可能工作刚刚稳定，手里可能有几万元闲钱。记住，不要用来吃喝玩乐，存起来，去投资股票；第二是工作10

年左右，35 岁左右，刚刚开始有所积累。记住，不要花在豪华的车上，不要太多地花在奢侈的旅行游乐和夜总会酒吧或者过度的吃喝玩乐和奢侈品上，去投资股票；第三是 45 岁时，有了一定的事业基础，手里富裕的钱比较多，当然这个年龄上有老下有小，开销也很大了。记住要早点为养老打下基础，如果你错过了 25 岁、35 岁，那么 45 岁的你，要尽量多地拿出自己可投资的钱，投资股市，20 年后，当你 65 岁时，你将拥有一笔可观的养老经费，也可作为子女的创业基金或学业基金。

绝大多数人会在以下几种情景里面找到自己的影子，

情景 1：25 岁毕业三年，存下 5 万元买入股票，复利 7%，40 年之后得到 74.87 万元，人生的第一个小金库。

情景 2：35 岁工作 13 年，存下 100 万元投入股票，复利 7%，30 年之后得到 761.22 万元，人生第一个小惊喜。

情景 3：45 岁工作 23 年，事业遇到瓶颈，上有老下有小，酸甜苦辣都尝过了，存下 200 万元，复利 7%，20 年之后 65 岁你将得到一份 774 万元的退休金。

看到这里，很多人可能会疑惑，一年获得 7% 的复利回报容易吗？

就在 10 分钟之前，当你看到这本书的开始部分，你或许还在怀疑，7% 是不是太低了，现在可能你又在怀疑这笔钱是不是太难得到了。说容易也容易，说难也难。7% 不难，难在持续不断地做到 7%。因为股市波动很大，股票价格会涨也会跌。

前面提到过，股市回报分为两个来源：第一是分红，第二是股价相对买入价格的上涨。股市几百年的历史证明，分红大概占比 3% 的贡献，股票上涨大概占比 4% 的贡献，合计是 7% 的贡献。

下面通过一个非常简单的思维模型分析如何得到这 7% 的回报。

假设你找到一个每年有现金分红的公司，这个公司大概每年的分红是你买入时刻股价的 3% 甚至更多。换句话说，只要这个公司的股票能够涨 4%，你就能得到 7% 的回报了。这算是一个很理想化的模型。当然，股票在某一时间段可能涨，也有可能跌。有可能涨幅大大超过 4%，跌幅更有可能大大超过 4%，这就是股票价格的波动。

股价的波动并不是风险，失去本金才是永久的风险。

股价的短期波动只是市场上买卖股票的短期交易争夺造成的，股价的短期波动并不能改变所投资企业的本质价值。股价波动时，即使你完全不动（不交易），你每年也一定有分红，甚至每年还在增长。但是股价一旦波动到买入价格的 4%以上（就是说在一年的 260 个左右的交易日里面，股价波动只要有一个交易日达到买入价格的 4%以上，你就赢了。现在你应该明白了，在一年时间里，一个公司的股价波动 4%是非常稀松平常的事），你这一年就能获得 7%的回报了（3%分红＋4%左右股价上涨）。

常见的股票价格剧烈波动如下图所示。

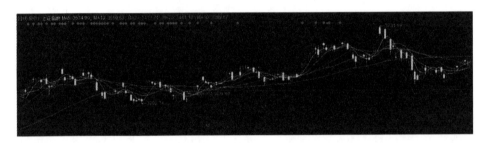

**图 3**

任何一个公司的股价，假设 10 元买入，都有可能在短期（从几天到几个月）从 10 元跌到 7 元，然后涨到 11 元，跌到 8 元，再涨到 15 元，然后又跌回来。这种波动不可避免，也无法预测。以我近 20 年的股票投资经验来说，凡是告诉你短期能够预测股价波动规矩的基本都不可靠。

想要获得一年 7%的复利回报，有个最笨的做法：在这一年里面，一旦做到了 7%，就卖掉，然后等到下一年，重新买入。虽然这个操作看似愚蠢，但却能无比精确地满足你的复利要求。

举个例子，你在 2018 年 1 月 1 日买入一只股票，股价 10 元，公开信息已经显示 7 月 8 日会分红 0.3 元每股，也就是 3% 的分红。因为上市公司的分红信息（分红数量、时间）都是提前预告，也可根据往年信息推测，推测有 90% 的成功率。大型龙头企业、优质公司，分红往往稳定可靠，而且还会逐年提高。下面介绍一个最简单的操作策略。

7 月 8 日之前，如果股价涨到了 10.7 元，你可以卖掉，然后等到 2019 年 1 月 1 日再买入。因为你已经取得了 7% 的复利回报。或者，在 7 月 8 日之后，你得到了分红 0.3 元，然后任何一个时间点，只要股价涨到了 10.4 元，你就卖掉。

这一决策看似笨拙，实际上可操作性极强。

在某种极端情况下，股价一直非常低迷。比如你 1 月 1 日 10 元买入，然后全年 260 个交易日每天都在 10 元以下的价格，你也同样能够得到 0.3 元的分红，换句话说，只要 2019 年 1 月 1 日之前你的股价不跌破 9.7 元，你就没有亏钱，但是这 230 多个交易日，只要有一天股价超过 10.4 元，你就可以卖出，然后得到 7% 的复利结果了。这一策略成功的概率极大。

大多数情况下，如果能够执行这一策略，都能取得远远超过 7% 的年回报。

当然，有个前提是，你选择的是稳定可靠的盈利长期向上的优质企业。如果你遇到经营不善或者有恶劣历史的公司，你不一定会这么幸运，即使看着最稳定可靠的公司也会突然给你来一手：削减分红或者干脆取消。

"圣诞钟，买汇丰。"分红稳定的汇丰一直是港股投资者追捧的公司。数据显示，2006 至 2020 年，14 年间汇丰控股一直坚持分红。2006 到 2019 年，汇丰控股累计实现净利润 1.45 万亿港元，累计现金分红亦高达 1.08 万亿港元，现金分红比率高达 75%。即使是在全球金融危机爆发的 2008 年，汇丰也未曾中断过现金分红，当年派发股息 524 亿元。

2020 年 4 月 1 日早间，汇丰控股发布公告称，董事会决定取消派发 2019 年第四次股息，以及在 2020 年底前，暂停派发季度和中期股息，暂停股份回购事宜，这一决定是基于英国央行审慎监管局的要求而作出。

以汇丰总股本 207 亿股计算，仅取消 4 月 14 日的分红计划，将为汇丰保留下

43.47亿美元（约合人民币308亿元）的现金。然而令人啼笑皆非的是，港交所已经在2020年2月27日对股价进行了除权处理，意味着港交所后续还将再调整股价。

数据显示，中国平安为汇丰控股第二大股东，持股比例为7.01%。目前中国平安持股汇丰14.19亿股，按照汇丰原定2019年第四季度派息每股0.21美元计算，中国平安此次将减少3亿美元的股息收入，折合人民币21亿元左右。另外，按照汇丰过往多年都会分派中期息的惯例，年内合计可收3次，各0.1美元，即合计0.3美元，那么中国平安在2020年可获得股息额近4.3亿美元。也就是说，此次汇丰银行宣布暂停派息，中国平安在汇丰分红上将损失至少7.3亿美元，折合人民币51.8亿元。

闻名遐迩的汇丰控股，真的值得投资么？分红来自企业的盈利，当盈利遇到哪怕丝毫的风险，上市公司的大股东们第一时间想的绝对不是小股东（散户）的利益，而是如何自保，切不可盲目相信估值看似非常低廉的银行股分红。

2019年，有个投资周刊总结了过去一百年间20位最伟大的投资者（包括著名的投资者沃伦·巴菲特），他们的复合回报率，最高的大概在24%左右，最低的大概在16%左右。16%、24%听起来有点平淡无奇？也许是的，但是，当你把它放到漫长的岁月之中，顿时他们的投资成绩犹如金子一般耀眼夺目了。

回到前面提到的人生三个投资黄金周期，如果把复合回报率换成大师的最差一档，15%，来看看会有什么样的成果：

场景一：25岁毕业三年，存下5万元买入股票，复利15%，40年之后得到1339万元，人生的第一个小金库。

场景二：35岁工作13年，存下100万元投入股票，复利15%，30年之后得到6621万元，人生第一个小惊喜。

场景三：45岁工作23年，事业遇到瓶颈，上有老下有小，酸甜苦辣都尝过了，存下200万元，复利15%，20年之后65岁时你将得到一份3273万元的退休金。

是的,你没有看错,想拥有一份 3200 万左右的退休金么? 这笔钱可以在海南买两套豪华的靠海小别墅,在成都用 2019 年的价格可以买 15 套地段很好的三居室,这些钱足够你过上非常舒服的晚年生活了!

复利之强大可见一斑!

表2　网友整理的巴菲特早年复合回报率

| 年份 | 第 N 年 | 年收益率 | 模拟累计净值 | 年化收益 |
|------|---------|----------|--------------|----------|
| 1957 | 1 | 10.5% | 1.11 | 10.50% |
| 1958 | 2 | 40.9% | 1.56 | 24.78% |
| 1959 | 3 | 25.9% | 1.96 | 25.15% |
| 1960 | 4 | 22.8% | 2.41 | 24.56% |
| 1961 | 5 | 45.9% | 3.51 | 28.56% |
| 1962 | 6 | 13.9% | 4.00 | 25.99% |
| 1963 | 7 | 38.7% | 5.55 | 27.73% |
| 1964 | 8 | 27.8% | 7.09 | 27.74% |
| 1965 | 9 | 23.8% | 8.78 | 27.30% |
| 1966 | 10 | 20.3% | 10.56 | 26.58% |
| 1967 | 11 | 11.0% | 11.72 | 25.08% |
| 1968 | 12 | 19.0% | 13.95 | 24.56% |
| 1969 | 13 | 16.2% | 16.21 | 23.90% |
| 1970 | 14 | 12.0% | 18.15 | 23.01% |
| 1971 | 15 | 16.4% | 21.13 | 22.55% |
| 1972 | 16 | 21.7% | 25.72 | 22.50% |
| 1973 | 17 | 4.7% | 26.92 | 21.37% |
| 1974 | 18 | 5.5% | 28.41 | 20.43% |
| 1975 | 19 | 21.9% | 34.63 | 20.51% |
| 1976 | 20 | 59.3% | 55.16 | 22.20% |
| 1977 | 21 | 31.9% | 72.76 | 22.65% |

| 年份 | 第 N 年 | 年收益率 | 模拟累计净值 | 年化收益 |
|------|---------|----------|--------------|----------|
| 1978 | 22 | 24.0% | 90.22 | 22.71% |
| 1979 | 23 | 35.7% | 122 | 23.25% |
| 1980 | 24 | 19.3% | 146 | 23.08% |
| 1981 | 25 | 31.4% | 192 | 23.40% |
| 1982 | 26 | 40.0% | 269 | 24.00% |
| 1983 | 27 | 32.3% | 355 | 24.30% |
| 1984 | 28 | 13.6% | 404 | 23.90% |
| 1985 | 29 | 48.2% | 598 | 24.67% |
| 1986 | 30 | 26.1% | 755 | 24.72% |
| 1987 | 31 | 19.5% | 902 | 24.54% |
| 1988 | 32 | 20.1% | 1083 | 24.40% |
| 1989 | 33 | 44.4% | 1564 | 24.97% |
| 1990 | 34 | 7.4% | 1680 | 24.41% |
| 1991 | 35 | 39.6% | 2345 | 24.82% |
| 1992 | 36 | 20.3% | 2821 | 24.69% |
| 1993 | 37 | 14.3% | 3224 | 24.40% |
| 1994 | 38 | 13.9% | 3672 | 24.11% |
| 1995 | 39 | 43.1% | 5255 | 24.57% |
| 1996 | 40 | 31.8% | 6926 | 24.74% |
| 1997 | 41 | 34.1% | 9288 | 24.96% |
| 1998 | 42 | 48.3% | 13774 | 25.47% |
| 1999 | 43 | 0.5% | 13843 | 24.83% |
| 2000 | 44 | 6.5% | 14743 | 24.38% |
| 2001 | 45 | −6.2% | 13829 | 23.60% |
| 2002 | 46 | 10.0% | 15212 | 23.29% |
| 2003 | 47 | 21.0% | 18406 | 23.24% |
| 2004 | 48 | 10.5% | 20339 | 22.96% |

续　表

| 年份 | 第 N 年 | 年收益率 | 模拟累计净值 | 年化收益 |
|---|---|---|---|---|
| 2005 | 49 | 6.4% | 21640 | 22.60% |
| 2006 | 50 | 18.4% | 25622 | 22.51% |
| 2007 | 51 | 11.0% | 28441 | 22.27% |
| 2008 | 52 | −9.6% | 25710 | 21.57% |
| 2009 | 53 | 19.8% | 30801 | 21.53% |
| 2010 | 54 | 13.0% | 34805 | 21.37% |
| 2011 | 55 | 4.6% | 36406 | 21.04% |
| 2012 | 56 | 14.4% | 41649 | 20.92% |
| 2013 | 57 | 18.2% | 49229 | 20.87% |
| 2014 | 58 | 8.3% | 53315 | 20.64% |
| 2015 | 59 | 6.4% | 56727 | 20.39% |
| 2016 | 60 | 10.7% | 62797 | 20.22% |
| 2017 | 61 | 23.0% | 77240 | 20.26% |
| 2018 | 62 | 0.4% | 77549 | 19.91% |

数据来源：根据网络信息整理

来股市就是为了赚钱，赚钱之前要对回报率有个正确的概念。对于普通人来说，15%的年回报率已经不错了。如果每年能够持续稳定地得到 15%的回报，很快你就会变得非常富有。即使只能获取 7%的年复合回报也是非常不错的。

每年投资回报稳定在 15%左右是我个人的理财目标。朋友们，如果你也能稳定地做到这一点，无论你的初期投资金额多么低，当你老了，都将是一笔可观的财富。

不如每天清晨请默念一次：

22 岁投资 1 万元，年复合回报率 15%，65 岁拥有 407.38 万。

25 岁毕业三年，存下 5 万买入股票，复利 15%，40 年之后得到 1339 万。

35 岁工作 13 年，存下 100 万投入买入股票，复利 15%，30 年之后得到

6621 万。

45 岁工作 23 年，事业遇到瓶颈，上有老下有小，酸甜苦辣都尝过了，存下 200 万，复利 15%，20 年之后 65 岁你将得到一份 3273 万的退休金。

而在股市之外，无论是哪种花里胡哨的项目，P2P、比特币、数字货币、各种合伙的小生意，都不一定能够取得这么辉煌的复利效果。创业、数字货币、网络放贷款、去东南亚买房子，都有很大的风险，其实都不一定适合你，为什么？为什么几百年来股市对于投资者有这么大的吸引力？

在我看来，无外乎几个原因：

第一，股票代表一家企业的拥有权，股票的背后是企业，企业在经营中获利，如果经营得法，企业的价值是逐步提高的，企业有坚实的真正的资产，而并非虚幻的交易。投资一家企业，犹如你参股了一个朋友经营的业务，你不需要亲力亲为，而你的朋友在努力打拼时能为你带来不菲的回报。这是多么美妙的交易?!

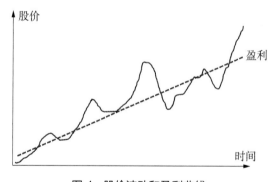

**图 4　股价波动和盈利曲线**

第二，投资者并不需要参与复杂的沟通和日常繁琐的执行细节，只要投资者善于分析，抓住机会，股市获得丰厚回报的大有人在。

假设你和朋友一起开了家餐厅，首先要经历艰难的磨合过程，一家餐厅也好，一个微商也罢，一个小业务也好，都有大量艰苦的工作要做。这个过程可能会让你失去朋友，可能会让你亏损掉你的本金，这样的例子实在太多了，这里不做赘述，因为实业投资，很多钱是实打实地花掉了，和投资股票一样，股票只要你不卖掉，股份一股不少，只要企业的业绩慢慢上来，总有解套获利的时刻。但是实业里的机器设备厂房、办公桌椅、人员工资，可是实打实地消耗掉了你的本金。从风险上看，创业的风险更大，成功的概率更小。如果创业成功，当然收获会比 7％ 的年复利获益更大。

然而从概率角度而言，创业成功的概率是比较小的，因此对于大多数人来说，可能还是会追求一份稳定而且慢慢上升的工作。我们看到很多人创业成功了，但是也应该看到，更多的人创业失败了。

第三，股市有非常好的流动性和资金安全性，只要你需要，随时可以套现走人。

房子的交易（买卖）周期大概是 6 个月左右，最快也要 3 个月以上。但如果是股票，全球绝大部分市场是 t＋0，也就是当天就可以买卖。中国股市是 t＋1，也就是今天买的股票，明天就可以卖出。所以股市流动性非常好。而创业资金流动性比较差，做过生意的人都知道，钱都在公司账户上，要拿走是很困难的。一个企业每年能够把报表利润的 3 成拿出来作为分红，已经是经营得非常出色的企业了。稍有不慎，看着好好的企业，收入规模很大，但其实利润非常微薄，甚至不堪一击。

第四，几乎任何一家企业的股票，如果你查阅其年度数据，都有上下 30％ 左右的波动（指这家企业的股票在一年内会有最高价格和最低价格 30％ 左右的波动），这意味着，如果掌握了股市的秘诀，能够巧妙地利用股价的波动，则犹如掌握了一部印钞机。

和沃伦·巴菲特齐名的欧洲股神安德烈·科斯托拉尼（Andre Kostolany）曾经在他的《大投机家》中说过，他迷恋股市的其中一个原因就是：你只需要一部电话（现在变成了网线）、几张报纸，你就可以在财富的大海上航行了。

当然，股市波动的规律和秘诀却又不是那么简单的，波动恰恰是股市迷人之处。

# 第二章　迷人的股市波动

短期的股价波动常常幅度很大，很多老股民都会有这样的感觉：一买就跌，一卖就涨。很多人自嘲自己就是反向指标。

事实上，股价的短期涨跌主要取决于买卖双方在交易的某个特定时刻的力量对比。短期涨跌不可预测，但长期来看，股价是围绕着企业的价值上下波动，可以分为短期、中期和长期。我一般把短期定义为 3 天到 6 个月，中期定义为 6 个月到 12 个月（1 年），长期定义为 1 到 3 年。

先来说说股价的长期波动。

盈利股价对比图是个很好的工具，可用来分析企业和把握长线买卖的时机。盈利股价对比图和通常所见的 K 线图不同，是我个人多年投资股市的一个综合分析工具。盈利股价对比图的思想来源于彼得·林奇的书《战胜华尔街》。我早年阅读此书之后开始尝试自己绘制此图，经年累月，获得一些心得体会。盈利股价对比图可以帮助我们看穿股价长期波动，其背后的核心思想在于我们坚定地相信，企业的股价是围绕企业价值（由盈利驱动）而上下波动的。

彼得·林奇（Peter Lynch）出生于 1944 年，是一位卓越的股票投资家和证券投资基金经理。他曾是富达公司（Fidelity）的副主席，富达基金托管人董事会成员之一，现已退休从事慈善事业。有兴趣的读者朋友可以读一读他的书，非常有启发。

以下是常见的三类企业的盈利股价（市值）对比图。

第一类企业，长期盈利越来越好的，这类企业股价尽管短期内上下波动，但总体缓缓向上。这类企业常见于食品、饮料、医药行业，还有规模和盈利持续扩大的制造业，也比较容易捕捉。

第二类企业，盈利有比较强的周期性，股价也是上下起伏，很难把握，但若能把握住周期的底部和顶部，在底部投入，1～2 年内收益率可以高达几倍。常见

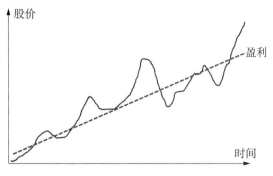

图5 A公司盈利股价图

的强周期行业包括化工、造纸、航空业、矿业、养殖业等。银行业也是一种周期性行业，银行的周期性伴随着利率的周期性。从本质上说，任何行业都是有周期性的，只不过有些行业周期性弱，比较隐性。有些则周期性强，比较显性。

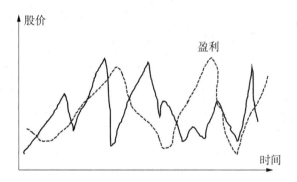

图6 B公司盈利股价图

需要指出的是，尽管很多行业都有周期性，也依旧会诞生很多伟大的企业。因为企业带有很强的主观能动性，有的企业会在前景不妙时将盈利投入新兴产业获利；有的企业会通过扩大产能，降低成本，吞并其他竞争对手而获得更大的市场份额，从而保持盈利不断增长，这样的公司数不胜数。有的公司虽然在前景堪忧的行业里面，但是通过不断提高自己的份额和集中度来扩张盈利，股价照样可以逐级而上。有的公司在看似饱和的产业，例如小家电行业，提高产品的创新能力，照样可以找到自己的一片天空。例如广东佛山的小熊电器。

投资好公司的一个核心原因在于，公司好的管理层会努力克服周期性，帮助小股东拿到最好的回报。

例如万华化学，在 2020 年 4 月时，恰好位于一个核心产品聚氨酯价格低迷，且公司估值也很低迷的双低阶段。2020 年原油跌破每桶 20 美元，接近 25 年新低，同时由于这一年爆发了新型冠状病毒全球流行，全球面临巨大的经济下行压力，万华化学的化工产品价格跌入行业低谷。但是由于万华化学管理层的努力，企业的经营能力、盈利水平不断提高，在月 K 线上呈现出了东北方向的视角。

月 K 线是一个我经常观测的指标，它可以很好地折射一个公司的长期盈利趋势，道理很简单，长期盈利向上的企业，其长期月 K 线必定是长期向上的。

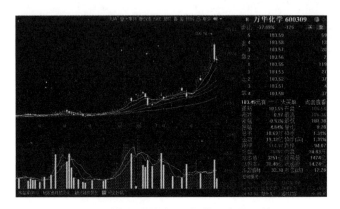

图 7　万华化学过去 13 年的历史月 K 线

我们不必过于担心最好企业的盈利，因为好公司的管理层比我们更着急，我们喝茶聊天、看书、旅游，让他们去操心收入、成本、盈利、监管，穿越经济的牛熊周期吧。选对好公司，耐心持有，就是躺赢的一种战略。尤其是对于业余投资者来说，选对公司非常重要。选股是一门值得深入研究的学问。

第三类企业盈利越来越差，公司经营不善，股价可能会被间歇性炒作，但是最终逃脱不了衰败的命运，这类企业股价长期走势向下，需要完全回避。

以下是一些简单鉴别这类企业的办法，例如：

企业的收入和利润是否非常跳跃，很难看出连贯性；

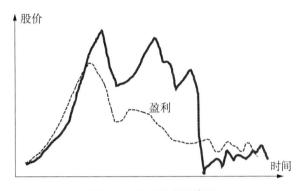

图 8 C 公司盈利股价图

企业的 ROE（净资产回报率）是否数年持续下跌；

企业的毛利润率、净利润率是否不断下滑；

是否经常变更主营业务范围；

其月 K 线或者年线是否呈现略微向下斜一些的东南方向；

公司是否充斥着减持、重组的新闻；

大量股权是否被质押套现；

是否缺乏主营业务，主营业务收入和利润是否不断下滑；

公司管理层有关财务造假的丑闻是否不绝于耳；

公司实控人或者主要管理者是否无心经营，沉迷其他业务或者赌博；

公司业务是否盲目多元化。

正如列夫·托尔斯泰所言：幸福的家庭都是相似的；不幸的家庭各有各的不幸。

需要说明的是，由于很多公司的股本会经常变化（在中国，绝大多数企业会不断增资扩股），所以实际作图时我会用市值替代股价。

如果把视线拉回到相对短期的股价波动上来看，影响短期股价波动的除了企业的价值（收入、利润、前景），还有投资者的情绪，以及短期内买卖双方力量的对比。

1. 企业价值；

2. 投资者情绪；

3. 短期买卖双方的力量（买的多，还是卖的多）。

世界万物，都有波动，人也有波动。你不可能天天开心，也不可能天天悲伤，有时情绪好一点，有时情绪差一点，总归要自我调节。大海不会是一直平静，疾风骤雨也时常出现，正所谓，人有旦夕祸福，月有阴晴圆缺。

股市的波动往往能折射人的情绪波动。例如当有传染病疫情时，人们不再旅游，很多人担心餐厅会关闭，那么餐饮、旅游行业的股票往往会被抛售。中东有战争威胁时，投资人又会因为担忧油价飙涨，影响航空公司的成本（航空原油占据了航空公司接近3成的成本）而抛售，又例如在2019年底到2020年2月初新型冠状病毒流行初期，人们抢购口罩和酒精，导致股民疯狂买入口罩和口罩原材料企业的股票等等。这一切都是围绕着投资者情绪的游戏。

当你希望开始从股票中赚钱，先要开立一个股票账户，然后把资金存入账户（也叫做股票保证金账户），然后在这个账户里面操作买卖某一个或者几个公司的股票，这时，负责管理你股票保证金账户的公司就是证券公司，俗称券商。

当你开始买卖股票时，很重要的一条就是了解股市为什么波动。了解了这一点，就不会恐惧它，而是会学习如何驾驭它。

游走在股市就像在大海里游泳，有浪、有风，有时又平静得犹如一滩死水。股票价格会变动，变动就会产生浮动盈亏。例如你买入一只股票，买入价格10元，如果下一个时刻变成10.1元，则产生了浮动盈利；再下一个时刻，它或许就变成9.8元，那么就产生了浮动亏损。但是不要害怕，这些都是浮动的。

你的股份没变（股票的数量），你所投资的股份背后的企业没变。你的盈亏只有当你真正卖出这笔股份时才会发生。这点很关键，你要记住，你投资的是股价背后的这家公司，股价只是在某一个时刻市场上买卖双方给出的一个报价罢了，至于企业则在短期内可能没什么变化。一家企业的经营情况不可能每天都在变，往往一个季度或者半年有大的变化已经算很快了。投资一个厂房，从买设备到盖楼也需要不少时间，招聘员工往往周期也比较长。一笔钱花出去，要走的流程可能需要数天才能完成。所以，虽然股价已经涨跌好几轮了，但企业那边什么都没有发生。

短期的股价波动和企业的相对稳定，构成了股市最有魅力的一道风景。短期的股价波动，波动的不是企业的经营，波动的是人心。

假设我们投资了一家企业，它的股价年度波动在30％以上。股价波动的来源是什么？这就要涉及股价的形成机制。市场上，有买就有卖，有人出10元卖，有人出9元买，这笔交易达不成。股市里每天、每一个小时、每一分钟、每一秒都在出价，当买的价格和卖的价格契合时，交易系统软件就会自动把买卖双方配在一起成交，成交价格就有了。这个成交价格每时每刻呈现在交易软件上，全世界的投资者几乎在同一时间获知了股票的价格。

所以，本质上，股价下跌是因为此刻卖的人多了，上涨则是因为此刻买的人多了。这个听上去平淡无奇的原因，解释了所有的股价短期运动规律。

世界资本市场历史的早期，在杰西·利弗莫尔（Jesse Livermore，美国20世纪早期著名的股票大师）的孩童年代，股票价格还需要由中介报价，股票投资者要去小酒馆找那些有权给交易所下单的人，有些人还会在中间报假的价格从中牟利，现在这样的牟利已经绝迹了（但是其实现在券商和一些中介在推销一些封闭式基金时其实也是一模一样的），因为取而代之的是全世界庞大复杂的计算机系统来管理交易，还有今天用人工智能算法来模拟买卖双方投资者的操作而诞生的人工智能机器人交易员在操作股票。

但是，股票价格形成的本质并未改变，短期来看，买卖双方哪一方多，哪一方力量大，股价就朝着哪个方向运动。

有时某个股票的股价会瞬间崩溃，例如贵州茅台在第一次出现业绩不及预期，跌停到509元的那一次（2018年10月），本质上就是某一个或者几个卖家，在负面消息的影响下，在同一个时间抛售了过多的股份而造成的。事实证明，这次负面新闻导致茅台跌到509元之后，2个月后开启了一轮暴涨，股价已经翻倍了。

在同一时刻，如果卖单远远多于买单，价格必然下滑、再下滑，直到达成买卖双方单的量和价格的一种平衡，这时股价才能基本稳定地成交一段时间。如果某一个买家大量买入，或者某一个卖家大量卖出，都有可能继续造成股价剧烈波动。

对于普通股民而言，第一，不用过分深究股价瞬间剧烈波动的原因，直接原因无非就是买的量或者卖的量特别大，买卖的力量不平衡。第二，当股价瞬间剧烈波动时，不要急于做出反应，而是应该冷静思考一下，是什么因素、什么力量驱动了买卖力量的不平衡，这种驱动是否合理，然后再决定是否采取行动。大多数情况下，买入的力量和卖出的力量由短期事件（各种新闻、消息所诱发）刺激而推动。

研究波动最重要的是研究人心，研究波动背后的因素和推手。举几个例子。

例1：酒鬼酒被爆含添加剂，第二天股价暴跌。暴跌是因为投资者担心这一负面新闻会导致后续销售下滑，进而影响盈利。

例2：贵州茅台宣布了一个低于预期的收入增幅（10％），第二天起股价波动持续了3天，大概11％左右的幅度。

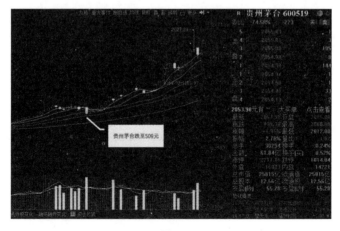

图9

例 3：中美谈判协议宣布即将达成，直接影响了人民币走强，进而带动股市走高。2020 年 1 月 15 日，中美达成了第一阶段的贸易协议，投资者普遍认为这一协议保证了人民币不会过度贬值，所以人民币兑美元的比率一直居高不下。当中美谈判不顺利时，人民币就会进入相对美元贬值的状态。为什么？一个重要的原因，就是从事美元和人民币外汇的交易员在根据市场上的各种中美谈判的消息，在买入或者卖出人民币和美元，人民币空头也好，美元多头也罢，这种集体博弈和交易塑造了这个价格运动。

例 4：汤臣倍健（营养保健品）宣布商誉大幅减值，业绩亏损巨大。在公司发布公告的当天，公司股价先是跌停，然后被快速拉起，这说明有人大手笔买入。

例 5：欧洲新能源政策要求在 2021 年底之前所有的汽车要达到某种排放标准，引发了宁德时代（新能源汽车电池市场份额领导者）股价的暴涨。宁德时代可能会在欧洲收获大量业绩，投资者大为激动，大量资金涌入，推高了宁德时代的股价。

令人更加震惊的是，特斯拉宣布选择宁德时代作为第三个电池供应商之后，特斯拉的股价飞涨，宁德时代的股价也在短短几天飞涨到了 164 元左右。

这些例子都是典型的市场公开信息影响了投资人对企业盈利趋势的判断之后，采取大手笔买卖动作所导致的股价波动。这些例子说明，一旦市场上的公开信息影响了多数投资人对于企业未来盈利趋势的判断，他们就会买入或者卖出股票，这些动作短期内就会影响股价。

这个影响过程是这样的。

第一，信息浮现。

第二，这些信息影响投资人的情绪和对企业未来盈利前景的判断。

第三，推动投资者做出迅速买卖的动作。

第四，买卖力量的对比推动股价波动。

第五，极端情况下会有短暂的流动性危机出现，进一步推动股价暴跌或暴涨。

把这个顺序略微再细化一点：第一，信息出现（例如公司的财报、新闻、公告，某些知名人士的分析，小道消息，朋友圈信息，闲聊等）；第二，信息在社交媒体的传播（微信、微博、网站，各种社交活动，餐桌上）；第三，这些信息开始影响掌握大量资金的投资人（如基金经理、资产管理人、金融大鳄、企业的大股东、企业内部管理层持股者等）的心态，由此他们可能做进一步的推导和估算，如果发现企业价值会有明显波动，他们就会做出买入或者卖出股票的决定；第四，由于大资金持有人的量大，他们的买卖行为会引起股价波动，进而推动更多投资人跟风买卖，短期内有可能会形成涨跌趋势，并且可能随着成交量的变化而进一步涨跌，直到达成一个平衡。

这里要注意的是，投资者大致分为两类：一类是跟随价值的波动而采取行动的，这类人在总投资者人数中占比比较少，可能只有 5%，他们不轻易出手。另外一类人是跟随信息、股价的波动而采取行动的，这类人在总投资者人数中占比巨大，可能高达 95%。他们看到股价波动后，会追随操作。第二类人越多，股价的波动越容易脱离价值中枢。

第二类人就是通常所说的散户，散户喜欢追涨杀跌，每一轮大涨或大跌，必然有一些大资金持有人带头买入或者抛售，而很多资金量比较少的投资人，则很大程度上是被消息和价格的双重叠加影响了心态，而跟风买卖，许多亏损就是这么形成的。股价跌了，加上看到一些负面新闻，如果这时又听到一些有影响力的人物（大多数普通投资者会看微博、微信、财经类网站的留言和文章，一些大V的文章）的发言，投资者的心态更加不稳，就会做出不理性的买卖操作。而散户由于数量众多，操作起来方向不一，他们更多的是随着自己的心态和情绪操作，进而放大了股价波动。

如果一个投资者听了财经界人士、亲戚朋友或者某个素未谋面的微博微信自媒体作者的话而买入某只股票，最终亏钱了的话，那么只能怪自己缺乏深入研究分析，缺乏独立思考。即使一时靠运气赚了一些钱，多半也会亏损回去。

第五，股价在短期涨跌时，散户的跟进往往会进一步放大股价波动。这一步形成后，由于市场上还有不少被动基金（即持有这些股票的基金，预先设定了某些算法进行程序化操作），在某些条件触发时，会自动执行买卖操作，而这种操作又会继续放大股价波动。

在这个阶段还有一些人是有融资账户的（他们有一部分炒股的钱是借来的），如果其持仓大幅下跌，他们将不得不率先出售融资的部分股票，这些行为也同样会推动股价进一步下跌。

第六，这种情况愈演愈烈时，可能造成流动性危机。就是有人想卖出股票时，几乎没有人买入，或者只有人愿意出更低的价买入。这时股票不容易卖出，流动性成了问题，接近流动性危机。出色的投资者会意识到，特别优秀的企业在某些情况下暴跌到出现短暂流动性危机时，便是买入的大好时机。

在中国的 A 股，资金在 10 万元左右的投资者很多，所以很多 A 股的普通投资者感觉不到流动性危机，这里介绍一个小小的经验。如果卖出一只股票时瞬间成交，这时肯定没有流动性危机。当一个普通散户卖出一只股票时，每一档买入价格与卖出价格的间隔不是 1 分钱，而是 5 分、8 分，甚至几毛钱时，你会发现买入和卖出的成交速度变得很慢，这时挂出的卖单或者买单要过一会儿才能成交，并且你会明显发现成交价格的间隔很大，不再是几分几毛，而是几毛几元。这种情况有时是在股价急速上涨时出现，更多的是在大量抛售时出现，买入的订单量不够，给人迟迟无法成交的感觉，此时流动性危机已经比较明显。

流动性危机多出现在很多小盘股（特别是可流通的市值小于 50 亿的公司），尤其在香港市场的小盘股企业中很普遍。因此，在中国香港，基本上不建议投资小市值（1 亿到 50 亿左右）的上市公司，你非常有可能一天都卖不掉价值 20 万元的股票。

信息分为公开信息和所谓的小道消息。小道消息泛指那些不是在公开媒体上发布的消息，其有别于官方新闻、上市公司公告、行业数据、政府发布的信息和数据。过去的年代小道消息往往在熟人之间散播，现在的小道消息很多是在社交媒体上散布。一个消息，还没有官宣，小道消息就已经满天飞了，通过微信、QQ 等渠道快速传播。但请记住一句话：资本市场有一半的真话已经是奇迹了。

股市里面，资金交易的体量对股价波动的影响更大，也就是说，持股越多的投资者（个人/机构）往往对市场股价走势的影响也越大。股价巨幅波动的背后往往是巨大的交易量，而巨大的交易量，无论是买还是卖，通常是机构投资者才具有的能力。

多大的交易量可以称得上巨幅？一般情况下，一只股票的日常交易大概是总市值的 0.5%—1% 左右。如果某一天成交量达到 3%—4%，甚至更多时，必然存在着拥有大量股份的机构或个人和其他机构或个人之间的买卖换手。

如下图所示，海康威视某一天的成交额是 51 亿，换手率大概在 2.1% 左右，而海康威视平时的换手率大概都不到 0.5%，说明这一天肯定发生了大手笔买入或者卖出。

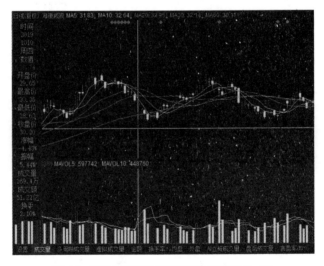

**图 10　海康威视当天出现巨量换手率 2.1%**

再如下图所示，2020 年 10 月 12 日，三七互娱的换手率是 3.82%，成交额达 21 亿元多，股价暴跌 10% 左右。等于这一天有 10.5 亿元的资金买入，有 10.5 亿元的资金卖出。2020 年 12 月 1 日，换手率则高达 8.76%，成交额达 36 亿元之多。

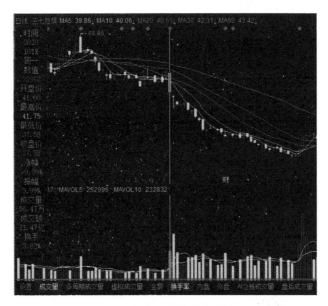

图 11　三七互娱当天的换手率高达 3.82%

换手率低于 1‰属于正常，如果某一天换手率突然大幅增加，必然存在大量交易，跟风的人也会大幅增加，股价波动也会加大。

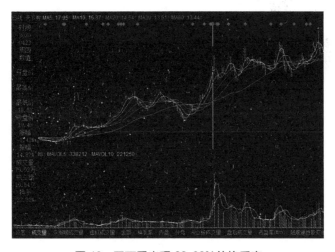

图 12　天下秀出现 22.92%的换手率

很多股民共同的教训之一就是没能拿住好公司的股票。人们往往因为一点儿

27

风吹草动就匆匆割肉。实际上，股票的长期股价本质上是由企业的价值、企业的盈利驱动的。股价的短期涨跌是由短期内买卖双方力量的博弈而形成的，波动不一定是风险，波动的是人心。

在这个信息爆炸的时代，周围充斥着大量无效信息（noise，噪声），而不是真正的信息（information），需要分析各渠道的信息是否对企业盈利、企业前景有影响。正如本杰明·格雷厄姆所言：股市短期是投票机，长期是称重机。

# 第三章　到底应该投多少钱？

上文大致分析股市波动之后，一个问题浮出水面：应该投多少钱在股市里？这是个因人而异的问题。每个人对股市的理解千差万别，因此很难有个统一的标准。很少有人会把全部的钱投入股市。"没多少钱，几万元玩玩""听说股市现在有一波行情，我拿了 20 万来赚个旅游钱"，这样的人很多。

下面从三个角度分析这个问题。第一，投资多少在股市才算合适？第二，在投资股票时，如何处理和投资其他资产的关系？第三，股票和股票型基金的关系是什么？

第一，应该投多少钱？先举个例子。有两个人，小张和小青，小张有 100 万元资金，几乎是他全部的闲钱。他投资 100 万元买了股票，然后 2019 年收益是 15％，赚到了 15 万元。小青也有 100 万元资金，他将 10 万元投入股市，然后 2019 年收益是 50％，赚到了 5 万。从收益率来说，小青胜出。从绝对收益（绝对获利）来说，小张胜出。

你属于哪一种人呢？这是每一个投资者要问自己的问题。

很多人觉得闲钱全部投入股市风险过大，倾向于保守的态度，只拿出很少一部分钱买股票。只有一小部分人会拿出全部或者很大比例的闲钱投资股票，虽然收益率略低，但是总体回报并不差。很明显，这两种策略得到的结果截然不同。随着时间的推进，两个初始资产类似的人的财富差距越来越大。

这个问题引申出一个建议，就是"100－年龄"投资比例分配原则。用 100 减去你现在的年龄，就是你可分配到股票上的投资百分比，这个比例可称之为资产黄金比例。

例如，你今年 25 岁，共有 10 万元闲钱，那么你完全可以考虑拿出 7.5 万元投资股票。如果你今年 45 岁，有 200 万元闲钱，那么你可以考虑拿出 55％，也就是 110 万元投资股票。进一步细化这个办法，则可用于投资的个人资金可划分为三个部分。

第一部分，生活日常开支（6—12 个月的生活费，孩子的开支，家庭必需开支，养车、养房的固定费用等）；第二部分，保险等固定开支（不得不缴纳的钱，房贷或者房租，水电费，其他贷款）；第三部分，扣除上述两个部分之后的剩余资金，可拿出这部分的黄金比例投入股票。

举个例子，例如你现在 30 多岁，三口之家，有正常工作，不是资本市场专业投资人士，假设你一共有可用于投资的闲钱 70 万元，留出 12 个月的生活费和各种预备开支，还剩余 50 万元，那么就可以考虑投资 35 万元在股市上，即 50 万 * （1－30％）＝35 万。假如你现在 55 岁，三口之家，有正常工作，一两年之后马上退休，不是资本市场专业投资人士，假设你一共有可用于投资的闲钱 300 万元，留出 12 个月的生活费和各种预备开支，留一部分孩子的未来潜在开支，还剩余 250 万元，那么就可以考虑投资 112.5 万元在股市上，即 250 万 * （1－55％）＝112.5 万。

# 第四章 六大资产如何配置?

下面分析第二个问题:投资股票时,如何处理和投资其他资产的关系?

这个问题的本质就是合理配置家庭资产。换言之,就是如何最优化分配你的全部资产(包括房子、汽车、现金、黄金,还有工资、理财产品等),赚钱的同时实现资产保值增值。年轻人抗风险能力相对较强,往往想多赚一点钱;中老年人要考虑子女父母,要考虑自己的养老退休计划,自然会保守一些,这也是个因人而异的话题。

下图是标准普尔(全球具有影响力的信用评级机构)调研全球十万个资产稳健增长的家庭后,分析总结出的家庭理财方式:

图 13

和美国人相比,中国家庭的资产配置有个突出的特点——财富主要沉淀在房子上。中国人往往住着价值好几百万元的房子,手里大概有几十万元的存款,主要用于存入银行,或者购买基金、保险、股票、房产等,家庭财富没有被合理配置。

绝大多数中国人既要考虑稳定性，又要考虑收益率，那么该如何配置呢？

这些年，股民类型多样化，既有身价过亿的大老板，也有刚刚步入社会的小年轻，更有许多四五十岁上有老下有小的中产阶层。家庭资产配置是个很个性化的问题。有的人喜欢买房子，一套接一套；有的人喜欢买银行理财产品，一个银行换一个银行。有的人酷爱投资股票；也有不少人喜欢投资黄金、比特币、空气币，或者收藏油画、贝壳等另类资产。

一人一投资，一花一世界。关键看你需要什么，关键看你缺少什么。但有一点很重要，几百年的资产历史一再证明：股票资产是所有的资产里增值最快的。

那么，投资股票时，如何处理和投资其他资产的关系？这个问题并没有一个固定答案。资产大致分为以下几类。

## 第一类资产　房子

从历史上看，房子一直是非常好的投资资产。从历史长期来看，是能够战胜通货膨胀的。而且一线城市（如北京、上海、广州、深圳、成都、杭州、南京、武汉等）核心地段的房子有很大的增值保值空间。房子看得见、摸得着，房子不仅能住，而且由于承载了城市的景色、交通、教育、医疗等资源，带有附加价值。在你拥有第一套住房前，不建议你把大量资金投入股市。通常来说，应该先解决基本住房问题，之后再有富裕资金的，可投资股票和其他类别的资产。

房子只有在自住这一套之外的第二套、第三套，才可以算资产。第一套由于是自住，大概率不会轻易套现，所以是负债。房子作为资产也有缺点——交易过程复杂，流动性较慢。

客观来说，房租是房子的货币体现，越好的房子租金自然贵一些。因此，将房子出租成为我们常见的配置方式之一。

全球几百年的资产管理历史一再证明，好城市、好地段的房子永远是不错的资产。

## 第二类资产　存款和现金

在银行存钱，本质上存款的回报率就是利率。如今很多国家和地区都是负利率了，中国的利率在一段时间内也呈下降趋势。

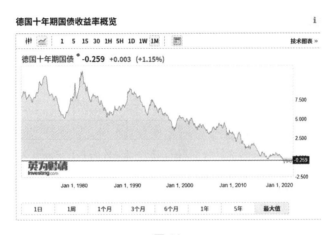

图 14

国债收益率比银行存款利息略高，但是作为一种无风险收益率的标杆，也在指引未来逐步下行的利率走势。

近些年，全世界几乎都差不多，大家都在负利率的道路上疯狂奔跑。

根据摩根大通（JP Morgan）的数据，负利率，即贷款人得到的回报低于他们借出的利率，现在加起来占全球可交易债券领域的 30%。

利率走低和负利率说明了两点。

第一，全球经济都不景气，矛盾重重，旧的经济引擎出了问题，新的经济动力暂时还不足以替代旧的。第二，全球各个国家都负债累累，货币（纸币）也在不断贬值，甚至出现"竞争性贬值"现象。想象一下，你开工厂，想从银行借钱买点设备，美国银行说：跟我借钱吧，我只要 2% 的利息。德国银行说：跟我借吧，我只要 1.5% 的利息。大家都抢着借钱给你，一个比一个利息低。这时经济

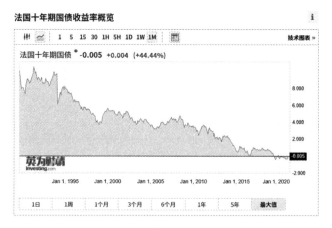

图 15

差，愿意投资的人少，愿意开工厂招聘员工的人少，愿意贷款的人少。钱便宜了，但是愿意投资的人反而变少了，因为大家都担忧借到了钱也不一定能有好的回报，搞不好还要赔进去更多。

利率则是货币的价格。人民币在中国存款：银行一年至少给储户 1.75％；美元在美国存款：银行一年给储户 0.75％；欧元在德国存款：银行不给储户利息，还要倒扣手续费。显然这时人民币相对更有优势。

把钱存到银行其实回报率很低，大概率也战胜不了通货膨胀，某种意义上讲，普通人存款就是补贴了银行，补贴了得到贷款的大小企业和政府。

在解释为什么战胜不了通货膨胀之前，先来看看货币、通货膨胀、回报率、10 年期国债回报率之间的关系。

货币是一种交换货物的中介。在古代，货物之间交换用的是贝壳、铜，后来用过黄金、白银，最终发展到今天用了纸币。最近两年，网络支付越来越普及，央行也开始尝试发行数字货币。数字货币有了国家背书，其实和纸币没什么区别。

货币是逐步替代价值的一种交换媒介，货币表达的是购买力的价值。货币能够交换实物或者服务，这些实物和服务所代表的价值，用货币量表示。多少钱能够买多少猪肉是一种购买力的表现。比如，之前一公斤猪肉的价格是 20 元，现在要 40 元，意味着货币的购买力下跌了。这种付出同样数量的货币（都是 40 元）代表的购买力的下跌，可以理解为通货膨胀。

现代社会里，通货膨胀的常用参考指数是 CPI（居民消费价格指数），CPI 如果大于 6%，通常意味着经济进入了温和通货膨胀阶段。温和通货膨胀意味着同样数量的钱（货币）买到的物品数量少了（购买力下跌了），也就是货币代表的购买力价值下跌了。而每个月老百姓挣到兜里的钱还是基本不变的，这样老百姓就穷了，对吧？所以常常有人说，我今年工资才涨了 2%，没跑赢 CPI。如果每年工资的涨幅低于当年的平均通货膨胀率（中国没有平均通货膨胀率，国内采用 CPI，物价格指数来替代)，可以说工资的购买力每年都在削弱。

做投资，最关键的底线是要保证财富保值，保证财富购买力不因为通货膨胀而下降。在今天利率下行的大周期中，过度存款到银行其实并不明智。当然，一些生活开支，或者未来 1—3 个月内要用到的钱，存到银行多少还能得到一些利息，这是可以的，但日常开支这种钱不算是闲钱。所以，投资的最低目标应该是：投资回报率＞通货膨胀率。

目前，银行利息大概只有 1.5% 左右，但是通货膨胀率接近 4% 了，存款到银行只能得到一种心理上的安全感，这笔钱依旧会每年贬值 3% 左右。换句话说，假设其他条件不变，存到银行的钱每年购买力下跌 3% 左右。

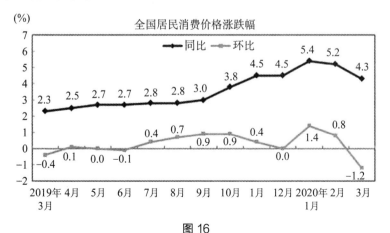

**图 16**

注：2020 年 3 月 CPI4.3%，意味着至少需要 4%—5% 的投资回报才能保持资金的购买力不贬值

中国不公布通货膨胀率，公布的是居民消费价格指数（CPI），可以近似看作通货膨胀率。

## 第三类资产　银行理财产品

银行的各种理财产品在合同上基本都没有承诺保本，银行将储户的钱组合成资金池，然后银行的专业操盘手或交易员将资金投给一些基金经理，让他们拿着这些钱去投资，然后赚钱了分给储户一点。理财产品有风险，并不能保证本金安全。郭树清曾这样说过："防范化解金融风险必须坚持党中央的集中统一领导，确保金融改革发展的正确方向，并服从服务于人民群众的根本利益……在实际工作中，我们注重发动群众，让群众在防范化解金融风险的过程中实现自我教育，提升自身免疫力，同时成长为治乱象的生力军。在打击非法集资过程中，努力通过多种方式让人民群众认识到，高收益意味着高风险，收益率超过 6% 的就要打问号，超过 8% 的就很危险，10% 以上就要准备损失全部本金。一旦发现承诺高回报的理财产品和投资公司，就要相互提醒、积极举报，让各种金融诈骗和不断变异的庞氏骗局无所遁形。"

## 第四类资产　基金

基金分为股票型基金、货币型基金、债券型基金等。基金购买和股票购买遇到的问题大体是一样的。选择基金的核心是选对基金经理，你把你的一笔钱给了一个基金经理，他替你去投资，赚钱之后分一部分给你，算你的收益。

那么如何选择基金呢？答案很直接很简单，一切要看基金经理的人品和投资风格。撇开其他因素，选择基金的核心就是选择一个品德高尚（不会骗你作假）、投资能力突出（有良好的历史记录）和你认可的投资理念（久经考验的投资系统）的人。这三点尤为重要。

## 第五类资产　黄金

黄金作为货币已经有数千年的历史。中国人偏爱黄金，虽然黄金首饰现在没之前那么有吸引力了，但是黄金仍具有广泛的工业用途。黄金有两大特点：第一，战争年代，黄金可作为备份抵御货币贬值，而现在和平年代，这一功能被弱化。黄金在今天的中国并不是法定货币。为什么？

你拿着金条去吃饭，餐厅收么？不收。你拿着金条去打滴滴，滴滴司机拉你么？不拉。你能自由地把黄金带出国外么？不能，这叫做黄金走私。你能在北京的银行买一块黄金，然后去云南的一家银行换成人民币么？不能。黄金在中国并不能够自由合法地通存通兑，也不能在日常生活中当货币使用。所以，请不要误解，黄金在当下的中国并不是货币。

第二，黄金是没有利息的。你买了一块金条，只要你不用，它永远就是一个饰物放在家里，并不会产生一丝一毫的现金流。他不会像房子一样，假设你不住，好歹如果你出租还能带来2%到7%的租金回报。

## 第六类资产　股票

在所有资产类别里，我以为最具生命力的还是股票。为什么？因为只有股票背后是一家一家企业，而投资股票就是投资一家企业。持有该股票的人就好比这个企业的股东。

企业家会帮我们思考如何渡过经济周期，会想办法招聘人员、管理业务，会去建立政府关系，会去拉客户，想尽办法让公司赚更多的钱。找到了优秀的企业家和优秀的企业，如同为自己培养了一棵摇钱树。我不禁想说，企业家是这个时代最可爱的人之一！

另外一个另类资产是比特币，既不能产生现金流，也不能真的当钱花，距离真正作为货币还差很远。目前国家尚不支持比特币交易的合法性。

投资就是投企业，投资的最高境界就是投资最伟大的企业，投资最伟大的企业家。你买了美团、腾讯、阿里巴巴、海底捞、贵州茅台的股票，其实和你出了一点小钱跟朋友开了一家餐厅，你占了一点儿小股份，本质上并没有太大不同。不同在于你和世界级的企业、世界级的企业家共同拥有这个公司的一小部分，而且你会看着它们越来越好，为你赚得大笔财富。

一旦你选对了企业，买下这家公司的一小部分股份（股票），股票的长期增值与否，企业的发展前途直接相关，而优质的企业会自己努力狂奔，为你努力工作，分红给你，帮助你战胜通货膨胀。

没有任何悬念，股票投资领域夜空下最亮的那颗星星就是他——沃伦·巴菲特。他的投资思想和实践激励了无数投资人。

过去这 20 年的投资经历让我越来越深深地明白，要想跑赢通货膨胀，唯有不断投资最强大的最有前途的企业才是王道。

投资方式从来都不是非此即彼的，可自由组合。前面提及的这些资产，可能大多数人都多少尝试过，但实践证明，最好的资产还是股票和房子，当然前提是精心挑选。

# 第五章　如何买基金？

依照目前的形势，未来十年，会有大量中国家庭涌入股市的洪流中，这一趋势已经开始，并且将持续很多很多年。

那么，股票和股票型基金的关系是什么？

先说说基金吧。在美国，股票是 1 股买起，而在中国，股票买卖是 1 手起，1 手就是 100 股。有的股票很贵，比如茅台一股可达 1200 元，100 股就是 12 万元，尽管很多投资者觉得茅台很值得投资，但有些人没有足够的钱买入。有个聪明人出了个主意：假如每人给我一点儿钱，我凑成一大笔钱，我帮他们投资股票，等赚钱了，按照份额回报给每个投资者。于是乎，基金就出现了。

股票型基金是基金的一种，股票型基金涉及很多行业（消费、医药、科技、等），风格各异（保守的、激进的、稳定的、另类的）。简单来说，就是他投资了多只股票，变成一个组合，然后拆分成很多份额，按照一份 1—2 元左右的价格销售给普通投资者。而这个组合则非常多元化。

股票型基金，通俗讲就是比如 10 万人每人出 1000 元，凑成一个亿的资金交给一个陌生人去负责买卖。听上去是不是非常不靠谱？是的。万一这个陌生人能力非常差、品质非常差呢？所以，多数基金都会设定一些规则，比如专门投资某一类资产或者某一类或者几类股票。不过，客观地讲，这些规则对我们来说用处不大，因为监管等原因，很多基金其实就是基金经理等几个核心人物做决策，他们投资的风格也并非一成不变。当然基金中一定有非常出色的，核心还是基金经理个人的投资能力和理念，以及基金公司的管理实力（包括投资的研究，发行和管理的规范化，法律和风险控制等）。切记：选择基金就是选择基金经理，如果对基金经理没有足够的了解和信任，不如老老实实研究一两家好公司买入他们的股票。

基金还有一个特点，就是相对比较分散。在一只基金里，最大份额的股票也就只占 8%—10% 左右。所以基金的涨幅不会太大，跌幅也不会太大，波动性相对较小。

当下，股市行情软件和信息类服务非常多，很容易了解基金的持仓股票，以及它们占净资产的比例和市值等各种信息。但是说到底，一只股票型基金到底好不好，还是要看它持有的是什么股票、什么资产。

要看透一个基金，得抓住两点。第一，基金经理是个什么样的人。第二，基金持有的重仓股都是什么公司。决定基金命运的就是基金的重仓股和基金经理的个人投资风格。

有趣的是，矛盾也在这里。你买基金是因为不想研究股票，想偷懒才买基金，但反过来你买了基金还是要搞清楚基金到底持有哪些重仓股票。那么，什么情况下可以买基金？以下这些情况，建议你考虑买入基金，尤其是股票型基金。

第一，完全没有选股能力，而又不喜欢学习，也没有精力学习，但是对大方向有些感悟，那么你可以慢慢寻找一些持有优质公司的好基金，相当于你聘请了出色的投资管理人帮助你买卖股票。中国有很多著名基金管理人，如陈光明、但斌、邱国鹭、张磊、林园等。

第二，想买其他海外市场的股票，但没有足够的外币（日元、美元、港币等）。例如腾讯控股在中国香港上市，但由于资金问题，你无法投资腾讯，怎么办？可以选择持有腾讯控股的基金买入。例如中概互联基金，其持有 30% 左右仓位的腾讯控股和 30% 左右仓位的阿里巴巴，是一只投资中国最出色互联网巨头的基金。

第三，想入手门槛高的股票。比如你现在看好中国的 5G 建设，想投资 5G 的标的，但很多公司的股价已到 100 至 200 多元一股，一手就需要两三万元，那么资金不足时可以投资 5G 类基金。

本章的最后，分享一下如何选择最适合自己的股票型基金。

第一步，选择投资领域。化妆品、生物创新医药、口罩防护服生产、宠物食品，还是 5G 建设？

第二步，了解所选领域里有哪些行业龙头企业，然后看哪些股票型基金大量持有这些龙头企业的股票。比如某个基金前 10 大持仓中有没有你看中的领域，你看好的某些龙头公司的股票占基金总资产的比例是否较高，等等。假设你看好养猪企业，想投资猪肉股，你就可以去了解哪些基金重仓持有猪肉股的龙头企业，例如牧原股份。

先找到持有牧原股份的基金。

然后逐一了解这些基金，看看哪个基金符合你的投资大方向。然后了解它的各种信息，看看哪些基金重仓的都是你看中的行业龙头。

然后详细查阅基金价格、净值、基金的规模（规模太小的，买卖的流动性较差）。

当某个基金持有大部分公司都是你中意的方向，且基金规模较大，基金经理的理念你也比较认可，过去的历史业绩还算不错时，就可以考虑投资这只基金了。

然而，投资股票型基金的风险也是不言而喻的，值得提醒的有以下几点。一是基金经理可能会修改自己的组合，你是不可能提前知道的，你看到的信息都是滞后的。基金经理的过去业绩只能代表过去，未必能够代表未来。基金经理可能会被换掉，你也无法提前知道。股市大幅下跌会引发过度抛售，持有基金的投资者担忧基金大跌，因此很多基金持有人会去赎回基金，等于把基金手里的钱减少了，这会逼迫基金经理调仓（买卖）腾出一部分资金，应对基金持有人的赎回。选择基金时，如果是在整体股市水平较高时买入，很容易产生浮亏。有的投资人专门盯住一些龙头企业的股票，当这些龙头企业有大幅回调时，他会买入持有这些龙头企业股票的基金，因为这些基金也往往跟随回调了。

买卖基金非常考验投资者的择时能力。那些大方向出色，但是最近几个月回调幅度很大的基金，往往是买入的机会。

# 第六章　股市的定价权到底在谁手里？

一只股票，到底价值几何，不管对不对，他的外在体现是股价（市值），这里涉及定价权的问题。在股市上，到底谁在给股票定价？所谓定价，就是买家和卖家在不断磨合过程中最终确定的交易价格。比如从前买菜主要去农贸市场，总还有个讨价还价的过程，这个过程充满乐趣，后来发展到去超市买菜，讨价还价的过程没有了，如果办会员卡，可能会有点优惠。发展到今天，美团等卖菜平台提供了买菜服务，帮老百姓直接对接了农业供应链，搞不好以后蔬菜鱼肉虾的定价权有一部分要交给美团等平台了。

不过有意思的是，股市依旧和传统的农贸市场一样是可以议价的，直到今天，股市还有买入价、卖出价，而不是唯一的定价。股市交易系统至今还保留着条件单（只有符合了你买入价格或者卖出价格的交易单才会成交）。早期农贸市场大家直接和农民讲价钱，后来，农民进了村镇搞的菜市场，很多人销售的菜也不是自家种的，都是批发的，定价变成了在进价基础上加成的模式。

牧原股份的养猪场猪肉出栏价大概是 30 元/公斤（截至 2020 年 5 月初），不过，全中国绝大多数的超市能够买到的猪肉普遍是 50—60 元/公斤。这中间就包括了中间商（批发、运输、仓储、零售等环节）的利润空间。

那么股市上谁来定价？谁能定价？可以肯定的是：不是你我这样的普通投资者（散户）。

股票的定价要从股市的参与者说起。股市的参与者众多，据说中国有 1.58 亿户头（截至 2019 年 10 月的数据）。由于绝大多数股民都是开了两个账户：深圳股市，上海股市。中国股民大概在 7000—8000 万左右，散户是一个很大的群体，而且基本上集中在城市。

第一个群体：普通个人投资者（俗称散户、韭菜）

以下是几组数据。

深圳交易所 2019 年 2 月发布的数据：

2018 年账户资产在 50 万元以下的中小投资者占 8 成，账户平均资产量为 44.5 万元。新入市股民平均年龄 31 岁，投资知识水平低于平均分，风险追求型占比却高于平均水平。资产配置和投资者结构方面，2018 年受访股民投入到股票中的资产占家庭总流动资产的 25.6%，较上年降低 2.4 个百分点。从账户资产量分布看，50 万元以下的投资者（中小投资者）占比 80.0%，10 万元以下的投资者占比 40.9%。从年龄分布看，平均年龄为 37.6 岁，40 岁以下占比 60.3%；学历以大学本科及以上为主，占比 60.6%。2018 年新入市投资者依然以年轻投资者为主，新入市股民平均年龄 31 岁。截至 2019 年 11 月底，已开立 A 股账户的自然人投资者数量再创历史新高，达到 1.58 亿。与 2018 年底相比，A 股自然人投资者增加了 1243 万。

2019 年 11 月，上海证券交易所数据显示，开通科创板的账户达到 440 万，因为科创板块有 50 万元的门槛，这个数据也可以看出中国的散户的平均资产水平。

第二个群体：掌握大资金的玩家，包括国内的保险资金（例如中国人寿、中国平安的保险资金中可以投资股市的部分），公募基金、私募基金的管理者们。这个群体规模可能在几万个。这个群体所管理的资金从几百亿到几千亿不等。显然他们的一举一动对股市影响（Power）重大。

第三个群体：外资账户（别名北上资金、外资、港股通等）。

外资账户，指的就是资金来自海外、在中国开设公司账户、在中国炒股的基金，数量可能在几千个。

据东方财富 Choice 数据统计，从 2014 年底至 2020 年 1 月 8 日，北向资金累计净流入金额达 1.02 万亿元。最新数据显示，北向资金最新持仓市值达 1.45 万亿元，即外资在 5 年多时间内累计获利超过 4300 亿元，收益率为 42.2%。

这里摘录一段新闻：

1 月 7 日，全球知名资管公司富达国际发表了《2020 年中国市场展望》。针对过去 10 年上证指数几乎原地踏步的现象，富达国际中国区股票投资主管、基金经理周文群表示，这一情况未来将会改变。对此，她给出了 3 点理由。首先，中国经济稳中向好势头不改，在这一过程中，估值缺乏持续下行的动力。其次，科创板开板并试点注册制、新证券法将从 3 月起施行，将会提高 A 股市场的规范程度及对投资者的保护力度，促进市场健康发展，激发赚钱效应。最后，无风险利率下行也将会对股市估值提升起到重要作用。

据统计，2018 年和 2019 年，北向资金净流入 A 股市场的规模分别达 2942 亿元、3517 亿元，目前外资占 A 股市场成交额比例达 8%，占自由流通市值比例约为 7%。对此，周文群表示，外资持股占比已经接近公募基金的持仓水平，由于外资持股较为集中，其在某一类股票上有着很强的话语权。

尽管 MSCI 尚未公布进一步提升纳入 A 股比例的计划，但周文群认为，这并不会影响外资今年继续流入 A 股市场。"尽管沪深 300 指数去年上涨了 36%，但考虑到中国的经济增速和 A 股估值水平并未达到特别高的水平，从全球配置的角度来看，外资流入趋势将会继续。不过，今年被动资金可能不会是主流，反倒是像富达那样的主动资金会加强对 A 股的关注。"此外，全球资产管理规模排名首位的贝莱德也曾表示，2020 年是战略性配置中国资产的元年。"中国资本市场不仅规模庞大、流动性较强，而且与其他全球资产的关联度相对较低，再加上中国资本市场的开放使国际投资者更容易进入，这对投资者而言无疑是一个史无前例的机会。"贝莱德智库亚太区首席投资策略师庞文博称。

数据显示，2019 年全年，北上资金累计净流入规模为 3517 亿元，比 2018 年同比增加约两成。随着北上资金的持续流入，境外机构和个人所持 A 股占比不断提高。中国债券市场同样得到境外机构投资者的青睐。中国人民银行此前发布的数据显示，2020 年第一季度，银行间债券市场新增境外法人机构 26 家，境外机构净增持量为 597 亿元。截至 2020 年 3 月末，共有 822 家境外法人机构投资者进入银行间债券市场，持债规模 2.26 万亿元。外资中长期流入 A 股的趋势不会改变，保守预期每年净流入可能达到 2500 亿元，乐观预期每年将新增近 9000 亿元。

另有券商机构此前发布的研究表示,中国债券是全球估值洼地,境外机构看好中国债券的配置价值,一旦时机合适,境外机构就会持续增持。

外资持续买入中国的债券和股票,是个很明显的趋势,其背后的原因,恰恰是因为中国政局稳定,银行存款利率相对稳定而且有可观相对收益(截至 2020 年5 月,美国、欧洲、日本都已进入了负利率阶段),经济发展富有活力,市场巨大(14 亿消费者,4 亿城市家庭)。一个稳定的国家,一个勤劳努力积极向上的民族,制造业大国。这也意味着中国股市上的好公司的股票会源源不断得到国际投资者的关注。这是一个长远的利好,从而中国股市的定价权也会在中国的国内机构和外资机构(第二第三群参与者)之间激烈争夺。

第四类参与群体是一些国内企业。

一些企业会拿部分富裕的闲钱来理财,有的是买了外资和外资操作的基金,委托基金来管理。有的是自己财务部门操作炒股。这样的企业,全中国或许也有几万个。企业的钱通过各种渠道流入股市,有的借助公募基金,有的组成私募基金,有的直接投资上市。正所谓八仙过海,各展神通。

上市公司公告常说自己又买了多少多少理财产品,通常这也是一个公司比较有钱的一个象征。例如贵州茅台有 1000 多亿现金常年存在贵州的银行吃利息,但由于回报率太低,经常被中小投资者批评。2018 年茅台账面上有 1120 亿现金,不过到 2019 年贵州茅台调整了自己的财务报表,这些钱大概率主要存放在地方银行支援当地建设了。支援当地建设其实是没错的,也不是坏事,只是从小股东的角度看,倒是期望茅台能够加大现金分红的力度。

又比如湖南的上市公司中南传媒,其资产负债表上常年有 100 多亿现金,但是一年的营业纯利却只有 10 亿多一点,所以也常被人怀疑这些钱的收益率太低了。100 亿存银行好歹也有 4—5 亿的利息吧,可想而知,这家上市公司在实体经营部分的利润是有多低了。

第五类参与群体是社保和国家背景的各类基金。

中国还存在一些国家背景的大资金,包括社保资金,中投公司和国家成立的基金。所谓主权基金，可以理解为那些代表国家管理的资产在投资的基金。他们的拥有者通常是一个国家的财政部。很多上市公司现在都有1％—2％的股份是属于中国最大的社保基金和国家背景的大基金的。这些持有者通常持股时间比较长，同时，他们的持仓也值得参考，因为通常他们对政策的理解会比一般投资者深刻很多。而国家背景的基金注资的上市公司往往要么业绩突出，要么分红突出，要么对国家战略有意义。例如：半导体集成电路产业常年依赖进口，带有一定国家背景的集成电路大基金投入了若干家上市公司，这些公司通常具有行业龙头和科技含量，属于非常高素质的公司。为了培育中国芯片产业，2014年《国家集成电路产业发展推进纲要》出台，随后，是1380亿元国家集成电路产业投资基金（俗称"大基金"）和近1400亿元地方基金的建立。2014年9月24日大基金成立，初期规模1200亿元，截至2017年6月规模已达1387亿元。"大基金"一期的重点在制造业，目前的投资中，制造业的投资额占比为65％、设计占17％、封测占10％、装备材料占8％。大基金投资的制造分两条腿走路：晶圆代工＋存储。这几年大概一共撬动了5145亿地方政府基金及私募基金，总计6500亿元资金投入芯片产业。一期投资期5年（2014—2019），累计投资约60家企业，布局了一批重大战略性项目和重点产品领域。其中芯片制造占67％、设计占17％、封测占10％、设备和材料投资占6％；并且主要投资行业龙头大公司。

总的来说，第二、三、五这三类都算主要的机构投资者，大投资者，是资本市场的金融大鳄，也是真正拥有定价权的一个群体。在这五类投资者中，谁能够有定价权呢？应该说，谁的资金体量大，谁对市场影响大，谁对上市公司股价的影响力就大，其中社保基金、保险资金、外资全球基金、中国国内最大规模的公募基金，这几个群体资金量最大。它们也掌握着最多的资源和信息来源，也最有经济实力研究和跟踪企业，包括对全球资产管理的趋势、利率、资金流动分析的监控等等，他们共同构成了股市的定价权特权阶层。他们互相博弈，共同左右着趋势、定价和走向。

所以，普通投资者要多关注他们对一些重要企业的分析和评论，对未来发展趋势的判断，然后独立深入思考，取其精华，从而做出自己的判断，才能在股市上有所斩获。

今天股市非常发达，参与者众多，其中也有很多私募基金管理人，他们越来越知名，不断通过社交媒体发表文章、见解、评论，其本质都是在扩大自己的影响力。无论是有意还是无意，都在一定程度上影响着市场股价，有的人比较隐晦，有的人比较直接。2020年巴菲特股东大会，巴菲特告诉所有投资者，他卖光了全部航空公司股，在那之后，全球的粉丝疯狂卖出了航空公司股票，也包括一度自以为抄底巴菲特的一些著名投资者。此外，因为巴菲特看空原油，沙特股市在巴菲特股东大会之后也曾一度暴跌。这是大投资者影响力的一种明显展现。

所以，隔壁老王和你的这种股友之间的微信瞎聊不一定管用，多听听社保基金管理人的发言，多看看外资大鳄的分析和预判，多了解一下保险资金调整仓位的报告，这些对于提高你对市场的预判和对股票价格的高低贵贱非常有好处。

以上提到的这五类投资者中，在股票交易时，谁拥有最大的定价权，只是定价权的一类情况。另外一种情况的定价权，就是在上市公司刚刚发行股份要上市时的定价机制，这个过程也是一只股票定价的过程，这时券商（证券公司）就会发挥极大的作用。

买卖股票其实是在买卖一家企业的部分股份。比如一家企业共有1亿股，意味着这家企业的所有权被切分为1亿份，每份定个价钱，拿到股票交易市场上来销售。既然要销售股份，总归要有个定价，最初始的股价，是在企业上市时，由券商或承销商和企业商议之后确定下来的一个企业价值，按照每一股折算出来的价格，那么这个企业到底总体价值几何？值多少钱，就是个见仁见智的问题了，券商或承销机构和企业有个商议的过程，有时定的高，有时定的低，有时他们也看市场的情绪定价。

例如，股市情绪高涨时，很多人都跃跃欲试要在股市大展宏图，这时券商、承销机构以及企业都会期望把企业的每一份价值定得高一点，因为他们要卖东西给你，自然是越高越好。券商和承销机构的收入都和总体发行规模有关，他们自然期望总规模越高越好。2020 年 11 月,蚂蚁金服被叫停在中国香港公开发行,不知道其中有多少券商和承销机构在里面栽了跟头。所以就有了当年中国石油在 A 股发行价高达 48 元的故事。中国石油当年发行的价格是 16.7 元,当天上市就被炒到 48 元,到现在股价是 4.15 元(截至 2020 年 12 月),距离最高点已经跌去了 9 成。

曾有读者问,"市场中经常听到各路资金的名号,比如主力、国家队、顶级游资、北水,也经常听说有些大资金在'坐庄'或者'出货'。不知该如何正确看待这些有着超级定价权的资金动向,有时很怕被割了韭菜、接了盘。"

我对这个问题的看法是这样的。第一,这些机构往往对股票的定价(尤其在短期)影响很大,但是股市无论谁定价,最终大家都是看企业的核心价值所在,企业价值增长了,资金即使短期离开了,最终还是会回来的。第二,对于机构投资者的言论,我一般会观察其对市场趋势(未来的走势、经济局势),估值水平和投资战略的主题发言。我不会看记者或者自媒体的报告,我主要看机构投资者的投资总监以上级别的本人的原话。因为原话是有上下文的,会比较忠实反映发言者对市场的判断。例如大型保险公司的投资负责人、著名基金经理、社保的董事长、副总裁级别的领导的发言,都是我经常会去仔细看的,很多场合普通投资者是参加不了的,但是媒体一般会报告,这时就记住,一定要去看原始的文章记录的其本人的原话,上下文是什么。我们国家的资本市场发展到目前,未来将是好企业的伟大时代,坐庄、拉抬、出货这些低层次的手段在流动性好的中大市值的优质企业上其实会越来越少,假如每个普通投资者全部买最好的公司,如果以年为单位去看,这些问题的影响都会比较小,并不需要太过担忧。自始至终,股票的价格是围绕公司的价值上下波动的。

理解了上市初期定价权和交易过程中的定价权,普通个人投资者要多了解那些拥有定价权或者拥有顶级影响力的人物、机构、投资大腕的言论,这对于投资经验不足,数据和分析不足的我们来说,是一个非常重要的观察股市的手段。当然,资本市场的谎言已经够多的了,无论我们看谁的分析,无论内心受到谁的影响，最关键的制胜之道，依旧是独立思考。独立思考永远是合格投资人的必修功课。

## 彩蛋：如何看待股市和经济的关系

股市和经济的关系是投资者经常讨论的一个问题。本章分享一下我对这个问题的看法。

经济的好坏，普通人是从自己的工作和生活角度去体会的，比如工资加了没有，公司里面生意如何，上级领导对自己的工作要求和压力如何，平常周围人谈论的经济话题，这些日常生活都能够透露些许的经济活动兴衰波动的迹象。

比如你过去在富士康打工，现在去立讯精密打工，你自然体会到两个公司的产能转移。过去你在传统汽车企业做研发，现在你去新能源汽车企业做研发，你自然体会到行业重点和趋势的变化。过去你去韩国和日本代购化妆品，然后通过微信营销，现在你因为新冠病毒疫情，只能去海南三亚海棠湾代购化妆品，你自然体会到热点已经转移到了海南。你的服装贸易客户突然停掉了订单，在中国的美国公司突然裁员或者调整，你的美国老板突然被调回美国或者莫名离职，你自己能够体会到一场风暴的袭来。猪肉涨价了，小时工不好找了，商铺租不出去了，法拍房多了，你自然能够闻到空气中通货膨胀的味道和房地产萧条的前奏了。

逢年过节，大城市的男男女女，最终回到了自己的老家，无论在几线城市，大家沟通的无非是今年光景如何，赚不赚钱，哪里有钱赚，这些话题。每年都会有一些新的话题，例如直播火了，做直播能赚钱，海外代购不好做了，微商做不下去了，哪个地方的二手房又卖不动了等等。但是不变的话题永远围绕着工资、赚钱、住房条件、结婚、孩子上学、今后职业发展等等这些展现中国人经济变化的点点滴滴。

有了收入，就有了消费，消费多了，消费类的企业先好起来，消费类的企业好起来，又会带动原材料企业和设备供应商，企业好起来，又会继续扩大生产，多雇佣一些员工，国家政策放宽，减少税收，自然就会减轻有些企业的负担，还有的地方政府会在经济不佳时给一些企业、个体工商户一些补贴，这些资金最终到了每个人、每个家庭手里，都会变成消费的动力。大家都有了更多的收入，自然国家的税务基础也扩大了，税收的基点虽然略有下调，但是征管力度加强，同时也会在总量上有所提高，国家有钱了，自然在政府公共开支上会更加大方一些，例如政府对环保、电力、水利工程、互联网基础设施（5G 移动网络、数据中心、地级市县的医疗等）的投资也会加大。

很显然，这是一个经济的循环。一个人的开支是另外一个人的收入。你花的越多，这个链条上受益的人和企业就越多。比如你买了一部新的小米 10pro 手机，那么小米公司得到了这笔收入，小米公司的供应商得到了一部分收入。大量的小米零部件公司得到了收入。有些盈利被存入银行，银行又拿着这笔钱去放贷款，赚取利率。在这个循环中，人人得到了好处。最可怕的是你不花钱，我也不花钱，大家都不花钱，除了日用必需品，大家都紧缩起来过日子，那么经济的循环，经济的血液就如同凝固了一般，或者放缓了流速，那么缺乏血液的总量，经济就如同衰弱的病人一般，没有力量，没有活力而日趋衰落。

而股市的好坏比较直接，赚不赚钱，大盘的指数涨不涨，对于绝大多数普通投资者来说，是最直接的征兆。股票一涨，有了一定的赚钱效应，投资者就会纷沓而至，不赚钱，没有赚钱效应，投资者的热情就会逐步被磨灭，慢慢的人都会变少，投资者的离开往往会伴随着资金的离开，股市的人气就没有了，股市的热闹和冷静是很容易判断的。

绝大多数情况下，股市和经济并不完全同步。有时你觉得股市在上涨，但是经济在下滑，有时股市在下滑，但是经济其实在回暖。这又是为什么呢？我的观察是，股市的一切价格是由买卖双方在不断交易的过程中形成的，所以股市交易的价格，总体上，折射的是人们对于未来的预期。这个预期包含了企业的业绩，包括了对国家和执政的信心，包括了对未来美好生活的预期，是一个综合感受。

不过，预期有时对，有时不对。预期也经常在变化。

影响股市表现的两个重要因子:一个是投资者的预期,另外一个是市场上资金的利率。股市往往和资金的利率波动联系更为紧密。如同沃伦·巴菲特曾经说过的,利率是一切的中心。当利率变化,一切资产的价格都将随之而动。

预期影响的是人的行为,当经济显露出一些不理想的情况,保守谨慎的绝大多数人就会缩减开支,控制个人和家庭的开销。例如企业老板如果感觉到今年订单不够,就会有意识的控制招聘,例如有的人失业了,就肯定会削减消费,有的人奖金减少了,他可能就有有意识地缩减开支,或者控制非必要消费。

中国人大多数情况下,对于自己的月度、年度开支并不像一些西方国家人士那样有所规划,这是因为过去中国的劳动力就业机会比较充足,即使短期失业,也很容易找到一个还不错的工作。比如在 2002 年至 2012 年这段时间,你如果上一份工作不理想了,基本上很容易在 1 到 2 个月内找到下一份工作,甚至还会加 20%—50% 薪水。不过最近两三年,就业不那么理想了,换工作需要 6 个月左右的周期甚至更长,你会发现身边人变得更加珍惜自己的工作,更在意存钱,生活更加有规划了。

尤其最近,过去非常吃香的 IT 行业和金融行业劳动力慢慢出现了过剩,行业大量裁员,很多人不得不重新找工作,出现了大量 IT 高级从业人员去做保险经纪或者移民去海外做房地产中介的奇观。在这样的大背景下,一旦家庭收入出现了不稳定的迹象,自然就会缩减一些开支,例如在吃穿用上的轻微调整。这些都会影响到消费类、服务类企业的营收和利润,进一步影响到这些企业的供应链(原材料、设备)等等。当越来越多的人有意识地控制、缩减,甚至停掉某些开支,市场上的钱就少了。例如,现在很多人在大幅缩减购买奢侈珠宝首饰的费用,但是在孩子的培训和自己的化妆品上开支不减,服装不再追求几千元的东西了,但是在旅游和健康上的开销日益增加。总量缩小了,消费的结构也略有变化。人们的追求不一样了,消费更加理智。"90后""00后"们也不像过去的"70后""80后"那样盲目欣赏国外的品牌,他们更加喜欢国货。其中一个原因是收入的增量不像从前那么快了。

企业如果没有足够的订单和收入，也会连锁反应地削减开支，或者推迟一些扩产计划，这又会影响到更多人，这时，如果更多企业也加入这个循环，企业业绩就会下滑，职工收入下滑，其家庭开支缩减，经济会呈现一副惨淡的景象。

这类迹象如果逐步加深，很快很多企业的盈利下滑就会表现在股市上，而股市的定海神针是企业的业绩预期，对企业业绩的预期不佳，那么企业的股价自然也不可能好了。

这就演变为一个恶性循环，经济不佳，人们预期不理想，人们缩减开支，企业控制成本，人们的收入更加紧张，消费缩减，进一步推动经济下滑的势头。这时如果要打破这个循环，政府有时会采取一些积极主动的手段，其中最常见的手段有两类。第一类是调整利率，就和美国、欧洲、日本一样，政府推动央行下调利率，下调存款准备金率，超发货币，这样大量资金释放到市场上，贷款的利率就会降低。有些大企业得到了很低利率的贷款，作为一种默认的承诺，这些企业会在经济不佳时尽量不裁员，还可能利用贷款并购同行或者发展其他业务。得到这些便宜贷款的大企业，能够更加快速地强化自己的市场地位，可为将来经济复苏之后的增长奠定基础，有些大企业是非常乐意的。对于一些创新型小企业，不仅贷款利率低了，更重要的是得到一些政策扶持，比如免租金、减免税收等。小企业得到鼓励之后，会保持规模，积极扩展业务。企业的员工和他们背后的家庭也得到了支撑，这些家庭的消费也会持续。第二类是政府多花钱。经济下行时，政府往往会扩大开支，比如加大投入公共基础建设项目，如修路、修桥、搞水利电力工程，也可以投入一些新兴基础设施建设，例如投资 5G 移动通讯网络，也可以给普通老百姓发放一些消费补贴。这些思路的核心策略都是一样的，就是政府先多花钱，让和政府相关的企业和个人先获益，然后这些企业扩大生产，雇佣员工，员工则可以支持他们的家庭日常消费，通过这些办法推动这些企业去采购设备，扩大影响，进而影响到整个供应链。例如政府投资大量基建工程，自然会带动水泥、钢铁、工程机械、建筑类企业的业绩增长，供应链上的企业员工自然收入增多，他们背后的家庭消费自然会有一定的增长。如果政府发放消费券，自然会带动一些居民去消费，政府通过消费券的几个亿，加上说服商家适当给予一些优惠，消费者得到了优惠，消费的热情自然就会增大，推动了商家的业务发展，这些商家的员工的收入和奖金自然增长，这些员工又会去消费。这样就逐步逐步进入一个正向的良性循环。

这如同一个链条，一环传导到另一环，经济犹如一部巨大的机器，经济下滑犹如巨大的机器转不动了，某些环节不够润滑了，或者生锈了，而这些措施，无论是第一类还是第二类，都是逐步逐步把经济下滑的机器注入新的润滑剂，注入新的动力，让它重启，或者让它运作得更加顺利。这就是"无形的手"刺激经济的一个简化的过程。

在这个过程中，股市的波动则是股市参与者集体预期的一个外在表现。经济下滑初期，刚刚有所征兆时，一些人（资金）预见到了未来的经济滑坡，预见到了企业盈利有可能出现的问题，从而会抛售股票，而另外一些人还在盲目跟进。当市场已经完全得到经济下滑的证据（大量的新闻、各种资料），股市通常已经调整了很长一段时间了（这就是资本市场上人们常说的已经 price in 了，就是已经被折射到目前的股市和股价表现里面了）。当然这个步骤不是那么的同步，有时甚至在时间上会错配很长时间。经济下滑到一定阶段，随着政府不断推出政策，例如降息、扶持企业贷款、鼓励投资、减税等等，这些对经济的刺激作用是一个从量变到质变的过程，也有一定的滞后效应，但是聪明的人（资金）看到了未来经济回升的潜力，从而在股市还在低迷时勇敢买入，所以往往经济并没有看到明显回升的情况下，股市已经开始慢慢涨了起来，一切都在慢慢发生着变化，等到绝大多数普通民众和投资者看到了经济数据的改善，股市往往已经涨了许多，有些公司则股价依然翻倍。股市往往会提前 6—9 个月就反应对经济的预判，有时甚至非常准确，准确到令人惊叹。

Money Talks，市场上充斥着大量聪明的头脑，他们代表着这个市场上最聪明的钱，一次又一次的下注，一个又一个的预判。股市是关于预期的艺术。如果在看到全部的事实之后才投入其中，往往会悔之晚矣，正所谓：

朝辞白帝彩云间，千里江陵一日还。

两岸猿声啼不住，轻舟已过万重山。

投资大师沃伦·巴菲特则用另外一句话表达了类似的意境："当你听到布谷鸟叫时，春天已经过去。"

股市和经济是相辅相成的，互为证伪的。不过股市和经济之间还有一层奇妙的关系，当股市热起来时，其实营造了非常好的供企业融资的环境，股市一旦有了初步的财富效应，资金和投资者源源不断地涌入，他们不断投入资金在市场上追逐各种企业博弈价差，但是同时也为很多新兴企业上市打开了大门，很多新兴企业（例如2020年的科创板块企业）在股市上融到了第一笔资金，很多企业通过股市发行可转债，借到了资金，然后在短短一年半到两年的时间内，通过强行赎回可转债等手段，拿回了全部的可转债资金转股成功，从而用极低的资金成本为自己公司注入强大的资源。上市之后的企业在不断增发、套现的过程中获得资金，从而实现了普通投资者支持上市公司融资和扩大再发展的这一伟大进程。

显然，股市热起来之后企业得到了融资（可转债、发新股份、增发、定向增发等），普通投资者从价差博弈中牟利。一些投资者在赚到钱之后，会加大自己的消费，这又会间接刺激经济活动。股市上涨的过程中，常常会有一些投资者套现买房、买车、旅游和大手笔消费等等。

其实这一过程，恰恰是利用股市推动经济的另一个印证。

从经济的恶性循环走向经济的正向循环，巨大的机器需要一点儿润滑剂，需要一点儿新的动力，而这一动力，在今天证券市场的监管日益成熟时，被娴熟地运用起来了。这也是从另外一个角度看到股市和经济的密切联系的因果关系之一。

普通投资者可通过三个途径支持企业：

1. 当企业首次融资时，我们中签之后交了钱，等于我们提供了初始的融资资金给企业。

2. 当企业发行可转债时，我们无论是中签买入，还是后续买入，等于我们向企业提供了这笔债务融资。

3. 当企业增发配股时，我们参与了，等于我们再次给企业提供了资金。

所以，无论最终是得到了分红，还是从企业业绩增长过程中享受到了合理价差，都是应得的回报。

杭州有一座不太出名的小亭子——西湖天下景亭，坐落在杭州风景秀丽的孤山中山公园，亭柱上悬有一副叠字楹联：

水水山山处处明明秀秀，晴晴雨雨时时好好奇奇。

每次股市风云变幻时，我总会想到这副对联，股市和经济有时总是相生相伴，互相影响，虽然有时貌合神离，但是正所谓晴晴雨雨时时好好奇奇，最终还是那一片明明秀秀的山山水水。不要担忧，不要恐慌，风雨之后总有晴天，中国会越来越好，中国最好的企业会越来越好！

中心思想和
四大平衡法则篇

# 第七章　可持续赚钱是中心思想

以上几个章节谈到了这些话题：

1. 来股市是为了赚钱的；

2. 如何正确理解合理投资回报率和可持续赚钱的复利效应；

3. 如何看待各种资产（房子、股票型基金、银行理财产品、现金等）；

4. 如何判断自己该投多少钱在股市里面；

5. 如何理解股市的短期波动和长期波动。

接下来，谈谈如何解读影响股价长期波动背后的源头依然是企业盈利。在此之前，先谈谈我投资股市的"一个中心"和"四大平衡法则"。

由于每个人投资股市的理想理念不同，你或许经常会困扰于信息太多，观点太多，冲突太多。我在本书中大量采用第一人称"我"来陈述我对投资的理解、方法、思考的原因，就是因为我深深相信——一人一投资，赚钱就行——这个朴素的道理。所以当你阅读本书时，请记住，我并非权威，这里更多的想分享我个人的经验。这些内容或许对你有一定的参考价值，但是未必适合你的投资实践。在股市，最重要的是找到适合自己的思路和方法，找到自己的节奏。要学习大师，但是要做自己的实践，走出自己的成功之路。

我相信每一个股市投资者，都会在股票投资的实践中，最多 10 年左右，找到适合自己的投资方法。有的人悟性极高，可能在 4—5 年内已经找到。找到之后要坚持不懈地执行。最危险的是今天学张三，明天学李四，后天看了王朝马汉的文章，又开始要大刀了。在执行过程中，一定会遇到许多问题，要不断修正不断完善自己的投资理念，不断完善自己的操作技巧和方法，形成自己的投资系统。

理解投资的理念并不难，有的人在 10 分钟内就领悟到基本常识：投资就是投企业；赚一次钱不难，难的是赚一辈子钱；投资就是低买高卖；股票的背后就是企业的股权，买股票就是买企业；影响股票长期波动的是企业盈利；合理的价格买入伟大的企业，等待复利慢慢增长。

但是，建立起一个适合自己的、能够完整强大执行的，通过思想、方法和实践技能组合起来的投资系统是比较困难的。你可能会说，那不如把钱给专业投资者不就完了么？对。我们一直存在两个选择，一个是自己做，一个是交给专业人士打理。即使你愿意交给专业人士打理，你同样也需要对投资的目标、难度、思想理念、执行有一定深度的理解，否则你很难选对适合自己的专业人士。这也是我写这本书的原因：告诉大家，建立一个投资系统，可以非常复杂，也可以很简单，但如果你期望自己在股市不断有所斩获，你必须有自己的系统。

身边有几个普通投资人执念于某一个公司的股票，然后长期拿住一只股票，反复做日内交易①，然后不断摊薄拉低持股成本和增加自己投入的本金。他们会选中一些业绩长期向上的公司，例如招商银行、三一重工、恒瑞医药等，在首次买入之后，经常观察 K 线，做日内交易或者短期（3 天到一个月左右）的波动，然后卖出一半，再次买回来，不断反复。这种模式的特点是，聚焦于一个公司，对这个公司的情况就会比较专注，在每一次卖出时，并不是清仓，而是卖出一半或者四分之一，然后再次买回，有时是早上开盘卖出，临近收盘之前半个小时买回来。其实这已经算是一个微型的投资系统了。

这个投资方法的优点非常明显，而潜在的缺陷可能在于两点。第一，比较容易卖出了之后，由于股价上涨，或者自己内心不够坚定而买入其他公司股票，这就是常说的"卖飞了"。第二，遇到周期性大波动的公司或者经营情况很糟糕的公司，则有可能陷入不断补本金，但是股票总市值不断下滑的风险。

还有一些投资者的做法是，大致列出 2—3 个看好的行业（例如他们看好医药长期发展的态势），买入 2—3 个龙头企业（而这个企业到底是不是龙头他们自己不会去看财报，通常只是参考一些媒体、券商的分析）的股票，然后持有一段时间，等到获利之后抛出，然后再看有没有其他看好的行业，再次有个大方向之

---

① 日内交易，一般泛指投资者喜欢在一天或者短短几天里面交易（买卖股票）的行为。股市上，日内交易者非常多。有数据显示，中国股市上 60％的投资者持股不超过 3 天。

后，再找资料选出 2—3 个龙头，买入。如此周而复始。他们通常会重仓龙头企业，他们常说：新能源汽车好，最近新能源汽车都卖疯了，买新能源板块肯定没错；我看好口罩和防护品，这个肯定有一波大行情；老龄化是趋势啊，老龄化趋势就要买医药；我这次准备在医药股上吃一口；科技股是兴国战略，美国人卡死我们，我们要自主创新，买科创板，买某芯片公司。

这种投资方法的缺陷在于，有可能看错了方向，或者看对了方向选错了标的，或者看对了方向，也选对了公司，但是买入时已经是相对的股价高位，而又缺乏足够的耐心持仓，在短期获利的预期得不到满足时，或者短期股价下跌后，又耐不住开始寻找新的行业方向。

也有一些投资者每天阅读各种微博、雪球大 V 的发言，痴迷于博主、自媒体作者或大 V 的指点江山，然后跟进买入，然后在各种社交媒体上积极捍卫自己所买入的股票，一点看空或者轻微的负面消息都会让他们感到气愤，缺乏独立思考和质疑的精神。

是不是看到了自己的影子？

投资需要独立思考，建立起适合自己的投资系统。这样才能立于不败之地。一人一投资，一花一世界，只有持续不断地赚钱才是股票投资的硬道理。

我做股票投资的一个中心思想就是：一人一投资，只有持续不断地赚钱才是我们聚焦的中心。找到了持续不断赚钱的哲学，实践，并且能够基于这些哲学思想理念和实践出来的办法构建一个适合自己的实战系统，就找到了投资界的圣杯。所以我不会去判断谁的方法是对还是错，我也不介意广交天下股友，多理解各种不同的思路和方法，从大师和草根投资者中都可以学到一些东西，因为检验一个投资是不是成功的唯一标准就是赚钱和能够可持续赚钱的能力。

# 第八章 投资领域的四大平衡法则

我在投资中会比较注重四个领域，可看作投资领域的四大平衡法则：仓位、择时、选股、估值。

从本章开始，所有的投资仅指股市投资，本书不再讨论其他资产的投资。

决定投资股票时，首要的三个问题是：买什么？什么时候买？什么时候卖？

买什么，其实就是选股问题。对于普通投资者来说，选股是最核心的问题，因为我们缺乏足够的财务知识，缺乏足够多的行业信息和专业研究分析，缺乏和公司董事长总经理和管理层直接接触的能力。可以说，做好了选股，基本上就成功了一半。

可以换个思路。如果你有个亲戚朋友，突然找上门来和你说，咱们一起开个公司吧！你的第一反应是什么？这个亲戚朋友靠得住么？这个亲戚朋友说的生意好么？能赚钱么？这个亲戚朋友以后会不会骗我？用这个思想去选股，也就是用做生意的思维去选股，会事半功倍。开公司容易，开公司干什么买卖才是重点！（要有主营业务啊！）

开幼儿园？开幼儿园到底开盈利的，还是非盈利的？（不赚钱你干嘛来股市？国家政策你会研究么？）开奶茶店？我只喝过奶茶，奶茶要放多少糖啊？这成本又是多少？倒腾服装去非洲吧？啥？非洲？万一死在哪个丛林我都不知道呢？（自己根本不懂的生意你真的要做么？）开个公司搞芯片？我一退休老太太，就只有20万人民币闲钱储蓄，你逗我呢吧？（投资门槛高，资本消耗大的产业你真的有能力投资么？）

选股如果用做生意的思维去考量，自然安全系数又高了许多。这个问题很多投资者一直是到在自己沉迷多年的股票中败光之后才领悟到的。如果学会从自己熟悉的行业入手选择行业，选择行业中的龙头企业，往往会事半功倍。你若在医院工作，自然可以比其他人更了解医药行业、医疗器械行业和国家政策。IT行业从业人士自然更了解哪个软件最火热，人工智能的最新技术哪家比较强。做白酒销售的人自然知道茅台五粮液的江湖地位，在电影院上班的人自然知道哪一部电影票房不错，爆米花大概多少利润，带孩子来看电影的多，还是情侣一起来看电影的多。其实这些和股票的行情图标，和 K 线并无太大关系。

选股是一门学问。

男怕入错行，女怕嫁错郎。选股就是选行业，行业前景要看明白。

对于自己不熟悉，没兴趣，不爱好的行业建议不要去选，选了你也拿不住，也坚持不了。不熟悉不做是一个很重要的选股原则。从自己熟悉的行业入手，选择这个行业产业链中最赚钱的和最龙头的企业（当然只能是上市企业）。此外，对于行业的格局要理解清楚，有的行业是上游集中度高，利润都在上游，有的是下游集中度高，要找那些赚钱的环节或者将要赚大钱的环节。

所选企业要有相对健康的财务指标。

管理者应该诚信且富有理想。很多迹象都可以帮助你了解一个公司的管理者。各种媒体新闻常评价一个上市公司的第一把手，多看看这些，然后思考一下，如果合伙做生意，找这个人行不行，靠不靠得住，能不能放心？判断管理者是不是诚信，分红是个很重要的指标，能否兑现很关键。

选股之后要做的就是给企业估值。很多朋友会说我不会估值，估值指标这么多，什么市盈率、市净率、市销率，什么现金流估值办法，我也没有学过财务。是的，你并不孤独，99％的投资者都和你一样。如果他们都那么勤快，那么全球资产管理行业至少有一半人要失业。

在目前全球的估值体系中，最常用的估值指标就是市盈率，最基础的估值可以从市盈率开始学习。后面也会有专门章节详细解释估值，解释一些我熟悉的行业的不同估值方法，以及它们区别于其他行业的关键指标。同时也会介绍我是如何一步一步建立起估值分析模式的。

成功的投资更多靠的不是估值和计算，而是对企业定性。先对企业定性，然后定量跟踪分析是个比较好的选股起步。最坏的情况，如果不想深入研究估值，直接拿券商的估值分析的一致预期①目标做参考即可。

择时就是选择买卖的时机。择时在选股、估值、择时三者里面是最难的。相对于买得对（买谁？）和买得好（在何时买？），买得好更难。

择时意味着你要相对准确地判断什么时候买，什么时候卖。几乎所有的知名投资者都说过择时很难，我个人的实践也是如此，尤其是短期。短期股价的波动是无法判断的。股票价格的短期波动取决于在那个时间段的买卖双方力量的对比。它极大程度上是被当时的市场情绪所影响，和企业的盈利、盈利前景几乎毫无关系。

如果把股市看成一个巨大的箱子，这个箱子里面有几百万只苍蝇，你能预测下一秒钟苍蝇的群体运动么？先不说苍蝇会不会有群体运动，即使箱子里面只有几只苍蝇，你都很难预测下一秒钟苍蝇的飞行方向，何况是几百万只组成的群体。

最后一个需要关注的点，也是绝大多数投资者经常亏钱的地方，就是仓位管理。仓位管理是几乎所有投资书目中都不会详细阐述的领域。我认为仓位管理是一个成功投资者最大的秘密。好的仓位管理知道如何构成股票组合，如何调仓换股，如何扭转亏损，如何增持，如何减持，在什么情况下选择谁，下多少注，组合的构建方式，组合里面每一只股票的相关性和流动性，买什么，买几只，哪一只股票分配多少资金，一开始分配多少资金，后续如何加仓，要不要建仓，亏钱了咋办，赚钱了要不要马上卖出等问题。这些需要综合运用投资者心理、概率、数学等知识和技巧，后面会有专门章节分析。

选股、估值、择时、仓位这四个方面合理兼顾才能可持续地赚钱。一旦找到适合自己的思路和办法，并且能够持续执行，不断优化和调整，你距离你心中的投资圣杯也就不远了。

---

① 券商多会定期对上市公司发布企业估值分析报告，他们会明确预算企业未来 3 年的盈利数字，然后推导出市盈率、市净率、分红等预期数据给投资者参考。所谓的一致预期就是多个券商的平均预估盈利数字和估值情况。最简单的办法就是找 5 家最大的券商最近给出的盈利数字，简单取一个平均值即可。

在这四个方面中，估值是相对比较容易理解的，实在不会可以参考券商或者一些专业人士的分析报告。选股要和自己的知识经验和工作背景、生活背景相互结合，所谓不懂不做不投恰恰是巴菲特、芒格提倡的能力圈原则的很好的体现。选股其实也靠社会阅历。

择时就非常困难了，考验的是一个投资人的综合实力，对经济趋势、股市里面的大众情绪、企业估值、宏观形势、利率都要有比较清晰准确的定位，如果没有 10 年以上的股海沉浮经验，择时犯错误的概率很大。

仓位管理更是一门密不传人的实践艺术。某种意义上，选好公司，躺赢才是最佳策略。为什么？如果选好公司，长期持有，等于是不需要择时的，不做积极主动的仓位管理，自然会导致投资的核心平衡四项里面择时，仓位管理得了零分，但是也不是负数啊。

耐心持有伟大好公司＝选股（100 分）＋择时（放弃）＋仓位管理（满仓躺着等）＋估值（如果业余投资者不太擅长估值，可以参考券商分析师的平均预期）

道理想通了，路就好走了。自从我想通了这四个法则，我就时常反思我这四个方面的能力是不是在提高和改善，时不时还给自己打个分。你若是有兴趣可以尝试给自己打个分。

选股：9 分（假设 10 分是满分）

估值：8 分

择时：4 分

仓位管理：6 分

后续将围绕这几点逐步展开分享。

估值篇

# 第九章　股市的整体高低

上一章提到了我投资股市的一个中心思想：

每个人都有自己的投资办法，要找到适合自己的，然后聚焦于形成自己的风格和投资系统，找到能够可持续赚钱的一个办法，然后要注意在选股、估值择时、仓位四个方面取得平衡。常识告诉我们，正确的投资就是：低买高卖。

对于高低贵贱的鉴别很体现一个投资者的真实功力，那么问题来了，如何判断整个股市的高和低？如果你在股市整体已经很贵的情况下买入，那么你比较容易被套；如果在股市整体都比较便宜时买入，大概率是比较容易赚钱的。这些话听起来是不是很熟悉？基金推销者常说，现在还不到 3000 点，中国股市 3000 点以下都是地平线！那么他们说的到底有没有道理？

资料显示，年轻的巴菲特曾遇到经营家居商场的 B 夫人，巴菲特赢得了老太太的欢心，用仅仅价值 4 倍商场税后盈利的价格买下了这个商场（过去 4 年盈利的总和），他内心欢乐极了，成交时却装出一副非常冷漠的样子和老太太握手。巴菲特早年的成功充分印证了他的精明和贪婪，当然更多是他对于低买高卖的业务理解能力和对企业贵贱的洞察力。

截至 2020 年 11 月 17 号，全球股市总市值达 95 万亿美元，相当于 2019 年全球 GDP 的 108％，巴菲特指标再现超过 100％数值的情况。巴菲特指标就是一个判断整体市场高低贵贱的指标。

巴菲特说过很多次，对于一个整体市场，整体的估值标准，一国 GDP 的 40％，买入；一国 GDP 的 100％以上，卖出。这个也被称之为巴菲特指标（The buffet indicator）流传至今。由于缺乏数据，我本人并没有精确计算过这个比例，但是从很多他人的研究数据中能够找到一些端倪。

中国证券化率①＝（沪市＋深市＋港股（内地企业）＋美股内地企业）/GDP

需要特别注意的是，中国有大量大企业的一部分股权，还有中国最好的互联网公司、医药科技公司，都在美国和中国香港上市了，所以，不能单纯使用A股的市值评估整个中国市场的证券化率。

2017年，中国的股市市值大概在65万亿元左右，2017年的GDP大概在80万亿元左右。

2017年6月，中国股市的全部市值大概是：

1. 上海市场30.3万亿元（截至2020年6月23日）

2. 深圳市场22.3万亿元（截至2020年6月23日）

3. 美国中国股票

4. 香港的中国企业的部分

算上阿里、腾讯、京东、网易这些巨头和一些在中国香港、美国上市的企业，大致有七八万亿。粗略估计这已经超过60万亿了。

其中，中国香港整个股市总市值33万亿港币，其中大概60％是大陆企业，折合市值大概在20万亿，折合人民币大概在16.9万亿元。算下来，两地的A股总市值大概有62.9万亿元市值。美国的中概股总市值大概应该在6万亿元左右。（其中阿里4400亿美元，百度800亿美元，京东网易加起来1000亿美元，携程、微博加起来600亿美元，这几家已经接近5万亿元）这样算下来，中国已经上市的公司的总市值，大概在68.9万亿。

在2017年年中，中国公司目前的总证券化率大概在68.9/80＝86％。

因此，总证券化率可粗略用全部证券的总市值除以一个国家的当年预估GDP来估算。根据下图显示，中国股市和当年预估GDP的比例在80％—85％左右触

① 证券化率是指的是一国各类证券总值与该国国内生产总值（GDP）的比率。证券化率是衡量一国证券市场发展程度的重要指标。国外的证券市场证券化率一般在40％至100％之间。成熟的发达国家证券市场的证券化率高的超过100％，发展中国家一般维持在50％左右。证券化率越高，意味着一国的虚拟经济越发达，规模越大，证券市场的地位就越高。

底，高于120％之后则出现风险，总体来说和巴菲特的参考指标是非常接近的。

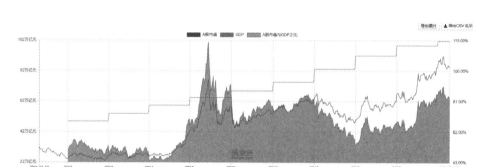

图 17　GDP 和市值之比

数据来源：理杏仁网站 www.lixinger.com

来到 2020 年 5 月初这个节点，我们大致估测算一下中国股市的整体证券化率。

1. 上海证券交易所官网显示，上交所上市的公司总市值是 35.2 万亿元市值。

2. 深圳交易所的官网显示，深圳交易所上市企业的全部市值为 25.3 万亿元。

也就是说，全部 A 股上市的公司的总市值大概是：35.2＋25.3＝60.5 万亿元。

3. 在中国香港及美国上市的全部公司的总市值中，腾讯、阿里各 4 万亿元左右，美团 5500 亿元左右，其他公司大概全部加起来等于它们三个的总和，假设全部海外上市企业的市值大概为 22 万亿元左右。

那么中国目前全部上市企业的市值价值是 35.2＋25.3＋22＝82.5 万亿元。

各经济学家预测中国 2020 年的 GDP 总值为 15.1 万亿美元，2021 年 GDP 为 15.7 万亿美元，2022 年为 16.5 万亿美元。2020 年的 GDP 大概是 105 万亿元左右。

所以，82.5/105 就是现在大概的证券化率，也就是 78.5％。对应这个时间节点上证指数是：2895 点，深圳股票指数是 11001 点。

2020 年 12 月，上证指数已从 2020 年 5 月的 2900 点不到上涨到了 3400 多点了。

那么美国股市呢？下图是美国标普指数的月 K 线图，1 号标记是 2016 年 9 月，2 号标记是 2020 年 5 月，2016 年美国的 GDP 大概在 18.6 万亿美元。此刻的证券化率是 126％，对应的标准普尔指数点位是 2100 点左右。到了 2019 年，美国的 GDP 大概是 21.4 万亿美元。2020 年，因为有 Covid‐19 病毒的影响，很难说美国的 GDP 是多少，但是肯定会倒退在 21 万亿美元之下的。

**图 18　标普指数**

截至 2016 年 9 月股票市值大概在 126％VS 美国 GDP

所以从这 2 组数字（尽管并不完美）的简单比较就可以粗略看出大方向。

＊截至 2020 年 5 月的数据来粗略对比中美两国。

1. 中国 GDP 大概在 105 万亿人民币，股市总市值/GDP 的证券化率大概在 78.5％左右。上证综合指数 2895 点。预测中国 2020 年的 GDP 总值为 15.1 万亿美元，2021 年 GDP 为 15.7 万亿美元，2022 年为 16.5 万亿美元。

2. 2019 年年底美国 GDP 大概在 21.4 万亿美元，2020 年 5 月标准普尔指数 2930 点。经济学家预测美国 2020 年的 GDP 总值下降为 20.14 万亿美元，2021 年 GDP 总值为 21.99 万亿美元，2022 年 GDP 总值为 22.79 万亿美元。

据 MacroMicro 的数据显示，截至 2020 年 4 月 1 日，巴菲特指标达到 113.72%，仍高过 2008 年金融危机前的高点。而截至 2021 年 4 月 6 日，巴菲特指标居然已经达到 204.18%。

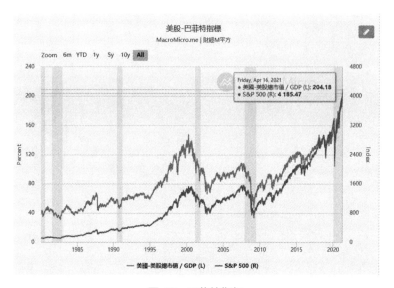

图 19 巴菲特指标

数据来源：macromicro.me

参考过去两次美股大熊市的状况（2001 年、2008 年），美股需要在现有价格基础上再下跌 40%—56%，才会触及过去两个主要熊市触底时的估值水平。

2002 年、2009 年股市低位的市值/GDP 比例是 70% 和 56%，而目前是 113%，美国股市历史最高点是 153% 左右。

孰高孰低，一目了然。

当一个国家的 GDP 上涨，而股票总市值上涨的速度没有 GDP 总量上涨的速度快时，那么其证券资产化率其实是在下降的。

反过来思考，当 Covid‑19 疫情在全球蔓延时，全球的 GDP 都被重创，GDP下跌时，即使股票价格不动，证券化率也是上升的。疫情对各国经济、贸易和社会商业活动产生剧烈影响，导致 GDP 下跌，则全球股市下跌也就可以理解了。所以，哪一个国家疫情恢复最快，GDP 也有可能恢复最快，那么很容易就明白为什么中国股市在 2020 年 2 月—4 月大反弹，跑赢全球股市了。

这个办法可用来观察股市整体的高和低，这个数字不一定很准确，但是对于长期关注股市的人来说，模糊的正确要远比精确的错误强，只要大概率把握住中国股市的高低贵贱，就已经站在赢家的一面了。

# 第十章　个股高低的判断入门法则

假设你和两位朋友合伙开个咨询公司，一共计划投资 100 万元，起名叫火枪手咨询。你有一份不错的体制内工作，离职不容易，你只出钱，但是钱也不多，只有 5 万，也不参与日常经营，其他 2 个朋友要全职经营，一个出资 45 万，一个出资 50 万，你出 5 万占比 2%。意味着这家公司的估值是 250 万元，也就是 5 万除以 2% 得到的结果。这时，你拥有 2 万股，占比 2% 的公司股权。公司价值 250 万，这可以看作是公司的原始估值。

假设经营了若干年之后，这个公司上市了，原始三个股东出让了一些股份给公共股东（也就是散户、机构投资者如基金等等），原始股就是 100 万股，假设你仍然有 2%，就也就是 2 万股原始股，你的原始投资就是 2.5 元一股。上市之后，公司股价在 A 股交易变成了 25 元一股，这时公司的股份 100 万股，对应的市值就变成了 100 万股乘以 25 元每股，市值为 2500 万人民币。这就是平常在股市交易过程中形成的估值。

这个投入 5 万，占比 2% 的办法其本质就是一个估值的方法。接下来我想详细给大家介绍一下在资本市场上估值的几个常见办法。

估值方法主要有 6 类，其中前面 3 类是最常用的。后面几种比较少用，但是在很多特殊情况下，却非常实用。

## 市盈率估值法

市盈率估值法是最常用的估值方法。

P：股票价格、市值，P 就是 Price。

E：EPS 的缩写，即 Earning per Share，指每股盈利。

计算 PE，简单的做法就是拿股票价格除以每股盈利。

PE＝Price/EPS＝每股价格/每股盈利＝公司总市值/公司盈利

当股票在交易时，比如当下，公司的（年度）净利润确定的是去年的，而非今年的，因为今年的净利润还不知道。所以 PE 有很多变种，在不同的场合，你会听到很多对于 PE 的描述。

静态 PE：指的是一家企业去年的利润/公司当下的市值。

例如三一重工，2020 年 1 月 13 日，股价 17.29 元，股本是 84.26 亿元，2018 年净利润是 61.16 亿，2019 年净利润还不知道（因为在 1 月时还没有公布年报），这时 PE 是多少？

股价 * 股本计算出总市值，17.29 * 84.26＝1458 亿元

三一重工此刻的静态 PE 是：总市值/2018 年净利润，也就是：1458/61.16＝23.82 倍。

你可能会觉得 23.82 倍好像有点贵啊？其实，奥妙在于现在已经是 1 月 13 日了，2019 年都已经过去啦，应该用 2019 年的净利润计算才能更准确地衡量三一重工此刻的估值。那如何估算三一重工 2019 年净利润呢？

2019 年第三季度的净利润已经公布了，而 2019 年也过完了，对于普通投资者来说，最简单的办法就是查阅最近几次券商对三一重工 2019 年的净利润预测即可，这个预测在几乎所有的股票软件里面都可以比较简单的查询到，就取这个数字，差别是不大的。

现在，用 2019 年预测的利润 114.32 亿元估算三一重工的市盈率，得到的结果是：1458/114.32＝12.74 倍。

也就是说，1 月 13 日，其实三一重工的静态市盈率大概率是 12.74 倍。

动态 PE：动态 PE 即一家企业的预测市盈率，也就是预测的 2020 年静态市盈率。

动态 PE＝当下的市值/预测的 2020 年净利润

同样，用最近几期券商的估算，123—145 亿取一个自己觉得合理的数字即可。券商的估算肯定不准，但是大概率会比你自己准一点儿。毕竟他们算是专业

人士，好歹知道的信息和情报更多一点，更加重要的是，他们的估值判断，是会影响大资金的选择的，而大资金的选择，才是股票价格定价权的掌握者和拥有者。这是我在前面的章节已经和大家分享过的。还记得么？

假设 2020 年三一重工的利润大概是 130 亿元，那么 2020 年三一重工的动态 PE 就是：

$$1458/130 = 11.2 \text{ 倍}$$

这样看起来三一重工（在 1 月 13 日）是不是就没有那么贵了？你在 2020 年 1 月 13 日以 17.29 元的价格买入，本质上是买入了 2020 年预期利润在 130 亿的、市盈率是 11.2 倍的三一重工公司股权。

需要注意的是，本质上这个估值是动态的，包括分析师、券商、投资的基金经理对一家公司的评估也是时刻在改变的。当疫情暴发，在短短几个月里，全世界都经历了天翻地覆的改变，看一下 2020 年 5 月 7 日各个券商分析师对于三一重工的估值变动：

**表 3 三一重工业绩预测**

↑调高　↓调低

| 机构名称 | 研究员 | 预测年报每股收益（元） | | | 预测年报净利润（元） | | | 报告日期 |
|---|---|---|---|---|---|---|---|---|
| | | 2020 预测 | 2021 预测 | 2022 预测 | 2020 预测 | 2021 预测 | 2022 预测 | |
| 国信证券 | 贺泽安 | ↑1.55 | ↑1.76 | 1.92 | ↑131.17 亿 | ↑148.80 亿 | ↑161.82 亿 | 2020 - 05 - 09 |
| 海通证券 | 佘炜超 | ↑1.61 | ↑1.79 | 1.93 | ↑136.05 亿 | ↑151.41 亿 | ↑163.22 亿 | 2020 - 05 - 06 |
| 天风证券 | 邹润芳 | 1.66 | 1.90 | 2.13 | 140.16 亿 | 160.15 亿 | 180.09 亿 | 2020 - 05 - 04 |
| 德邦证券 | 韩伟琪 | 1.68 | 1.87 | 2.01 | 142.02 亿 | 157.70 亿 | 169.41 亿 | 2020 - 04 - 30 |
| 华创证券 | 李佳 | ↑1.60 | ↑1.83 | 1.98 | ↑134.75 亿 | ↑154.54 亿 | ↑167.19 亿 | 2020 - 04 - 30 |

续　表

| 机构名称 | 研究员 | 预测年报每股收益（元） | | | 预测年报净利润（元） | | | 报告日期 |
|---|---|---|---|---|---|---|---|---|
| | | 2020 预测 | 2021 预测 | 2022 预测 | 2020 预测 | 2021 预测 | 2022 预测 | |
| 中银证券 | 杨绍辉 | 1.69 | 1.97 | 2.16 | 142.58 亿 | 165.74 亿 | 182.07 亿 | 2020 - 04 - 30 |
| 安信证券 | 李哲 | 1.59 | 1.77 | 1.87 | 134.23 亿 | 149.51 亿 | 157.57 亿 | 2020 - 04 - 29 |

　　其实到了 4 月底 5 月初，当三一重工 2019 年财报和 2020 年第一季度的业绩披露之后，分析师们全体调高了三一重工未来几年的盈利预期，在 2020 年 5 月 7 日，分析师对三一重工的盈利预测中，130 亿已经几乎是最低预测了，这意味着市场上的大资金有很大概率会对三一重工的股价看高一线。如果有一个时间机器让你回到 1 月 13 日，那个时候世界还是歌舞升平，大家还在兴奋的想着春节去哪里嗨皮，你愿意用 17.29 的价格买入三一重工么？

　　还有一个估值标准是滚动市盈率（TTM），是指用现在的市值除以一家公司过去 12 个月的盈利总和，评估当下企业的估值：

　　TTM＝总市值/过去 12 个月的盈利总和

　　这里的 ttm 是 Trailing Twelve Months 连续 12 个月的缩写。用这个市盈率的原因很简单，因为很多人觉得过去 12 个月的盈利是已经知道的。

　　假设站在 2020 年 1 月 13 日这一天，估算办法就是拿三一重工 2018 年第四季度到 2019 年第三季度 4 个季度的盈利总和来估算。

表4

按报告期　按年度　**按单季度**

| 科目 \ 年度 | 2019 - 09 - 30 | 2019 - 06 - 30 | 2019 - 03 - 31 | 2019 - 12 - 31 |
|---|---|---|---|---|
| 成长能力指标 | | | | |
| 净利润（元） | 24.11 亿 | 35.27 亿 | 32.21 亿 | 12.33 亿 |

续　表

| 科目＼年度 | 2019-09-30 | 2019-06-30 | 2019-03-31 | 2019-12-31 |
|---|---|---|---|---|
| 净利润同比增长率 | 66.97% | 86.77% | 114.71% | 325.77% |
| 扣非净利润（元） | 24.42亿 | 37.07亿 | 31.05亿 | 8.06亿 |
| 扣非净利润同比增长率 | 39.61% | 65.44% | 150.05% | 234.11% |
| 营业总收入（元） | 157.01亿 | 220.92亿 | 212.95亿 | 147.44亿 |
| 营业总收入同比增长率 | 21.21% | 38.38% | 75.14% | 44.89% |

图20　三一重工股价图

过去4个季度的净利润总和就是：12.33＋32.21＋35.27＋24.11＝103.92亿元

所以TTM就是：1456/103.92＝14.01倍。

静态看24倍，滚动看14倍，动态看11.2倍。有趣么？估值是一个心理游戏，也是金融大鳄，大玩家影响市场的重要工具之一。需要注意的是，市盈率往往比较适用于经营业绩比较稳定，已经比较成熟的企业。

估值办法有很多，后面还有很多。真实的世界里面，估值要根据企业的商业模式，经营特点去选择不同的估值办法，或者多个估值办法组合去分析和评估。

死记硬背,生搬硬套并不是最好的办法。在绝大多数情况下,市盈率低是好事情。著名的投资家邓普顿曾经反复强调过低市盈率投资的好处。但是在现实情况下,市盈率高也不一定就说明这家企业贵了,不值得投资。说到底,估值是一门艺术和科学的结合,更多的是艺术,而不是科学。估值折射的是人们对企业预期盈利和前景的一种综合展望。如果单纯按照估值计算就能投资成功,那么投资最成功的岂不是都是数学家了?

## 市销率估值法

第二种常见的估值方法是市销率估值法（PS）

P 是 Price 的缩写,S 是 Sales 的缩写。

市销率＝总市值/总销售收入

举个例子:2020 年 1 月 13 日,科大讯飞股价 36.26 元,总股本是 21.99 亿,总市值就是 36.26 * 21.99＝797 亿元。

表5 科大讯飞

按报告期 **按年度** 按单季度

| 科目 \ 年度 | 2018 | 2017 | 2016 | 2015 |
|---|---|---|---|---|
| 成长能力指标 | | | | |
| 净利润（元） | 5.42 亿 | 4.35 亿 | 4.84 亿 | 4.25 亿 |
| 净利润同比增长率 | 24.71% | −10.27% | 13.90% | 12.09% |
| 扣非净利润（元） | 2.66 亿 | 3.59 亿 | 2.55 亿 | 3.16 亿 |
| 扣非净利润同比增长率 | −25.83% | 40.72% | −19.32% | 9.51% |
| 营业总收入（元） | 79.17 亿 | 54.45 亿 | 33.20 亿 | 25.01 亿 |
| 营业总收入同比增长率 | 45.41% | 63.97% | 32.78% | 40.87% |

和市盈率 PE 的道理一样,市销率 PS 也可以分为滚动、动态、静态之分,快

速计算一下就可以得到：

797/79.17 亿＝静态 PS＝10.07 倍　　（2018 年）

因为 1 月 13 日时，2019 年的年报尚未发布，因此取券商的预测来评估：

797/110 亿＝静态 PS＝7.25 倍　　（2019 年）

797/150 亿＝动态 PS＝5.28 倍　　（2020 年）

表6

按报告期　按年度　**按单季度**

| 科目 \ 年度 | 2019－09－30 | 2019－06－30 | 2019－03－31 | 2018－12－31 |
|---|---|---|---|---|
| 成长能力指标 | | | | |
| 净利润（元） | 1.84 亿 | 8756.93 万 | 1.02 亿 | 3.23 亿 |
| 净利润同比增长率 | 108.06％ | 80.14％ | 24.26％ | 21.39％ |
| 扣非净利润（元） | 3818.10 万 | －139.71 万 | 3303.04 万 | 2.42 亿 |
| 扣非净利润同比增长率 | 762.26％ | 85.49％ | 10.73％ | 1.80％ |
| 营业总收入（元） | 23.45 亿 | 22.70 亿 | 19.58 亿 | 26.34 亿 |
| 营业总收入同比增长率 | 13.10％ | 25.25％ | 40.11％ | 27.98％ |

TTM＝797/（26.34＋19.58＋22.7＋23.45）＝8.66 倍

在这个时间点（2020 年 1 月 13 日），多数大资金在估值时看的是 5.28 倍这个动态 PS 市销率来判断企业的。市销率这个指标，当一家企业还没有盈利时，因为利润为负，用市盈率 PE 估值会计算出负数，这时往往可以用市销率来做分析。

如果来到 2020 年 5 月 7 日，这时科大讯飞的第一季度和第四季度收入都已公布，那么会看到它的滚动市销率又变了，而且股价比 2020 年 1 月 13 日还要便宜。

它的动态市销率也就变为：

34.28 元 * 21.99 亿股＝753 亿元市值

TTM＝753/（14.09＋35.06＋22.7＋23.45）＝7.91 倍

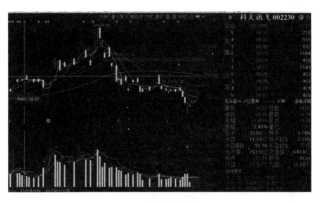

图 21

表 7

按报告期　按年度　**按单季度**

| 科目 \ 年度 | 2020 - 03 - 31 | 2019 - 12 - 31 | 2019 - 09 - 30 | 2019 - 06 - 30 |
|---|---|---|---|---|
| 成长能力指标 | | | | |
| 净利润（元） | −1.31 亿 | 4.46 亿 | 1.84 亿 | 8756.93 万 |
| 净利润同比增长率 | −229.02% | 37.97% | 108.06% | 80.14% |
| 扣非净利润（元） | −1.35 亿 | 4.19 亿 | 3818.10 万 | −139.71 万 |
| 扣非净利润同比增长率 | −507.42% | 73.34% | 762.26% | 85.49% |
| 营业总收入（元） | 14.09 亿 | 35.06 亿 | 23.45 亿 | 22.70 亿 |
| 营业总收入同比增长率 | −28.06% | 33.10% | 13.10% | 25.25% |
| 每股指标 | | | | |

　　可以看出来，随着时间的推移，股价下跌，市销率也下滑了。换句话说，此刻投资科大讯飞只需要 753 亿人民币，相比 4 个多月之前 1 月 13 日的 797 亿便宜了一些。正所谓：万变不离其宗，一家公司最终好不好，还是要看有没有收入，销售收入的增长趋势能够看出一家企业的好坏。更重要的是，企业在做财务报表时，收入是很难作假的，利润是有很多办法勾兑的，所以这也是市销率经常被使用的一个原因。

　　刚刚的例子可以说明的是，市盈率、市销率都是动态波动的，由此引入一个新的估值角度，也是我认为估值中最重要的角度，就是观察一家公司股价（总市值）波动的顶部区域、底部区域和波动模式，称作动态历史估值法。下面这张图就是科大讯飞过去三年的历史动态市销率 PS 的波动情况：从图上可以看出来，科大讯飞的股价对应的动态市销率最低到 6.3 左右，最高到过 22 左右，最近 1—2 年一直在 7—10 之间波动，也就是说，科大讯飞最近 2 年的市值一直在年销售收入的 7 倍到 10 倍左右波动。这给了投资者一个很好的参照系。

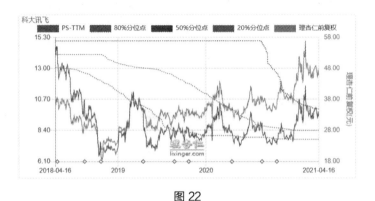

**图 22**

数据来源：理杏仁网站 www.lixinger.com

看到这里，大家应该能够理解如何参考历史市盈率和历史市销率的波动，分析过去几年（3 年，5 年，甚至 10 年）的周期里面，底部和顶部的大概范围和区间了。这也是灵活运用估值分析的一个重要手段。结合前面我谈到过的分析整个市场（全 A 股）的市场的顶部和顶部区域，再结合对于某一个公司（个股）的动态市盈率，市销率的分析，自然是能够对估值的高低贵贱会有很直观清晰的感觉的。

## 市净率估值法

市净率估值法（P/BV）常用于金融地产行业和重资产行业。B 即 Book Value 的缩写，指账面价值，即一个公司的净资产价值。

市净率＝总市值/净资产价值（或者：股价/每股净资产）

净资产可以理解为一家企业的股东所拥有的资产，也就是股东权益，也叫作股东拥有的净资产。举个例子，比如开一家餐厅，几个朋友一共出了 100 万资金，但是发现钱不够，想扩大一点，就又借了 50 万投入。这样公司一共就有了 150 万资金，其中 50 万是负债，100 万是股东所有的。这 100 万就是净资产。50 万是公司的负债。150 万就是公司的总资产。公司经营一段时间后，钱变成了家具桌椅板凳、电脑、生产设备，变成了商品和原材料（存货），公司有了销售收入，慢慢赚钱了，赚到的钱又保留在公司里，可能公司拥有的全部资产变成了 300 万（包括现金、固定资产、存货等等），假如没有继续借钱，那么你的负债还是 50 万，而公司的净资产就变成了 300－50＝250 万了。

来看几个例子，例如招商银行在 2020 年 3 月 31 日这个时间点，其净资产是 24.11 元，那么其市净率就是：

市净率＝34.97/24.11＝1.45 倍

意味着当下你可以用 1.45 倍招商银行净资产的价格把招商银行买下。这个价格如何？假设你没有缺钱的后顾之忧，你愿意用 1.45 倍的价格把整个招商银行——全中国可能是最好的零售银行——买下来么？这个问题值得考虑。

看看招商银行的市净率在历史上是如何波动的？这个问题也可以看成是：历史上，投资者在不同时间段内基于当时的市场情绪、当时的估值水平、当时对招商银行的预期，投资者愿意出多少钱（净资产的多少倍）买下招商银行的股份。因为价格在历史的不同时期的波动过程，每一个价格都是由无数多的买家和卖家交易所形成的。下面是招商银行在过去 5 年，历史市净率的波动图，可以看出，招商银行在 2016—2017 年多次在市净率的 1.1—1.2 倍价格交易，2018 年曾经在 1.9—2 倍左右的价格上交易，也是多年的一个顶点，到了 2020 年 5 月上旬，恰好在市净率 1.45 左右。

此图至少说明三点：

1. 招商银行过去五年最低成交价格在 1.1—1.2 倍市净率区间。

2. 招商银行在过去五年最乐观的成交价格在 1.9—2 倍市净率区间。

3. 当下（2020 年 5 月 7 日）时间点，招商银行在 1.45 倍净资产价格交易。这个在历史上属于一个相对中间偏低的位置。

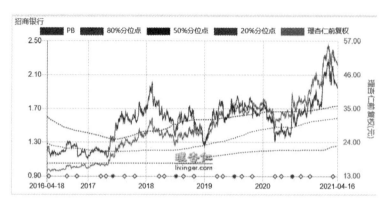

**图 23　招商银行**

数据来源：理杏仁网站

当招商银行的股价波动到当下市净率 1.5 倍、1.6 倍、2 倍时，无法精确时它是不是已经被高估了，但是能够模糊判断出这个估值已经越过了历史中位值，当招商银行交易在 2 倍市净率，而其他业绩指标并没有出现突变的前提下，其估值已经透支了不少未来的业绩。看，这就是模糊的精确。

再来看看宝钢股份——中国最大的钢铁集团，一个重资产企业，2020 年第一季度末的每股净资产为 8.06 元。但是当下（2020 年 5 月 7 日）的股价只有 4.88 元，也就是说，市净率为：市净率＝4.88/8.06＝0.605 倍

现在你可以用 0.605 倍净资产的价格把这个中国最大的钢铁集团买走，还附带一份分红。别说你愿意了，宝钢股份的母公司先不乐意了，这个价格也太便宜了吧！宝钢股份在 2020 年 2 月份宣布增持。根据公告，截至 2020 年 5 月，已经增持，成交均价在 5 元左右。现在股价跌破了增持价格。

来看看宝钢股份的市净率历史波动情况：

从下图可以看到，过去五年，宝钢股份交易的最高点在 1.5—1.6 倍左右的净资产价格。而在 2016—2017 年，交易在一个比较低迷的位置，0.6—0.7 倍左右的位置上。当下的股价（2020 年 5 月）恰恰是过去 5 年的低点。

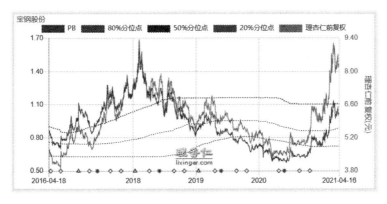

图 24 宝钢股份

## 分红倒推估值法

宝钢宣布了分红计划是每 10 股分配 2.8 元，也就是每股分配 0.28 元。这就引出了第四种估值办法，我把它称之为分红倒推法。分红倒推法并不见于知名投资者的著作之中，算是我自己总结的一个快速判断估值高低的办法。

分红倒推估值法，就是利用上市公司的历史分红来判断股价的高低和合理价值的办法。以宝钢股份这个案例来说，每股 0.28 元，假设预期收益率期望在 5％左右一年稳定的回报，那么每股 0.28 元的分红意味着我可以在股价低于 0.28 除以 5％的位置买入了。

$$0.28/5\％＝0.28 * 20＝5.6 元$$

倒推来理解就是：假设我 5.6 元买入了宝钢股份，我可以在分红季（一般在 7 月或者 8 月）得到 0.28 元每股的现金分红，回报率是 0.28/5.6＝5％。那么现在我如果只需要 4.88 元即可买入，意味着我在分红季将得到的回报率是 0.28/4.88＝5.73％。听起来是不是已经相当不错了？下面分析一下如何运用这一办法。

宝钢股份历史上的分红记录说明两点，

第一，宝钢一般在 6 月初分红。

第二，宝钢从 2015 年分红每股 0.06 元到 2018 年 0.5 元，是不断增长的。

但是 2019 年分红 0.28 元每股，相对于 2018 年是对折了。这说明宝钢股份的分红并不稳定，从下表中的另外一栏——股利支付率——也可以看出来，股利支付率的意思就是股息占当年净利润的百分比。股利支付率最低 38％，最高是 100％，这说明宝钢具有一定的周期性。企业一般是赚钱的年份自然就会分红增多，你会看到 2016 到 2019 年的分红是累计增长的，从每股 0.21 元到 0.45 元到 0.5 元一直在增加，但是到了 2019 年分红却是减少到每股 0.28 元了，说明 2019 开始出现利润下滑的态势。经查阅 2016 到 2019 年的利润也是如此，2016 年利润 90.76 亿，2017 年利润 191.7 亿，2018 年 214.49 亿（为历史最高），2019 年利润是 124.23 亿，相比 2018 年大幅下滑。这说明 2018 年是一个周期高点，2019 年继续利润下滑，接下来可能会有 2—3 年的周期下降期了。换句话说，未来 2—3 年宝钢股份的利润可能不会太好，从而削减分红也是存在一定的概率的。所以，这一笔 0.28 元每股的分红闻着很香，但是或许只能拿这么一次，也许后面分红还会被董事会削减。所以当分析宝钢时，我们看到了几个估值的信号：

第一，市净率历史最低；第二，分红在 1 个月之后会有，持有 1 个多月的现金回报率（分红部分）是 5.73％；第三，公司宣布回购，第一次回购均价大概在 5 元左右，比现在的市场交易价格还贵。

如果现价 4.88 元买入的话，持有 1 个月，将得到 5.73％的回报率，假设股价不继续下跌超过 5.73％的话，理论上不会亏损。这时向下跌的概率很小，向上涨的机会很大，这是个投资机会。也许有人担忧，股价在分红之后会发生除权，除权会导致股价下滑，这个担忧的本质在于投资者把投资的时间维度看成了分红前后的几天，而没有想过，当用分红衡量一个公司的价值时，默认这是一个以年

表 8　宝钢股份分红

| 报告期 | 董事会日期 | 股东大会预案公告日期 | 实施公告日 | 分红方案说明 | A股股权登记日 | A股除权除息日 | 分红总额 | 方案进度 | 股利支付率 | 税前分红率 |
|---|---|---|---|---|---|---|---|---|---|---|
| 2020 中报 | 2020-08-28 | — | — | 不分配不转增 | — | — | — | 董事会预案 | — | — |
| 2019 年报 | 2020-04-29 | 2020-05-20 | 2020-05-28 | 10派2.80元（含税） | 2020-06-02 | 2020-06-03 | 62.36亿 | 实施方案 | 50% | 5.71% |
| 2019 中报 | 2019-08-23 | — | — | 不分配不转增 | — | — | — | 董事会预案 | — | — |
| 2018 年报 | 2019-04-25 | 2019-05-18 | 2019-05-27 | 10派5元（含税） | 2019-05-30 | 2019-05-31 | 111.38亿 | 实施方案 | 51.55% | 7.23% |
| 2018 中报 | 2018-08-28 | — | — | 不分配不转增 | — | — | — | 董事会预案 | — | — |
| 2017 年报 | 2018-04-10 | 2018-05-26 | 2018-06-04 | 10派4.5元（含税） | 2018-06-07 | 2018-06-08 | 100.21亿 | 实施方案 | 52.33% | 4.9% |
| 2017 中报 | 2017-08-25 | — | — | 不分配不转增 | — | — | — | 董事会预案 | — | — |
| 2016 年报 | 2017-04-28 | 2017-05-24 | 2017-06-08 | 10派2.1元（含税） | 2017-06-13 | 2017-06-14 | 46.42亿 | 实施方案 | 38.18% | 3.19% |
| 2016 中报 | 2016-08-31 | — | — | 不分配不转增 | — | — | — | 董事会预案 | — | — |
| 2015 年报 | 2016-03-31 | 2016-04-29 | 2016-06-02 | 10派0.6元（含税） | 2016-06-07 | 2016-06-08 | 9.88亿 | 实施方案 | 100% | 1.15% |

度为单位的持有而获取的分红。如果只持有几天，自然完全有可能在分红当天，由于除权导致股价下滑，但是几乎所有的好公司股票价格都会在随后的时间逐步回升到分红之前的股价（又称之为填权），时间是好公司的朋友。

## 自由现金流折现估值法

接下来介绍第五种估值方法，也就是自由现金流折现估值法。芒格曾经说过，虽然他和巴菲特都相信自由现金流估值才是企业的最合理的估值方法，但是他从来没有看见过巴菲特用计算器计算过。我猜想，这更多是一种对于老朋友的调侃吧。事实上，自由现金流折现估值法的确是可以计算出来的。不过这种方法要使用的基础知识比较多，这里用最简单明了的语言解释一个简化版本。

回想一下，前面提到的那家火枪手咨询公司，在现实生活中，有大量这样的咨询公司存在，那么当你想要买下一家咨询公司时，该如何做？咨询公司一般来说就是人员和项目，找客户关系，客户给出问题，咨询公司给出答案，那么咨询公司最大的资产就是人。这些人的经验和背景、社会关系无法体现在净资产里，然后就是一些办公桌椅和电脑设备，这些根本不值钱。那么一家咨询公司在生存过程中，最大的资产除了这些富有经验的人之外，就是合同了。已经执行的合同和将要执行的合同都代表未结清的款项，也就是未来的现金流所在。

所以，用苛刻的眼光看待咨询公司时，这个公司的根本价值（或者说底线价值、清算价值）在于公司已经有多少现金、多少债务以及多少未执行的合同，将来清算时有多少现金分配给接手的股东，这些才是公司的全部实际资产。咨询公司最大的困难往往就是一个出色的咨询顾问走了，带走了项目和客户，咨询公司赖以估值的基础瞬间土崩瓦解。类似咨询公司的还有营销服务类公司（例如蓝色光标、壹网壹创），律师事务所，小规模的牙科诊所等等，他们都有共同的特征。所以当你计划买下一家咨询公司时，你可能只能对其现有合同未来能够产生的潜在现金流做一个评估，同时想办法用协议约束现有团队的服务期（例如必须给自已服务多少年，不能去竞争对手那里，一定期限内不能自我创业带走客户等等）才能用一个比较合理的价格收购这家咨询企业。

咨询公司和房地产公司在某种意义上是类似的。房地产公司的商业模式就是不断地买地、盖房子、销售、回笼资金，然后继续买地、盖房子、销售、回笼资金，公司最大的资产就是土地和那些还没有销售掉的房子的价值。所以如果评估一家房地产企业的价值，更多的是把他的土地和所有可售的房地产项目（房子）的未来可以带来的现金流加总来评估这个公司的价值。至于房地产公司的团队，在并购评估估值的过程中几乎一文不名。

要注意的是，现金流和自由现金流是不一样的。任何东西，加上自由两个字，就会变得昂贵许多。生命诚可贵，爱情价更高；若为自由故，二者皆可抛。

所谓"自由"的现金流，其含义就是你作为股东，可以拿走（可以分配走而完全不影响公司正常的发展和运作的）那个部分现金流。比如你分别投资了100万去两个朋友的公司，老张在烟台开了一个海边小海鲜加工餐厅，从第一年开始，每年能够给你分配4万—6万的现金，现在逐步逐步每年给到了8万，老李的公司是在东莞做加工工厂的，头三年一毛钱都没有分配给你过，倒是工厂盖起来了，还贷了好几百万。现在又说因为中美冲突外贸单消失了，正在发愁。两个公司对于你这个小股东来说，哪一个更有意义，自然是不言而喻的。一个有自由现金流，一个没有。虽然一个看着高大上，可能在东莞某处有一个工厂，人员规模挺多，另外一个看着如同一个破旧的农家乐，但是本质上一个赚钱，一个可能目前还是无底洞。

买上市公司的股票，我们看中什么呢？我们只是上市公司的小股东而已，既不能左右公司的经营决策，又没有足够大的权利要求公司强行提高现金分红比例，所以我们更看中的是自由现金流，因为只有可以分配的自由现金流越多，上市公司分配给我们这些小股东现金的概率也就越大。自由现金流可简化理解为公司每年经营的净现金流减去必须要再重复投入的资本开支之后所剩余的可自由分配的部分。

自由现金流可用下面的公式近似计算：自由现金流＝经营活动产生的现金流

净额减去购建固定资产、无形资产和其他长期资金支付的现金。

例如海天味业（2016—2019 年自由现金流）：

表9

按报告期　**按年度**　按单季度

| 科目＼年度 | 2020 | 2019 | 2018 | 2017 | 2016 |
|---|---|---|---|---|---|
| **一、经营活动产生的现金流量（元）** | | | | | |
| 销售商品、提供劳务收到的现金（元） | 267.30 亿 | 234.58 亿 | 205.17 亿 | 179.53 亿 | 152.61 亿 |
| 收到的税费与返还（元） | 1180.49 万 | 1104.37 万 | 741.76 万 | 191.00 万 | 362.93 万 |
| 收到其他与经营活动有关的现金（元） | 2.89 亿 | 1.98 亿 | 2.01 亿 | 1148.76 万 | 372.52 万 |
| 经营活动现金流入小计（元） | 270.31 亿 | 236.68 亿 | 207.25 亿 | 180.22 亿 | 152.82 亿 |
| 购买商品、接受劳务支付的现金（元） | 139.93 亿 | 120.39 亿 | 104.85 亿 | 91.95 亿 | 78.67 亿 |
| 支付给职工以及为职工支付的现金（元） | 12.00 亿 | 9.47 亿 | 7.48 亿 | 6.79 亿 | 5.93 亿 |
| 支付的各项税费（元） | 29.57 亿 | 26.53 亿 | 21.12 亿 | 19.13 亿 | 14.85 亿 |
| 支付其他与经营活动有关的现金（元） | 19.30 亿 | 14.61 亿 | 13.84 亿 | 15.15 亿 | 12.63 亿 |
| 经营活动现金流出小计（元） | 200.80 亿 | 171.00 亿 | 147.29 亿 | 133.01 亿 | 112.08 亿 |
| 经营活动产生的现金流量净额（元） | 69.50 亿 | 65.68 亿 | 59.96 亿 | 47.21 亿 | 40.74 亿 |
| **二、投资活动产生的现金流量（元）** | | | | | |
| 收回投资收到的现金（元） | 70.85 亿 | 111.00 亿 | 161.56 亿 | 50.09 亿 | 40.71 亿 |
| 取得投资收益收到的现金（元） | 1.93 亿 | 2.07 亿 | 2.95 亿 | 1.44 亿 | 8707.94 万 |

续　表

| 科目＼年度 | 2020 | 2019 | 2018 | 2017 | 2016 |
|---|---|---|---|---|---|
| 处置固定资产、无形资产和其他长期资产收回的现金净额（元） | 162.01 万 | 336.75 万 | 79.57 亿 | 338.58 万 | 9.16 万 |
| 收到其他与投资活动有关的现金（元） | 4.16 亿 | 2.61 亿 | 1.11 亿 | 8209.14 万 | 4306.84 万 |

2019 年的自由现金流就是：65.68－5.83＝59.85 亿

短短 3 年，海天味业的自由现金流从 30 多亿增长到了 60 多亿。增速惊人，堪称一部印钞机。

再比如，贵州茅台（2016—2020 年自由现金流），这又是一部超级赚钱机器，每年的自由现金流高达 400 多亿。

再来看一个例子，海螺水泥（水泥行业中国第二，行业成本最低的水泥企业）。

表 10

按报告期　**按年度**　按单季度

| 科目＼年度 | 2020 | 2019 | 2018 | 2017 | 2016 |
|---|---|---|---|---|---|
| **一、经营活动产生的现金流量（元）** | | | | | |
| 销售商品、提供劳务收到的现金（元） | 2129.89 亿 | 1960.51 亿 | 1637.84 亿 | 926.59 亿 | 693.83 亿 |
| 收到的税费与返还（元） | 4932.34 万 | 8277.73 万 | 5223.25 万 | 5.22 亿 | 3.16 亿 |
| 收到其他与经营活动有关的现金（元） | 21.77 亿 | 15.22 亿 | 14.14 亿 | 5.97 亿 | 6.66 亿 |
| 经营活动现金流入小计（元） | 2152.16 亿 | 1976.56 亿 | 1652.50 亿 | 937.77 亿 | 703.66 亿 |
| 购买商品、接受劳务支付的现金（元） | 1503.19 亿 | 1270.99 亿 | 1045.24 亿 | 597.78 亿 | 444.19 亿 |

续　表

| 科目＼年度 | 2020 | 2019 | 2018 | 2017 | 2016 |
|---|---|---|---|---|---|
| 支付给职工以及为职工支付的现金（元） | 77.42亿 | 72.14亿 | 59.33亿 | 47.00亿 | 41.47亿 |
| 支付的各项税费（元） | 200.29亿 | 206.46亿 | 167.63亿 | 105.25亿 | 78.28亿 |
| 支付其他与经营活动有关的现金（元） | 23.29亿 | 19.60亿 | 19.72亿 | 14.11亿 | 7.75亿 |
| 经营活动现金流出小计（元） | 1804.19亿 | 1569.18亿 | 1291.91亿 | 764.14亿 | 571.69亿 |
| 经营活动产生的现金流量净额（元） | 347.97亿 | 407.38亿 | 360.59亿 | 173.63亿 | 131.97亿 |
| **二、投资活动产生的现金流量（元）** | | | | | |
| 收回投资收到的现金（元） | 446.43亿 | 575.03亿 | 270.45亿 | 430.97亿 | 160.45亿 |
| 取得投资收益收到的现金（元） | 11.05亿 | 5.69亿 | 1.59亿 | 4659.76万 | 2393.75万 |
| 处置固定资产、无形资产和其他长期资产收回的现金净额（元） | 8.90亿 | 2.23亿 | 5022.25万 | 1.04亿 | 1.59亿 |
| 处置子公司及其他营业单位收到的现金净额（元） | — | 4695.08万 | — | — | — |

海螺水泥2019年自由现金流407－88＝319亿，回看海螺水泥的历史自由现金看到了一部飞速运转的印钞机：

2015年47.41亿

2016年82.16亿

2017年137亿

2018年313亿

2019年319亿

是不是非常吸引人？这是真金白银赚钱，不是简单的账面利润啊。

所以，一个企业的价值等于它未来所产生的全部自由现金流折现到目前的总和。一个企业能够一直经营下去的话（永续），每年都会分配一些自由现金流给股东（也就是现金分红），或者说每年都能够有一部分自由现金流去投资更多业务，扩大企业价值，这些自由的现金流对于股东是有意义的，有价值的资产。如果一个公司不能源源不断地提供自由现金流（不管是用分红或者其他办法），那它对于股东的价值在哪里呢？也许毫无价值。尤其是那些不但不能产生自由现金流，还会要求股东不断追加投资的企业，那些企业令人头疼。

在股市上，有些上市公司不断融资（例如采取增发等手段），在获得资金之后，又大比例给股东分红，由于上市公司的控制人本身就是最大的股东，等于这笔钱从投资者的口袋里轻松转移到了上市公司的控制人手里。其实这些钱并没有投入新的业务，甚至都没有去找个银行买个 4 个点的理财产品就直接去了大股东的口袋。

自由现金流折现估值法，可以简单用公司当下总市值除以公司过去几年和未来几年的自由现金流的均值，粗略判断企业的价值。举几个例子。

静态自由现金流倍数＝总市值/上一个财务年度的自由现金流

动态自由现金流倍数＝总市值/下一个完整财务年度的预期自由现金流

例如贵州茅台，截至 2020 年 5 月 8 日市值为 16511 亿。2019 年自由现金流为 420 亿，所以：

静态自由现金流倍数＝16511/420＝37.79 倍。假设 2020 年贵州茅台比 2019 年略好，增长 5％，那么，动态自由现金流倍数＝16511/（420 * 1.05％）＝37.43 倍。这个数字听上去感觉贵了还是便宜了呢？这个数字意味着什么呢？这个数字意味着，假设你现在用 1.65 万亿买下了茅台，那么你在 37.43 年可以拿走全部 1.65 万亿现金，还白得了一个茅台。惊不惊喜，意不意外？

投资 1.65 万亿买下茅台，我们得到了：

第一，每年 213—250 亿现金分红。按照 2019 年茅台每股分红 17 元估算，茅台一共有 12.56 亿股本，假设你全部买下，意味着你得到了全部分红，那么这个数字是 213.8 亿，算 200 亿吧。

第二，理论上，在扣除分红之后，你可以把所有剩余的自由现金流拿走。这是多少钱呢？假设每年大概平均 220 亿。企业董事会会把自由现金流做个分配，其中一部分变成现金分红分给了股东，另外一部分自己投资理财或者去开拓新的业务，投资新的产业。所以是 420 亿减去 200 亿分红，还剩余 220 亿自由现金流。

第三，你得到了一个茅台公司的控制权，茅台的土地、厂房、设备还有全部的库存。

现在把测算一下这笔生意到底要多少年才能完全收回呢？首先做如下的假设，假设茅台的自由现金流在未来 3 年内每年增速 7%，第四年之后五年每年增速 5%，长期增速（一直到企业经营的永续终结）2%，假设每年茅台的自由现金400 亿，那么估算一下需要多少年才能拿回这 1.65 万亿人民币。

从历史经验来看，茅台作为一种高端白酒，拥有强大的品牌，企业经营的时限将有可能是 100 年甚至更长。但如果是一家新兴企业，例如乐视网、暴风影音，例如你和你的朋友一起共同开设的小餐厅或者是火枪手咨询公司呢？那么这个企业经营的永续时间也许只有 5 年，10 年，15 年？基于此，我们估算一下：

表 11

| 公司名称 | 贵州茅台 |
| --- | --- |
| 三年内增速 | 7% |
| 五年内增速 | 5% |
| 长期增速 | 2% |
| 当前年度自由现金流（亿元） | 400.00 |
| 当前总市值/自由现金流（亿元） | 37.50 |
| 当前总市值（亿元） | 16511.00 |

那么，第 1—3 年，拿回了大概 1776 亿现金。

表 12

| 当下 | 1 | 2 | 3 |
|---|---|---|---|
| 400.00 | 428 | 457.96 | 490.0172 |
| 自由现金流之和 | | | |
| 400.00 | 828.00 | 1285.96 | 1775.98 |

然后，第 4—8 年，拿回了一共大概 4619 亿现金。

表 13

| 当下 | 1 | 2 | 3 | 4 | 5 | 6 | 7 | 8 |
|---|---|---|---|---|---|---|---|---|
| 400.00 | 428 | 457.96 | 490.0172 | 514.5181 | 540.244 | 567.2562 | 595.619 | 625.3999 |
| 自由现金流之和 | | | | | | | | |
| 400.00 | 828.00 | 1285.96 | 1775.98 | 2290.50 | 2830.74 | 3398.00 | 3993.61 | 4619.01 |

然后，第 9 年开始只按照每年自由现金流增速 2% 来估算，这样到第 24 年时，大概已经能够得到 1.65 万亿现金了。

表 14

| 18 | 19 | 20 | 21 | 22 | 23 | 24 | 25 |
|---|---|---|---|---|---|---|---|
| 762.359 | 777.6062 | 793.1583 | 809.0215 | 825.2019 | 841.7059 | 858.5401 | 875.7109 |
| 11603.93 | 12381.53 | 13174.69 | 13983.71 | 14808.92 | 15650.62 | 16509.16 | 17384.87 |

换句话说，其实只需要 24 年左右（而不是 37.4 年）就可以收回这笔投资了。但是，若干年之后的钱可能贬值了，所以这个估算模型，如果要更准确一点的话，就需要把未来每一年的自由现金流按照通货膨胀率折现计算后加总。

在计算这个之前，首先要给大家介绍如何做去做折现率的计算。在前面的章节里面我已经介绍过通货膨胀率，通货膨胀率可以理解为未来的钱相对于今天的购买力其实是打折了，今天的 100 元在超市可以买 1 公斤排骨，未来有可能买不了 1 公斤排骨了，只能买 0.8 公斤排骨了。反过来说，未来的 100 元，如果折算成今天的钱，可能只有 80 元了，自然也买不了 1 公斤排骨。这个折算的比例设定多少呢？一般我会采用当下的通货膨胀率，由于中国不公布通货膨胀率，一般采用国家公布的 CPI 指数来估算。

截至 2020 年 3 月，中国的 CPI 是 4.3%，因此采用 CPI4.3% 作为通货膨胀率，也作为把未来的钱折算到今天的折算率。需要说明的是，通货膨胀率是波动的，绝大多数情况下，一个国家的通货膨胀率会保持在 2%—3% 左右。4.3% 已经是比较高的通货膨胀率了。

关于折现率，举一个例子推导。

假设 10 年后给你 100 元，大概等于今年的多少钱呢？取 4.3% 作为折现率来计算一下，也就是说，10 年后的 100 元，大概等于当下的 65.6 元。

表 15　折现率

| 折现率 | 4.30% | | | | | | | | | |
|---|---|---|---|---|---|---|---|---|---|---|
| 当下 | 1 | 2 | 3 | 4 | 5 | 6 | 7 | 8 | 9 | 10 |
| 65.63823822 | 68.5 | 71.4 | 74.5 | 77.7 | 81 | 84.5 | 88.1 | 91.9 | 95.9 | 100 |

按照这个公式，把前面估算出来的茅台的每年的自由现金流按照年份和折现率折算回到当下时间点是多少现金，再全部加总就会得到按照通货膨胀调整后的现金总和了。

折现率公式：

$$PV = C / (1+r)\ t$$

C：10 年后的 100 元

PV：折算成现在的 65.6 元

r：折现率，取 CPI 模式

t：10 年的时间长度，取 10

按照这个计算，大概第 54 年时茅台产生的所有自由现金流按照每年折现之后

表 16　茅台自由现金估算表

| 公司名称 | 贵州茅台 | 折现率 | 4.30% |
|---|---|---|---|
| 三年内增速 | 7% | | |
| 五年内增速 | 5% | | |
| 长期增速 | 2% | | |
| 当前年度自由现金流 | 400.00 | | |
| 当前总市值/自由现金流 | 37.50 | | |
| 当前总市值 | 16511.00 | | |

| | 当下 | 1 | 2 | 3 | 4 | 5 | 6 | 7 | 8 | 9 | 10 |
|---|---|---|---|---|---|---|---|---|---|---|---|
| | 400.00 | 428 | 457.96 | 490.0172 | 514.5181 | 540.244 | 567.2562 | 595.619 | 625.3999 | 637.9079 | 650.6661 |
| | | 410.3547 | 420.97754 | 431.8753325 | 434.7738 | 437.6918 | 440.6293 | 443.5865 | 446.5636 | 436.7161 | 427.0857 |

折现后的全部自由现金流之和

| | 400.00 | 810.35 | 1231.33 | 1663.21 | 2097.98 | 2535.67 | 2976.30 | 3419.89 | 3866.45 | 4303.17 | 4730.25 |
|---|---|---|---|---|---|---|---|---|---|---|---|
| 第 54 年的全部现金流和 | 16570.14 | | | | | | | | | | |

表 17　茅台自由现金估算

| 公司名称 | 贵州茅台 | 折现率 | 2.50% | | | | | | | | |
|---|---|---|---|---|---|---|---|---|---|---|---|
| 三年内增速 | 8% | | | | | | | | | | |
| 五年内增速 | 6% | | | | | | | | | | |
| 长期增速 | 2% | | | | | | | | | | |
| 当前年度自由现金流 | 400.00 | | | | | | | | | | |
| 当前总市值/自由现金流 | 37.50 | | | | | | | | | | |
| 当前总市值 | 16511.00 | | | | | | | | | | |
| | 当下 | 1 | 2 | 3 | 4 | 5 | 6 | 7 | 8 | 9 | 10 |
| | 400.00 | 432 | 466.56 | 503.8848 | 534.1179 | 566.165 | 600.1349 | 636.143 | 674.3115 | 687.7978 | 701.5537 |
| | | 421.4634 | 444.07852 | 467.9071285 | 483.8844 | 500.4073 | 517.4944 | 535.1649 | 553.4389 | 550.7392 | 548.0526 |
| 折现后的全部自由现金流之和 | | | | | | | | | | | |
| | 400.00 | 821.46 | 1265.54 | 1733.45 | 2217.33 | 2717.74 | 3235.24 | 3770.40 | 4323.84 | 4874.58 | 5422.63 |
| 第32年的全部现金流之和 | 16825.95 | | | | | | | | | | |

加总价值 1.65 万亿。和目前的估值基本相等。这个估值到底贵不贵呢？这就涉及你对茅台的全部理解：茅台能够运营多久，市场会保持这个折现率多久，在未来漫长的 50 多年里，还会发生多大的变故等等。

如果修改一下这些假设，其结果又可能是完全不同的。如果修改折现率为 2.5%（假设未来的通货膨胀率平均为 2.5%），修改茅台的前三年自由现金流增速为 8%，第四到第八年为 6%，其他假设不变的情况下，按照这个计算，大概第 32 年时茅台产生的所有自由现金流按照每一年折现之后加总价值 1.65 万亿。和目前的估值基本相等。

估值虽然是基于一定的数学计算和模型的，但是很多变量都是可以修订的，这里面包括了投资者对未来的评估和分析。所以估值是动态的，这种动态的评估并不完全科学，包括了许多人为预测因素。

投资是一门艺术和科学的实践结合。拘泥于估值本身的计算并不可取，但是只凭借感觉去投资买卖股票更不可取。

有一些投资者号称自己是价值投资者，每天抱着巴菲特、芒格等大师的书不放，拘泥于自己的思维在貌似低估值的某些行业里面，却忘记了投资的本质就是投资企业，企业的长期盈利，企业的市场领导能力和企业优秀的管理层带领公司穿越周期的能力才是一家企业值得我们投资的关键。

## 分部估值法

在了解了市盈率、市销率、市净率、自由现金流、分红这 5 种看待估值的角度之后，相信你一定自信满满，迫不及待的要去计算一下自己的持股了。不过还会遇到一个问题，就是很多企业的业务比较复杂和多元化，企业的商业模式其实是对企业采用哪一种估值办法具有决定性影响，并非所有企业都能用一种估值办法来衡量，有的企业业务多元，有多种业务。所以还有第六种估值办法——分部估值法，就是把一个企业拆分来看，每个分部给予估值，然后加总估算这个企业的总价值。

一般市盈率比较适合长期盈利已经比较稳定，每年都有盈利的企业（例如相对比较成熟的食品、白酒、制药企业）；市净率比较适合重资产企业（例如能源、化工行业）和金融类企业（银行、保险、券商等）；市销率可以用在暂时盈利极其不稳定或者还没有盈利的一些新兴产业上（例如科大讯飞、天下秀、互联网企业、芯片初创企业等），自由现金流估值法是对所有企业的一次校验。金流的角度去观察企业是不是真的有钱，是不是真的非常赚钱，还是需要源源不断的投入。分红倒推估值法是个很好的补充，只有不断分红的企业才是真的好公司，不能分红，不断在融资（从资本市场借钱）的公司要么管理层意图险恶，要么公司并没有在主营业务上真正赚到过钱。

每一种估值办法都有其用途和适应的地方，可以用一种估值办法，也可以用多种办法检验同一家企业，切不可盲目只按照一个标准衡量企业。任何时候都要记住，估值是一门艺术，并非会计学。

有的企业有多类业务，例如华东医药，主营业务分为两类。第一是在浙江的医药产品代理和分销业务，简单说就是药物的批发商，华东医药在浙江经营多年，有一批零售代理渠道，旗下还有一些国医馆和零售药店资产。另一类业务是制药，其中包括著名的移植药物他克莫司和著名的慢性肾病保健品药物百令胶囊等。作为批发零售业务，毛利润率一般在10%—12%左右，纯利润率一般在2%—3%，A股类似做批发零售业务的企业还有神州数码（分销代理数码IT电子类产品）、上海医药（也是中国最大的几个药品进口批发代理企业之一），所以，零售批发业务呈现收入大、利润很微薄的特征。这类企业一般来说只能给予10—15倍的市盈率去估值。华东医药的药物研发，过去市场一般给予20—50倍的市盈率，因为药物毛利润率很高，从50%到90%不等。药物需要大量的研发投入和很强的营销团队才能做好，门槛比较高，利润比较丰厚，这部分业务一般来说按照市盈率给予估值比较合理，但是由于药物的主要客户是医院，是药监局组织的全中国招投标决定价格，而目前中国医药行业的大趋势是降价压缩医保费用，所以西药和中成药产品的利润率有巨大的被压缩的空间，前景不明。华东医药的药物并非唯一独有的自主研发创新药，很难保持现有的利润空间，所以估值自然很难很高（市盈率倍数不会给很高）。

那么，如何给华东医药估值呢？

华东医药的财务情况显示，华东医药 2019 年收入 354.46 亿，利润 28.13 亿，扣除非经常性损益后的利润是 25.74 亿，其中 22 亿利润来自制药业务。大概 4 亿左右来自分销批发零售药物的业务。在财报中你很容易找到各个板块业务的细分，其业务分为商业（批发零售药物）、制造业（制药），及国际医美（在华东有一些医疗美容的产品，2019 年并购了英国一个医美公司）收入比较小，此处忽略。

表 18　华东医药 2019 年财报　　　　　　　单位：元

| | 营业收入 | 营业成本 | 毛利率 | 营业收入比上年同期增减 | 营业成本比上年同期增减 | 毛利率比上年同期增减 |
|---|---|---|---|---|---|---|
| 分行业 | | | | | | |
| 商业 | 25,098,066,088.85 | 23,169,206,360.31 | 7.69％ | 9.82％ | 10.02％ | −0.16％ |

批发业务毛利才 7.69％，利润 4 个亿，按照 10 倍市盈率估值，这一块业务就算 40 个亿估值。

制造业务毛利润率 83.41％，这是非常高的毛利润率了，一般的西药独家品种才能做到 80％以上的毛利润率，这一块业务利润贡献高达 22 亿，本质上这是华东医药最值钱的业务了。这一块可以按照 20 倍估值计算，估值达 440 亿。

表 19

| 制造业 | 10,864,875,032.13 | 1,802,276,075.36 | 83.41％ | 26.73％ | 17.62％ | 1.28％ |
|---|---|---|---|---|---|---|

这样加总的估值是 480 亿市值，按照华东医药的股本，17.5 亿股，折合每股价格是 27.4 元左右。

截至 2020 年 5 月 11 日，华东医药的市值是 370 亿。目前到底是市场错了，还是估算有错呢？这只有留待日后去验证了。华东医药 2019 年糖尿病药物招标落榜，而华东医药的糖尿病药物在收入中占有一定的比例，这样就会导致市场在判断 2020 至 2021 年华东医药还能不能贡献 22 亿的纯利润产生了担忧和怀疑。这或许是华东医药股价低迷的一个原因。

这个例子更多的是为了说明分部估值法的运用，一个公司有 2 个商业模式不同的业务时，可以运用两个估值办法，分别得出各自业务的大概估值，然后加总，这就是分部估值法。

分部估值法是可以在各种企业里面去运用的。学会这一个思路，结合聊过的市盈率、市净率、市销率、分红、自由现金流，还有历史市盈率、市净率、市销率、历史分红、历史自由现金流的波动和变化趋势，都能够得到非常多的结论。这些结论犹如一盏盏明灯，点亮我们的心扉，让我们了解企业的过去。再结合对行业，企业经营的理解，让我们展望企业的未来，从而对一家又一家企业的未来拥有一定程度的洞察。

## 综合运用估值艺术

估值是一门艺术。如果你只是懂得一些财务知识，喜欢挖掘数字，你通过阅读企业的财报，加上基本的学习和训练，自然能够轻松判断企业的市盈率、市净率、市销率、分红、自由现金流，通过计算，得到一个又一个数据。但是如果你不了解企业的商业模式，企业的主营业务，企业生意的特点，你无法看懂这家企业的行业地位、未来发展趋势，这家企业在行业内的江湖地位和强弱的。所以，投资者要真的懂估值，必须要同时对企业的基本面和财务知识都有一定的涉足，结合多种估值办法一起来看企业的估值才有意义，才有价值。

而且，投资者也要明白，企业也是在不断发展和变化的，纵横中国的腾讯、阿里巴巴，这十多年来，主要业务改变了许多，横跨了很多领域，站在若干年之前看腾讯和阿里巴巴，也是无法判断它们今天的伟大成就和涉足业务领域之广泛的。

所以，在给企业做估值时，我也有这么几点经验分享。

第一，给任何企业估值，先要了解企业的主营业务、商业模式（收入来源、行业情况、成本在哪里，赚的什么钱）有一个简单的理解。尤其是这家企业所在的行业的上游、中游、下游都有大致了解，否则对企业的性质很难掌握。一言以蔽之，要先给定性（判定商业模式），而后才能有效定量（财务数据估值）。

例如贵州茅台，酿的是白酒，其实是一种高端奢侈品和社交工具。白酒的核心在于品牌，在于价格。茅台的95％是通过代理商渠道卖出去的。茅台属于消费品，属于细水长流的业务，中国人喝酒有千年之历史，所谓开心喝一杯，发愁喝二杯。消费品企业业务绵绵长流，几乎没有太大的周期性。属于投资中的极品。

例如中微公司，属于半导体生产过程的设备制造，这一领域竞争对手都是国外企业，设备制造中国是空白，所以企业必定在研发上大力投入，订单来自芯片代工厂，这是一家完全依赖B端客户的企业。这样的公司必定受到上游增加订单或者砍单的影响。一旦上游增大资本投入，需要更多设备，公司收入和盈利就会增加。所以这类企业周期性很强，投入大，资本消耗高，还严重依赖技术研发。

例如牧原股份，属于养殖业，主营业务就是养猪。养猪看似简单，实则困难重重，能把猪养活也非常不容易。牧原从饲料开发，到养猪、培育良种，到屠宰都有布局，养猪的成本行业内公认最低。猪肉本质上是消费品，但是由于养猪这个行业我们国家目前行业格局过于分散，大量的农户、私人个体户，中小型养猪场非常多，所以市场终端价格紊乱。这到底是周期性行业还是消费品行业呢？也是需要慢慢去品味的。

所以，定性非常重要。

第二，分析任何企业的估值，不要单纯使用一种工具，而是要综合运用多种估值方法，逐步自己摸索。

第三，要学会理解企业估值在历史估值波动中的大概位置，换句话说，要理清当下的市值、当下的股价，在整个公司过去三五年的历史估值波动中是贵是贱？背后原因几何？这些都需要不断练习，慢慢找到感觉。

例如下图是招商银行过去 10 年的市净率（PB）波动图，最近几年招商银行的市净率一直在 1.3 倍到 2 倍之间波动。如果你持有招商银行有一定时间，你便能体会当年招商银行董事长秦晓 3 倍市净率并购了香港永隆银行为什么被人说是买贵了。

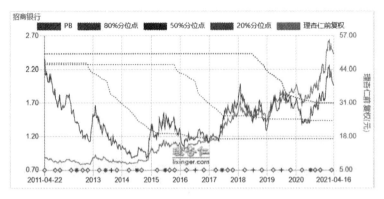

图 25　招商银行过去 10 年的市净率（PB）波动图

例如中国最强的创新药研发企业之一江苏恒瑞，根据它的历史市盈率波动，过去 5 年，动态市盈率最低的 2 次，一次出现在 38 倍，一次出现在 52 倍。一家企业为什么能够市盈率在 38 倍、52 倍，甚至最高时达到过 95 倍呢？这些都值得分析。决定企业的还是它的前景、在行业内的地位、利润率、收入和利润的增速这些要素。

估值看似简单，实则不简单。

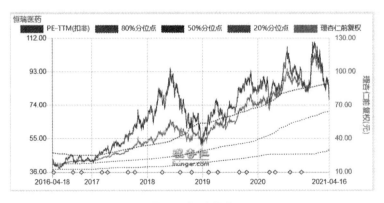

图 26　恒瑞医药

在哪里可以找到公司整理好的财务数据？其实目前市场上绝大多数股票财务数据的提供商都只是提供了表面数据，也就是各个公司都有的标准数据集合，例如收入、利润、增速、资产、负债、应收、应付、库存、固定资产等等。但是不同行业有不同的商业模式，核心数据完全不同，还有细分，绝大多数数据平台根本不会提供这些数据。例如白酒企业的预收账款折射了其渠道进货的积极性，进一步折射的是白酒在市场上动销情况。又例如晨光文具的收入细分，在每一份财报中，都会详细披露晨光文具的传统笔的业务收入和增速，面向企业的办公文具采购业务收入和增速，还有电商销售情况，这些数据都不会出现在一些公开的财报数据平台上。有些投资者老是做梦有个平台能帮助他们把需要的财务数据都汇总了，其实真正有价值的数据还是自己独立阅读财报，庖丁解牛解读真正的财务情况，结合你对这个公司的商业模式和行业特定的认知才是最有效的。

### 表 20

图表 4：分部加总估值

| 人民币　百万 | 2021 收入 | 净利率 | 2021 年净利润 | 估值方法 | 估值倍数 | 估值 |
|---|---|---|---|---|---|---|
| 1. 智能手机收入 | 169,098.69 | 2% | 3,381.97 | P/E | 16 | 54,112 |
| 2. IoT 与生活消费产品 | 102,522.92 | 4% | 4,102.12 | P/E | 24 | 96,400 |
| 3. 互联网服务 | 25,080.00 | 25% | 6,304.90 | P/E | 24 | 148,165 |
| 4. 其他产品 | 1,812.20 | 1% | 18.12 | P/E | 10 | 181 |
| Non-GAAP 净利润 | | | 13,807.11 | | | |
| 投资 | | | | | | 32,300 |
| 总计市值 | | | | | | 331,158 |
| 发行股数 | | | | | | 24,057 |
| 价格（人民币　元） | | | | | | 13.8 |
| 价格（港币　元） | | | | | | 15.0 |

资料来源：公司公告、万得资讯、中金公司研究部。

2020年5月，中金公司（中国最著名的券商和投行之一）给小米公司估值，同样也是采用了分部估值法。小米公司面向年轻人，主打性价比和时尚创新的品牌5G手机和智能硬件（智能家居、电视机、电脑、wifi路由器、各种运动产品）。其商业本质是"硬件获客，服务抽税"。就是说，利用小米庞大的产品线，从电视机到手机到电脑到家庭，生活中各种各样的产品，来充分获客，然后通过在硬件上让利给消费者，构筑一个小米的护城河，同时利用所有的智能硬件，通过小米的APP，小米的覆盖网络给用户一些增值服务，例如广告、营销服务、电商带货、游戏等，获取丰厚利润，假以时日，小米将成为中国最成功的年轻人的国民品牌。

# 第十一章　好公司会有好溢价

有的品牌有溢价，有的品牌会折价。比如买车，很多人喜欢宝马；买电动车，很多人喜欢特斯拉但是看不上比亚迪。我曾经做过一个男网友调查，开什么样的电动车更容易招女生喜欢？结果绝大多数人都选择了蔚来、特斯拉、理想，几乎没有一个人选比亚迪。买手机，很多人喜欢苹果，看不上小米。这些产品往往比同类产品、同行业产品贵了一些，有的甚至不是贵了一点儿。

在资本市场也是一样的道理，溢价到底是什么意思？股评里常说，招商银行是零售银行之王，应该享受一定的估值溢价；牧原股份全行业成本最低，估值应该有溢价等等。

资本市场有多种溢价、多种折价。

## 第一，确定性溢价

什么是确定性？就是一件事情的有多大概率肯定会发生。比如 2018 年时，你会想到 2019 年猪肉的价格会涨到 37 元一公斤么？2019 年 12 月底时，你会想到 2020 年 1 月底开始到 3 月底，整个中国陷入了一片新冠病毒的恐慌么？预测未来很难，所以在资本市场，凡是确定性好的公司股票往往都会有很坚韧的特点，易涨难跌。因为其业务（利润、每股盈利）比较容易推测，确定性比较强。业绩确定性高的企业会受到很多投资者的追捧，而确定性可以说是非常珍贵的资源。

站在 2020 年 5 月这时间点，面对纷繁复杂的世界格局，面对新冠病毒疫情还没有消退的全球，你觉得什么是确定的？什么是不确定的？这考验这每一个投资者的智慧。

# 第二，流动性溢价

A股股市对公司规模大小的定义：

小微企业：市值低于100亿（例如做家电芯片的中颖电子）；

中小企业：市值100亿—300亿（例如做低端护肤品的珀莱雅，做新媒体广告平台的天下秀）；

中型企业：市值300亿—1000亿（例如服务器龙头企业浪潮信息，心血管器械龙头乐普医疗）；

大型企业：市值1000亿—3000亿（例如安防和大数据行业解决方案服务商海康威视，芯片公司汇顶科技）；

超大型企业：市值3000亿—10000亿（例如调味品龙头海天酱油，医药龙头恒瑞医药，医疗器械龙头迈瑞医疗）；

巨型企业：市值超过10000亿（例如中国平安、腾讯控股、贵州茅台、阿里巴巴）。

在A股散户占比70%交易时，大家感觉不出什么是流动性溢价。大家追逐小盘股，觉得小盘股涨得飞速。很爽。大盘股不涨，无聊，不玩。

在中国香港和美国，则是5—10个头部企业占据了成交量的40%甚至一半。某些年份，如果你投资香港股市，如果你不买腾讯，基本根本不可能跑赢大盘。

前面的章节里详细论述过资本市场玩家分类，其中有几类玩家拥有超级定价权，包括保险基金、社保基金、大的公募资金、外资大型基金和一些国外的主权基金，往往具有资金体量巨大、持股时间相对较长的特点，对于这些拥有超级定价权的特权团体，会比较看重流动市值大、业绩比较好的企业，所以这些企业通常会得到流动性溢价。所谓流动性溢价，就是说，大的资金买卖都比较方便，所以宁可略微贵一点，若是要套现离场，也会比较容易。

如果一个基金有500亿人民币规模，一旦决心买一只股票，分配多少仓位合理呢？1%已经是5个亿的规模。假如投资市值很小的企业，一来可能很容易达到一个很高的股份比例，不得不披露自己的持股；二来将来出售时也会造成股价暴跌而影响获利，而且也不一定能在短时间卖掉。股票通常一天的交易量在总市值的 0.5%—1.5% 之间。也就是说，一个 1000 亿市值的上市公司，一天的交易量可能在 10 亿左右，但是一个 200 亿的上市公司，一天的股票交易量可能只有 2 亿左右。越小的公司建仓要做到低成本越难，卖出的损耗越大。对基金整体的收益率贡献就会很小，所以很多大型基金很少购买低于 300 亿市值的企业。

对于市值在千亿以上的企业，一天的成交量如果是市值的 1% 并不算太活跃，也是有 10 亿左右的成交量，对于很多大基金来说，一天买入或者卖掉几个亿，是比较常见的调仓换股的需求。在美国股市，很多分析师的研究都表明，FAANG① 总计占标普 500 指数市值的近 20%，这使得它们对美股走向具有相当大的影响力。如果不投资高科技的前几个大型企业（Facebook、奈飞、Amazon、微软、谷歌、苹果公司），也不可能赢大盘。

其实买什么都需要流动性，房子也是。好房子很多，但是房子相比股票，作为一种资产来比较，房子整体的流动性比较差，你没有办法随时抛售套现，而股票不同，对于 99% 的普通投资者来说，你随时可以在 A 股满仓，也随时可以在 A 股清仓。

## 第三，多元化折价

多元化的涵义就是指一个公司同时做好多不同的业务。比如有医药，有投资，有矿山，这种公司估值复杂，管理更加复杂，很多投资者是非常不喜欢的，所以往往会被折价。比如一个矿山可以定价 2 倍市净率，而医药可能要按照市盈率定价。混着估值的结果就是总体按照一个比较低的市盈率来被估值了。例如某公司有两块业务，一块业务增速很快，前景很好，资本市场可能给 30 倍市盈率估

① FAANG 代表美国最大最著名的几个科技企业。F 指 Facebook，A 指 Apple 苹果公司，A 指 Amazon 亚马逊公司，N 指 Netflex 奈飞，G 指 Google 谷歌。

值，另外一块业务是传统老业务，利润稀薄，前景堪忧，资本市场可能最多只能给 15 倍市盈率估值，两个业务估值加总给了公司总体一个估值，在普通投资者看时，就变成按照盈利的 21 倍估值了。

还有一类企业也是做多元化的产业，但是这些不同的业务分别在产业链的上下游，A 业务是 B 业务的成本，这样容易出现的问题是 A 业务特别赚钱时，B 业务的利润就被削减了。B 业务赚钱时，又往往是 A 业务亏钱时，综合一算，公司居然好几年没赚大钱，自然在资本市场上就很难得到高估值了。

例如中国平安，因为旗下业务复杂，包括了保险、银行、券商、信托，还深入了汽车电销、房地产业务等等，就被多元化折价了很多年。还有业务复杂的复星集团。还有当年卖服装兼顾投资业务的雅戈尔。资本市场看中的是可持续的稳定收入和盈利，有不少公司利用自己业务产生积累的现金流去做投资，但是做投资是非常不稳定的，可能今年赚 100 亿，明年可能只赚 30 亿，波动很大，而主营业务每年的利润可能就 5 个亿左右。那么就会出现某一年利润 105 亿，第二年马上变成 35 亿，第三年就非常难以预测的情况，这样的公司应该如何给予估值呢？所以在资本市场就很难得到溢价，而一定是折价估值了。

资本市场最喜欢那些主营业务单一而且清晰聚焦，行业龙头，市场份额第一、第二的企业。比如调味品之中的海天酱油，白酒中的茅台，猪肉养殖行业的牧原股份，电商领域的拼多多。优秀的公司即使要扩张自己的业务，也往往是沿着自己已有的产业链条去扩张，而不是盲目扩张。

白酒企业顺鑫农业，长期以来背着一个亏损还是赚钱都说不清楚的房地产资产，其实对顺鑫农业的估值毫无价值。如果我是顺鑫农业的董事长，我或许会去推动顺鑫农业第一改名二锅头，第二收购江小白等低端年轻化品牌白酒，用多品类巩固自己低端白酒龙头的江湖地位，第三把房地产业务和猪肉业务从上市公司彻底剥离出去。

有头脑的扩产的企业例如立讯精密，立讯精密从一个普通的代工企业开始，逐步开发了大量零部件代工业务，为消费电子的大佬苹果公司开发了很多产品，慢慢地从零部件发展到了模组，到现在能够为苹果、华为等企业提供系统化的零部件、组件和系统，这种扩张才是有价值的扩张，有质量的扩张，而不是那种随心所欲的扩张。做游戏的公司老板去拍电影，听上去不靠谱，但是其实都是内容产业（游戏是内容，电影也是内容），但是挖煤矿的企业去拍电影电视剧，做床垫的企业去拍电视剧，就总会让投资人感觉到那么一点儿不安了。

其实啊，咱们仔细想一下，这和我们去招募新员工的关注点差不多，你往往会注重那些在你需要的技能和工作内容范围里面精通钻研数年的人，谁会愿意找一个每隔一年半载换一个行业换一份工作的人才呢？

## 第四，龙头溢价

什么是龙头溢价呢？就是指上市公司的同行业同类别企业，通常我们会观察到龙头企业会比较其他拥有更高的估值（市盈率）。比如同样都是酒，茅台可以给 30 倍时，五粮液或许只能给到 25 倍市盈率的估值。海康威视股价冲到 40 倍时，大华股份还在 25 倍左右趴着。

为什么有龙头溢价，就是因龙头更加容易成功，更加容易构筑起坚实而强大的护城河。在一个行业格局基本稳定时，龙头企业往往会看到更好的 ROE（净资产回报率），更好的毛利润率、净利润率和更加稳定的业绩表现。龙头企业往往更加容易扛住金融危机的风险，所以投资者必须也应该聚焦投资龙头企业。比如在房地产行业，龙头房地产企业万科和保利的借贷利率只有平均不到 4%，例如饲料养殖行业的新希望公司，平均发债借贷的利率不到 4%。

在经济下行，全球降息大潮时，银行会不自觉地把资源集中到大企业，于是越有钱的企业越容易得到贷款，越困难的企业越得不到贷款。其实资源一直在源源不断地向龙头集中。

例如在 2020 年新冠病毒疫情期间，第一批复工复产的都是行业龙头企业。在美国，特斯拉总裁埃隆·马斯克公然反抗政府的复工令，强行开工，并且在

Twitter 上发文说谁敢来干扰他复工，他愿意先进监狱。

历史表明，大企业永远都和当地政府保持着微妙的联系，道理非常简单，每一个城市的大企业往往都是这个城市纳税的中坚力量。所以作为投资者，自然应该紧跟那些有一定实力的龙头企业，因为它们无论是在政策支持、资金支持（银行融资）还是土地、用工、用水用电、政府补贴方面，都会得到各种优惠和扶持。

对于中小型的创业企业，应该投资么？当然也可以发掘一些这样的种子选手，但是对于平庸的投资者，如你如我，我们有本事发现下一个微软、下一个谷歌、下一个宁德时代、下一个贵州茅台、下一个腾讯么？

不，你没有，我也没有。多少次凭借运气赚到的钱，都被我们凭借实力亏掉了。

既然没有，我们应该拥抱那些强大的市场领导者，和他们一起赚钱，不要把时光浪费在平庸的企业上。记住，永远和伟大者同行，永远聚焦投资那些在各自行业的冠军企业，永远投资那些最强大的企业。

## 第五，成分股溢价

我们平时接触很多指数，比如上证 50 指数，比如沪深 300 指数，比如恒生指数，比如国企指数等等。还有比如 MSCIchina 指数、道琼斯指数、标准普尔指数。如果一家上市公司，并不在每一个股市的核心指数的成分股里，就别投资了。投资了也没有溢价，只有流动性折价。为什么？这和指数、指数基金的运作有关系。

在行情软件里面可以很方便地查询到每一个指数的成分股都是哪些公司，如果按市值排列一下，就会看到一个指数最核心的企业了。

因为全中国、全球都有百亿甚至千亿万亿的资金都是跟随指数所覆盖的标的来配置自己的投资组合的。入指数，成为成分股，是荣誉，也意味着更多的资金青睐。更加直接的机会例如：通常一个新的公司纳入某种指数的成分，由于跟踪

表 21 沪深 300 指数最大市值的 31 家成分股企业

| 排序 | 代码 | 名称 | 现价 | 涨幅% | TTM市盈率 | 净利润? | 市净率 | 总市值➡ | 流通市值 | 所属行业 |
|---|---|---|---|---|---|---|---|---|---|---|
| 1 | R 600519 | 贵州茅台 | 2054.98 | +1.95 | 55.28 | 467.0亿④ | 16.00 | 25815亿 | 25815亿 | 饮料制造 |
| 2 | R 601398 | 工商银行 | 5.43 | -0.37 | 6.13 | 3159亿④ | 0.726 | 19353亿 | 14640亿 | 银行 |
| 3 | R 601939 | 建设银行 | 7.26 | +0.00 | 6.70 | 2711亿④ | 0.801 | 18151亿 | 696.5亿 | 银行 |
| 4 | R 601318 | 中国平安 | 75.70 | -0.15 | 9.67 | 1431亿④ | 1.81 | 13838亿 | 8200亿 | 保险及其他 |
| 5 | R 600036 | 招商银行 | 49.74 | +0.61 | 12.89 | 973.4亿④ | 1.96 | 12544亿 | 10261亿 | 银行 |
| 6 | R 601288 | 农业银行 | 3.35 | +0.00 | 5.43 | 2159亿④ | 0.622 | 11724亿 | 9851亿 | 银行 |
| 7 | R 000858 | 五粮液 | 261.80 | +2.35 | 52.37 | 199.0亿⑩ | 12.66 | 10162亿 | 9937亿 | 饮料制造 |
| 8 | R 601988 | 中国银行 | 3.32 | +0.61 | 5.07 | 1929亿④ | 0.555 | 9774亿 | 6997亿 | 银行 |
| 9 | R 601628 | 中国人寿 | 30.63 | +2.27 | 17.22 | 502.7亿④ | 1.92 | 8657亿 | 6378亿 | 保险及其他 |
| 10 | R 601857 | 中国石油 | 4.31 | +0.94 | 41.51 | 190.0亿④ | 0.649 | 7888亿 | 6979亿 | 石油矿业开采 |
| 11 | R 000333 | 美的集团 | 79.90 | -0.47 | 22.58 | 220.2亿③ | 4.97 | 5626亿 | 5493亿 | 白色家电 |
| 12 | R 601888 | 中国中免 | 285.85 | +0.99 | 156.0 | 28.49亿⑩ | 22.16 | 5581亿 | 5581亿 | 景点及旅游 |
| 13 | R 603288 | 海天味业 | 167.00 | -1.33 | 84.52 | 64.03亿④ | 26.97 | 5412亿 | 5412亿 | 食品加工制造 |
| 14 | R 600028 | 中国石化 | 4.45 | +1.83 | 16.36 | 170.0亿⑩ | 0.726 | 5388亿 | 4252亿 | 基础化学 |
| 15 | R 002415 | 海康威视 | 57.03 | +1.19 | 37.90 | 21.69亿① | 9.52 | 5329亿 | 4759亿 | 电子制造 |
| 16 | R 601658 | 邮储银行 | 5.49 | -0.18 | 7.90 | 642.0亿④ | 0.884 | 5072亿 | 619.0亿 | 银行 |
| 17 | R 002594 | 比亚迪 | 165.30 | -0.12 | 111.7 | 2.50亿⑩ | 5.86 | 4729亿 | 1894亿 | 汽车整车 |

续　表

| 排序 | 代码 | 名称 | 现价 | 涨幅% | TTM市盈率 | 净利润? | 市净率 | 总市值↓ | 流通市值 | 所属行业 |
|---|---|---|---|---|---|---|---|---|---|---|
| 18 | R 600900 | 长江电力 | 20.47 | +0.74 | 19.43 | 263.2亿⑭ | 2.71 | 4655亿 | 4655亿 | 电力 |
| 19 | R 601166 | 兴业银行 | 20.89 | +0.19 | 6.51 | 666.3亿④ | 0.819 | 4340亿 | 4098亿 | 银行 |
| 20 | R 600276 | 恒瑞医药 | 80.62 | -1.90 | 73.46 | 42.59亿④ | 15.15 | 4298亿 | 4278亿 | 化学制药 |
| 21 | R 601088 | 中国神华 | 19.82 | +0.25 | 10.05 | 391.7亿④ | 1.09 | 3938亿 | 3269亿 | 煤炭开采加工 |
| 22 | R 000001 | 平安银行 | 20.26 | -0.49 | 13.59 | 289.3亿④ | 1.34 | 3932亿 | 3932亿 | 银行 |
| 23 | R 002714 | 牧原股份 | 101.02 | -3.22 | 14.77 | 70.00亿⑮ | 7.53 | 3798亿 | 2566亿 | 养殖业 |
| 24 | R 000651 | 格力电器 | 60.88 | +0.58 | 22.50 | 35.05亿⑯ | 3.18 | 3662亿 | 3634亿 | 白色家电 |
| 25 | R 601328 | 交通银行 | 4.89 | +0.62 | 4.64 | 782.7亿⑭ | 0.495 | 3631亿 | 1919亿 | 银行 |
| 26 | R 000568 | 泸州老窖 | 236.71 | +2.18 | 61.24 | 60.06亿⑭ | 16.32 | 3467亿 | 3466亿 | 饮料制造 |
| 27 | R 000002 | 万科A | 28.87 | +0.84 | 8.08 | 415.2亿④ | 1.49 | 3354亿 | 2805亿 | 房地产开发 |
| 28 | R 601601 | 中国太保 | 34.74 | +2.00 | 13.59 | 245.8亿④ | 1.55 | 3342亿 | 2378亿 | 保险及其他 |
| 29 | R 601012 | 隆基股份 | 85.35 | -1.65 | 40.48 | 84.00亿⑯ | 9.92 | 3300亿 | 3300亿 | 电气设备 |
| 30 | R 603259 | 药明康德 | 134.65 | +0.11 | 111.5 | 29.60亿④ | 10.12 | 3300亿 | 1987亿 | 医疗器械服务 |
| 31 | R 600309 | 万华化学 | 103.55 | -0.93 | 21.27 | 66.21亿① | 5.92 | 3251亿 | 1474亿 | 化工新材料 |

这种指数的基金很多，他们就会被动地在某一个时间节点自动买入相应的新的公司的股票，会带动整个股票的股价短期上涨。这个也是股市中利用指数调整成分股的时机去博弈的一个半公开秘密。一个公司，如果其股票纳入了沪深 300 指数，那么所有跟踪沪深 300 指数的各种基金（必须配置成分股），包括各种和沪深 300 选股类似风格的基金都会配置这个公司（大概率配置对标的成分股），所以这个公司就会有很多大资金看上而买入，这些对于普通投资者来说，都是利好。更多的资金买入，更多的资金持有，意味着这家上市公司的股东更加多，盯着它的人越多，它也会更加透明，你也能得到更多公开信息和数据了。

中证系列、上证系列的指数在 2013 年之后每年的 6 月及 12 月的中旬会定期调整其样本股，调整方案一般会提前两周进行公告，深证系列指数则是每年 1 月和 7 月的第一个交易日对其成分股进行调整。从这个角度，每年都有机会去博弈成分股调整的短期机会。同时更重要的是，这提供了一个角度去观察监管和大机构是如何看待有些企业的。

指数成分股的调整会产生价格效应和成交量效应。随着样本股的调入调出，跟踪该指数的基金和投资者会对持仓做出相应调整，从而可能会对调入调出的股票价格和成交量产生重要影响。一般来说，新调入和调出股票的价格和成交量会在调整名单公布后出现变动，对于调入的新成分股，会出现股价上涨和交易量上升的情况；对于调出的股票，则表现为股价下跌与交易量减少。

## 第六，全球化溢价

全球化溢价是什么意思呢？那些产品销售到全球的公司必然会在品牌上得到提升，必然会拥有一定的全球化溢价，因为全球化对一家企业的挑战是非常大的，包括财务、监管、风控、汇率风险，包括公司的管理能力等等。例如 A 股中著名的三一重工、小米、美的集团、海康威视，港股上市的吉利汽车、舜宇光学科技、阿里巴巴、福耀玻璃，都是赫赫有名的全球化经营的企业，他们的产品无论是口碑还是质量在全球都得到了很高的评价，他们因此也会得到更多国际化视野的基金经理的认可和追踪，这直接导致他们的估值会和世界一流企业的估值趋同。这就是一种全球化溢价。风靡全球的《复仇者联盟4》就是在三一重工美国的工厂拍摄的。

美的和格力有什么不同？其中一点，美的比格力更加国际化。美的产品组合丰富，进入全球市场，美的还并购了日本东芝和德国库卡，管理水平整个上了一个高层次。格力是产品层次多元，但是在国际化上逊色于美的，当然更不如海尔。福耀玻璃为什么强大？因为在美国、俄罗斯同样成功，既服务本地客户，也服务全球客户。福耀玻璃还宣布进入特斯拉电动车的供应链。开发光模块的苏州中际旭创为什么吸引投资者？因为它的客户是全球化的。是 Google、百度、Amazon、阿里。立讯精密为什么吸引全球的基金经理呢？因为立讯精密是苹果公司最出色的供应商之一。这些因素都是要考虑的。一家公司能够不仅仅在中国获得客户、消费者的认可，还能够在不同文化背景的国家得到认可，这本身是一种产品质量、服务质量、公司管理能力等综合起来的企业巨大实力的注解。

在股市上，我们的博弈对手是谁？谁给绝大多数企业定价？证券市场上的主要玩家都在投资什么股票？是哪些大资金、金融大鳄、大基金经理，我们参与其中，应该如何看待这些公司，如何站在大玩家的肩膀上构筑属于自己的投资组合？

投资者需要密切关注这 6 类溢价和折价在市场上的变动，这会更好地帮助你理解如何给企业估值，如何判断一个企业的核心竞争力。

赢家将得到溢价。输家将一无所有。

# 第十二章　分红再投入还是分红拿走买其他公司？

前面几个章节漫谈了估值的若干种办法，从市盈率到市净率，市销率到动态，静态到滚动 12 月，到历史动态市盈率的高低判断，然后谈到了通过分红预期去推测企业的价值，一直到谈到了自由现金流是什么，如何看待自由现金流估值办法，也谈到了这些估值手法要按照企业行业的不同，企业商业模式的不同可以去综合运用，当一个企业多个完全不同的商业模式时，可以按照分部估值法，把不同的业务分开估值，然后加总。综合运用这些办法，相信读者一定可以越来越熟悉估值的办法。不过要牢记的是估值不是僵化的数学公式，估值是一门艺术。

那么得到现金分红之后，应该分红再投入（再买入这公司的股票）呢，还是应该去投资买其他公司的股票呢？如果用现金分红继续买入分红的公司股票，等于你摊薄了持有这家公司的股票的成本。例如：假设你在 30 元买入了招商银行 10000 股，你的成本是 30 万人民币。分红月时你得到了 0.9 元每股。这时等于你的账户上多出了 0.9 * 10000＝9000 元。假设这时股价没有变，还是在 30 元左右交易，9000 元可以购买 300 股 30 元每股的招商银行。如果你用这 9000 元买入了招商银行的股票，意味着你的持股数量变成了 10300 股招商银行，你的成本还是 30 万人民币，那么你的持股成本变成了：

$$300000/10300＝29.13 元人民币$$

这是你的一个选择，你还有另外一个选择是把这 9000 元拿出去给自己买个礼物，或者请家人一起出去玩几天，这些都是选择：花掉，再投资（投资本来的公司，降低成本）或者投资其他公司。那么应该如何来思考这个问题呢？假设你用这 9000 元现金买入了另外一个企业，意味着你这 9000 元资金的命运将取决于另外一个企业的股价波动和未来收益。换句话说，你是增持招商银行还是买入其他企业，主要取决于你面对两个选择的未来投资回报的一个判断。哪一个能够给你带来更多的回报，自然你就应该投入哪一个了。

如何判断一个公司的未来潜在投资回报能够超过现有的持股呢？这就靠你对其他公司的发展前景、经营情况的判断了。

众所周知，招商银行是银行业零售业务比较强大的公司，招商银行比较依赖个人消费业务。但是银行由于最近几年净息差缩窄，而且很多银行之间互相争抢存款客户，其实竞争压力很大。在这么一个背景下，如果你已经有这样的意识，可以选择一个非银行业的前景更加明朗、确定性更好的行业龙头去投资，例如医药行业的抗癌药物龙头和创新药物企业恒瑞，高端白酒行业的龙头之一五粮液，例如在火锅丸子领域做到行业龙头的安井食品。这样做有两个好处，第一，其他行业的龙头可能会有比招商银行更好的增速和净资产回报率（ROE：Return on Equity），第二，假设你过去只有招商银行，那么显然，你的组合里面多了医药行业或者消费品行业，从历史经验来看，你的组合将更加均衡（在后面谈选股的章节里面会详细论述如何构建一个股票投资组合）。买入安井食品之后（假设安井食品是 75 元每股，9000 元可以买入 100 股的安井食品），现在你的股票组合看起来是不是平衡了一点？招商银行 10000 股 30 万；安井食品 100 股 7500 元；现金 1500 元。

有时你甚至可以更加取巧一些博取绝对收益。例如，你多出来这 1500 元现金，大概可以买入 200 股的宝钢股份，还能剩余 500 元（假设：此刻宝钢股份的股价为 5 元，而且宝钢股份也会有 5.5％左右的现金分红。假如这个分红的时间节点又恰好在招商银行分红之后），这时你会像个欢乐的孩子那样，买入宝钢股份 200 股，还能期待这 200 股宝钢股份未来的现金分红。

这一刻，你的组合有可能会变成这样：招商银行 10000 股 30 万，安井食品 100 股 7500 元，宝钢股份 200 股 1000 元，现金 500 元。

宝钢股份是中国最大的钢铁集团，而当下假设时间点在 2020 年经济下行压力大，大宗商品价格低迷，所以宝钢股份的股价已经跌破了自己的净资产。这也意味着一旦经济走势明朗，宝钢股份可能会取得 30％～70％甚至更高的超额收益。

这也算是一种用钱生钱的快感吧!

当然,还可以有更加有趣的选择,其中之一,就是把这笔 500 元的分红拿出去花掉而不是留在你的账户里面增值。你可以自豪地和家人说,今天我请你们吃饭,看这是我投资招商银行的分红所得,我只拿出了这么一小部分,我还用招商银行的分红买入了安井食品和宝钢股份的股票。是不是会有点小小自豪的感觉呢?

亲爱的读者朋友,请好好享受每一刻幸福的时光,那种初恋般的感觉总是出现在当你用从股市投资赚到的钱来为自己花掉的那一瞬间。那一刻,投资者内心是充满阳光的,是骄傲的,是自豪的。

前面谈到了自由现金流,理论上,可以按照我们拥有的股权拿走这个自由现金流,因为自由现金流之所谓称之为自由的现金流,关键是自由,但是在残酷的现实世界里面,其实这行不通。海天味业(酱油调味品行业)大概每年能够产生60 亿的自由现金流量,折合每一股是 1.85 元。但其实你是不可能从上市公司拿走这笔钱的,除非你是董事会里面那个最大的老板,除非整个海天味业全是你一个人的。所以,现金分红是个特别珍贵的资产,现金分红是你作为一个小股东一个虾米小投资人,从上市公司唯一能够真金白银合理合法拿走的东西。所以当我们看待分红时,也可以评估一下这家企业的现金分红的走势,这个走势其实对企业的估值也是非常有影响的。例如:

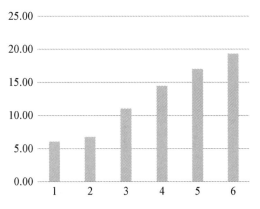

**图 27　茅台历史每股现金分红绝对值**

茅台每股现金分红 17 元，每年还在增长。

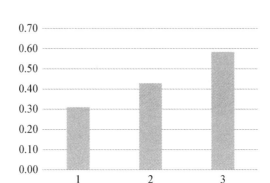

图 28　珀莱雅每股现金分红绝对值

珀莱雅（中国本地的低端化妆品企业）每股现金分红 0.59 元，每年还在增长。

如果用每股现金分红除以当期每股利润，就会得到一个比例，也就是当期现金分红占当期每股利润的比例，从这个比例上，我们也可以很清楚地看出一个公司是不是缺钱，是不是很愿意给小投资者分钱。例如保利地产和万科地产就是一个很明显的比较。从 2015 到 2019 年，万科现金分红的比例从当期净利润的 43.8％逐步下滑到了 2019 年的 30.3％。是因为房地产不赚钱了么？是因为万科地产不赚钱了么？个中缘由就留给各位读者和投资人自己去思考了。

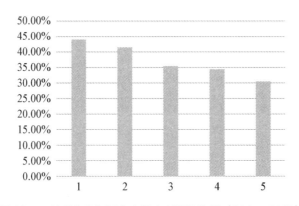

图 29　万科现金分红折合当期净利润的比例（2015—2019）

保利地产的收入利润规模在央企里排名第一，在中国全部房地产企业大概只能排名到第四左右（截至 2020 年 5 月），从 2015 到 2019 年，连续五年，保利地产现金分红的比例，从当期净利润的 30％逐步提高到了 2019 年的 35％。

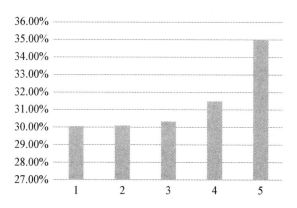

图 30　保利地产现金分红折合当期净利润的比例（2015—2019）

数字不说谎，从这些分红背后的算盘，我们还是可以对每一家公司管理层的小算盘看得比较清楚的，至少可以帮助我们理解这家企业的管理层对小股民的一些看法。

对于我们小股东来说，大家要记住，我们其实没有任何的权利去影响上市公司的决策，我们甚至连看看上市公司的情况都有可能会被董事会秘书或者负责证券口对接的董秘的小助理看不起的，所以现金分红对我们来说是一种保护。现金分红对于小股东来说，才是真正的自由现金流。

# 第十三章　用户估值法

如果有些企业拥有大量的用户群体，一般来说是消费者，数量巨大，而且公司可以衡量他们单个用户对公司的收入或者利润贡献，而且这些用户对于企业有一定的忠诚度，那么这类企业还可以从一个用户数量的视角观察和评估。这就是用户估值法。

有一些企业已经进化发展到拥有强大的力量构筑属于自己的城堡（护城河），拥有自己的臣民（客户），建立了自己的生态体系，然后可以对自己的城堡中的臣民收税。

例如阿里巴巴的淘宝体系，在淘宝体系里面，所有的商家，大概接近 800 万商家在淘宝平台上销售货物，淘宝平台体系犹如一个帝国，淘宝就犹如构建了一个属于自己的城堡，这些商家就是淘宝平台体系的臣民，而淘宝的工作人员犹如这个体系中维持治安和咨询的城管、警察和法官。他们负责管理这个体系的一切，他们的政策会影响到非常多的企业（淘宝城堡的臣民）。淘宝还拥有接近 7 亿消费者，这 7 亿消费者在淘宝上消费买入自己心仪的货物，每一笔交易通过各种方式间接给淘宝帝国城堡贡献了税收（佣金）。所以在估值方法中，还有一种估值这类生态型企业的估值办法，即使按照总市值/活跃用户数（或者忠诚用户数）来估算每一个活跃用户的价值，进而反推这个定价是不是合理。

在进一步分析这个问题之前，先来引入几个概念：

获客成本（customer acquisition cost），复购率（repurchase ratio），客户转换成本（customer conversion costs），连带销售（cross selling），客户全生命周期（customer life time cycle），客户全生命周期价值（customerlifetimevalue）。

第一个概念是获客成本。就是获得一个客户的成本。举个例子，假设你是一个销售企业租赁式办公软件（SaaSOA）的公司，有个朋友给你介绍一个客户，你每单业务收入假如成了，每年可能会有 3—5 万元的收入，可能会有 3000—5000 的纯利润。那么问题是你愿意为获得这样一个客户支付多少钱呢？正常情况下，你需要有销售人员和企业管理层接触若干次，可能会有招投标，会有议价过程，会有讨价还价的过程，会有竞争，这一切活动都是你的获客成本。这种获客成本一旦付出之后，由于你的业务特征，你的客户将会对你有一定的忠诚度和黏性，或者说你的客户转换成本非常高，这是第二个概念，指的是客户（或者消费者）切换产品的转换概率或者所需要付出的代价。比如你买零食，可以今天吃恰恰食品的，明天吃三只松鼠的，后天买点良品铺子的，所以零食消费这个领域客户的转换成本就非常低。但是企业买入一个公司的软件，这个客户的转换成本就非常高，因为管理软件一旦更替，会影响到很多人的使用，甚至影响管理模式，规矩制度的相应修改，比较繁杂，企业付出的代价大、成本高。

一项产品或者服务，客户的转换成本越高，那么获客成本也有可能比较昂贵。因为客户一旦用上了这一项黏性很高，转换成本很高的产品或者服务，就会源源不断地购买，复购率（复购率：重复购买的次数）或者连带销售（销售关联的相关产品或者服务的机会）非常好，那么在这个客户的全部生命周期里面，他可能会购买很多次，相比现在显得有一些昂贵的获客成本来说，这个代价还是值得的。

场景举例 1：企业提供产品（服务）：客户的转换成本低→客户的选择多，切换容易→客户复购率低，客户很容易流失→客户全生命周期短，客户全生命周期给企业带来的收入少→企业愿意支付的获客成本低（例如零食，不需要安装的小家电，餐厅）→企业拥有的每个客户的价值相应也低。

场景举例 2：企业提供产品（服务）：客户的转换成本高→客户的选择少，切换困难，要付出很大的代价→客户连带销售高，客户也不得不重复购买→客户全生命周期长，客户全生命周期给企业带来的收入多→企业愿意支付的获客成本高（例如软件系统）→企业拥有的每个客户的价值相应也高。在这里，连带销售可以理解为后续的更换零部件，售后服务等业务。

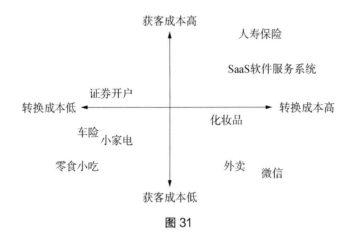

**图 31**

有兴趣的读者可以把自己关注的企业放入这个图，深入了解这个企业的商业特征了。

一个客户的生命周期指的是一个客户从获得到离开或者消亡的全周期，很多公司的客户的生命周期都很漫长。举个例子，比如你学习美术，一开始买过温莎牛顿的颜料，假设这个产品你用得很舒服，那么你未来可能会多次重复购买，事实也是如此。那么你这个客户对于温莎牛顿而言，忠诚度很高，客户的全生命周期价值也非常高。假设你一年要消费1000元左右的颜料，那么可以估算你全生命周期的购买力就是1000 * 40＝4万元左右。同样的例子也可以套用在绝味鸭脖、三只松鼠、良品铺子上。

问题都是一样的，你的客户（企业客户或者消费者）对你有多少忠诚度，多少黏性。你的客户全生命周期有多少年？你的客户平均每一阶段的消费能力是多少？你的客户全生命周期的价值几何？能给你贡献多少收入和利润呢？当你分析清楚这些问题，你可以进一步分析你愿意支付多少成本去获得这样一个忠实的客户呢？

如果单纯从赚钱的角度去看待这个问题，答案是显然的：客户的全生命周期价值（客户这辈子估计能给你贡献多少收入利润）必须大于客户的全生命周期成本。

客户的全生命周期成本＝获客成本＋维护成本

可以用一个企业拥有的总活跃客户（相对忠诚的客户，能衡量全生命周期价值）的数量乘以其潜在的能给企业贡献的价值（收入和利润），做估算，评估企业的价值，这就是用户估值法的核心思想。

2019 年三只松鼠财报披露，截至目前公司已累计服务超过 1.4 亿主人，仅天猫旗舰店单店粉丝数便超过 3800 万，位列天猫粉丝榜榜首。三只松鼠京东自营旗舰店和三只松鼠京东旗舰店合计粉丝数突破 3900 万，位列京东品牌粉丝榜第一名。假设这 3800 万就是三只手松鼠能够评估的全生命周期的客户数量，那么截至 2002 年 5 月底，三只松鼠公司市值 349 亿，349/0.38＝918 元人民币。也就是说，三只松鼠每一个忠诚用户价值 918 元人民币。

2019 年良品铺子财报披露，公司全渠道总体可触达会员 8000 万，其中重点维护会员截至 2020 年 3 月超过 4000 万人，其中门店会员 2300 万，微信会员 650 万（不包含粉丝），APP 会员 200 万，支付宝会员 150 万，电商会员 600 万，其他小型渠道会员 100 万。活跃会员中，女性占 70％，男性占 30％。主要消费群体为年龄在 18 岁到 40 岁之间的年轻妈妈、精致白领。2019 年会员销售额占公司总销售额的比例约为 57.4％。假设这 4000 万就是良品铺子公司能够评估的全生命周期的客户数量，那么截至 2002 年 5 月底，公司市值 309 亿，309/0.4＝772 元人民币。也即是说，良品铺子每一个忠诚用户价值 772 元人民币。

2020 年第一季度，美团财报披露自己拥有活跃的外卖用户 4.486 亿。截至 2020 年 5 月底，美团公司市值 7866 亿人民币，平均每一个忠诚用户的价值是 1753 元。

表 22

| | 截至下列日期止十二个月 | | |
|---|---|---|---|
| | 2020 年<br>3 月 31 日 | 2019 年<br>3 月 31 日 | 同比变动 |
| | (百万，百分比除外) | | |
| 交易用户数目 | 448.6 | 411.8 | 8.9% |
| 活跃商家数目 | 6.1 | 5.8 | 5.0% |
| | (笔，百分比除外) | | |
| 每位交易用户平均每年交易笔数 | 26.2 | 24.8 | 5.3% |
| | 截至下列日期止三个月 | | |
| | 2020 年<br>3 月 31 日 | 2019 年<br>3 月 31 日 | 同比变动 |
| | (百万，百分比除外) | | |
| 餐饮外卖交易金额 | 71,504.2 | 75,575.2 | (5.4%) |
| 餐饮外卖交易笔数 | 1,374.5 | 1,662.6 | (17.3%) |
| 国内酒店间夜量 | 42.8 | 78.6 | (45.5%) |

2020 年第一季度，阿里巴巴财报披露自己拥有活跃的用户 9.6 亿。截至 2020 年 5 月底，阿里巴巴公司市值 3.82 万人民币，平均每个忠诚用户的价值是 3980 元，反过来想，即使你用 3.82 万亿买下一家公司，等于你用平均 3980 元人民币买下了 9.6 亿用户。这个买卖，你干不干？这就是用户估值法的思路。

时间到了 2020 年 12 月，此刻美团市值已经跃升到 1.45 万亿人民币，平均每用户估值大概在 3000 元左右了。而良品铺子和三只松鼠的估值均大幅缩水。谁的用户更有黏性，谁的用户就更值钱，一目了然。在外卖和生活服务接近于垄断地位的美团市值已经轻松翻了一倍，而三只松鼠和良品铺子在竞争激烈的零食市场挣扎，用户缺乏忠诚度和黏性，市值依然大幅回落。

从用户价值的维度去思考一个公司的估值，也是一种非常好的视角。

假设把两个企业放在一起比较，显然有用户黏度的企业会比较没有用户黏度的企业更好。用户对企业的产品和服务有黏度，对用户和企业的品牌有忠诚度，这就给了企业巨大的发展空间和机会。例如小米的用户在全球截至 2020 年第三季度已经有 4.75 亿之多，其中至少有 600 万用户交叉购买多个小米品牌的产品，从手机到手表到平衡车，到手环，到家居中的各种各样的小米冠名的产品。小米也逐步构建起了自己的生态系统。

# 第十四章　一级市场和二级市场估值的视角差异

先来看看一级市场、二级市场的概念。

一级市场一般泛指企业在上市之前的市场，二级市场指的企业 IPO 发行之后，在股市交易就是二级市场。对于普通投资者来说，在股市投资，也就是在二级市场投资，要注意在一级市场投资和二级市场投资的区别。普通投资者很难有机会参与到一级市场投资，除非你是因为工作关系，拥有了一家企业的普通职工股或者原始股，这种机会往往是不适合绝大多数投资人的，不是本书的重点，在此略过不谈。一级市场投资，相当于你提前在上市公司上市之前投入了资金，类似于你在现实生活中提前入股了一家企业，你要承受的是上市可能会失败，公司经营中可能会遇到很多困难和问题，信息披露很差等等，好处是，企业上市之前入股，其可参考的估值标准往往比较低，通常会参考实业并购的入股市盈率或者净资产市净率的标准来入股。我们经常会看到一些上市公司并购一些非上市的企业，往往收购的价格在净资产附近（例如 1.5 倍市净率左右，15—20 倍市盈率左右，而且还伴随着被并购企业的未来几年的业绩承诺和如果做不到业绩了就需要补偿上市公司股东协议），可以从这些协议对一级市场有所了解。

例如，2019 年，上市公司青松股份并购化妆品代工企业诺斯贝尔，并购的价格是用 24.3 亿人民币购买了诺斯贝尔净资产价值 27.3 亿的 90％股份，相当于贴近净资产的价格收购了一家化妆品代工企业！如果看公告中的被收购公司业绩完成情况，2019 年诺斯贝尔完成了 2.5 亿的市值，这意味着青松股份并购诺斯贝尔差不多是按照市盈率 10 倍左右的价格并购的。显然贴近净资产，10 倍左右市盈率是个比较合理的价格。对于上市公司股东来说，这的确可能是一笔好买卖，如果之后青松股份能够经营得当，在今天网红经济和本土化妆品品牌飞速发展时，在二级市场，也就是股市，读者自然可以想象的到，一个化妆品企业可能会被炒作的高度了。

再举个例子，让大家能够更清楚实业并购的好处所在，例如：2020 年 1 月 2 日，上市公司海天味业发布公布收购了一家从事食用油的企业的 67％的股权，海天味业投入了 1.69 亿人民币获得了合肥燕庄食用油有限公司 67％的股权。这说明海天味业认可这家企业的价值（估值）为 2.52 亿人民币。

$$1.69 亿/67\% = 2.52 亿人民币$$

根据公告披露，海天味业并购这家企业时，2018 年年底，其净资产（也就是下表中的所有者权益是 8123 万，年度收入是 3.18 亿），所以可以很快粗略估计到，海天味业收购这家企业的 PS 市销率是大概在 0.79 倍。PB 市净率在 3.11 倍左右。

2.52 亿（根据并购价格推导出的公司全部价值）除以 2018 年所有者权益（也就是净资产）

$$2.52/0.81 = 3.11 （也就是市净率估值，PB \ Price/book \ value）$$

因为这家企业的利润为负，所以采用市销率来看这次并购，用公司的并购价格 2.52 亿除以 2018 年的销售收入 3.19 亿，那么得到公司的 2018 年静态市销率为：

$$2.52/3.19 = 0.79 （也就是 PS 市销率）$$

**表 23  合肥燕庄基本财务状况**　　　　　　　　　单位：万元

| 指标名称 | 2017 年 12 月 31 日 | 2018 年 12 月 31 日 | 2019 年 9 月 30 日 |
| --- | --- | --- | --- |
| 总资产 | 44,545.25 | 41,278.77 | 41,569.83 |
| 所有者权益 | 7,536.60 | 8,123.35 | 5,390.21 |
|  | 2017 年度 | 2018 年度 | 2019 年 1—9 月 |
| 营业收入 | 43,161.62 | 31,866.72 | 22,811.39 |
| 利润总额 | 362.87 | 1,939.05 | −4,685.00 |
| 净利润 | 266.64 | 1,906.36 | −2.733.14 |

海天味业收购这家企业的 PS 市销率大概在 0.79 倍。PB 市净率在 3.11 倍左右，凭借海天味业的强大管理能力和调味品强大的渠道，自然有非常大的概率将

这家公司转化为盈利赚钱的资产，而海天味业作为上市公司，目前在二级市场交易的价格又是非常惊人的，截至 2020 年 5 月中，海天味业在二级市场交易的估值在 3500—3600 亿左右，折合市盈率 55 倍，市净率 20 倍之多。从这两个例子可以看出，在一级市场上用合理价格并购有前景的企业，在二级市场上将股票溢价卖给普通投资者，这显然是一个非常高明的财务技巧。当然，更加应该关注那些拥有可持续赚钱能力的企业，应该作为这些好公司的股东。

所以，在二级市场上买入公司的股份时，要考虑这些因素。当二级市场上的股价接近于一级市场上实业并购的价格时，那就是底部。当你看到大量的产业资本增持股票的新闻，那通常是底部的信号（signal）。

# 第十五章　PEG 估值法

前面谈到了 6 种估值办法：市盈率、市销率、市净率、分红估值倒推法、自由现金流折现估值法、分部估值法、用户估值法。

上文也谈到了对于估值的综合运用，小股东如何看待现金分红和自由现金流估值之间的关系，也分析了一级市场估值和二级市场估值的差异和财务技巧，接下来谈谈一个著名的估值办法——PEG 估值法。PEG 估值法比较常用在科技企业、初创企业、增速特别快的企业上。PE 指的就是市盈率，G 指的是 growth，也就是增长率，通常指的是净利润的增长率。例如：当一个公司的每股盈利是 1 元，假设我们认为未来利润复合增长率是大概在 30% 左右，那么这个公司的合理估值水平就可以给予 PEG＝1 的水平。

$$PE/G＝1$$

意思是，如果这个公司预期未来 2—3 年的复合增长率是 30%，那么投资者可以给予这家企业的市盈率为 30 倍左右，30 除以 30 等于 1。这个方法现如今已经广泛运用于各种投资银行和券商的分析估值之中，深刻影响了二级市场股票的定价体系，尤其是对于一些行业前景光明，增速很好的公司来说，它极大放大了企业的估值，为企业在融资上打开了便利之门。对于投资股票的普通投资者来说，理解这个 PEG 估值也会帮助理解到增长很快的企业为什么会在二级市场上被炒作如此高估值。

理解 PEG 估值办法的核心是理解复合增长率，就是一个企业在 3—5 年的时间内，利润的复利增速。

例如 A 股著名的上市公司立讯精密，立讯精密的主营业务为消费电子零部件供应商，它的客户包括苹果公司和华为公司。从财务报表中我们可以很快看到两个数字，从 2016 到 2019 年，立讯精密的利润从 11.57 亿增加到了 47.14 亿，增长了 4.07 倍。

表 24

按报告期　**按年度**　按单季度

| 科目＼年度 | 2019 | 2018 | 2017 | 2016 |
|---|---|---|---|---|
| 成长能力指标 | | | | |
| 净利润（元） | 47.14 亿 | 27.23 亿 | 16.91 亿 | 11.57 亿 |
| 净利润同比增长率 | 73.13% | 61.05% | 46.18% | 7.23% |
| 扣非净利润（元） | 44.36 亿 | 25.54 亿 | 14.37 亿 | 10.72 亿 |
| 扣非净利润同比增长率 | 73.69% | 77.67% | 34.06% | 6.15% |
| 营业总收入（元） | 625.16 亿 | 358.50 亿 | 228.26 亿 | 137.63 亿 |
| 营业总收入同比增长率 | 74.38% | 57.06% | 65.86% | 35.73% |

那么这个复合增长率是多少呢？3 年 4.07 倍，用复利公式估算一下，这个复合增速是 59.65% 左右。

下表演示了其演算方法：

表 25　立讯精密演算复利

| 立讯精密 | 2016 | 2017 | 2018 | 2019 | 复合增速 |
|---|---|---|---|---|---|
| 利润 | 11.57 | | | 47.14 | 59.65% |
| 利润增长倍数： | | | | 407.43% | |
| 复合增速 | 59.65% | | | | |
| | 12 | | | | |
| 年 | 1 | 2 | 3 | 4 | F＝p＊（1＋r）t |
| 实际利润 | 11.57 | 16.91 | 27.23 | 47.14 | |
| 复利代入 | 11.57 | 18.47 | 29.49 | 47.08 | |

立讯精密过去 3 年（2016—2019）的利润复合增长速度是 59.65% 左右，假设我们按照 PEG 估值法回放一下立讯精密的股价，意味着立讯精密的市盈率有可

能在 60 倍左右波动，从下图可以看到立讯精密的股价（复权之后）从 2016 年年初的 6—8 元涨到了 2019 年的 48—50 元左右，其股价增长了 6—8 倍左右。股价的涨幅比利润的增幅要大。立讯精密堪称高增长业绩驱动的大牛股的一个很好样本。

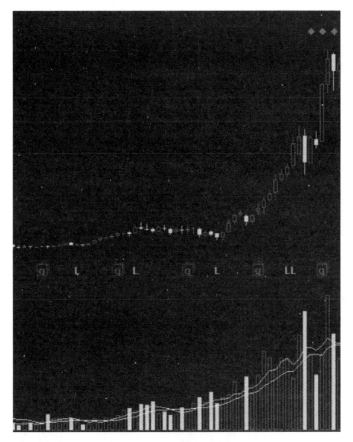

图 32　立讯精密股价图

那么立讯精密的股价如果按照前面介绍过的查看历史市盈率波动的情况是如何的呢？立讯精密过去几年的股价历史市盈率的波动情况显示，其股价过去几年最低市盈率是 23—25 倍左右，最高是 60—70 倍左右，股价的历史波动区间（按照滚动 12 个月市盈率）来看，非常完美呈现了 PEG 估值的特色。

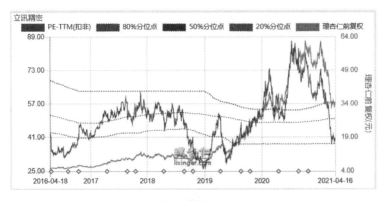

**图 33  立讯精密波动市盈率**

这张图显示，立讯精密的股价长期波动在市盈率 23—70 倍左右的空间，一旦接近过去几年复合增速的极值 60 倍，股价就会接近高点。股价波动的市盈率高点和低点折射了人们对于公司盈利增速的预期变化。多么有意思的事情！这组数据再次说明，股价是折射投资者对盈利和盈利增速的预期的游戏，把握了对企业盈利预期的波动，就可以更好地给企业做出动态的估值了。

很多个人投资者沉溺于低市盈率投资而不能自拔，一听到市盈率高于 10 倍、20 倍的企业就畏缩不前。要我分析这些个人投资者，恐怕是只得到了投资的一点儿皮毛，但是依旧还是没有真正的进入投资之门。诚然，我非常认同低市盈率投资的好处，但是，不能忽视的是低市盈率往往也意味着对企业未来前景的迷惘和失望，对企业利润增速的怀疑，一个企业的估值（价格）是无数投资者在二级市场上交易所最终形成的，并不存在一个所谓的权威机构，一个大拿，一个庄家就可以给一个企业定价。尤其是对于历久弥新的大企业来说，基金、保险公司、社保机构、外资、个人投资者多方参与定价，大家都盯着企业的基本面，从企业的收入、利润、行业格局、市场地位多个角度，多个维度分析判断和追踪，一旦市场出现错误的定价时间段，也就是说当价格偏离未来的价值中枢时，聪明的投资者和投机猎手们就会毫不犹豫介入。

在整个股市价格波动的过程中，参与定价的是所有的人，所有在二级市场买卖的交易者、投资者、投机者，无论是大投资资金，还是小股东的几万、几十万元，都构成这个价格形成机制的一部分。PEG 估值的难度在于这个 G，其实是对未来的预判，而不是对过去的总结，更不是一个固定参数，也就是说，这是对未来几年的预期，现在 60% 的复合增速只是代表了立讯精密过去几年的增速，并不代表其未来的增速。所以，PEG 估值是非常困难的，难就那在你要预测企业的未来 3—5 年的增速，如果能够在 PEG 小于 1 时买入，在这家企业的增速已经被市场充分认可时卖出，那么回报率是极其可观的。

因为你享受到了双重好处。第一，盈利的增长，第二，估值的提升。这就是戴维斯双击的由来。

举例来说，一个公司的市值等于估值和业绩的相乘：

$$P（价格，市值）＝PE（市盈率）* EPS（每股盈利）$$

所谓戴维斯双击就是公司的市值受到了来自估值和业绩的双重驱动，导致投资回报率暴涨的过程。在《戴维斯王朝》[①] 书中是这么记载的：

戴维斯 1950 年买入保险股时 PE 只有 4 倍，10 年后保险股的 PE 已达到 15 倍至 20 倍。也就是说，当每股收益为 1 美元时，戴维斯以 4 美元的价格买入，当每股收益为 8 美元时，一大批追随者猛扑过来，用 "8×18 美元" 的价格买入。由此，戴维斯不仅本金增长了 36 倍，而且在 10 年等待过程中还获得了可观的股息收入。

举例来说，当一家企业的每股盈利为 1 元，当下的股市交易这只股票的价格波动在 25 倍市盈率左右，也就是说股价当下是 25 元左右。那么假设基于你对这家企业的认识，了解和洞察力，你对未来这家企业盈利增速的判断是未来几年都能够保持复合增速在 30% 左右，那么当下这家企业的 PEG 就是 25 除以 30，也就

---

① 《戴维斯王朝》这本书里面介绍了戴维斯家族的投资保险股的心路历程，也就是提出双杀理论的美国投资家。戴维斯家族的投资理念主要源于家族的第一代，即老斯尔必，他提出了著名的 "戴维斯双击" 效应："在熊市购买低市盈率、低盈利的股票，等待行情转暖，享受公司盈利增长以及市盈率提升的双重收益。"

是 0.83。这时你买入这家企业的股份，按照 25 元的价格，意味着你买入了一个预期未来 3 年复合增速大概在 30% 的企业。按照这个预期，当下企业的盈利 1 元，股价 25 元，市盈率 25 倍，买入时的 PEG 估值 0.83。

第一年以后，企业的每股盈利 1.3 元，股价如果在 30 倍的市盈率目标波动，那么股价有概率到：$1.3*30＝39$ 元。

第二年，企业的每股盈利预期为 1.69 元，如果股价继续按照 30 倍的市盈率在市场上交易，那么目标估值则为：$1.69*30＝50.7$ 元。

第三年，企业的每股盈利预期为：$1.69*1.3＝2.2$ 元。如果股价继续按照 30 倍左右的市盈率给予估值，那么股价将有机会飙升到：$2.2*30＝65.91$ 元之多！

从买入的 25 元到未来的 66 元左右，增幅是 1.63 倍之多。而市盈率的增长从 25 倍增加到了 30 倍，PEG 从 0.83 增加到了 1 左右。这笔投资的增幅由公司盈利和估值两个因素一起推动，这是一笔非常棒的投资！

你可能会疑惑，你凭什么说它未来一定能保持在 30 倍左右的市盈率交易呢？要是万一它按照 20 倍、15 倍的市盈率交易呢？这个问题问得好，的确是有可能的。在未来一段时间内，股价有可能因为对这家企业逐步公布业绩而推动的投资者预期的改变，整个股市的大幅度波动下行，都有可能导致股价在一段时间内在一个范围内波动，可能是 2 倍市盈率，20 倍市盈率，甚至更低，但是这里说的是一个股价的波动范围。

回到立讯精密的例子，2016—2019 年，动态市盈率的波动范围从 23 倍到 71 倍。只要你买入的公司达到甚至超过了 PEG＝1 的区间，你就可以选择出手卖出，落袋为安。这个概率是非常大的。而且甚至可以缩短你的投资周期，根本并不需要等待三年之久。就我个人过去接近 20 年的股票投资经验来看，股价波动被盈利预期驱动，遇到股市大趋势向上，投资者情绪高涨时，股价往往会提前就冲上 G 的顶峰波动空间。

为什么？因为股票的价格波动是预期的波动，是心理的波动！

但是，需要警惕的是，当这家企业的盈利预期出现了下滑信息时，例如某一个季度或者连续两个季度达不到增速的预期时，例如大家都预期这个公司每年盈利的增速在30％左右，一旦有1—2个季度达不到这个预期，又间或有一些关于公司的负面新闻出现，比如丢掉了订单，最近公司在裁员，公司某一位领导出现了一些丑闻等等，有产品质量投诉等，这时公司的盈利预期就发生了改变，投资者就会感到恐慌而剧烈抛售股票，引起股价暴跌。因为这时PEG估值法的G，也就是增速变小了，那么股价就会显得配不上这个增速，就会诱发大量抛售。这也被称之为戴维斯双杀。所谓戴维斯双杀，就是说公司股价受到了估值下调（例如由于对利润增速的担忧，投资人不敢给公司按照30倍市盈率定价，而改为比较保守的20倍定价）和盈利下滑（利润增速下滑导致了对未来的盈利也改变了）的双重压力，从而估值会被大幅度下调了。例如一家企业原本的盈利未来3年的复合增速大概在30％左右，突然因为某1—2个季度的业绩下滑或者因为某些原因导致大家对它的前景产生了怀疑，那么：

最初，盈利1元，复合利润增速前景30％，大概股价在30倍市盈率在交易，股价30元。未来3年的盈利预期分别为：1.3，1.69，2.2元。

现在，盈利1元，复合利润增速前景调整为20％，定价20倍市盈率交易，股价20元，未来三年的盈利预期变为：1.2，1.44，1.73元。如果还是按照PEG＝1去看的话，那么股价波动的范围上限大概在1.73乘以20倍左右，也就是34.6元。

成也预期，败也预期！看懂了这些，现在大概会更多的去观察一个公司的收入增速和利润增速了吧？

Price（股价）＝PE（市盈率）＊EPS（每股盈利）。老斯尔必发现，在不同的市场阶段，投资人对于股票的估值水平（PE）接受程度不同。在弱势市场里，10倍PE是大多数投资人能欣然接受的估值水平，市场进入牛市后，投资者可能对20倍的估值水平也认可，而当市场进入疯狂阶段后，投资者可能对30倍甚至更高的估值水平也无所谓。

"戴维斯双击"正是利用这种现象，在市场低迷时寻找EPS和PE处于低位的股票,在预计盈利进入上升的拐点时买入,等待股市行情回暖,同时公司盈利回升,从而 PE 和 EPS 一齐上升,带来股价的迅猛攀升。而"戴维斯双杀",则是相反的现象,即在市场疯狂时,买入 PE 很高,同时 EPS 处于顶峰拐点的股票,当股市走弱,同时公司盈利下滑,带来 PE 和 EPS 一齐下降,导致股价的大幅下跌。

企业洞察篇

# 第十六章　寻找好公司从商业模式开始

前面有很多章节讨论了如何给一个企业估值，也举了一些例子。不过，说到底，给企业估值是对企业的过去和未来的定量判断，但是，更多时候成功的定量判断是基于准确的定性判断的。

对于企业的前景未来和趋势做出相对准确的判断，也就是定性判断，在投资过程中是更加重要和关键的一环。这个环节的核心就是理解企业的商业模式（business model）。

企业的商业模式简单来说就是这个企业是干什么的？它的客户群体是哪些人？对它的客户群体提供什么样的产品或者服务？收入来源是什么，成本主要是什么？这个企业依赖什么样的核心资产才能提供这些产品或者服务，这个企业的核心竞争力和经济护城河（economic moat）在哪里。换句话说，这个企业有什么本事能保护自己的收入和利润不被竞争对手侵蚀。

客户是谁？收入来自哪里？产品是什么？产品销售的数量是多少？主要成本是什么？利润的核心来源是哪一个产品？来源哪里？依赖什么样的销售手段？销售的渠道是什么？主要依赖什么样的资产去赚到这些收入？靠人还是靠机器设备还是靠厂房？企业的核心竞争力是什么？企业靠什么来保护自己的收入和利润？

举个例子，一个检测机构是如何赚钱的呢？

检测机构的主营业务是给企业或者个人出具检测报告。这和医院验血化验有些类似，比如你去医院，做一个验血，医生告诉你要做那几个检查，有的检查很便宜，有的非常昂贵，从几十到几千不等，有些还无法在医保中报销的，需要自费。假设我的公司出口家具去欧洲，客户可能需要一个报告来了解家具中某些化学微量元素的含量，证明家居在欧洲市场可以销售，我出个报告，欧洲的海关可能是不承认的，你报价给欧洲的企业，人家也是不承认的，所以就需要有一定公信力的第三方机构提供报告。所以，对于检测机构来说：收入来源于销售检测报告。销售了多少份报告，平均每份报告多少钱，这是测算收入的一个大框架。检测公司的主要成本是人力和仪器设备，没有设备做不了检测，没有懂设备的人也写不出报告，所以显然这是主要核心成本。因为主要是面向企业，所以这可算是 2B（面向企业的）服务业务。因为报告大多数是电子文本形式，所以这个业务必定是轻资产形式，因为核心资产是人和实验室设备。

检测出来的报告要得到不同的权威机构和官方的认可，自然，这个检测机构的资质，历史，和各个行业协会，政府，海关，质量检查部门的关系也就非常重要，就好比说你有能力检测家具，但是客户所在国家和地区的监管机构不认你这个报告，自然你出报告了也是无用的了。

通过前面的分析，你自然能够理解这样的机构并不需要太多的固定资产，大楼，土地，也不是从事制造业，需要很多厂房，但是他需要试验设备和测试工具，需要计算机运算，需要保存数据，需要一些科学家和试验技术人员，需要一个良好的管理，需要和监管行业的政府有关单位保持密切的沟通。所以这些也是一家检测企业的核心资产了。

如果能把这些问题基本分析清楚，可以算是基本对这个企业的商业模式有了一定的了解了。

那么一个养猪场的商业模式是什么呢？还是沿着这个思路，我们要理解收入的来源，核心成本在哪里，客户群体是哪些人，如何在这个行业里面保持一定的竞争力，核心资产是什么？

养猪场的收入自然是出栏的育肥猪（肉猪）销售出去到老百姓的餐桌了，销售的是肉猪，或者屠宰之后的猪肉，这个客户群体就大了，不过成规模的大型养猪场是不太容易把肉直接销售给每个人的，一般是销售给大型屠宰企业，或者直接销售给大型商超和零售企业。养猪场的核心成本在于所需要的土地，猪场的固定资产、设备，更重要的是每天养猪过程中需要的饲料，猪的防治疫病药物等。还需要一套严格的工艺流程标准。普通农户养几头猪并不难，但是成规模成系统地养猪，也不是件容易的事。

养猪场的简单收入计算公式就是：猪的出栏数字 * 猪的实现均价（每公斤）* 猪的出栏重量（一般是 110 公斤到 130 公斤左右）。

自然，养猪这本生意的利润模式也是：猪的出栏市值 *（猪的实现均价－猪的平均养活成本）* 猪的出栏重量。

这样分析一下，就能理解为什么对于养猪场来说，控制养猪的头均成本是非常关键的了。养猪需要先有场地，由于养猪对于防疫的要求比较高，自然需要大量的先期资金投入，包括土地，建设养猪场，后续的维护和扩张等。对资金要求比较高，所以企业需要有一定的融资能力。能借到非常便宜的钱自然也是核心竞争力的一环。养猪要依赖的核心资产还应该包括种猪，没有种猪就没有后来的这些猪，没有母猪，自然更加没有小猪，也没有小猪长大之后的育肥猪了。所以养猪场的种猪和能繁母猪特别关键，所以在这个行业，有一个'得母猪者得天下'的说法。

人们常说：银行乃是百业之母。那么银行的产品是什么呢？银行的产品就是钱。银行的收入就是把钱借贷出去，无论用哪种办法，无论给企业（经营贷款）还是个人（信用卡、房贷），都会收取借款人一些利率，利息就是以后的利润核心来源了。银行要把钱贷给借款人，就必须先有钱（资本金），也就是银行自己的资本金，资本金是一开始办银行的人投入了一部分，然后不断吸收客户存款所带来的累积。所以拉存款、卖贷款，就是一切银行业务的本质。银行利润的来源就是拉存款支付的利息，和卖贷款所得到的利息之间的息差。银行的成本就是这些银行的工作人员、交易系统、背后的数据库等。在很多国家，银行的经营都是被严格监管的，所以银行的执业资格也是非常关键的，银行的牌照也是非常有价值的资产，没有这个牌照，做银行类似的存款贷款的业务都是非法的。理解了这一层，应该也能理解为什么国家对 P2P 贷款、网络贷款、小额贷款那么多监管和收紧了。

很多制造业都有大量的机器设备和厂房。那么制造业的商业模式是什么样的呢？制造业生产某类产品，然后销售给很多客户，有可能是企业（2B 业务模式），有可能是个人消费者（2C 业务模式）。比如家电企业通过代理商和线上销售。有的制造业生产机器设备，它的客户群体都是非常大的制造业，就需要培养很多业务人员，经年累月和客户做面对面的沟通。绝大多数情况下，制造业的收入的模式比较简单，就是：

$$产品数量 * 价格＝产品收入$$

制造业的主要成本往往是原材料。例如生产聚氨酯的万华化学，煤炭，原油的衍生品苯就是它主要的原材料之一。生产水泥的海螺水泥，煤炭，天然气，用电都是主要成本，而水泥的核心原材料还包括了石灰石。分析清楚制造业的原材料，也就是能理解清楚哪些大宗原料的价格波动，会直接影响下游企业的成本，进而影响其利润。例如生产关键医疗设备的迈瑞医疗，它的主要成本就是集成电路板，关键的机械零部件，还有软件开发的成本和费用等等。造汽车要用大量的铜和钢材，这些都是原材料成本。

通常来说，企业初创时，往往会从一个产品开始，然后逐步的发展周边产品，最后慢慢做大做强。有的公司做大之后会用富裕资金投资其他行业赚钱。比如过去很多制造业的老板看见房地产行业有利可图，就会把制造业赚的利润拿去买地盖楼，成立房地产企业。家电行业的海尔、美的几乎都曾经涉足过房地产行业。有的公司则会沿着自己已有的产品链条去开发更多产品，形成多产品模式，形成一个产业群，最终甚至形成一个产品生态。例如福耀玻璃，多年来一直围绕汽车玻璃这个产业的上下游供应链做制造业，做到了全球第二。

企业要发展，都是需要不断提高销售收入，提高销售利润，所以扩张的模式无外乎有几种，

第一类：横向扩张。做更多的产品类别（例如做了电饭锅，做电热水壶，做烤箱等。）或者销售给更多客户群体（例如做了男装，做女装，做了女装还不够增长就做童装，做防护服，做帐篷），销售给更多的行业（比如在 PCB 行业，从航空到电子，到医疗，到化工，集成电路板进入了所有行业）

第二类：纵向扩张。简单说就是把自己的上下游供应链都做了。例如牧原养猪了之后，自己做饲料，有了饲料，有了猪，再发展一下屠宰工厂，还做食品加工。例如三一重工做了挖掘机之后，做起重机，然后为了节约成本，自己生产发动机，自己生产零部件。例如海大集团做了鱼饲料之后，做做家禽饲料，现在又开始养猪。

制造业有微笑曲线理论，也可以帮助我们对制造业的商业模式有更加细致的理解。

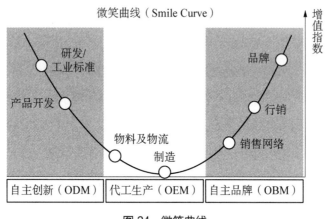

图 34　微笑曲线

对于制造业来说，存在几个环节，包括研发产品，制造产品和销售推广。以华为、小米的手机产业链条为例，华为、小米都在研发和营销推广环节下了很大功夫，牢牢控制了自己的产品研发和品牌，营销和销售网络，其中间的零件部采购、组装、产品制造有一部分是交给自己核心的供应商去做的。例如小米手机有一部分是外包给闻泰科技外包开发。苹果手机的 Airpods 有很大的量是外包给立讯精密生产的。

在现代医药产业链条中，由于医药研发周期长，风险比较大，需要做大量的临床研究等原因，一些大的制药集团会外包研发环节给一些医药研发企业，例如在 A 股上市的药明康德、康龙化成和凯莱英，还有港股上市的药明生物。

在 A 股上市的南极人，产品品类非常多，但是很多都是贴了南极人的品牌，产品并非南极人所生产。南极人比较注重品牌营销，设计生产基本都是合作的。

也就是说，在制造业里面，逐步出现了分工的专业化，不同的制造业有不同的聚焦和侧重。那么有些企业会把持微笑曲线的两头，研发和产品品牌营销网络，从而达到自己利润最大化的目标。

例如个护领域的豪悦护理，化妆品领域的青松股份，宠物食品领域的中宠股份，他们都是类似在代工领域起家，一开始帮助自己的客户从事 OEM 生产，逐步逐步发展到 ODM，也就是也能帮助客户做一些产品设计和模块化开发，最终他们都不约而同地走上了发展自己的产品品牌和构建营销网络的道路。又比如立讯精密从组装和代工起家，现在慢慢依赖自己的研发投入和不断扩大规模，客户数量，逐步逐步也开始从事模块的开发和生产。

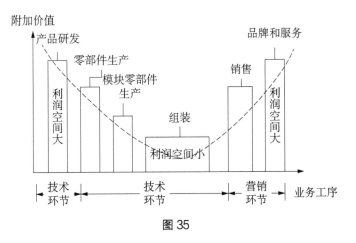

图 35

在互联网时代，还出现了另外一个扩张的思路，就是不围绕着产品去思维，而是围绕着客户群体去思维，这个是什么意思呢？

比如某企业从前是做空调的，现在做小家电，这是一种围绕自己的产品去思维的角度，这个思路的出发点是，我有能力做空调，空调的原材料、工艺、技术掌握了，现在用这套技术，生产线略微改改，生产小家电。这是从自己的产品出发的思维。例如格力电器，美的集团在做的一些业务就是这类。

那么什么是围绕客户去思维呢？比如我现在开个网上商城销售产品，让一大堆商家到我这里来开店铺，我抽个佣金，取个服务费（淘宝模式），这时我的收入来源是商家，所以我的业务组成中和商家处理业务的团队是非常关键的，因为我依赖的是从商家来的利润。到一定阶段了，从我网上商城买过产品的客户群体是很多个人消费者。我发展一个新业务，想办法从这些客户群体上赚钱，咋办呢？我给这些个人消费者提供高利贷，提供理财产品，我从这些人身上赚点钱。比如蚂蚁金服的业务，比如支付宝。有了几亿用户群体，你可以做很多事情去向你的客户群体收取一定的税。这就是一个围绕客户群体的思维，就是企业的商业模式的变动，是围绕着这个企业的客户群体来思考他们的需求还有哪些没有得到满足，然后想办法满足他们。腾讯、阿里巴巴、小米、美团、京东、拼多多、网易，无一例外。中国平安也是这个思路，中国平安过去销售保险，然后试图通过各种办法黏住这些客户交叉销售平安体系内的各种产品和服务。

小家电领域的小熊电器尤为突出。小熊电器主要客户为女性消费者，城市白领、学生和年轻人，其产品设计的思路围绕着女性客户的生活场景设计，尤其是在厨房小家电，可爱呆萌，结合各种生活场景，在年轻人和女性消费者心目中建立起了一个强大的品牌影响。它的产品已经从过去的厨房小家电延展到了母婴产品、个人护理产品和家居产品。它的创新思维从头到尾就是围绕着年轻人的生活场景，这样在产品门槛比较低的小家电领域逆袭成为一匹黑马。

所以，根据商业模式，可以将公司粗略划分为：

单一产品型企业：以生产一种产品为主，例如格力电器（空调为主），有友食品（鸡爪子），恰恰食品（以瓜子产品为主），桃李面包（面包为主），绝味食品（卤味）。

多元产品企业：在过去生产一种产品的基础上，发展多产品。比如桃李面包做了面包之后现在开始做月饼。比如安井食品，最早是做鱼丸的，现在开始做早餐葱油饼和馒头。

平台型企业：从生产一个产品开始，逐步变成生产多个产品，到扩张到这个产品的上游下游供应链条，化身为一个多产品企业，一个平台企业。例如家居行业中的顾家家居，小家电行业中的美的集团，智能消费电子的龙头小米集团。他们都已经发展到了不完全依赖单一细分行业，单一产品线的地步，有了比较强大的抵御风险的能力了。平台型企业的共同特征是很容易开拓新产品进入到自己已经拥有的渠道中，很快变现放量。

当然更牛的还是第四类企业，生态型企业，例如亚马逊，发展自己的会员业务，对会员收费，然后对自己旗下的产品给予会员优惠和各种福利，把他们牢牢的拴在自己的企业服务中。生态型企业往往对自己的消费者客户群体拥有巨大的黏性，客户对生态型企业往往有一定程度的忠诚度，企业可以发布一个政策影响到这个企业生态环节的方方面面，供应商、商家、客户、消费者。强大的生态型企业犹如自己帝国的王，在自己的生态圈中发号施令。生态型企业对于自己的上游、下游、供应链，有很强的影响力和控制力，一定程度上会构成垄断，而生态型的客户又有比较强的黏度。例如腾讯的微信、QQ，阿里巴巴的支付宝、淘宝，美团的外卖。

2020 年 11 月 10 日，在"双 11"启动前一天，国家市场监管总局重磅发文：为预防和制止平台垄断行为，引导平台经济依法合规经营，起草《关于平台经济领域的反垄断指南（征求意见稿）》，并向社会公开征求意见。这个消息出来之后，腾讯、美团、阿里巴巴当天都暴跌了。其实市场对这几家公司的反应，恰恰说明了这些企业已经构建了自己强大的生态和帝国，已经大到国家需要强力监管和防范垄断的程度了。

现在不少平台型企业在发展到一定的阶段之后，不仅仅提供自己原有的产品，还提供一些特殊产品，也就是把自己的能力当成一种商品提供出去，我称之为能力输出型企业，例如京东的物流，京东物流也承接一些其他企业的业务，等于把京东物流从一个成本中心，变成了一个利润中心，不仅仅能够服务京东商城本身，还能够参与市场竞争获利。这种能力的输出也是平台型企业的威力之一。

在中国，称得上平台型企业的公司不多，或许腾讯、阿里巴巴、美团、京东、小米公司算得上其中的佼佼者。小米公司把自己的品控、设计、销售渠道开放给其他小米的合作伙伴，小米入股很多企业，帮助他们一起策划和设计了一些贴牌小米的产品，然后透过小米庞大体量的销售渠道去销售给全球消费者，给小米带来了滚滚财源，也使得小米获得了超越普通制造业常规的发展速度。

还有的公司不仅仅自己销售产品，还能输出能力和开发接口，比如微信的小程序，阿里巴巴的钉钉，科大讯飞的智能语音开发 API，虹软科技的识别 API，为一些开发者提供了自己的 API，让一些合作伙伴利用自己的 API（也就是软件公司对外开放的二次开发接口），去开发各种不同的应用，从而等于发展了一批自己的生态合作伙伴在帮助自己做生意。这是非常聪明的做法。

理解了一家企业的商业模式，就是要理解企业的收入、成本、产品、销售渠道和核心竞争力，同时也需要去理解这个企业的客户群体的特征。有了这个定性的分析，投资者才能比较好地去给企业做定量的估值。

# 第十七章　企业的生命周期

如同人有生老病死，企业也有生老病死，所不同之处在于，企业的生老病死，并不一定是以企业的终结为最后的结果的。

先来简单给大家回顾一下企业生命周期理论吧。企业生命周期理论是指企业的发展与成长的动态轨迹，包括发展、成长、成熟、衰退几个阶段。企业生命周期理论的研究目的在于试图为企业找到能够与其特点相适应，使得企业找到一个相对较优的模式来保持企业的发展能力。

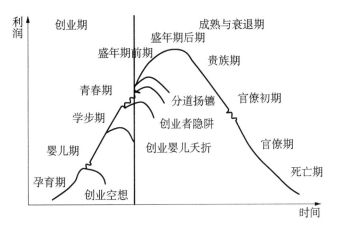

**图 36　企业生命周期十个阶段**

上图表明，企业有自己的生命周期，但企业拥有一批企业家和管理团队，而人拥有巨大的主观能动性，人可以改变，可以创新，可以修改自己的生命周期曲线。这是人的力量。这是在投资过程中不可以忽略的一个角度。

美国人伊查克·爱迪斯曾用 20 多年的时间研究企业如何发展、老化和衰亡。他写了《企业生命周期》，把企业生命周期分为十个阶段，即：孕育期、婴儿期、学步期、青春期、壮年期、稳定期、贵族期、官僚化早期、官僚期、死亡。爱迪斯准确生动地概括了企业生命不同阶段的特征，并提出了相应对策，指示了企业生命周期的基本规律，提示了企业生存过程中基本发展与制约的关系。

英特尔公司总裁葛洛夫先生有一句话，"当一个企业发展到一定规模后，就会面临一个战略转折点"，就是说，你要改变自己的管理方式、管理制度、组织机构，否则你仍用过去的办法，就难以驾驭和掌控企业，更不用说永续经营。

安迪·格鲁夫说的很对，其实企业家，尤其是那些特别成功的企业家，他们都是很早意识到企业生命周期的，他们都会未雨绸缪，在兴旺时为未来埋下伏笔，留下日后兴盛的火种。中国古老的成功的家族企业几乎都是这样。

基本上每一个企业都会有自己的生命周期，从初始创业的生存期，到不断慢慢长大的发展期，到后续的飞速发展之后的逐步成熟，到业务的瓶颈期，到最后的慢慢衰落和僵化，进入一个落伍或者死亡的阶段。

初创、生存、起步发展、飞速发展、成熟、瓶颈、衰败、落伍死亡或者涅槃重生。

但是，企业和人不一样的地方，在于企业有企业家，有经营管理团队，企业家也会有接班人的更替过程和传承。如果企业家和企业的经营管理团队有能力，有智慧，很多企业是能够穿越企业的生命周期，把企业从一个发展期，带到另外一个新的发展期的。

这个过程是很值得我们在选择投资哪一家企业时特别关注的。很多著名的大投资家都会强调观察公司是不是有一个很杰出的管理者是一个选择出好公司的极其关键的考量。

例如美团的王兴、牧原股份的秦英林、腾讯控股的马化腾、阿里巴巴的马云、福耀玻璃的曹德旺、小米公司的雷军、华熙生物的赵燕、宁德时代的曾毓群，都是这个时代最杰出的企业家和战略家。可以想象一下，如果没有沃伦·巴菲特和查理·芒格的伯克希尔公司会变成什么样，更没有办法想象，没有斯蒂夫·乔布斯的苹果公司，没有埃隆·马斯克的特斯拉公司会是什么样子。在半导体领域，更是如此，没有一大批从欧美留学之后毅然归来的领军人才，今天中国的半导体科技不知道要落后多少年。

IBM 公司最早是做打字机的，后来进入了计算机行业，现在进入了云数据中心行业。新希望公司初创是做饲料的，现在的战略是大力发展养猪。腾讯最早做了即时通讯工具，后来慢慢发展了游戏业务，现在化身为中国最大的社交网络企业，和 Facebook 齐名，甚至在很多地方超越了 Facebook。阿里巴巴最早是给企业做 B2B 的买家和卖家撮合的，后来发展这一块遇到了瓶颈期，进入零售领域，成功开发了淘宝业务，之后淘宝假货猖獗，集中力量发展天猫，涅槃重生。而现在最大最有前途的业务其实是云基础设施（也就是数据中心）业务和支付业务（蚂蚁金服、支付宝）。蓝帆医疗早年是做化工原料的，后来做了 PVC 手套，现在转型做心血管医疗器械，还投资了非常前沿的人工心脏领域。立讯精密最早是做连接线的，而现在帮助苹果代工 Airpodspro，从一个零部件到一组零部件，到一个电子系统。凤凰涅槃了若干回合的立讯精密，如今成为消费电子领域数一数二的大企业，谁能想到呢？这些优秀的企业几乎都有一个当年的低谷。很多企业都曾经有过技术也不行，市场也不行，被客户看不起，被小股东看不上的历史，投资需要非常厉害的眼光，一双帮助你看穿未来的眼光，你需要去鉴别那些企业能够度过生命周期的衰退期而涅槃重生。

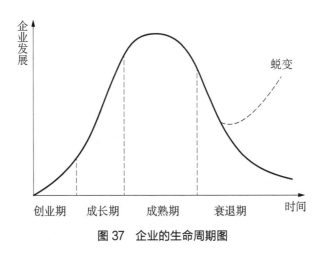

图 37　企业的生命周期图

这些企业之所以能够不断发展，其核心原因往往是因为管理层居安思危，在企业现有的业务还在飞速发展时，就已经预判到未来，或者提前做了一些资源的布局，在自己还没有进入瓶颈期时，就巧妙的布局未来，做好传承的准备，从而在老的业务即将衰败时，新的业务已经进入一个快速发展期，从而企业作为一个整体看起来不断的在成长，不断在发展，不过的超越自己的生命周期曲线，从而保持长期向上。伟大的企业都有相似的地方。而不幸的企业则各有各的不幸。昔日和明星欢聚豪言壮语的贾会计已经在美国破产，而志在千里的雷军已经成功的把小米公司上市，登顶全球第四大手机公司和最具活力的 5G＋IoT 企业。当很多制药企业还在仿制药的领域面临激烈的竞争和国家集采的砍价和出局压力之下挣扎，恒瑞制药的创始人在接受采访时告诉新闻媒体：从去年开始就已经决策，从今以后只做创新药了。

投资股票就是投资企业，就是投资企业的未来。企业的产品可以有生命周期，但是企业如果有了很强的企业家和管理团队，有了前瞻的眼光和强大的执行能力，纵然环境困难，也是有可能能够带领企业穿越老的产品生命周期，进入新的产品生命周期的。做投资，就是要重点发掘那些能够不断掀起全新企业生命周期的伟大企业的苗子下注。

投资企业的股票时，由生命周期也会引发一个问题，就是在一个企业不同的生命周期里面，采取何种估值手法的问题。一个企业在不同的生命周期里面，企业的经营重点肯定是会不同的，自然其财务特征，经济特点也会不一样。不同阶段，适用不同的估值方法。

例如，当企业初创时，首要问题是找到第一批客户，拥有收入。所以这个阶段自然不会太在乎利润。例如在 A 股，科大讯飞不断的在找各种各样的手段和方法试错，获得收入，记忆中，很多投资者批评科大讯飞拥有非常垃圾的财务指标和数字，收入来源不够清晰，政府补贴太多，亏损等等。但是他们可能没有意识到的是，科大讯飞本来就是一个做语音识别技术的学院派构成的，他在企业初创的阶段，不断找哪里能够给他带来可持续的收入，这个过程肯定不是一帆风顺的。犹如当年马云被拒绝 N 次，马化腾差一点卖掉了自己的腾讯公司，企业在初创时更需要的是收入，是客户，是订单，是对自己商业模式的验证和肯定。这个阶段很多投资者用 PS 给企业估值，如果企业的业务是互联网服务企业，更是按照 10—20 倍的市销率（PS）给予无法理解的高估值。

而当企业已经进入到一个比较成熟稳定的阶段，那么这时，有着稳定的收入、利润、稳定的分红、稳定的商业模式、稳定的客户群、渠道，这时的估值自然重点在于观察企业的收入，利润，分红增长了。这时采取的估值办法自然是不同的。例如海康威视经过了若干年的高速发展滞后，业绩已经相对比较稳定，这时明显资本市场对他的估值用市盈率角度来看，对于增速要求很高，一旦海康威视的收入，利润增速露出疲态，资本市场瞬间变脸，抛售股票。昔日按照 20—40 倍市盈率估值的企业，如今只能在市场上按照 15—20 倍市盈率的价格交易。

有些公司的企业生命周期阶段，恰好处于一个高速增长的阶段，而且当下正处在投资的行业热点和风头上，收入和利润增速极快，虽然公司的业务基础并不牢固，甚至都没有盈利，在资本市场上也会有很多人用 PEG 估值法给予定价，也就用 1 倍甚至 2 倍，3 倍的 PEG 对未来的前景给予极度乐观的估算。例如企业的盈利只有区区不到 3 个亿，却能获得 180 亿市值，只是因为大家乐观的觉得企业会保持每年 60％ 以上的利润增速。例如做电商代运营业务的壹网壹创，本来就是一个为一些消费品企业外包运营天猫，淘宝，唯品会电销网站的团队，上市了之后，市盈率也可以轻松攀升至 100 多倍的高度。其风险在于，一旦增速不再，那么高市盈率也会烟消云散。

有的企业的确衰败到甚至要死亡的程度，有个案例很好地解释了资本市场对于这类企业的一个看法。今年瑞幸咖啡暴露造假之后，股价暴跌，股价一度在瑞幸咖啡净资产的附近，因为资本市场的逻辑是，最坏的情况下，瑞幸咖啡会无法经营而被清算，至少这些物资还值这么一点儿钱。但是当中国政府对瑞幸咖啡进行调查，投资者意识到瑞幸咖啡有可能面临巨额赔偿时，股价轻松奔着零价值去了。

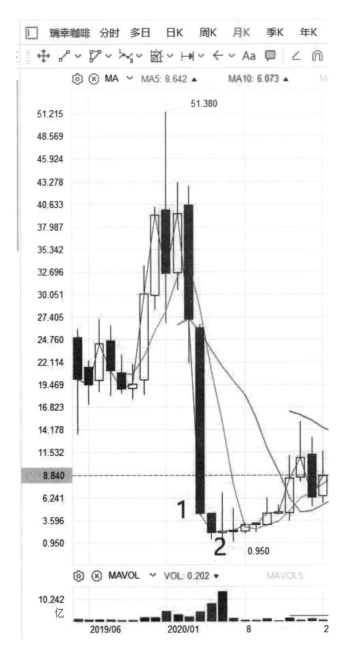

**图 38 瑞幸股价图（截至 2020 年 5 月底）**

注：图上标 1 的地方为大概在净资产价值附近，在美国发起对瑞幸的
投资赔偿之后，跌破 0.6 倍净资产。

听上去荒谬，但是这些类似的情况却一而再再而三地在资本市场上发生。这些现象也再次说明了在资本市场上，人们是按照对于未来的预期给予企业估值的。股市是一个预期的心理游戏。而对于处在不同生命周期的企业，自然也会采用不同的生命周期阶段给予一些估值。

大家对于海天味业（酱油和调味品巨头企业）的估值一直迷惑不解。海天味业其实稳定的收入增速和利润增速也大概就在15％—20％之间，源于大家对海天味业消费品行业的刚需特征，强大的品牌力和渠道覆盖，源于大家对海天味业每年产生60—70亿自由现金流的预期，资本市场给予了海天味业60倍动态市盈率的极高估值。

在不同的企业生命周期给企业估值，有这么几个要点。

1. 需要去预判企业现在的核心业务在企业生命周期的哪一个阶段。然后采取不同的估值办法。一般来说，初创期用PS，增长期用PE或者PEG估值法，稳定成熟期可以考虑用自由现金流估值法，如果企业进入衰退期，可以考虑用PB，看净资产或者清算价值来评估。

2. 对于企业已经布局的未来新兴业务要预判未来，分析前景，按照初创期或者高增长期给予估值办法。例如许多投资对于医药公司极高的市盈率估值无法理解，其实这个高估值里面，往往包括了对于这家医药公司的在研发的产品线未来潜在能够带来业绩的预估了。这也是去理解一些上市的生物制药企业，为什么一分钱收入没有，还依旧有很高市值的一个缘故。对于企业又有现有业务，又有未来业务布局，可以采取分部估值法，把两个业务分别估值，然后加总的办法来评估整个企业。

但是无论采取哪一种估值办法，都不要忘记，一个企业的最关键的还是穿越周期不断赚钱的能力。选出最出色的企业，重点就是要看企业在不同的生命周期的表现，经济低谷时期的表现更能折射一家企业的综合能力。结合之前谈到的企业的商业模式，聪明的读者一定会想到，其实估值对于不同的商业模式也必然会有不同的侧重选择，的确如此。

# 第十八章　存量抓龙头格局定乾坤

前面讨论了企业的商业模式，寻找好公司可以从寻找好的商业模式开始，也谈及了如何去辨别不同的企业生命周期，显然有些企业会在经济下行周期扩张产能，并购同行，例如海螺水泥和牧原股份，在经济繁荣时主动减轻自己的债务，在自己盈利尚可，发展很好时拿出一部分的资源来分配给那些拥有未来的业务。有些公司的研发费用很高，而且逐年提高，即使在新冠疫情这么严重的 2020 年第一季度、第二季度，有些企业依旧毫不犹豫地投入在研发，人力等方面，这是为什么呢？因为这些企业为了企业能够跨越生命周期，不断将企业从一个增长期飞跃到另外一个增长期，而采取了逆势扩张和蓄力的战略。这些都是好公司的特质。

2020 年年初到整个上半年，疫情导致很多线下培训课程都不能做，严重影响了中公教育的培训业务收入。但是中公教育并没有采取缩减课程、调整员工的做法，反而是加速扩张在三四线城市的教学培训网店，大举招聘老师。这是因为中公教育的管理层显然看到了培训的刚性，果断下决心逆势扩张，同时中公教育积极给学院线上上课，到了第三季度，其业绩果然爆炸性增长。

好公司的两个特质，一是不会轻易在经济低迷，业绩低迷时削减研发费用。二是对于企业接班人的培养，对企业进入新的业务领域总是会保持热情和适当投入资源，而不是永远守旧。研发费用是对未来的投入，而买股票买的就是未来。企业的董事长、总经理如果能够保持一个做事情长远的目光，有强烈意愿并且实际行动分配资源到新的业务，这也是折射了他们做长远做大企业的目标是真实可靠的。招商银行已经宣布每年投入金融科技的预算不低于营收的 3.5%，2018 年格力和美的研发投入在 4% 左右，而三一重工的研发投入占比达到 5.4%，立讯精密的研发投入达到了收入的 7%，海康威视的研发投入达到了收入的 9%，恒瑞医药的研发投入达到了收入的 15.3%。

很多投资股票的朋友经常对我会说的一句话是，这个公司太贵了。我知道它很牛，但是我想去看看有没有下一个腾讯，下一个阿里巴巴，下一个贵州茅台，下一个海天味业，下一个立讯精密。这不是个例，我遇到非常多的投资者会有这样的想法啊。我佩服他们的勇气，不过我并不建议你真的去那么做，事实上，找到下一个微软，下一个腾讯，下一个亚马逊，下一个阿里巴巴的概率也极大的受到业余投资者的眼光局限和自身商业知识和能力圈的局限。

一句话，找到下一个伟大企业，我个人看法，不如耐心投资在每一个细分行业最好的龙头企业，耐心看着他们逐步增长市场份额，逐步构筑行业垄断，逐步变成行业中利润最好的企业。

2020 年，我国已经进入了存量经济的时代，不再是从改革开放 1980 到 2020 年这 40 年的飞速发展阶段了。很多行业逐步走向成熟，很多行业走向大集中。这背后和我们国家的人口趋势、老龄化趋势、产业结构都有莫大的关系。

目前中国处在老的经济发展到相对成熟但是产能过剩，增长动力不足，而新兴的经济暂时无法承担起全部的增长动力的这个阶段，而人口也面临老龄化加速的趋势，在国际上中美对抗不仅仅愈演愈烈，并且将持续 10 年甚至更长的时间，其中一个背景也是因为以美国为首的西方主要发达国家，全力扼杀中国的新兴经济和科技发展的动能。所以一个国家的经济三驾马车，投资，出口，消费目前都面临比较大的挑战，出口受到外部环境（国际地缘政治和国家之间的恶性竞争）的影响，投资受到国家债务负担的影响（最近几年都在去债务杠杆），政府开支已经比较庞大，很难支撑过度的财政开支，消费受到经济下行压力的影响（GDP增速下滑）。

过去我国的劳动力有两大来源：一是来自人口红利，也就是 15—64 岁劳动年龄人口的增加；二是来自城市化，也就是农民进城。从人口红利代表的劳动年龄人口数量来观察，从 2001 到 2010 年，我国每年新增 1100 万青壮劳动力，但从 2011 年开始这一增量降至 500 万人以下，自 2014 年以后我国劳动力人口数量出现了负增长，仅 2018 年一年的降幅就达到了近 500 万人。

人口预期寿命延长、出生率低迷，中国人口老龄化速度前所未有。随着生活水平提高和医疗条件改善，中国人口预期寿命显著延长，从 1960 年 44 岁提高到 2019 年 77 岁，部分沿海发达地区人口预期寿命更高，2019 年上海户籍人口预期寿命高达 83.66 岁。生育意愿持续走低、二胎政策效果不及预期造成中国人口出生率连降，2019 年中国人口出生率仅为 10.48‰，新生儿数量仅 1465 万，较 2018 年下降 58 万，创 70 年以来新低。

2000 年时我国城市化率仅为 36％，而到 2018 年的城市化率已经接近 60％。从国际经验来看，城市化率达到 70％左右将进入成熟期，这意味着中国城市化进程已经步入尾声阶段。

从 2000 到 2010 年，我国地产销售面积从 1.9 亿平米升至 10.4 亿平米，年均增速高达 18.8％。而从 2010 到 2018 年，我国地产销售面积从 10.4 亿平米升至 17.2 亿平米，年均增速降至 6.4％。到了 2019 年，我国地产销售面积出现了负增长。

目前我国总人口为 14.11 亿，户均人口约为 2.62 人，对应着家庭总数为 4.7 亿户。假设耐用消费品的平均使用期限为 10 年，相当于每年折旧 10％。按照户均一台的保有量，中国大多数耐用消费品每年的更新需求约为 5000 万台左右。

2010 年之后，我国地产销售面积从 10.4 亿平米升至 17.2 亿平米，年均增速降至 6.4％。到了 2019 年，中国的冰箱内销量为 4300 万台，同比下降 3.8％，已经连续 5 年下降。2018 年的洗衣机内销量为 4500 万台，同比增速降至 2.7％的 4 年新低。这印证户均一台的耐用品，在中国国内的稳态销量就在 5000 万台以下。2018 年的空调内销量达到 9300 万台，足够支撑中国所有家庭每年 2 台的辂换需求，进一步上升的空间其实也不大了。2019 年格力电器收入出现明显的下滑，在 2020 年第一季度新冠病毒疫情暴发下，格外突出，但是其实销售严重不足的矛盾在 2019 年已经是慢慢浮出水面了。

在很多行业，市场份额在不断集中到行业内最大最强的企业手里，行业格局在慢慢的趋于稳定，今日如果在行业中排名最大的几个玩家，往往他们在 10 年之前，20 年之前已经是重要的创业者，20 年之前他们可能还是小舢板，现在已经是远洋巨轮，有一些企业已经变成了参天大树。所以观察一个细分行业的前三名，观察他们的市场份额变化情况往往是非常有效的。

例如在洗衣机行业，排名第一的青岛海尔在 2012 年的内销市场份额为 17％，而在 2018 年提升至近 34％。而美的收购小天鹅之后份额升至第二名，目前洗衣机行业的前两名已经超过 60％。

在冰箱行业，海尔、美的和海信科龙份额排名前三，其合计内销市场份额在 2012 年为 45.3％，而在 18 年升至 58.2％，其中排第一的海尔 2018 年份额达到 33.1％。

只有在空调行业，格力、美的和海尔三强的内销市场份额在过去几年出现了小幅下降，从 2013 年的 76.5％降至 18 年的 70.5％，但是依然维持在 70％以上，而格力一家的占比就接近 40％。

比如房地产行业，2009 年时前 10 大地产商的销售份额仅为 8.1％，到 2018 年提升至 27％，份额提升了近 3 倍。尤其是在过去两年，房地产行业前十名拥有的市场从 18.7％升至 27％，提升了近 50％。因而虽然过去两年地产市场整体的年均销售增速仅为 13％，但前 10 大地产商的年均销售增速高达 36％。

再比如水泥行业，其集中度在过去的 10 多年在持续提升。以熟料的产能来测算，2005 年的前十名占有市场 30.3％，到 2018 年升至 63％。而市场集中度的提升助推龙头企业海螺水泥的净利润从 2005 年的 6 亿元提升至 2018 年的 306 亿元。

在工程机械领域，以挖掘机为例，行业集中度从 2012 年开始见底回升，2012 年的前十名为 67％，前四名为 36％，而到了 2019 年上半年，前十名已经达到 86％，前十名升至 60％。在行业竞争格局改善之后，龙头企业三一重工的净利润从 15 年的 1.4 亿元升至 18 年的 63 亿元。

在白酒行业，以销售金额测算，茅台、五粮液和洋河三大龙头的市场份额在 2015 年只有 12.7％，而在 2018 年上升至 25.7％，其市场份额在三年之内翻了一倍，由此也带来了利润的大幅提升，过去三年三大龙头白酒企业的年均净利润增速高达 26％。

统计局数据显示，从 2016 到 2018 年，规模以上白酒企业的数量从 1606 家减少至 1445 家，白酒总产量从 1358 万千升降至 871 万千升，但同期规模以上白酒企业总收入仅从 6126 亿元小幅降至 5364 亿元，这意味着剩余规模以上白酒企业的效益出现了明显改善。

在过去的两年，中国的啤酒产量从 4506 万千升降至 3812 万千升，乳制品产量从 2993 万吨降至 2687 万吨，但统计局的数据显示同期的规模以上啤酒和乳制品产量增速均稳中有升，这说明大型头部啤酒和乳制品企业是在不断发展扩张增加市场份额的，行业集中度出现了明显提升。

在一个行业格局已经趋稳时，如果你在这个行业里面试图去寻找下一个腾讯，下一个阿里巴巴，下一个牧原股份，下一个海康威视，下一个拼多多都是挺困难的事情。作为小股民，作为没有信息优势和资金优势的小股民，找到了是小概率事件，找不到才是大概率事件。投资下注自然是要在有确定性的地方下重注。

如果你看到一个行业，正在行业格局趋稳，集中度快速提高的过程中，那么这时也许是投资存量龙头最好的机会。存量经济下，细分领域的龙头往往容易得到更多优惠的银行融资，更多的政策支持，更多的媒体宣传和更多的商机，很多细分行业都在一个大集中的过程中，这时要把握好这些机会。例如：

工程机械的三一重工，挖掘机份额 26％左右；

水泥行业的海螺水泥，市场份额 16％左右；

酱油行业的海天味业，酱油份额超过 20％；

一次性医疗医护手套行业的英科医疗，全球份额在 5％左右；

短保质期面包行业的桃李面包，市场份额在 25％以上（短保面包）；

休闲卤味的龙头绝味食品，市场份额 15％左右；

养猪行业的牧原股份，市场份额 5％左右；

半导体芯片制造行业的全球第四，中芯国际；

急诊室全套医疗设备之王，迈瑞医疗；

手机行业全球第四，小米集团；

等等。

很多行业的细分市场冠军生意都越来越好。而在一些新兴的产业领域，大家都存在未知，不确定性的领域，则可以用风险投资的思路去投资一些新的公司，新的技术，新的企业，例如人工智能领域，机器人领域，自动驾驶领域。

这时的投资策略可以略有不同。

1. 最好从自己熟悉的行业出发，如果你本身就来自人工智能领域，那么自然你投资一些新兴的人工智能企业会有得天独厚的优势了。

2. 分散下注，长期持有。用风险投资的思维，核心就是要分散下注，例如对于新兴产业的一些你特别看好的领域，由于行业格局不清楚，你很难判断哪一个会成功，那么最好的办法就是分散下注，每一个下注不要太多。例如网红经济的天下秀。例如大数据分析领域的每日互动公司，例如计算机视觉算法领域的虹软科技，这些公司的特点是收入增速快，公司没有完全定型，未来想象空间很大，有的只有收入，还没有盈利。对于这些的企业，资本市场往往都还不一定能够有合理的，成型的估值办法，所以分散下注可以帮助你分散风险，同时这些企业一旦是你选对了，后期回报往往非常巨大。存量龙头的投资或有可能带来未来几年年复利 20%—30% 的回报，新兴产业的领域的投资则有可能带来数十倍的回报。如果自己没有足够分析的能力，则可以考虑选择一些专注投资新兴产业的基金下注。

这一章[1]强调的是，行业格局是投资的关键，绝大多数情况下，假设投入一些行业格局不甚明朗的中小企业，不如投入在行业格局清晰，已经垄断或者正在形成垄断的过程中的一些企业，或许是更好的选择！聚焦白马股对于小股东来说，其安全，可靠，确定性是非常关键的。存量时代，巨头已经形成，巨头的增长不比小企业差。寻找下一个伟大企业的努力很多都是失败的。

---

[1] 本章引用的数据参考了海通证券几位首席经济学家在不同时期公布的数据。

# 第十九章 找到真正赚钱的公司

当我分析一家企业时，我会比较注意这个公司有钱还是没钱。这个意思并非是说这个公司有多少现金，而是公司的真实赚钱能力。从几个维度可以去分析和判断。

当然需要提醒诸位读者的是，这些因素都是要综合考虑的，并非一个指标可以定乾坤，但是诸多指标的综合，往往会帮助你找到那个最后的真相。

第一个维度，我会看看这个公司是不是真的收到钱，通常我会观察收现比。也就是把账面收入和现金流量表中的收到的现金做比较，然后会观察几个季度，几年的趋势。

收现比大于1的公司说明其业务记录的收入是真实可靠的，而收现比长期低于1的公司，往往是应收账款很多，或者工程类的企业，只能先收取一部分资金，但是这些公司有可能把合同算成了收入，这样就造成了收现比小于1。有的公司销售走的是代理模式，经常会给渠道账期，渠道下了订单，提走了货物，但是却没给公司钱，往往几个月之后才给钱，这时在账面也会出现收现比小于1的情况。

溢价能力强的公司是不会这么干的。他们会要求一手交钱，一手交货。例如茅台，牧原。而一些公关公司，工程公司，项目公司，系统集成公司，则比较悲催，好不容易拿到了订单，钱也是分期分批给，有时客户尾款甚至不给了。

第二个维度，有钱的公司往往财务费用很少，或者财务费用是负数。在利润表里面有一个指标，叫做财务费用，一般的说，如果有利息支出，就要有财务费用。很多公司都有存款，存款也会产生利息收入，如果借了银行的钱就会有利息支出，如果发行了债券就会有债券利息，综合下来，这些都算在财务费用中，如果一个公司财务费用为负数，而且是长期为负数，说明公司有很多钱，或者说明公司有巨大的现金沉淀在自己的账上，例如微信支付和支付宝账户，很多人都有点零钱在自己的微信和支付包账户上，积少成多，这些钱等于成了微信和支付宝的不需要支付利息的债务，放在账面上给他们白用。

这体现了公司的地位和强势。

有的公司由于产品厉害，对上游和下游比较强势，比如要求客户提前打款，交货时候就给钱，然后拖欠上游原料和供应商货款，这样一进一出，把这钱就节约出来了。让客户早早给钱，然后拖欠供应商的钱，是几乎所有行业内有钱有势的公司会干的事情。

这种情况下，这些公司就并不需要太多资金，也就不需要太多债务，也就没有利息支出，反而有可能因为占了其他人的现金而得到利息收入。财务费用自然是正的。

投资这些"恶霸类"的公司才是王道。

一些外资企业，往往对自己的供应商，采取双重的压榨手段，例如在招投标时引入很多供应商比价，压低价格，然后再签约时，以年度供应商有一定量的合同来诱惑，但是合同往往将付款周期锁定在 90 个工作日，其实几乎等于四个月左右，而且还要求在完成服务之后付款。

通过这样的手段，大量节约了自己的资金，压榨了中小供应商。

有能力压榨供应商，也是一种有护城河的表现。所以，有时做特别强势品牌的供应商，是很痛苦的业务。例如苹果、华为的供应商。

投资时也需思考一下，给大厂家做供应商的企业，往往债务高，应收账款巨大，财务费用高企，如果扩展产能时没有把握好，比较容易死。

第三个维度，可以观察资产负债表中的预收账款或者合同负债这个项目来看看公司是不是真的有钱。预收，或者合同负债是说明了企业会先于产品或者服务交付收到钱。例如同花顺销售的投顾产品，先收客户一年的钱，然后慢慢提供服务。白酒企业中的强势品牌，先让经销商打款，不然不发货。然后还会下通知给自己的经销商，要求他们在几月几日之前把上半年全部订货的钱提前打给自己等等。这些都是霸王做派，但是却凸显了这些公司有钱。

预收款凸显了公司的商业模式，可以先收到钱的生意总归是不错的。例如做培训的公司，你不给钱，人家不会让你去上课，例如收割了无数家长的 vipkids 和学而思，不但收割，大家还抢着被收割，去医院看病，不先付钱肯定是看不成的。

所以预售款和合同负债的观察，可以帮助投资者看清楚这个公司的本质，看清楚这个公司产品或者服务的受到欢迎的程度，看清楚这个公司有没有钱。

合同负债在账面呈现为负债，其实并不是债务，而是资产。

第四个维度就是现金分红，有钱的公司愿意现金分红，喜欢现金分红，不在乎现金分红，分红大方慷慨。

一般的来说，如果一个上市公司每年能够把大约是年财务净利润的 30％分配给股东，说明公司是真的赚钱而且有钱的。除非这个公司在飞速扩张中，而且并没有大量借钱和发债。

道理很朴素，人都是自私自利的。老板也不例外。真正胸怀大志，一心为股东的老板有几个呢？

假如我是一个公司老板，我自然是最大的股东之一，分红多了我也会高兴对吧？如果公司需要扩张，这个业务前景很好，公司当下的负债率又不是非常高，我自然愿意借用银行的钱来扩张，然后把利润分配给自己了。对吗？

如果公司本来就缺钱，自然不能分配过多利润。一些公司每年只能分配当年纯利润的 10％左右，或者每年利润分配逐步逐步缩小分配比例和绝对数字，都是有原因的，如果能从财报，公开资讯中仔细研究打探，或许能发现其背后缘故。

高现金分红的公司大概率是比较有钱的企业，有实力的企业。

有些公司不断增加债务，分红也不多，固定资产扩展很快，在建工程比较多，或者库存增长很大，这些因素一综合，投资者自然能够感悟到这个公司缺钱了。

要特别留心那些公司账面上有钱，扩张又似乎不是很厉害，但是又不大比例现金分红的公司，这样的公司就有概率背后有问题了。

当然，公司处在不同的生命周期，有些企业还在飞速发展中，分红不高，但是大量投资产能，研发，固定资产也是情有可原的，也是可以理解的，这时要具体公司具体分析。

第五个分析维度是自由现金流。自由现金流的计算比较复杂，我一般用简化的办法来评估，就是用公司的当期经营活动现金流净额减去公司当期的固定资产投资来做一个评估。同时，我会看几个季度，几年的这个自由现金流的态势来做判断。

自由现金流的涵义是说一个公司如果每年把这部分钱拿走，公司还能继续运转。这部分钱已经考虑到了公司的运营资金，投资，研发这些维持公司运营的所需资源了。

可以自由拿走的钱。想一想都觉得内心激动。

理论上，公司的现金分红就是自由现金流的一部分。

有自由现金流还能有业务持续增长的公司都是非常牛的，这意味着公司生意不断发展扩张，而且还不需要太大的资本投入，钱可以源源不断的从公司拿出来。

所以在资本市场上，投资者往往会给予自由现金流稳定的公司很高的溢价。

正如投资大师所说，一个企业的价值是这个公司在全部生命周期产生的自由现金流的总和。

通常，长期缺乏自由现金流的企业，如果自由现金流转正对股价是一个积极的信号。往往伴随着股价大涨。

有些公司长期不断投资新的固定资产，会出现连续数年没有自由现金流的情况，这类企业还在不断发债，向银行，信托借钱，来投资固定资产和库存。这样的公司机会往往伴随着分红比较低，债务多，财务费用为正的情况。

第六个维度就是分析一家企业的有息债务。

所谓有息债务，自然就是有利息支出的债务，或者说有成本的债务了。

比如你从银行借款，发行债券这些都要支付利息。自然作为老板是不喜欢这些的，通过发债的成本，能够看出来那些公司比较牛，例如不同房地产企业的债务成本不同，有的发债3.5%的利息，有的居然要高达10%. 一般来说，发债成本低的，银行贷款利息低的企业，往往说明这个企业的信用好，实力强。

因为银行都是更喜欢有钱人，银行的商业模式决定了银行更喜欢富人，富裕的企业，他们给你贷款，借钱给你是因为他们知道你比较有实力，还的起。

银行喜欢贷款给国企，央企，大公司也是可以理解的。

澳门赌场这是这样。哪个叠码仔不喜欢首富呢？谁都不喜欢散客。

有息的债务高，财务费用就会多，有息的债务低，大概率说明企业不缺钱，靠自己内生的赚钱能力。

这六个维度跨越行业，可以帮投资者鉴别真伪，综合运用，受益无穷。数年来我一直采用这些指标，逐步逐步完善了自己对财务的理解和对商业模式的理解。希望读完这篇的你，也能有所悟，有所变。

# 第二十章　我是如何研究企业的

　　我平常研究企业，其中最核心的一招就是经常会去阅读和收看企业领导人的新闻发言和讲话，然后对照企业的业绩和实际行动，尝试按照这个企业家的思想去思考，如果我是他，我会做什么，我会如何行动。

　　选股时，研究企业时，一个很重要的技巧就是仔细留心这个企业的领导人的一切。这是为什么呢？大家在日常生活中，是不是经常会遇到一些这样的情况，当你和朋友聚会聊天时，总会谈及自己所在公司的老板，很多的抱怨吐槽，也有很多的赞许和钦佩。一个企业的领导者可以说是一家企业的核心，一个企业的文化就是领导人的文化的延展，每一个企业的文化、格局、眼光背后都是企业领导人的全部内涵（能力、性格、格局、眼光、三观）的集中展现。

　　好的公司总是类似的，不好的公司则各有各的不好。如何去留意领导人的一切呢？是，我们固然没有办法和这些领导人一起开会，一起聊天，我们对于他们，如同小人物见到大人物，我们连见到他们的机会都很少，但是我们依旧可以从领导人的创业经历，子女的表现，家庭环境，做的事情，说的话，对这个人有一个认识。最直接的是听领导人在公开场合讲话，然后看领导人的企业到底做了什么事情。也可以接触一些企业的员工，和他们聊聊天，了解一下员工对老板的看法，多看看行业内的新闻，看看企业领导的发言讲话，甚至他们写的文章，有些上市公司董事长甚至喜欢自己亲自出面解释企业的发展战略和思路，大量资料都在投资者访谈，记者采访和股东大会发言里面，你多听多看多了解，时间长了，慢慢你就会培养出一种看人的感觉。

　　现在大家看到的信息太多了，真假不一，很难判断。看企业领导人的亲自的发言，视频非常重要，还有股东大会的论述这些都是第一手资料，会比较清晰的呈现企业领导人的真实一面。

　　总结了几点我看好的企业领导人的特点，供大家参考。

1. 自身往往具有所从事行业的专业知识，常年从事这一细分行业，往往是这个行业的专家和领军人物，有比较深厚的行业背景。

2. 比较专注主业，不太会轻易把公司资源投资到完全不相关的，自己不懂不了解的行业里面去。

3. 比较早就明白要公司专业化，职业化的道理，而不是一味把自己的子女亲友塞入公司。比较注重对接班人的培养和选拔。

4. 能够在大是大非的问题上站队准确，例如国家有困难时。

5. 对一些重大的行业发展问题能够有比较清晰的认识。

6. 公司发展战略清晰，能够对企业的短期，中期，长期做出合理的资源分配和布局。

7. 性格坚毅，做事情坚持不懈，能够做好做深入一件事情。比如兆易创新，中微公司的创始人。

评估企业家时，有一个比较容易忽略的盲点，大家也需要注意，很多出色的企业家不一定和你拥有同样的道德观念和价值观念，投资者不要因为一些问题和你本人的看法不一致就完全误判有一些企业家的真实特质。上市公司的老板，掌门人各有千秋，各有特色。上市公司里面有几个伟大企业家（其实凤毛麟角），也有更多的不那么伟大的企业家（占据绝大多数），甚至有不少龌龊的，犯法的，私德比较差劲的企业家，还有一些道貌岸然，衣冠禽兽的企业家。但是这些并不一定直接会影响企业的当下业绩。人的品德和他的经营能力很多时候不一定完全匹配。所以观察一家企业的领导，要多一些耐心，多一些时间。时间长了，就能看懂一个人。

对于业余普通投资者来说，一旦开始关注一家企业，还需要不断的跟踪分析一段时间，在做出完全定性的结论之前，还需要花费一些时间和精力。

第一，任何企业都不是独立存在，其必然有供应商（上下游合作伙伴），客户（消费者），员工，有竞争对手，其所在的行业也必然有行业协会。上市公司往往在自己所在的行业内举足轻重，都不是等闲之辈，自然关注的人会很多。尤其是一些著名的上市公司。一言一行，万众瞩目，聚光灯下，众说纷纭，这需要耐心识别，独立思考，得出定性的结论。围绕这些群体可以多了解一些上市公司的情况，例如和企业的员工，企业的上下游供应商的员工闲聊，观看企业领导人在新闻，媒体面前的表现，研究企业领导的人的个人生活作风。阅读企业所在行业的期刊报纸杂志和新闻，打听一下这家上市公司的竞争对手是谁，研究竞争对手是如何分析这家企业的。例如可以去看看竞争对手的总经理，CEO 是如何评价分析自己关注的企业的，这些信息都能帮助你更好的理解企业在行业内的地位，口碑，文化，工作习惯等等。

第二，业余投资者很难接触到自己熟悉的行业的上市公司的供应商、员工、客户、消费者等，那么有一个办法，就是在网络上做一些研究。这些研究包括研究上市公司的网站，查看上市公司的视频、新闻、产品和解决方案、成功案例，包括在一些证监会指定的披露的网站上，直接向上市公司提问等等。通过搜索引擎查看过去一年，甚至很多年之前的网页，查看关于这家企业的任何信息。去招聘网站，招聘网页，公司官网上查看这家企业最近在招聘什么样的员工。如果这家企业的产品是可以在淘宝天猫拼多多京东可以购买到的，一个很重要的事情就是去访问上市公司的官方网站，理解他在销售什么样的产品和服务，更重要的是查看客户的评论，因为在大的互联网平台上的客户评论往往是比较真实的。在所有的社交媒体上搜索和这家上市公司有关的信息，包括查看微博、知乎、雪球、百度词条、微信朋友圈、微信公众号、小红书、唯品会、抖音、快手查看任何的客户或者消费者的吐槽，尤其是要分析研究那些一看就不是大 V，不是认证的普通人的微博，微信，知乎，或者平台账号信息所提出的问题，反馈的问题。因为这些普通人的社交媒体的账号所描述的信息往往更加真实可信，不带任何推销的成分。

例如，当我阅读光威复材历史时，了解到这家企业最早是从事钓鱼竿的生产的，我就查阅京东网站，果然查到销售鱼竿的光威复材公司的信息。还可以查阅消费者的反馈和在网络上的评价，这样就可以对公司的产品有一定的感知。例如可以在哔哩哔哩网站上查到一些上市公司的实地视频，历史视频，领导人的讲话，公司的年会视频等，假如你有足够的耐心，都能从这些资料中得到一些对上市公司的直接体会和感悟。例如去巨潮资讯网（证监会指定的披露网站）去查询企业的所有的公告，报告，甚至可以给上市公司提问了解更多的情况。平常我们经常用的行情软件，例如同花顺，都会有投资者互动的记录，从这个地方也能够看到一些投资者问的非常有价值的问题来帮助你理解上市公司的经营。通过这些基本的桌面研究，都能够帮助你理解上市公司的商业模式，客户是谁，销售什么样的产品，口碑如何，收入的主要来源，公司的未来前景如何，包括一些你不了解的行业术语，行业背景和历史沿革都可以在网上自己调研得到。行业协会的网站，对我们来说，可以多了解一些业内的情况，现在自媒体非常发达，例如医疗器械的协会，每天报告猪肉价格的网站，检测水泥价格趋势的网站都非常多，投资者在仔细鉴别之后，可以选择一些关注，多看数据，多看分析，慢慢的就会对这些行业有一个由浅入深的了解。

第三个办法，在力所能及的范围内，可以尝试购买这家企业的产品。例如我分析小米公司时，采购了小米的电视机，智能语音音箱，小米打印机，在购买过程中，体验了产品质量，服务，产品的设计和产品的人性化程度，结合我过去购买美的、格力、小熊电器、华为、苹果公司的各种消费电子产品的体验，对小米公司的本质又有了许多的认识和体会。又比如我多次复购海天酱油恒顺醋和千禾酱油，通过自身的切实体会，很好的帮助我理解了这些刚需消费品的特点。

第四个办法，对于一些消费品的企业，很多都能够在超市，线下门店，商场柜台买到，所以经常逛逛超市商场医院车站，也是一个非常好的观测角度。有时我会去一些大型的 shopping mall 观察华为和小米门店的人流，比较在同一个时间段的人流情况，对比来往人流的年龄，性别，观察他们喜欢哪一类产品。至于经常在厨房出现的产品更是如此，消费品，无论是必需消费品（米、调味品、火锅底料还是小家电、服装鞋帽、珠宝）都可以通过逛街，逛商场感受到。这也是为什么消费品企业容易出大牛股的原因。自古以来，男人爱烟酒，女人爱化妆和珠宝，包包，千古不变。古代有胭脂，现代是彩妆护肤品，茅台五粮液汾酒牛栏山二锅头更是男人的刚需。这些几乎都是大牛股。

平常我无论去哪里，都会留意一下，男女老少喜欢在什么地方驻足，喜欢观察什么，喜欢买什么。例如我去海口美兰机场和三亚海棠湾免税店，都会发现哪里总是有不断的人流在哪里排队购物。很容易就会注意到中国国旅其实拥有了中国80％—90％的免税店市场。在商场，很容易发现现在大多数人都在线上购物，线下的商场除了小孩子的培训场所，就是一些只有线下才能体验的地方，例如AR游戏厅，餐厅（例如海底捞、西贝经常人流涌动）。2020年2月到4月疫情期间，许多教育机构破产倒闭，大多数因为线下门店无法经营，但是疫情逐步过去之后，给小孩子上培训课程的业务会明显复苏，因为这也是几乎每一个中国家庭儿童的刚需。当然线上的教育培训课程更是愈发火爆，连电脑，iPAD都一度出现断货。

除了火车站、机场、大型商场还有人流，人最多的地方就是当地的三甲医院或者专科医院了，当地最好的医院往往每天都是人山人海，注意看看哪一个科室排队就诊的人最多。注意去取药的地方看看人们都拿走了什么药物，找几个熟悉的医院的医生，护士，药房工作人员，医院的财务了解一下情况，去验血的窗口观察一会儿，自然对药物，医疗器械，检验检测和基层卫生机构的现状有一定的了解，很容易就发现这其中的巨大机会。

第五个办法，多看电视广告，从电视广告的类别，频次，你可以观察那些消费品最近广告攻势比较充足。还要尤其重视网络剧的插播广告。现在大量的年轻人喜欢看网络剧，例如前几年的《花千骨》，到《琅琊榜》，到最近1—2年的《老九门》《黄金瞳》《古董局中局》等等，还有大量的谍战片，古装剧例如《猎狐》《庆余年》等，几乎在所有的热播电视剧中间都会穿插很多的广告。这些广告可以看出那些产品在促销推广，推广的效果，力度如何等等。打开电视，几乎全部是汽车，化妆品，休闲零食，一些互联网服务平台（二手车交易网站）的广告。通过这些日常的留心，自然会对那些公司的产品比较吸引消费者，那些公司的产品可能有潜力会有一定的感觉。

第六个办法，就是可以参加一些上市公司的股东大会，亲自去企业看看，耐心观察企业普通一线员工的待人接物和风格。参加股东大会可以面对面的看到公司的管理层，从他们的说话，言谈举止，反应能力能够比较直观的近距离的了解他们。更重要的是，可以通过现场投资者的问题，来感受到资本市场各种维度的视角，因为投资者的问题往往折射了股价在下滑，或者停滞过程中的阻力所在。现在上市公司的股东大会日期都会提前公布，可以按照上市公司的流程提前报名，到时候参与也能够得到非常直观的感受。

第七个办法，就是自己下载公司的财务报告，认真阅读。除了第一个（闲聊），第二个办法（桌面研究）之外，这个办法是我最喜欢的。公司的财务报告犹如一本故事书，如果能够看懂读懂，加上你个人的洞察能力，自然可以预见到很多企业的未来，对企业发展的预判就会准确许多。后面的章节我会详细有一个部分介绍我是如何阅读财报的，阅读哪些地方，不同的行业阅读哪些地方是重点。很多读者朋友和业余投资者并没有太专业的知识，大多数人会感觉财报很难看懂。其实，在定性的阶段，财报并不需要阅读每一页，在初期起步的阶段，大家在给一家企业定性的初级阶段，更多的重点是通过财报去理解企业的商业模式。也就是先去理解这个公司销售什么产品，销售给什么样的客户，通过什么样的渠道，公司自称的核心竞争力是什么？公司的收入来源哪里？公司的成本主要是什么。理解好一个企业的基本业务，自我感觉能够理解，才继续下一步深入的研究，一般来说，如果一家公司，你在阅读的财报第一个小时没有办法理解这家企业，就是说明这家企业并不在此刻（当下）你的能力圈里面，无论这家企业多么伟大，多么好，都可以放弃了。

如果能够在一小时左右对一家企业从事的业务有一个朦朦胧胧的理解，自我感觉还可以，还可以下载一些券商或者其他第三方分析机构的分析报告看看。要注意的是，要看券商的分析报告，要多看明白涉及企业的商业模式的部分，帮助自己理解清楚这家企业的核心业务，如何赚钱的，主要产品是什么，收入来源，成本在哪里，通过哪些渠道，面向哪些客户群体，竞争对手都有哪些，如何保护自己的经济护城河，从券商的分析报告中，先获取这些定性问题的参考。而不是急于去看券商的目标价，估值这些。

无论哪一种跟踪分析研究企业的手法，如果你自我感觉没有办法理解（看不懂），那么最好的办法就是放弃。看不懂不做，这个原则古老但是非常实用。切记！

企业的情况（基本面）是在不断的动态变化的，外部竞争环境的变化，国家政策的改变，消费者行为的改变，都有可能影响到企业的基本面（收入，利润，成本），所以运用这 7 种办法来追踪分析研究企业，一定要记住这些办法可以结合起来，但是追踪分析研究是一个长期的工作，并不是一个一次性的任务。我个人习惯于保持一定的时间节奏：一般来说，平均每个季度都会对自己关注的企业做一次全面的重新分析。每个季度企业的财务报告出来了也会做一个仔细的阅读，结合我这一个季度的观察得到的信息作出自己的判断。

每周都会留意我关注的企业的动态、新闻、上下游、供应链、客户、消费者的一些动态。更多的是看信息，而不是看 K 线追踪。

研究一家公司，要反复研究企业的创始人，实控人，了解此人所思所想，了解公司的行动和规划，更要尝试看懂企业的商业模式和所处的生命周期，之后还需要不断跟踪企业发展的情况和企业大老板的一举一动，这样当机会来临，你就会有一种胸有成竹的感觉，也比较容易下决心出手交易。故而我习惯在自己的股票池中放入不少好公司，一旦机会来临，我就敢于出手了。机会总是留给有准备的人的。

我最深刻的感触就是：平时不研究，机会来临时也是一场空。

# 第二十一章　选股7招

在前面的章节中，我谈过平衡四法则，在平衡四法则选股、仓位管理、择时，估值中，选股是最重要的第一步，如果没有选对公司，选对投资的标的，那么今后的许多努力都将白费。

选择投资什么样的公司，和一个人的知识，个人经历，性格都有莫大的关系。应该说选股折射了一个人的价值观，曾经有个朋友告诉我，一个人进入股市的第一只股票有可能对这个人一生的股海生涯影响都非常大。这一点我深以为然。读者不妨可以尝试回想一下自己平生买入的第一只股票是什么，以及回味一下当时的你和如今的你有什么样的改变，或许也能给你带来些许启发。

人的思维和能力都是在螺旋式上升的，通过不懈的学习和努力，通过自己的工作经验，生活经历的磨炼，对于投资标的的选择自然也会日趋成熟和逐步形成自己的喜好。如今的我，已经能到做到，对于自己不懂，不了解的企业无论股价如何的波浪壮阔都不悲不喜也不羡慕，20年的投资生涯告诉我，你只能明明白白的赚到你看的懂的钱。在我的投资生涯中，的确有过不少次是稀里糊涂的赚到钱的时光，不过这种时光现在回想起来，更多的不是美妙，而是想起来觉得有些后怕，我深深知道，那不过是运气罢了。

读者朋友，你是不是有曾经有过这样的经历呢？

投资股票不一定要从很早开始，当你经历了一段时间的工作和学习，慢慢的对商业世界有了领悟，包括公司的收入，利润的形成，公司的组织结构和文化，如何去判断人，如何去理解一个公司的商业模式和赚钱秘密，如何看待不同的老板的性格，如何去观察一家企业的兴衰成败，这些都对你的选股有莫大的帮助。甚至于你看一些电影电视剧，理解这个剧情中描述的人物的成功与失败，也会对你有所帮助。

例如我看了美国电影《大飞行家》，从而对美国的航空工业如何赚钱有了一些认识。我看了美国电视连续剧《疑犯追踪》，这部电视剧很好的帮助我理解了人工智能的过去，现在和未来，也了解到了早期硅谷采用的一些技术。这帮助我更好的了解了电话，通讯和 IT 电脑技术，人工智能传感器和未来的发展等等这些东西。例如我阅读过很多人物传记，比如马来西亚华人首富郭鹤年的自传里面详细的介绍了粮油期货和大米贸易，也提到了酒店行业的经营管理。这些都会对我了解一个企业的商业模式有巨大的帮助。

我曾经在民营企业和外资企业工作过，这些经历帮助我了解了很多不同的岗位的要求，从产品研发到销售，到市场营销，到售后，客服，技术支持和物流配送，我也有机会观察了不同企业的文化和不同老板的个人风格是如何塑造企业的成就的。这些对我也有不少帮助。我也做过一些实体企业的投资和自己运营过小型企业，在经营过程中，我体会到了经营和管理一家企业是多么的不容易，我也了解到了现金流的重要性，也粗略的了解了企业财务等等。

经过这些年的风风雨雨，起起落落，我悟到一个简单的道理，你的人生经历会帮助你在股市上获得成功。如果你刚刚从大学校园走出来，也可以尝试投资股市，但是你的性格，工作经验，行业背景和阅读能力，独立思维的能力将最终塑造你的投资风格。投资股票这件事情，并非是说你多读几本大师的投资经典作品，你就能够很快上手的。这种对企业的第一判断，独立思维的能力，对商业模式的领悟和洞察力，是一个人多年历练和综合能力的全面展现。也是你需要不断磨砺自己，不断提高和充实的部分。

更重要的是，股市是一个讲求实战的地方，买卖和交易本身也是需要不断练习的。很多投资者会在下单之前做许多的功课，但是往往在下单的一瞬间失去了自我。光看书是没用的，拿出一点小钱来"玩玩"也是无益于你投资水平的提高的，心态不一样，资金不一样，在买卖交易时人都会呈现完全不同的特点。

所以诸位读者，无论你现在年龄几何，从事何种工作，有多少资金可以投入股市，你都应该及早的开始实践，不要怕失去什么，你越早开始，可能将来你失去的越少。在投资股市的早期，应该可以在投资股票的同时，努力从事不同的工作，耐心留意你工作和生活中的上市公司，了解你所在行业的产业格局，供应链，慢慢学习和调研，学会阅读，观察，思考和总结的能力，培养自己一些必备的财务知识和技巧去鉴别企业的品质，这些就是你的能力圈，假以时日，我相信无论哪一位读者，都会找到属于自己的投资之路。

投资有基本常识和数学知识即可，并不一定非要学过财务或者企业分析的专业金融人士才能获得成功。一人一投资，你要找到自我，才能踏上财务自由之路，打开属于你的一花一世界的大门。

我总结了选股 7 招送给读者。

第一招，一定要选择自己在当下能够看的懂的公司。投资自己看不懂的公司是非常危险的。大多数普通投资者往往会因为相信自己的亲戚朋友，而盲目的投入一笔不菲的积蓄，也毫无仓位管理的理念，他们可能只是因为我的同窗好友，或者是我家里一个尊敬的长辈，或者一位久仰的大腕朋友买入了某只股票，他们就会迫不及待的跟随买入，但是结果往往是不尽人意的。

所谓看的懂，至少是你能够很快的理解这个公司是做什么主要业务的，收入来自哪里，主要提供什么产品，利润是否丰厚，是不是每年都有可观的增长，按照你个人的经验，你能够非常有感觉的描绘这家公司的前景如何，你至少能够用三到五句简单明了的话就能快速的说出来为什么你要投资这家公司。

所谓看的懂，你至少要能够捋顺几个核心问题。

1. 这家企业的主营业务是什么，主要利润来源是什么

2. 这家企业的前景如何？

3. 这家企业的竞争环境和面对的行业格局如何？它的核心竞争力在什么地方？

4. 这家企业大概价值几何，估值水平大概在什么位置？

5. 这家公司的利润驱动力是什么？有哪些因素会影响这些因素，你对这些因素的未来的变化能不能做出初步的判断。

不过在现实生活中，我经常听到这样的惊人之语。

问：你为什么要买这家公司的股票？

答：我好朋友牛哥买了，他很厉害的，买了肯定没错。

答：券商推荐的啦。他很厉害，我看他在营业部给人讲股票。

答：这个公司搞半导体的哦，据说那个什么机器他最牛，我听人说要到300 元。

答：昨天拉了涨停板啦，这个票好。

答：你看那个雪球那个大 V 说的哦。

投资自己看不懂的股票是非常非常危险的，稍有不慎，你就会掉进认知的陷阱里面，假如你投资了自己看不懂的公司，最大的困难在于涨时你拿不住，因为你不敢确认到底能有多大的潜力，跌时你更加拿不住，因为你没有信心，你很可能不知道哪里是底，或者说白了，就是你自己心里没底。

第二招，投资行业龙头，投资行业中最厉害最牛的公司。在投资时，一定要选择龙一或者龙二，也就是投资行业的龙头企业。龙头就是这个行业中最强大的企业。所以在你选择的过程，你要对这个行业的格局有所了解。

行业的上游是什么？行业的下游是什么？

行业的上游，下游和这家企业所在的产业链条中，利润环节最大的在那一段？

在行业的每一个链条上，收入来源什么，主要成本是什么？什么因素会决定性地影响收入？什么因素会决定性地影响成本？

这个行业内有几个玩家？这家企业在这几个玩家里面的位置如何？几个主要的玩家各有多少市场份额？

这是一个寡头垄断的行业，还是一个群雄纷争的格局？市场是不是进入了格局稳定的阶段？市场的集中度（前几名的市场份额总量）如何？

谁将会在未来主宰这个行业，谁是未来的老大？

为什么要研究这个问题呢？因为行业格局决定了企业赚钱的难易程度，决定了这家企业能做多远，走多快。

例如在白酒行业，毫无疑问茅台五粮液是目前的龙一龙二企业。高端白酒的绝大多数市场份额被茅台和五粮液瓜分，尤其是茅台已经在品牌上，价格上形成了几乎无人可以挑战的地位。

例如在酱油行业，海天味业是龙头企业，海天味业大概有20％—22％左右的市场份额，品牌深入人心，海天味业的低端酱油占据了餐饮企业的70％的后厨。虽然有很多的挑战者，但是暂时都不能和海天味业相比。

例如在免税品行业，中国中免占全中国免税品销售市场的93％市场份额，相比茅台在高端白酒行业，海天味业在酱油行业垄断的程度更深。

例如在零食行业，则是竞争激烈，消费者的选择很多。单单是上市公司就有很多。三只松鼠、洽洽食品、良品、盐津铺子、有友食品、周黑鸭、绝味、来伊份等等都在抢夺零食这个巨大的市场。但是每一个公司的市场份额都低于3％。这个市场就会出现大家都在抢市场，竞争激烈，每家公司收入都增长，但是有的公司基本是不赚钱的。

例如在证券行业，竞争激烈，普通投资者可以说随时可以切换自己的券商。券商的经纪交易业务一个一个压低服务佣金。有行情时忙死，没行情时闲死，互相竞争，互相跳槽。就算行业里面规模最大的企业的客户也会因为一点儿佣金或者服务的小问题而被其他券商轻易撬走，客户没有什么重视度，券商也没有什么特别有吸引力的地方能够黏住客户，可以说这个行业格局和特点也不是非常理想的。

例如在铁路运营行业，则完全不同，铁路属于国家垄断经营的领域，任何一个区域，一条主要路线，一般来说都只有一条铁路，例如京沪高铁，在京沪线则基本是垄断的。和他竞争的不是其他的铁路，而是飞机航线这样的交通工具。但是由于高铁的价格和方便程度，总体来说，京沪高铁形成了自己的一定程度的弱垄断优势，尤其在特殊时期，例如春运期间，例如主要的节假日，依旧是主要的唯一的交通工具。

例如在新能源汽车电池领域，宁德时代占据了超过50％的市场份额，本来这个行业的上游是开发电池的原材料，下游是汽车公司，这个行业的玩家很多，但是经过了几年的群雄纷争，宁德时代在新能源汽车动力电池和储能系统一枝独秀，遥遥领先其他的电池公司，可以说在国内几乎是独占鳌头。如果略微分析一下宁德时代，就知道宁德时代不断大量开展研发，拉开自己和其他电池企业的距离，提高了自己的竞争力。显然这样的企业有一定的垄断性。巨大的市场份额，成熟安全的技术，不断的研发，都给了下游客户很大的信心，也帮助宁德时代获得了大量的主流汽车公司的订单。

例如在银行领域，银行主要的业务是拉存款和放贷款，博取其中的息差。虽然我们国家有 40 家银行上市，整个市场上依旧存在大量城市商业银行。银行之间的竞争比较粗放，银行的服务相对同质化，农村和三四线城市的大量消费者选择自己家门口的银行，企业的贷款也有大量来自本地中小银行，竞争格局比较散乱，这种情况下，你会发现很多银行的业务是雷同的，银行的净息差（净息差主要衡量银行的盈利能力）波动几乎是一模一样的，这种情况下，你非常困难选出最出色的银行。竞争总是在不断持续，很难有哪一家银行赚取超额的利润。

例如在水泥行业，水泥行业的行业集中度不断提升，海螺水泥是中国第二大水泥企业，拥有大概 20% 左右的高端水泥市场份额，其出色的营运能力使得海螺水泥保持了多年全行业成本最低的优势，这个优势帮助他在周期低谷也能赚钱的能力。

例如在养猪行业，牧原股份采用工业化模式集中养猪，利用自繁自养的模式，严格控制生物安全和疾病防控，在 2018 年下半年开始的非洲猪瘟中表现出色，2020 年上半年，人们突然发现，养猪行业的利润，只剩下牧原和其他企业了。他一个公司赚取的利润几乎是全行业的一半了。其他企业的养猪成本在 16—20 每公斤，而牧原的养猪成本只有大概 13 元每公斤左右，非常好的甩开了其他竞争对手。

这些例子说明了研究行业格局的重要性，也说明了在行业格局已经逐步成型的过程中，选择龙头企业是多么的重要。投资股票就是投资企业，我的投资理念的核心就是投资行业中最强大的企业。

第三招，在一个巨大空间行业找里面最出色的公司。市场空间很大的行业容易出现大牛股。一个企业有技术，有渠道，有好产品，能力出众，但是如果在一个比较小的细分行业，那么会很快的遇到行业天花板的问题，这会限制这个企业的市值想象空间。一个企业的市值要扩张，本质上需要收入和利润扩张，收入和利润扩张从哪里来？要么自己所在的细分领域已经足够大，足够你折腾，要么就是从一个细分领域扩张到另外一个细分领域，不断扩张不断扩大市场份额，不断提高利润是一个企业股价不断上涨的源泉。要耐心观察那些企业能扩张（有足够的市场空间），有能力扩张（有运营的能力）。

例如海天味业，在酱油行业取得成功之后，酱油行业的增长逐步平稳，海天味业就快速进入了蚝油行业，而后迅速进入了调味酱，醋等产业，沿着调味品这个更大的圈子进军，从一个小圈子跳到了一个大圈子，进入了市场空间更大的行业，市值也从过去的 800 亿左右跃升到现在的 4000 亿。（截至 2020 年 7 月）

寻找那些在巨大的市场空间的行业里面的领导企业，是很重要的。发展空间很大的行业里面正在崛起的小龙头，往往是未来大牛股的种子选手。也有一些企业擅长在一个细分行业做到极致，然后顺着产业链去布局去开发，逐步蚕食行业的上下游各个环节，甚至通吃整个产业的利润，这样的企业也是非常值得注意的。例如海大集团在饲料产业经营多年之后，看到饲料行业比较平稳，缺乏增长，又利用自己的优势开始快速地进入了养殖产业。例如新希望集团在饲料产业初步成功之后，逐步延长自己的产业到养鸡养鸭，到养猪行业，进而扩张到食品加工行业，形成了从农田到餐桌一体化的经营，截取产业链条上各个环节的利润。例如家电行业的美的，从做简单的电风扇，电饭锅，电热水壶开始，到现在扩张成为一头家电行业的巨兽，到并购上游的核心零部件企业，一个大牛股的历史就是一部企业经营不断扩张的历史。再比如不断纵向扩张的小米公司，从手机，到家电，到 IT 电脑产品，网络产品，到生活家居产品，不断扩张，短短不到 10 年的时间，已经变成了年销售超过 2000 亿的，产品销往 100 多个国家和地区的消费电子巨头。

第四招，找垄断性企业。绝对的垄断拥有绝对的利润。企业走向垄断的道路可能是不同的，无外乎有几种企业会获得超预期的垄断：

持续获得政策的保护形成的垄断，例如中国中免的免税牌照经营，几乎垄断原油采掘的中国石油，垄断烟草专卖的中国烟草。

在某一个细分行业规模最大，成本最低，逐步获取最大的市场份额形成的垄断，例如新能源电池领域的宁德时代，挖掘机领域的三一重工，单晶硅领域的隆基股份，养猪领域的牧原，聚氨酯领域的万华化学，消费电子代工领域的闻泰科技和立讯精密，血浆制品的华兰生物等等。

在某一个细分行业技术最领先，掌握了事实的行业标准，从而成为其他企业绕不开的领导者，进而形成的一定程度的垄断，例如游戏领域的腾讯，无人机领域的大疆，通信领域的华为，电商、云支付领域的阿里巴巴，例如芯片加工行业的台积电，芯片加工设备领域的荷兰的 ASML。

通过卓越的运营，获取若干细分市场的领导者地位，从而形成了一定程度的弱垄断，例如小家电领域的美的集团在空调和洗衣机两个领域形成了一定程度的弱垄断。例如挖掘机领域的三一重工。

利用自己的消费品牌的领导力，获取了消费者心智形成的垄断，例如高档白酒行业的贵州茅台。例如雅诗兰黛小棕瓶在女性化妆品细分领域的半垄断的地位。

当然绝对的垄断是非常难以找到的，找到一些相对垄断，或者找一些有一定垄断程度或者在正在形成垄断的企业会比较适合投资。垄断，半垄断，弱垄断的企业通常都伴随着毛利润率，净利润率比较同行稳定和高一些，通常都是市场份额前几名的拥有者，通常都大量投入研发，通过研发来获取技术上的领先直至一定程度的垄断等等。

垄断性企业还有一个特点，就是垄断性企业往往拥有一定的自主定价权。例如片仔癀对其核心肝病药物片仔癀锭剂的价格垄断。茅台更是如此，茅台的出厂价和市场销售价格存在巨大的差价，也是说明了茅台的供不应求。但是铁路部门虽然垄断经营了铁路，但是却受制于国家政策而无法自己定价。所以有的企业虽然垄断，但是不一定可以随心所欲地定价。

万华化学对聚氨酯的定价随着它的市场份额增加，也开始逐步加强了。涪陵榨菜，海天味业这些看似平常的榨菜，酱油产品，都有一定的定价的权利。如果你发现一家上市公司定期会公布自己的定价，甚至公布说自己要提高价格了，往往这是代表这家企业有一定的定价权，如果你愿意多看看财报，说不定就此发现一家大牛股。

幸福的家庭都是相似的，不幸的家庭则各有各的不幸。

第五招，尽量找那些能够穿越经济周期或者弱周期性的行业。

经济有周期，企业有自己的发展周期，几乎每一个行业都有自己的周期，起起落落，从繁荣到衰退，再到一个新的繁荣。繁荣和衰退如同孪生兄弟，相生相伴，繁荣过后，往往会是一定程度的衰退，衰退的过程中，又总会孕育新的繁荣。繁荣时，过度的热情推动了盲目而不理性的过度投资，过度的投资造就了泡沫，当投资推动的供给的增长速度远远超过了需求增长的速度，供给侧就会展开优胜劣汰的过程，价格战，行业大集中随之而至，当供给和需求达到了一个新的动态平衡，经济又会达到一种逐步逐步平静的状态，而后供给中优秀的企业胜者为王，成为了新的赢家。这一循环不断在经济历史中上演。

对于企业来说，一般都会受到经济周期从繁荣到衰退的全过程的约束和影响，只不过影响有大有小，这里面有的企业如果没有办法利用自己的管理，利用自己的创新去克服周期，那么就很容易受损或者在周期的演变过程中逐步消亡了。企业是由人掌控的，即使在最差的生存环境中也能诞生极度优秀的企业，这一切都源自企业的自主能动性。我们读书时，老师会常常和你说，你要自己想学，谁也拦不住，你要是自己不想学，灌输给你，你也学不会，学不深。企业如果自己有强大的自主能动性去适应周期，去超越周期，完全可以通过进入不同的行业或者进入产业链的上下游去克服周期，把自己变成一个不断赚钱的经营帝国。

研究周期的经济学家非常多，这方面的论著也很多，我并不是什么周期研究的专家，实在是没有能力谈透彻周期的原因和来龙去脉。抛开复杂的周期理论，我认为很多企业的业绩波动和供求关系（供应和需求）的波动有很大的关系。读者做分析时，可以从需求和供应的两个维度去分析一个行业，一个企业。

在商业活动中，产品的价格往往随着供求关系（也可以称之为供需关系）波动而波动。一个东西，供不应求时自然价格就涨起来，供大于求时自然跌下去，比如猪肉价格从 16 元一公斤暴涨到 40 元一公斤，现在波动在 32—35 元/公斤（截止 2020 年 8 月左右），一次性医疗级别丁晴手套价格从去年年底的 20 美元一箱（1000 支）到 2020 年年中的 110 美元一箱（1000 支）都是供求关系的剧烈波动的例子。

再举个例子来说，2020 年年初，由于新冠疫情的暴发，口罩防护服成为紧俏的商品，产品供不应求，可以说是有钱也买不到。这时，很多企业（包括我知道有一些江浙的私人小企业主）也会急不可待的买口罩机器设备投入，大家都想去赚一把快钱。在这个过程中，产能开始扩张，你也扩张产能，我也扩张产能，问题是，所有的投入者并不知道其他人也在扩产，或者说，缺乏足够的信息和情报预判到底需求是多少，产能是多少，飞速的扩产也带来了大量质量问题。很多小企业对国家的政策的走向，对大企业的产能扩张也缺乏认知和预判。盲目的投入，生产了一大堆质量不过关的口罩之后，还没有在自己的仓库里面焐热全部销售出去，大企业就开动了产能，生产了符合国际标准的口罩。出口，内销都起来了，瞬间很多私人投资的口罩生产线和产能就过剩了。从大家一个口罩到买不到，到 3 个月之后全中国口罩都随便能够买到，而且价格不贵，这个过程就犹如一个微缩的小产能周期。从需求暴涨，到诱发的产能缺口，然后行业内不断涌入新的供应商，他们的产能扩张，一直到产能过剩，然后为了出货打价格战，然后最后到行业大集中（优胜劣汰，最后市场集中到了一些生产质量好，有出口或者医疗口罩资格的大公司手里，甚至一些上市公司例如中国石化，比亚迪等）。这一切从繁荣到衰退，再逐步逐步过渡到一个相对平衡的阶段，再由于新的需求刺激下，重新再起新的一轮小周期。2020 年 7 月，虽然中国国内的疫情已经相对稳定，但是全球的疫情却并未减退，海外各个国家疫情还在持续发展，美国，巴西，印度的感染人数不减反增，给全球都带来了巨大的不确定性。防护用品的需求并没有衰减，但是供应体系中的小企业和质量不行的厂家则已经灰飞烟灭了。

在分析了很多的行业之后，最终能够看到一个常见的特点，经济周期对其影响比较弱的细分行业往往容易出现大牛股。下面举几个例子。

水泥是搞基建必须的，无论是住宅，还是建设医院，还是修路，搞水利工程，还是在地方上修公路补桥梁，包括建设数据中心都需要水泥，但是水泥的最大需求来自工程类项目。当政府缺钱（因为我们国家的大量工程基建资金来源于政府），或者这些基建已经基本满足普通人的生活需求时，工程类项目的需求就会减少。上不上项目，会和经济周期强相关，政府如果没钱，很多项目就会优化，可能就没有了，或者削减开支，这时水泥的价格竞争就会非常激烈。有些项目可能因为预算的原因，就直接没有了。水泥算是一个强周期的产业，是由上游需求波动推动的周期。有需求，就有项目，就有水泥厂的业绩，没需求，就瞬间什么也没有了。水泥行业今天在我们国家，算是供大于求，产能过剩的行业。

猪肉养殖平均每 4 年一个周期，养猪的有大企业，有大农户，也有很多小农户，这个市场的参与者很多，而且目前还是小农户占据了绝大多数的市场。当猪肉价格跌到谷底时，很多养殖的农户没办法赚到钱，就会放弃甚至退出这个养殖市场，市场的供应就减少了，减少到了一定的程度，市场的供需将会重新达到一个新的平衡。当市场的供应剧烈减少，猪肉的价格会飞速上涨。当市场的供应逐步恢复，猪肉的价格也会随之慢慢调整到正常的价格区间。和猪肉竞争的是牛肉羊肉鱼虾海鲜类蛋白质，而人对蛋白质的需求是长期稳定的，猪肉贵到一定的程度，人们就会多吃一些牛羊肉，随之而来的是所有的蛋白质类食物都会不同程度的涨价。由于有其他动物蛋白质的竞争存在，这就决定了猪肉的价格也不可能涨到天上去，由于有养殖成本和养殖周期的存在（猪从怀孕到产仔到养大能变成商品猪通常需要 10 个月时间），又制约了猪肉价格也不可能跌到零。当跌到一定程度时，就没人养了。但是猪肉的消费需求是始终相对稳定的存在的，它和人口，人口对蛋白质数量的摄入需求是正相关的。相比水泥，猪肉的消费需求要刚性的多。这时会看到猪肉也是一个强周期的产业，但是这背后的原因是由于供应的波动导致的价格波动。

银行的业务是一边拉存款，存到了银行，通过杠杆放大，然后贷款给企业，给家庭（信用卡，房屋贷款等）。银行通过赚取存款和贷款之间的息差获得利润，当经济不理想时很多企业可能收入减少，个人收入缩水，对于企业和个人来说，他们的贷款需求就会削弱，他们的消费欲望也会降低，这会导致银行和银行之间在贷款领域激烈竞争，出现了贷款利率可以更低，但是依旧找不到有效贷款的客户这种情况。经济下行时，商业银行也会担忧企业和个人的偿还能力，就会收紧贷款，贷款条件会更加严格。但是，经济下行时，银行要承担更多。政府和央行会需要银行缩小利差，降低贷款利率。所以银行往往在经济下行时受到很大的伤害，股价也往往相当的低迷。当经济热火朝天时，大家都有需求贷款，有创业的，有扩大生产的，有收入高的人士愿意更多的采用信用支付去买奢侈品和各种各样享受型的消费，这时对贷款的需求也会增大。银行也是受到利率波动周期影响巨大的一个周期性行业，但是相对周期性要弱一些，因为影响银行盈利的核心是净息差，可以粗略理解为银行贷款的利息和拉存款的成本之间的差异。央行总是会帮助银行去保持一定的稳定的净息差来获取利润，毕竟银行是整个经济系统中负责给企业和家庭输血的那一方。银行是万业之母。

人有生老病死。人的一辈子随着年龄增大，逐步衰老是谁也避不开的，而众所周知，中国有接近 2.5 亿 65 岁以上的老人，老龄化正在进行时，癌症，高血压，糖尿病，慢性肾病等等其他疾病的发病率都逐步提高。其中，恶性肿瘤（癌症）已经成为严重威胁中国人群健康的主要公共卫生问题之一，根据最新的统计数据显示，恶性肿瘤死亡占居民全部死因的 23.91%，且近十几年来恶性肿瘤的发病死亡均呈持续上升态势，每年恶性肿瘤所致的医疗花费超过 2200 亿，防控形势严峻。

表 26　前十位恶性肿瘤死亡率（合计）

| 顺位 | 疾病名称 | 死亡率(1/10 万) | 0—1992 疾病名称 | 0—1992 死亡率(1/10 万) | 1973—1975 疾病名称 | 1973—1975 死亡率(1/10 万) |
|---|---|---|---|---|---|---|
| 1 | 肺癌 | 30.83 | 胃癌 | 25.16 | 胃癌 | 19.54 |
| 2 | 肝癌 | 26.26 | 肝癌 | 20.37 | 食管癌 | 18.83 |
| 3 | 胃癌 | 24.71 | 肺癌 | 17.54 | 肝癌 | 12.54 |
| 4 | 食管癌 | 15.21 | 食管癌 | 17.38 | 肺癌 | 7.09 |
| 5 | 结直肠癌 | 7.52 | 结直肠癌 | 5.30 | 子宫颈癌 | 5.23 |
| 6 | 白血病 | 3.84 | 白血病 | 3.64 | 结直肠癌 | 4.60 |
| 7 | 脑瘤 | 3.13 | 子宫颈癌 | 1.89 | 白血病 | 2.72 |
| 8 | 女性乳腺癌 | 2.90 | 鼻咽癌 | 1.74 | 鼻咽癌 | 2.32 |
| 9 | 胰腺癌 | 2.62 | 女性乳腺癌 | 1.72 | 女性乳腺癌 | 1.65 |
| 10 | 骨癌 | 1.70 | | | | |
| | 恶性肿瘤总计 | 134.80 | 恶性肿瘤总计 | 108.26 | 恶性肿瘤总计 | 83.65 |

资料来源：1973—75、1990—1992、2004—2005 年中国恶性肿瘤死亡抽样回顾调查。以下 4 表同。

中国的社保压力也比较大。全国 14 亿多人口，其中劳动力人口（参与固定工作劳动的人群）大概在 8 亿多的样子，劳动参与率 62％左右，目前我们国家是劳动力人口逐步出现了不足的情况的。

在一些城市，很多从事建筑行业的人已经 40 多，甚至 50 多岁。医院人满为患，尤其是各地声誉卓著的医院，我去过很多城市，大凡三甲医院门口的路总是堵得水泄不通，医院门口小餐厅、小旅馆、医疗器械的批发门店总是格外的多。

2020 年下半年，疫情逐步控制住之后，国家自然会大力推动基层卫生医疗机构的建设，相信在很多县级市，很多城市的新区都会补充和扩建医院，招募大量的医生，护士，同时对医疗器械，检测试剂，药物的需求也会急剧增长。这不单单是中国，在全球，经历过新冠病毒的疫情，绝大多数国家都会高度重视新冠病毒疫情的冲击，都会在医药的研发，生产，医疗器械，医疗服务，防护用品上大力增加储备和国家预算支持。而药，器械，检测试剂和工具，检测中心，医疗服务机构的未来前景会越来越好。医药行业和人的生老病死有关，几乎没有太多的周期性，也基本不受国家之间的对抗的影响。

投资者在选股时，应该多多关注这个领域。医药领域是一个巨大的行业，其包括了几个比较大的细分领域：

药物（例如恒瑞医药、中国生物制药、石药集团）；

帮助其他医药公司开发新药和做临床测试的机构（例如药明康德）；

医药的批发零售物流机构（例如上海医药，华东医药的一部分业务）；

医疗器械（例如提供了 icu 设备的迈瑞医疗，提供呼吸机的鱼跃医疗，血氧分析仪的开立医药）；

医疗器械的耗材公司（例如提供检测检测试剂的安图生物，万孚生物，凯普生物，艾德生物等，例如提供一次性医疗丁晴手套的英科医疗，蓝帆医疗，这些都是耗材类的企业，也有一些提供骨科更换零件的公司，还有一些提供手术中使用的心脏瓣膜，支架的公司，他们提供的也是耗材，随着老龄化对医疗需求的放大，这些业务都会变的长盛不衰）；

生物疫苗企业，疫苗本身也是一种病毒，而人类对抗来自自然界和动物界的病毒也有数百年的历史，流感疫苗和抗击各种病毒的疫苗也是发展的很快。尤其是人类经历了 2020 年新冠疫情的冲击，全球对疫苗产业的投资必定是爆炸性增长的，而今后生物制药技术显然也会广泛的运用在医药的各种领域。

医疗行业需求巨大，加上我们国家有庞大的健全的医保体系作为后盾，这个产业的潜力可以说是过去从来没有过的，其规模，深度也是空间绝后的。我曾去过西方不少的国家，和不少这些地方的长住者做过一些交流，我认为中国的医疗保健体系，可以说远远超过了西方一些主流国家。尤其是我们国家在实施了农民医保，异地医保之后，全民医保的盛况可以说在全球都是独一份的。中国由于规模大，中国医生的临床经验也是极为丰富的，美国医生一周可能轮不上做一个手术，而中国好的三甲医院的外科医生几乎每天都有做手术的机会。

医疗行业需求巨大，而负担的资金又有相当大的比例由国家负担，全国劳动力人口医保参与率超过 97％，这是一个何等盛世的中国！很多投资者并没有意识到这一点，这需要多么大的困难和多巨大的投入才能做到。2019 年国家医保局统计数据显示，目前，全国参加基本医疗保险人数超过 13.5 亿人，参保率约为97％。全国 2.8 万家定点医疗机构实现了跨省异地就医直接结算，包括85％以上的三级定点医院、50％以上的二级定点医院和10％以上的基层定点医院。

我也认识不少旅居海外的中国朋友，他们虽然工作和生活在国外，但是还是愿意在假期回到中国，去做一两个手术，依旧还是保留着自己的中国医保卡，哪怕是委托自己在国内的亲戚朋友代缴，他们都非常珍惜这张医保卡。可以想一下，这是为什么呢？这是因为他们在国外体会了国外医疗的昂贵和迟缓，恰恰是有了比较，才让万千中国海外旅居华人理解到了中国的医保体系有多少优点。这个行业的周期性几乎没有，需求巨大，供应不足，而且有很大的国产替代空间，在一些细分领域，成长性非常不错。

民以食为天，无论是处在什么样的经济大环境中，面向普通人的吃喝娱乐服务行业总是长盛不衰的。人总是要吃喝的。食品饮料行业往往会有许多大牛股。每天都必须用用到的东西（比如酱油、醋），比如每天都需要吃肉，每天都要玩手机，找一些娱乐的内容（比如打个游戏，上个抖音，看看直播，淘换点便宜货），中午在公司吃饭总会点个外卖，晚上约上三五好友去聚餐一下。吃这个巨大的产业，从餐厅到家里的厨房，从公司的食堂到自己下厨，到经常买零食，吃这个行业刚性，需求巨大而且稳定，日益富裕的中国人不但爱吃，而且吃的越来越健康，吃的越来越注意食品安全。这个行业几乎没有周期性，市场巨大，当然，这样诱惑的大市场自然也是竞争激烈。

在吃这个行业大体可以分为这么几个值得关注的领域：

日常休闲零食（例如良品铺子，洽洽食品，三只松鼠）；

日常休闲零食还有一个细分的领域叫做卤味食品（例如绝味鸭脖，紫燕百味鸡）；

面包（例如短保质期面包之王：桃李面包）；

饮料（例如农夫山泉，各种茶饮料）；

围绕着吃这个平台的消费服务领域，例如外卖之王美团；

速冻食品这几年飞速发展（例如安井食品，广州酒家，海欣食品都提供各种各样的速冻食品，让普通人做饭能够更加轻松一些）；

火锅是一个强劲的细分领域，全中国居然有 40 万家火锅店，我曾经看过一个调查，这个调查是在 2020 年 3 月疫情期间做的，这个调查大意就是问，如果疫情结束了，你最想吃什么？超过 40％的人说想吃火锅。火锅调味品的企业这些年业绩也是非常增长，还有销售火锅的各种餐厅，例如著名的海底捞。

调味品以食用油，酱油和醋为代表，例如金龙鱼，海天味业，和恒顺醋业，几乎占据了全中国所有的超市。这些公司需求是刚性的，拥有非常好的自由现金流，拥有强大的消费者口碑和无与伦比的渠道覆盖了全中国所有的城市，乡镇的各种各样的大超市，小超市，甚至农贸市场。

大消费和大医疗行业牛股辈出，受到经济周期的影响又相对比较小。而且距离普通投资者的日常生活比较贴近，容易观察和捕捉机会。所以读者在自己选股时，应该多多留意消费和医疗产业中的机会。这些不容易受到经济波动影响的产业，往往是汇聚了大牛股的地方。

第六招，先定性而后定量，抓住核心财务指标的研究。

所谓定性就是对一家企业做出一个总体评价。这个评价的基础是通过分析之后，融合了对其公司产品和解决方案的前景，公司整体的品质，商业模式，管理层的能力和未来前途命运的一个综合判断。我举几个例子，

恒瑞医药：中国抗癌，肿瘤和慢性病创新药物之王，未来有大概率跻身于全球第一流的前 10 名企业之一。

牧原股份：中国养猪第一。据说其目标是占据全中国猪肉供应 10％的市场份额以上。

金山办公：中国最好的文档工具软件企业。大概率将垄断中国的办公用云文档类软件，并且飞速成长为在全球和微软 office 竞争的强劲对手。

对一家企业已经初步定性之后，也就是如果你已经判断这家企业值得你关注，你认可他是一个可选的投资标的之后，接下来有一个非常重要的工作，就是定量。在我的投资生涯中，我一直坚持先定性，后定量的原则。也就是对企业的品质做出判断，然后才是通过数据去反复验证，这个验证有的是通过过去若干年的财务数据验证，也需要在你的观察阶段，比如未来的每个季度，每年的财务数据，市场新闻和各种来源的资讯去不断反复跟踪，然后逐步验证自己的想法。

行业不同，企业不同，每个企业需要重点关注的财务指标是不完全相同的，不过有几个是值得所有人留意的，这里简要总结一下。

第一，毛利润率和净利润率。

尽量发掘毛利润率，净利润率高的企业，毛利润率高往往意味着竞争很少，或者几乎没有竞争的领域。这些领域往往你能够找到一些细分小行业的隐形冠军。一般来说，毛利润率高于 40％，净利润率如果能高于 15％的企业往往在一个行业格局比较稳定的细分行业里面，如果毛利润率高于 80％，净利润率高于 40％，往往说明这家企业在某一个细分领域已经成为事实的垄断者。毛利润率和净利润率不能只看静态的，要多看过去几年的，去理解这种毛利润率和净利润率的稳定性，持久性，还有就是有没有不断改善的潜力。有的公司在一个很大的行业里面，争夺市场份额，一开始为了抢夺市场，往往会牺牲一些净利润率，多做一些推广和销售活动，一旦市场稳固，获得了比较客观的市场份额之后能稳定价格，自然会重新提高自己的利润率空间了。

毛利润率和净利润率也不是一成不变的，当竞争对手逐步被打败时，或者公司不断在市场上获得更大的市场份额时，毛利润率和净利润率会逐步稳定并且有所提高。如果不是价格的突变，这种净利润率的提高更加能够说明问题。例如从事工业品、食品检测的公司华测检测，过去几年的净利润率一直不断提高并且得到改善。

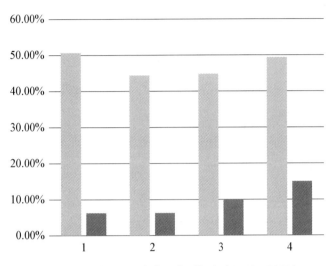

图 39　华测检测毛利润率、净利润率（2016—2019）

例如贵州茅台，最近 1—2 年不断的增大直销渠道的比例，由此带来的是公司的净利润率也是节节提高。

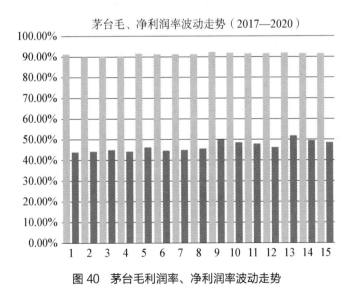

图 40　茅台毛利润率、净利润率波动走势

第二，收入增速和利润增速。

在财务报告中，收入是最难伪造的，收入的增速可以反映出这个企业在市场上的销售情况．而利润增速则反映了公司的收益增长情况，由于如今的股市绝大多数投资人按照 PE（市盈率）来给企业估值定价，利润的增速往往影响了很多公司的股价预期，进而推动了价格的波动。同样，收入增速和利润增速也不能只看静态的，当下的。而是要回溯到过去几年，几个季度去分析比较，要特别留意那些单季度收入增速和利润增速都在改善的企业。

第三，ROE（净资产收益率）是个很好的筛选出色企业的一个财务标准。

我比较注意观察那些稳定的高 ROE 或者 ROE 不断改善的企业。因为 ROE 是衡量一个企业综合运营成果的综合指标。举几个例子，大家会发现，大凡超级牛股都有这样的特征，

例如，长期稳定高 ROE 的公司，调味品之王海天味业的 ROE 常年保持在 30％以上，令人无语的惊艳。

**表 27　海天味业 ROE**

| 每股净资产（元） | 2020 | 2019 | 2018 | 2017 | 2016 | 2015 |
|---|---|---|---|---|---|---|
| 每股资本公积金（元） | 0.24 | 0.49 | 0.49 | 0.48 | 0.49 | 0.49 |
| 每股未分配利润（元） | 4.44 | 4.14 | 3.12 | 2.39 | 1.85 | 1.47 |
| 每股经营现金流（元） | 2.14 | 2.43 | 2.22 | 1.75 | 1.51 | 0.81 |
| 盈利能力指标 | | | | | | |
| 销售净利率 | 28.12％ | 27.06％ | 25.63％ | 24.21％ | 22.82％ | 22.22％ |
| 销售毛利率 | 42.17％ | 45.44％ | 46.47％ | 45.69％ | 43.95％ | 41.94％ |
| 净资产收益率 | 36.13％ | 33.69％ | 32.66％ | 31.12％ | 32.00％ | 32.00％ |
| 净资产收益率-摊薄 | 31.91％ | 32.28％ | 31.46％ | 30.05％ | 28.39％ | 28.68％ |

白酒之王贵州茅台，不管换多少领导，ROE 始终轻轻松松保持在 30％以上。

表 28　茅台 ROE

| 营业总收入（元） | 2020 | 2019 | 2018 | 2017 | 2016 | 2015 |
|---|---|---|---|---|---|---|
| 营业总收入同比增长率 | 10.29% | 15.10% | 26.43% | 52.07% | 20.06% | 3.82% |
| 每股指标 | | | | | | |
| 基本每股收益（元） | 37.1700 | 32.8000 | 28.0200 | 21.5600 | 13.3100 | 12.3400 |
| 每股净资产（元） | 128.42 | 108.27 | 89.83 | 72.80 | 58.03 | 50.89 |
| 每股资本公积金（元） | 1.09 | 1.09 | 1.09 | 1.09 | 1.09 | 1.09 |
| 每股未分配利润（元） | 109.53 | 92.26 | 76.41 | 63.69 | 49.93 | 43.69 |
| 每股经营现金流（元） | 41.13 | 35.99 | 32.94 | 17.64 | 29.81 | 13.88 |
| 盈利能力指标 | | | | | | |
| 销售净利率 | 52.18% | 51.47% | 51.37% | 49.82% | 46.14% | 50.38% |
| 销售毛利率 | 91.41% | 91.30% | 91.14% | 89.80% | 91.23% | 92.23% |
| 净资产收益率 | 31.41% | 33.09% | 34.46% | 32.95% | 24.44% | 26.23% |
| 净资产收益率-摊薄 | 28.95% | 30.30% | 31.20% | 29.61% | 22.94% | 24.25% |

创新药之王恒瑞，ROE 长期稳定在 21%—24%。

表 29　恒瑞医药 ROE

| 净利润同比增长率 | 2019 | 2018 | 2017 | 2016 | 2015 | 2014 |
|---|---|---|---|---|---|---|
| 扣非净利润（元） | 49.79 亿 | 38.03 亿 | 31.01 亿 | 25.90 亿 | 21.71 亿 | 14.97 亿 |
| 扣非净利润同比增长率 | 30.94% | 22.60% | 19.76% | 19.30% | 45.05% | 22.77% |
| 营业总收入（元） | 232.89 亿 | 174.18 亿 | 138.36 亿 | 110.94 亿 | 93.16 亿 | 74.52 亿 |
| 营业总收入同比增长率 | 33.70% | 25.89% | 24.72% | 19.08% | 25.01% | 20.14% |
| 每股指标 | | | | | | |
| 基本每股收益（元） | 1.2000 | 0.9200 | 0.8700 | 0.9184 | 0.9245 | 0.7778 |
| 每股净资产（元） | 5.60 | 5.35 | 5.43 | 5.28 | 5.08 | 5.27 |
| 每股资本公积金（元） | 0.38 | 0.40 | 0.35 | 0.19 | 0.21 | 0.34 |
| 每股未分配利润（元） | 3.74 | 3.56 | 3.72 | 3.58 | 3.40 | 3.42 |
| 每股经营现金流（元） | 0.86 | 0.75 | 0.90 | 1.10 | 1.16 | 1.05 |

续　表

| 盈利能力指标 | | | | | | |
|---|---|---|---|---|---|---|
| 销售净利率 | 22.87% | 23.32% | 23.80% | 23.74% | 23.87% | 21.11% |
| 销售毛利率 | 87.49% | 86.60% | 86.63% | 87.07% | 85.28% | 83.38% |
| 净资产收益率 | 24.02% | 23.60% | 23.28% | 23.24% | 24.37% | 21.38% |
| 净资产收益率-摊薄 | 21.51% | 20.61% | 20.93% | 20.90% | 21.87% | 19.10% |

例如：ROE最近几年不断在改善的公司。提供儿童生长激素的长春高新，ROE从2016年的15.62%到2019年的25.84%。

#### 表30　长春高新 ROE

| 每股净资产（元） | 2020 | 2019 | 2018 | 2017 | 2016 | 2015 |
|---|---|---|---|---|---|---|
| 每股资本公积金（元） | 7.09 | 15.18 | 11.56 | 11.56 | 11.56 | 2.01 |
| 每股未分配利润（元） | 16.98 | 20.88 | 15.95 | 11.43 | 8.36 | 9.11 |
| 每股经营现金流（元） | 2.75 | 9.56 | 5.20 | 2.24 | 1.81 | 5.87 |
| 盈利能力指标 | | | | | | |
| 销售净利率 | 38.57% | 31.86% | 27.22% | 22.61% | 23.36% | 22.42% |
| 销售毛利率 | 86.69% | 85.19% | 85.10% | 81.94% | 79.42% | 78.32% |
| 净资产收益率 | 31.22% | 28.54% | 20.85% | 15.99% | 15.62% | 23.90% |
| 净资产收益率-摊薄 | 27.87% | 21.96% | 19.01% | 14.96% | 12.43% | 21.63% |

聚焦工业品检测的民营检测龙头企业之一华测检测，很明显净利润率的提高对ROE贡献很大。

#### 表31　华测检测 ROE

| 净利润同比增长率 | 2019 | 2018 | 2017 | 2016 |
|---|---|---|---|---|
| 扣非净利润（元） | 3.57亿 | 1.69亿 | 8527.90万 | 7981.47万 |
| 扣非净利润同比增长率 | 111.41% | 98.15% | 6.85% | −52.27% |
| 营业总收入（元） | 31.83亿 | 26.81亿 | 21.18亿 | 16.52亿 |

续　表

| | | | | | |
|---|---|---|---|---|---|
| 营业总收入同比增长率 | 18.74% | 26.56% | 28.20% | 28.30% | |
| 每股指标 | | | | | |
| 基本每股收益（元） | 0.2874 | 0.1629 | 0.0800 | 0.0800 | |
| 每股净资产（元） | 1.90 | 1.64 | 1.50 | 2.87 | |
| 每股资本公积金（元） | 0.03 | 0.03 | 0.03 | 1.04 | |
| 每股未分配利润（元） | 0.78 | 0.55 | 0.41 | 0.74 | |
| 每股经营现金流（元） | 0.48 | 0.41 | 0.21 | 0.43 | |
| 盈利能力指标 | | | | | |
| 销售净利率 | 15.20% | 10.54% | 6.50% | 6.73% | |
| 销售毛利率 | 49.41% | 44.80% | 44.37% | 50.61% | |
| 净资产收益率 | 16.29% | 10.28% | 5.48% | 6.02% | |
| 净资产收益率-摊薄 | 15.14% | 9.94% | 5.38% | 4.23% | |

　　大家需要注意的是，ROE 需要观察连续的，过去几年的，也需要观察季度的ROE 的波动，比如 2020 年第一季度，第二季度的 ROE 相比 2019 年的第一季度和第二季度的比较等等。如果你逐步掌握了 ROE 的观察，还需要去分析推动企业 ROE 不断稳定在 20% 以上，或者为什么 ROE 不断改善提高的背后逻辑。

　　第四，自由现金流和分红也是投资者需要特别关注的一个财务指标。

　　买卖股票时，能够获得的价值是由两个部分组成的，在之前的章节中也有讨论过，就是现金分红和股票价格的涨幅。选股时，需要特别注意现金分红，一个公司能不能正常的分红，直接说明了公司的财务状况是不是健康。在大多数情况下，分红如果能够超过当年净利润的 30% 是一个比较理想的分红比例，有的公司在快速成长期，有的公司已经进入了平稳增长期，分红比例会不一样，有些小型规模的公司，由于需要不断投入扩张产能和生产线，往往分红比例只有 10% 左右。还有一些公司甚至连续多年不分红。

　　但是，如果一个公司连续多年不分红，还在资本市场上不断利用可转债和定向增发融资的话，那么这类公司大概率不但财务有严重问题，而且有很大的可能

表 32　片仔癀分红

| 报告期 | 董事会日期 | 股东大会预案公告日期 | 实施公告日 | 分红方案说明 | A股股权登记日 | A股除权除息日 | 分红总额 | 方案进度 | 股利支付率 | 税前分红率 |
|---|---|---|---|---|---|---|---|---|---|---|
| 2020中报 | 2020-08-22 | — | — | 不分配不转增 | — | — | — | 董事会预案 | — | — |
| 2019年报 | 2020-04-25 | 2020-05-20 | 2020-06-17 | 10派8.20元(含税) | 2020-06-23 | 2020-06-24 | 4.95亿 | 实施方案 | 35.96% | 0.49% |
| 2019中报 | 2019-08-24 | — | — | 不分配不转增 | — | — | — | 董事会预案 | — | — |
| 2018年报 | 2019-04-13 | 2019-05-29 | 2019-06-20 | 10派6.00元(含税) | 2019-06-26 | 2019-06-27 | 3.62亿 | 实施方案 | 31.75% | 0.52% |
| 2018中报 | 2018-08-25 | — | — | 不分配不转增 | — | — | — | 董事会预案 | — | — |
| 2017年报 | 2018-04-16 | 2018-05-09 | 2018-06-01 | 10派4.3元(含税) | 2018-06-07 | 2018-06-08 | 2.59亿 | 实施方案 | 32.09% | 0.38% |
| 2017中报 | 2017-08-25 | — | — | 不分配不转增 | — | — | — | 董事会预案 | — | — |
| 2016年报 | 2017-04-13 | 2017-05-06 | 2017-06-06 | 10派2.7元(含税) | 2017-06-09 | 2017-06-12 | 1.63亿 | 实施方案 | 30.34% | 0.48% |
| 2016中报 | 2016-07-30 | — | — | 不分配不转增 | — | — | — | 董事会预案 | — | — |
| 2015年报 | 2016-04-15 | 2016-05-07 | 2016-05-18 | 10转5股派3.5元(含税) | 2016-05-23 | 2016-05-24 | 1.41亿 | 实施方案 | 30.17% | 0.6% |

表33 牧原股份的分红

| 报告期 | 董事会日期 | 股东大会预案公告日期 | 实施公告日 | 分红方案说明 | A股股权登记日 | A股除权除息日 | 分红总额 | 方案进度 | 股利支付率 | 税前分红率 |
|---|---|---|---|---|---|---|---|---|---|---|
| 2020中报 | 2020-07-18 | — | — | 不分配不转增 | — | — | — | 董事会预案 | — | — |
| 2019年报 | 2020-02-27 | 2020-05-19 | 2020-05-28 | 10转7股派5.5元（含税） | 2020-06-03 | 2020-06-04 | 12.13亿 | 实施方案 | 19.5% | 0.46% |
| 2019中报 | 2019-08-27 | — | — | 不分配不转增 | — | — | — | 董事会预案 | — | — |
| 2018年报 | 2019-03-27 | 2019-05-31 | 2019-06-27 | 10派0.50元 | 2019-07-03 | 2019-07-04 | 1.04亿 | 实施方案 | 29.41% | 0.08% |
| 2018中报 | 2018-08-15 | — | — | 不分配不转增 | — | — | — | 董事会预案 | — | — |
| 2017年报 | 2018-02-10 | 2018-05-05 | 2018-06-27 | 10转8股派6.9元（含税） | 2018-07-02 | 2018-07-03 | 7.99亿 | 实施方案 | 32.55% | 1.56% |
| 2017中报 | 2017-07-20 | — | — | 不分配不转增 | — | — | — | 董事会预案 | — | — |
| 2016年报 | 2017-04-26 | 2017-05-20 | 2017-07-04 | 10派6.91元（含税） | 2017-07-10 | 2017-07-11 | 8.00亿 | 实施方案 | 30.71% | 2.32% |
| 2016中报 | 2016-07-21 | — | — | 不分配不转增 | — | — | — | 董事会预案 | — | — |
| 2015年报 | 2016-02-25 | 2016-05-17 | 2016-07-01 | 10转10股派3.53元（含税） | 2016-07-07 | 2016-07-08 | 1.82亿 | 实施方案 | 28.7% | 0.65% |

性有财务造假的嫌疑了。

例如贵州茅台，常年分红比例超过 50％。而且茅台每年的现金分红都在逐步的提高，如果能找到类似茅台这样，每年分红占当年纯利润的 50％以上，而且每年的现金分红绝对值还能增长的企业，可以说是非常甜蜜的事情。

同样，提供肝病医疗的老牌中药企业片仔癀，每年分红的比例不但提高，而且绝对值也在节节攀升，从 2016 年的每股分红 0.27 元涨到了 2019 年的每股 0.82 元。三年期间分红增加了 2 倍多。

从事养猪的牧原股份的分红也充分折射了其做为一家周期性很强的企业的特色，当猪肉价格高时，牧原不断扩张自己的养猪产能，所以就会缩减分红比例，当猪肉价格低时，牧原则保护自己的现金，但是增大现金分红，增大对股东的回报，以保护股价。

从上表可以看到，2019 年，牧原股份大量投入养猪场产能，产能截至 2020 年 7 月已经储备了超过 7000 万头猪的土地，已经建设了能够支撑年出栏 4000—4500 万头猪的产能。企业在大量扩张时，自然会小心地分红。

从事存储器生产的兆易创新则不同，由于存储器需要大量的资本投入，兆易创新一直在不断的增发，同时还是坚持保持 18％左右现金分红比例，其实是不容易的。

很多人做投资时，都是从小道消息，或者朋友介绍开始的，很少思考一个问题，当你买入一家公司的股票，你期望得到什么呢？是分红还是股价上涨带来的差异？绝大多数人都会说我希望股价上涨带来的价差，分红才多少钱？而且分红之后，股价会除权，搞不好跌得比我买入时还要低。

但是他们没有理解，对于任何企业，如果不盈利就不会分红，或者没有能力进行现金分红，而有能力不断提高现金分红的公司恰恰是市场上最强大的公司。现金分红的来源是一个公司的自由现金流，一个公司存续期间所有的自由现金流的总和就是一个企业的终极价值。

所以在选股时，一定要想清楚自己选这个公司时我们追求什么？想得到什么？

表34 兆易创新分红

| 报告期 | 董事会日期 | 股东大会预案公告日期 | 实施公告日 | 分红方案说明 | A股股权登记日 | A股除权除息日 | 分红总额 | 方案进度 | 股利支付率 | 税前分红率 |
|---|---|---|---|---|---|---|---|---|---|---|
| 2020年报 | 2021-04-17 | — | — | 10转4股派5.6元(含税) | | | 2.66亿 | 董事会预案 | 29.32% | — |
| 2020中报 | 2020-08-26 | — | — | 不分配不转增 | — | — | — | 董事会预案 | — | — |
| 2019年报 | 2020-03-27 | 2020-04-21 | 2020-04-28 | 10转4股派3.8元(含税) | 2020-05-06 | 2020-05-07 | 1.22亿 | 实施方案 | 18.81% | 0.12% |
| 2019中报 | 2019-08-28 | — | — | 不分配不转增 | — | — | — | 董事会预案 | — | — |
| 2018年报 | 2019-04-30 | 2019-05-21 | 2019-05-28 | 10派2.85元(含税) | 2019-05-31 | 2019-06-03 | 8119.49万 | 实施方案 | 19.79% | 0.37% |
| 2018中报 | 2018-08-25 | — | — | 不分配不转增 | — | — | — | 董事会预案 | — | — |
| 2017年报 | 2018-04-16 | 2018-05-08 | 2018-05-15 | 10转4股派3.93元(含税) | 2018-05-18 | 2018-05-21 | 7965.31万 | 实施方案 | 19.75% | 0.23% |
| 2017中报 | 2017-08-28 | — | — | 不分配不转增 | — | — | — | 董事会预案 | — | — |
| 2016年报 | 2017-04-11 | 2017-05-09 | 2017-05-16 | 10转10股派5.3元(含税) | 2017-05-19 | 2017-05-22 | 5300.00万 | 实施方案 | 25.03% | 0.27% |
| 2016中报 | 2016-08-31 | — | — | 不分配不转增 | — | — | — | 董事会预案 | — | — |

表 35　闻泰科技收入增长

按报告期　**按年度**　按单季度

| 科目 \ 年度 | 2019 | 2018 | 2017 | 2016 | 2015 |
|---|---|---|---|---|---|
| 成长能力指标 | | | | | |
| 净利润（元） | 12.54 亿 | 6101.93 万 | 3.29 亿 | 4798.15 万 | −1.46 亿 |
| 净利润同比增长率 | 1954.37% | −81.47% | 586.49% | 132.76% | −967.02% |
| 扣非净利润（元） | 11.06 亿 | 4140.54 万 | 2.32 亿 | 1237.84 万 | −1.54 亿 |
| 扣非净利润同比增长率 | 2570.36% | −82.13% | 1771.55% | 108.03% | −5351.90% |
| 营业总收入（元） | 415.78 亿 | 173.35 亿 | 169.16 亿 | 134.17 亿 | 7.16 亿 |

是要高分红？还是高增长？高分红的公司往往经营在一个相对固定的行业，行业格局已经初步确定，扩张的空间不大，故而往往收入增速，利润增速不高，可能会低于 15%，甚至低于 10%，高增长的企业则往往在一个飞速变化的行业里面，充满了机遇，令人兴奋和激动，但是高增长的企业往往自由现金流不佳，而且大量扩张，不断从资本市场上融资，并购，发行可转债，定向增发，发债券来扩张，往往债务率很高，伴随着的是分红比例很低，有的甚至不到 10%。

高增长范例之一：闻泰科技，全球最大的 5G 手机代工企业，2016 年纯利不到 5000 万，2019 年纯利 12.54 亿，2020 年预测纯利润将达到 40 亿左右。不断扩张产能和并购科技企业，逐步登顶。

高分红范例之一：宝钢股份。每年将超过 50% 的纯利分红。但是受困于核心产品（钢材）的价格波动，每年的分红并不稳定。

那么作为一个投资者，你到底想要什么呢？到底要增长还是要分红？还是都要呢？这就变得非常重要，这是一个很关键的选择了。我个人的选股经验是我会偏重于在公司前景、管理层能力和愿景、公司分红和增长、行业格局、公司市场地位、公司的运营效率、自由现金流多个因素共同考虑下选择出最佳的标的，也就是综合选股 7 招里面的所有因素一起考虑。单看一个指标容易失之偏颇。

第七招，追随那些有伟大企业家基因的企业管理者。

## 表 36　宝钢股份分红

| 报告期 | 董事会日期 | 股东大会预案公告日期 | 实施公告日 | 分红方案说明 | A 股股权登记日 | A 股除权除息日 | 分红总额 | 方案进度 | 股利支付率 | 税前分红率 |
|---|---|---|---|---|---|---|---|---|---|---|
| 2020 中报 | 2020 - 08 - 28 | — | — | 不分配不转增 | — | — | — | 董事会预案 | — | — |
| 2019 年报 | 2020 - 04 - 29 | 2020 - 05 - 20 | 2020 - 05 - 28 | 10 派 2.80 元（含税） | 2020 - 06 - 02 | 2020 - 06 - 03 | 62.36 亿 | 实施方案 | 50% | 5.71% |
| 2019 中报 | 2019 - 08 - 23 | — | — | 不分配不转增 | — | — | — | 董事会预案 | — | — |
| 2018 年报 | 2019 - 04 - 25 | 2019 - 05 - 18 | 2019 - 05 - 27 | 10 派 5 元（含税） | 2019 - 05 - 30 | 2019 - 05 - 31 | 111.38 亿 | 实施方案 | 51.55% | 7.23% |
| 2018 中报 | 2018 - 08 - 28 | — | — | 不分配不转增 | — | — | — | 董事会预案 | — | — |
| 2017 年报 | 2018 - 04 - 10 | 2018 - 05 - 26 | 2018 - 06 - 04 | 10 派 4.5 元（含税） | 2018 - 06 - 07 | 2018 - 06 - 08 | 100.21 亿 | 实施方案 | 52.33% | 4.9% |
| 2017 中报 | 2017 - 08 - 25 | — | — | 不分配不转增 | — | — | — | 董事会预案 | — | — |
| 2016 年报 | 2017 - 04 - 28 | 2017 - 05 - 24 | 2017 - 06 - 08 | 10 派 2.1 元（含税） | 2017 - 06 - 13 | 2017 - 06 - 14 | 46.42 亿 | 实施方案 | 38.18% | 3.19% |
| 2016 中报 | 2016 - 08 - 31 | — | — | 不分配不转增 | — | — | — | 董事会预案 | — | — |
| 2015 年报 | 2016 - 03 - 31 | 2016 - 04 - 29 | 2016 - 06 - 02 | 10 派 0.6 元（含税） | 2016 - 06 - 07 | 2016 - 06 - 08 | 9.88 亿 | 实施方案 | 100% | 1.15% |

伟大企业家往往有这么几个特点：专注、坚持、有梦想、行动派。

为了中国的前途，过去 20 年陆陆续续的有很多在欧美的科技人员回国创业。他们憋着一股劲，在那个没人重视中国通讯、互联网、半导体、无人驾驶、人工智能科技的年代依然回国创业，从零开始。要说他们不是为了自己，那肯定也不是，他们也希望从自己的科技中获得财富，但是他们同时也是为自己的国家做出了巨大贡献。例如中微半导体的尹志尧。

大学毕业不去大城市，不坐办公室，回到农村养猪，几十年如一日，做好一件事的牧原股份董事长秦英林。例如白首起家的福耀玻璃曹德旺，全家放弃了美国护照，专心做好中国的汽车玻璃产业。这样的例子还很多很多。

仔细研究企业家的创业经历我们会发现一个有趣的事实，专注聚焦、富有梦想和实干是可以很好结合在一起的。有梦想的企业家往往能走的很长远，专注聚焦而且坚定执行自己梦想的企业家能走的更远。投资就是投人，耐心找到那些有梦想，而又富有坚定执行能力的人投资，你会收获更多。从股市上看，那些数十年聚焦一个细分行业，创业者亲自下场实践，一手把企业做大做强的企业，往往会格外收到资本市场的青睐，而那些有情怀，能够不懈努力，有梦想的企业家，正是这个时代的最强音。企业是一个国家的命脉。最优秀的企业家是我们国家最核心的资产之一。

选股 7 招总结起来就是：

第一，看不懂的公司不要投资。看不懂如何办？通过自己的工作，学习和生活经历慢慢提高自己的眼界和能力圈，扩大自己能看懂的公司的范围。

第二，投资最好的公司，找行业的龙头企业。不要浪费你的时间在平庸的企业上。要学会找到有伟大潜质的企业，和好企业一直不断增长，不断攻城略地。

第三，找市场空间大的行业里面的龙头企业。市场空间大，龙头企业，意味着市场有巨大的增长空间。有市场空间，才有股票价格的市值空间。要关注那些从一个小规模市场有能力切换进入到更大规模市场的企业，这样的公司往往拥有巨大的生命力。

第四，投资就是投资垄断，拥抱垄断，远离竞争。竞争多的地方企业的生存环境艰难，盈利自然很难飞速增长，竞争多压力大，企业要么不断投入扩大规模，要么不断投入科技研发切换到不同的赛道，竞争多时毛利润率净利润率很容易被侵蚀。当然也要关注那些在经历过激烈竞争之后的行业，行业格局基本定了之后的胜者，往往会从竞争的格局走向垄断，半垄断，寡头的格局，这时，利润会越来越丰厚。空调双寡头垄断，例如美的和格力电器。免税品经营中国中免垄断 90％ 以上的市场。手机六大巨头酣战至今，华为、小米、苹果、三星、Oppo、VIVO。

第五，多投资弱周期的行业，找到长期有前景的企业投资。要抱着长远的眼光去看待企业，看的远一点。消费行业，医药行业和能够改变未来的科技产业，往往是大牛股辈出的产业。要多一些跟踪观察那些符合长期趋势的企业。消费升级，老龄化，自主创新，国产替代，加强数据中心和 5G，互联网，新基建的建设都是未来几年的主流趋势，沿着趋势寻找那些有前途的伟大企业苗子。

第六，努力学一点财务常识，从财务数据去验证自己的定性判断，发现最赚钱的公司，最有前途的公司。财务报表犹如我们去医院做的化验，我们很多普通人都看不懂自己的化验单，我们就是要最起码知道遇到什么问题，做什么化验，看那些关键的指标能够早点发现毛病，早日发现先机。看不懂财报如何办？阅读，思考，再阅读，再思考。时间是好企业的朋友，时间更是好投资者的朋友，你投入的看财报的时间越多，你后续的投资能力的爆发力就会越强。逐步累积对不同行业的知识，经验和洞察力，逐步去理解那些财务指标对那些行业是有价值的。例如白酒行业的预付账款。

第七，企业家是一个企业的灵魂，企业家本人的梦想对一个企业的影响是巨大的。平常要多看看企业家说了什么，做了什么，往往观察一段时间，就能对企业家的性格有一定的认识。这些认识和投资者本人的阅历有关。你的阅历越丰富，你对一个企业家的判断往往越准。要投资那些有梦想、实干、重视企业发展、重视股东的企业家。

选股更多的是定性的工作，而不是估值的工作。好比贵更值得每一个投资者珍惜。正如中国一句俗语所说，好货不便宜，便宜没好货。绝大多数情况下，随着研究者越来越多，越来越深入，最好的公司往往会得到很高的溢价，对于我们来说，投资的难度是越来越大的。好公司，股价还要便宜，已经越来越变成一个可遇不可求的梦想了。

尽管标榜自己是"价值投资学派"的不少投资者都觉得如果一个公司太贵了，就不考虑了，不过我个人认为，投资者在给一家公司清晰的定性时，应该减少对估值的考虑。而应该聚焦一家企业的核心竞争力，在行业中的地位和垄断强弱，护城河，产品对于消费者的吸引力和前景。这些才是选股的关键。

选股的关键不是贵和便宜。好比贵更好。不要因为一家公司的股价已经涨了三倍五倍，市盈率已经到了 40 倍，50 倍，80 倍就放弃研究和分析。比市盈率更重要的是为什么它这么受到资本市场的青睐，这背后的逻辑和原因是不是可靠和可持续。

有的读者问我，你为什么在选股时要看这么长远呢？很多人觉得我随便选个公司，做个波段操作不行么？当然是可以。而且很多投资者依赖于一个时间，一个热度很高的题材的炒作，都赚到钱了，并不是一无是处的。但是他们可能尚处在 they don't know what they don't know 的阶段。他们并不知道的是，我追求的是构建一个长期可持续赚钱的投资系统，并不是仅仅为了当下我能从一只股票做个波段赚到一笔钱。选股这么严格，其实是为了让你的投资系统经得住打击。是一种保护和防御，也恰恰是安全边际的思想。

为什么呢？

当你选择了最强大的企业，由于企业本身的品质，企业自身的高护城河，企业本身就是长期向上的业绩，企业本身具备了自己穿越周期的能力，那么等于为你的投资组合构筑了一个无形的护城河和极其厚的安全垫。

可以看看那些在上一轮大牛市后创了新高的企业，无一例外都是行业中最好的公司。

举个例子来说，即使你在牛市最高峰最火爆时说买入了高位的贵州茅台，今天也解套了，不但解套了还屡屡闯出了新高。安全边际的思想是正确的，但是许多投资者错误理解了安全边际，认为安全边际就是用 4 毛钱的东西去买 1 元钱的东西，这样的理解其实是片面的。试问你买入茅台和买入洋河股份，在历史的任何一个时间点，哪一个安全边际更高呢？

我一直认为，买入最好的公司也是为自己搭建了一个安全垫，也是一种安全边际。最好的公司有着最好的道德标准，有着最好的对自己的管理层，在行业内往往有着最强大的护城河和一定的垄断性，这难道不是安全边际？

能力圈，安全边际，价值投资，这些词汇都是西方价值投资一派经典的投资理论，风靡全球投资界。也非常有道理。

能力圈指的就是你投资要赚能够明明白白看的懂的钱，看不懂的建议不要投资，即使运气赚到钱，将来也有很大概率会还回去。看得懂才投资。我在笔记中对这个理论的延展在于：我认为普通人的能力圈要比他们自己想象的大的多，而且能力圈是可以培养和发展的。但是任何一个普通人做投资，由于信息的劣势（相比大的投资机构和投资投机大户大鳄来说），最好从自己的工作出发，从自己的身边出发。自己的身边的大牛股更加容易发现并且守住。

安全边际指的是投资要用低于企业真实价值的相对比较便宜的价格买入企业，如果买贵了，随着市场的波动，如果你没有及时兑现盈利，那么你也是完全有可能在长期输掉你的本金。

过去的价值投资理论在分析安全边际时总是喜欢用一个企业股价的很多年的走势来分析，例如你在 2000 年买入了什么，然后你会发现直到 2018 年才解套等等。

问题在于，企业的真实价值，第一无法准确计算，第二，企业的真实价值其实在波动中。有经验的投资者能分别明显的高估和明显的低估，但是非常难分辨企业的所谓的真实价值和价格之间的"真实"距离。这本来就是一个并不现实的任务。这也就是为什么并没有人看见过巴菲特或者芒格用计算器或者某类公式化表达一个企业的真实价值了。我们追求的是模糊的准确，而绝不是所谓精确但是充满了幻想的错误。

长期的实践之后，我对这个理论有了我自己的一些延展的解读，我个人认为买入最厉害（品牌，护城河，核心竞争力，商业模式，管理团队的能力和责任心）的企业对自己的投资组合来说也是一种安全边际的强化。一个组合里面的公司强弱，直接决定了组合回报率的绝大部分收益。这也是一种安全边际。强大的企业由于自身护城河的强大，即使买入价格略微偏贵或者在当下合理，也是完全能够随着时间，随着企业盈利的不断增长而得到补偿的。

价值投资最早来源于本杰明格雷厄姆这个投资学鼻祖，他也是沃伦·巴菲特的老师。价值投资一般情况下，指投资那些有价值的公司，用低于公司本身价值的价格买入，在价格超过价值时卖出的一种手法。不过沃伦·巴菲特晚年修正了自己对价值投资的看法，他也认为投资就是投资，价值只是一个形容词，并没有特别的必要一定要在投资两个字的前面，加上价值两字。我对这个问题的看法是，巴菲特和芒格固然是这个世界上活着的顶级投资家，但是不能忽视的是，这个世界上还有许多的出色的投资者。投资能不能成功，是不是成功，有多么成功，最终判断的因素是你的收益率和可持续性。

价值投资也好，价值投机也好，成长股投资也罢，都是定语。投资就是利用金钱赚钱的游戏，无论你利用的是价格偏离了企业价值的手段还是利用了人性的贪婪和恐慌，还是利用了金融市场上错误定价的赌局，还是利用了时间推动的短期情绪变化，从投资的角度最终判断你成功与否的唯一标准就是你是不是赚钱了？你是不是能够做到可持续性的赚钱？这才是投资活动的圣杯。

另外一点，巴菲特由于全资拥有一家和多家保险公司，其本质意味着巴菲特拥有了一个可以无限加仓的机制，保险公司不断产生保费，巴菲特不断运用这些保费作为廉价的投资资本金，不断赚取价差。在 1986 年之后的沃伦·巴菲特已经展现了自己在资产管理和并购上的卓越才华，从选股，估值，择时和仓位管理上的水平都日趋巅峰，而且他得到了保险公司资产这么一个资金产生的永动机的机制。对于巴菲特来说，相当于拥有无限的子弹和加仓能力，这对他未来的投资，并购和套利活动都有巨大的助力。

当你选对了公司，投资对于你来说，已经成功了一半。能够局限你的只有你的勇气，果断和本金了。

需要提醒读者朋友们思考的还有一点，选股和买入是两个层面的事情，选股的重点在于你选择出你期望投资的企业，你期望拥有的股份。选股聚焦在评估企业的商业模式，生命周期和发展潜力，盈利前景，选股是试图看明白这个公司的未来能变成什么样，选好企业并不一定意味着现在立刻马上就需要买入，更不是意味着马上就要重仓买入，你还是需要考虑价格，股价的催化剂，筹码和上市公司的短期，中期，长期业绩预期等等各种因素。

有些读者朋友之所以会经常产生浮亏，其中一个缘故就是常常为了买入而去选股，例如有的朋友热衷于做个表格，根据一些 ROE，增速，现金流等指标，然后用行情软件系统一筛选，然后结合最近的市场新闻动态，头脑一热就开始买入了。这些投资者还美其名曰这是他们的选股策略。

投资大师说过一句话，如果你不打算持有这个公司十年，那就不要去持有它哪怕 10 分钟。这句话的涵义，在我看来，是说如果这个公司长期不会是好公司，那么短期你买入持有也未见得有好的结果。而如果这个公司是一家出色的好公司，你长期希望持有，那么即使现在出手也未见得就一定晚了。我们都曾经有过这样的经历，看好一个公司，比如爱尔眼科，然后嫌贵，不肯买入，然后从 10 元看到了 20 元，然后继续看，看到了 30 元，现在 40 元了，然后就这么一直看好，就这么一直不买。我们也曾有过这样的经历，看中了某一个公司，买入了，然后反反复复，当初买入的理由要么含糊不清，要么经不起推敲，持有总在患得患失中度过，买入了也不踏实，持有了也是提心吊胆，归根到底，还是选股没有选到自己心里。

择时篇

# 第二十二章　长期择时易，短期择时难

择时是四大平衡法则中最难的。某一次我买卖股票时，买入股票之后，股票就涨了好几天或者当日涨停了，股友赞我，你真会择时！我心中暗自叹息，其实这并不是我所说的择时，我不过是运气好罢了。过了一段时间，有一次我买入股票之后，股价连续阴跌了 13 天，周围股友虽然大多沉默不语，但是有看笑话的，有偷偷抄我底的，有暗自跟随我买卖后内心抱怨的，我心中暗自神伤，这大概就是推荐股票的下场：推荐一只股票丢掉一把朋友吧。

投资者谈到择时时，有时会混淆和误解短期择时和长期择时，也会误解择大势之时和个股选择买卖时机这两个问题的差异。股市和日常生活不同，日常生活中，我们预判明天后天下个星期的事情容易，判断明年，后年的安排很难。股市是反着来的，我们短期判断数日内，数周内股票的走势难于上青天。正如我在股票的波动一章中所说的，股票的短期波动受到基本面、情绪、资金流动、大势的影响，根本无法判断。但是在股市上，因为对估值有一个定量的分析，对影响股市的利率周期有一个定量的分析，对世界局势可以通过周围大事件的演变，对国家统计局的各种数据拿过来分析解读，对一年后，甚至更长时间的趋势是可以有一定的预判的。而这些数据是可以用于对股市大的走势的判断基础的。例如人民币升值，国内贸易的发展情况，疫情的变化和演变对出口的影响，国内流动性的变化，外资资金的流入和流出等等。这些迹象都可以帮助我做长期的择时。

不过择时依旧还是有一些历久弥新的理想值得学习和借鉴的，其中我分享我比较认可的 5 个长期择时重要参考点：

第一，全市场（全部股市）的高和低，对于择时有重大指导意义，你很难在一个全市场已经比较贵时买入公司能够短期得到非常好的回报。比如你在整体股市已经 60 倍市盈率时买入，几乎很难成功。

第二，股市回报率（一般采用股市整体市盈率的倒数来衡量）和债券市场回报率的比较。对于大资金的掌握者，获得稳健回报是他们的核心考虑。如果股市有 6 个点的稳定回报，债券市场只有 2.5％的回报，那么如何选择是很自然而然的。这时，大资金（社保基金，保险资金，大基金公司，大企业的财务公司等）就会选择分配更多的资金去股市投资。

第三，注意利率周期对整个市场的买卖时机的影响。利率下行周期往往是股市买入的时机，这意味着资金要追求更多的回报，而这个阶段企业因为能够更加有机会得到便宜的利率（贷款），从而减轻债务负担，从而盈利的概率大大增长了。当其他资产获利回报率低，而股市相对获利不错时，股市就开始被资金追逐，就像今天一样。

第四，当观察到外部新增资金大量涌入的时期，对于股票的涨幅贡献巨大。观察资金是否不断在流入一个市场是很重要的择时指标。例如今天的外资通过港股通这个渠道逐步买入中国的股票，这对于中国股市的影响已经越来越大。

第五，汇率也是一个积极的影响，本币（人民币）升值，意味着本国货币在国际市场上更强大，更有竞争力，在大量的贸易流通领域采用本国货币的比例也越大，市场对于人民币的需求越大，对人民币计价的资产（例如中国的房地产，股票）的需求也就越大，也会刺激股市的流入资金的增长，这也是一个择时观察的指标。强国有强币，货币越强，股市越强。

在个股买卖过程的择时，我常用的办法主要是 2 个依据：

第一，个股的估值波动，一般来说，在估值波动到历史比较贵的区域就要小心。在估值波动到历史合理区域甚至低估区域就可以大胆一些。

第二，事件驱动带来的个股买卖时机的选择。例如公布超预期的财报、国家政策明显的利好、签署大单、用户稳定、客户赞美、市场份额提高、护城河强化了等等。这样的例子数不胜数，前面的章节和后续的章节都会提到。

投资者要想提高自己的择时能力，无论是长期对大势判断还是短期个股买卖交易的择时，我的建议是第一要不断实践，第二要大量阅读，但是最重要的是需要时间的磨合。择时需要投资者有丰富的社会经验和阅历，对时事政治和经济活动有比较深刻的认知，也需要时间在股市中不断历练才能逐步培养自己择时的感觉和能力。这些都是需要时间的。故而投资界有关于芒格的说法，说他不愿见 40 岁以下的投资者，其中一个原因是因为他认为 40 岁以下的投资者经验尚浅，缺乏磨砺。这或许是有一定道理的。

# 第二十三章　如何选择买入时机

什么时候买这个问题是一个关于选择时机的问题，择时是非常难的，但是也有一些通常的规律，给读者朋友们分享几个买入时机的思考。

第一种情况，整个股市暴跌时。整体股市暴跌一般是指股市在当天跌了5％甚至更多时。一般来说当指数跌3％，单独某一个上市公司跌7％—10％的就会比比皆是。当股市当天跌7％时，股市可能会出现几百上千个公司跌停。因为整个股市的指数是按照全体股票一定的权重比，结合每一只股票的复合结算出来的一个指数。通常在整个股市暴跌时，说明有一些投资者的资金选择离场，或者是由于一些资金的抛售诱发的恐慌性跟随抛售，而同时也会有许多投资者往往选择这个时机会涌入。股市暴跌时，往往会出现一些"错杀"的股票，通常是指业绩良好的优质公司的股票，大盘在暴跌时，慌不择路的投资者会撤出资金，或者调仓换股，这时会导致一连串的连锁反应，张三卖出了股票a，持有股票a的李四由于恐慌也卖出了，然后拿着卖出的钱去买入了自己另外一个暴跌的股票b，这个过程蔓延了就会引起很多公司的股票跟随下跌。这时，一些暴跌的好公司股票，就出现了买入的机会。尤其是长期业绩良好，股票图形长期"东北"方向的弱周期企业（通常是消费、医药和科技巨头的股票走势）。

相比暴跌后的反应，如何理解和识别暴跌的背后因素才是选择时机的判断依据，例如常见的暴跌有3种。

### 1. 基本面出现突发性变化导致的暴跌

例如公司发布了不如预期的财报，或者出现了令人意外的业绩变差。这种情况下，很多投资者都会选择在第一时间卖出，如果投资者的卖出时机非常集中并且股票的数量巨大，当卖出的数量比买入的数量远远多时，股票暴跌也就是一个顺理成章的过程了。这种暴跌往往需要重视，因为最基础的投资的锚是企业的业绩，业绩变差是很难在短时间内修复的，往往会持续一段时间。

例如 2020 年 7 月，美国 intel 公司因为美国政策原因要暂停供应中国服务器龙头企业浪潮信息诱发的浪潮信息股价暴跌。

例如汇顶科技因为 2020 年第一季度业绩暴跌 50% 而诱发的股价暴跌。

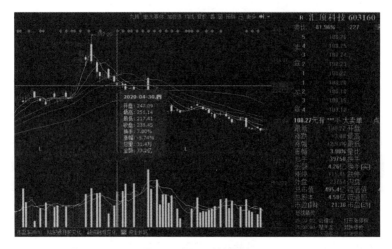

图 41　汇顶科技暴跌

例如汤臣倍健在公布不及预期的业绩表现之后出现的跌停。

**2. 一次性减持导致的阶段性暴跌**

有的公司上市之后，有一些股东，因为到了年底要分红，或者到了要调仓换股的需求，或者有些公司自身财务的问题缺钱，他们都有可能莫名其妙地选择在某一个日子抛售股票，这背后的原因不得而知，或者说非常复杂。有时也有可能就是某一个高管想买一个别墅，减持了一些股票。由于流动性小，又或者叠加了一些负面新闻，这类一次性的减持也有可能造成阶段性的暴跌。

为了避免暴跌对上市公司的影响，他们往往会选择通过大宗交易通道来抛售，例如高管或者一些机构投资者的一次性减持。如果你判断是这类原因诱发的暴跌，倒是大可不必过于惊慌，因为这种减持往往是一时的，在减持完成之后，通常会出现强劲的反弹。

为什么？因为第一，股价在下滑一段时间后估值会显得更加有吸引力。第二，减持意味着在短时间内，股票的卖出力量比较大，那么减持完成之后意味着这股力量消失了，卖的力量减弱了，买的力量因为估值下跌而被吸引变大了，所以往往在减持完成之后，如果没有其他负面的影响，股价反而会呈现一个强劲反弹的情况。

**3. 由于大盘整体调整，投资者调仓换股时诱发的某些公司的暴跌**

当大盘整体性调整时，往往某一个行业板块，或者某几个行业板块跌幅比较大，而且是无论最好的公司，还是最差的公司都在跌。这种情况通常说明是机构投资者对某一个大的板块减持了比例，这种减持通常不是清仓式的减持（就是机构投资者把自己某一个公司的估值卖光），而往往是卖出了一定比例的持仓，然后拿这些资金去增持其他股票。

有些时候大盘整体调整是由于受到海外市场的影响带来的。例如有一段时间，因为美国经济下滑，而香港本地在暴乱中，市场比较悲观，有一些资金撤离中国香港回流美国市场。这时因为在香港的海外资金也投资了大量中国 A 股股票，他们在离场时，会连带卖出一部分中国市场的股票，从而影响中国股市当天或者后续几个交易日的表现，如果操作急迫而没有秩序，会引起短暂暴跌。

这个过程是观察优质公司的好机会。从机构投资者的操作中，可以看到往往最优质的公司调整幅度最小，反弹也越快。有的公司跌了，但是迅猛反弹，而有的公司在下跌之后则踏上了漫漫熊途。

如果好公司暴跌，而担忧业绩下滑的理由又不存在，那么这往往是非常好的时机。

第二种情况，个股的估值明显偏低时，例如当整个股票的市盈率、市净率、市销率都同时出现在历史估值的地位时，往往是买入时机。

第三种情况，央行宣布降息时，或者第二次，第三次宣布降息时，往往是买入比较好的时机。在央行宣布加速降息时，降息导致了国债这种资产，这种无风险的国家背书的债券资产（例如 10 年期国债）和股票相比较而言，已经失去了其吸引力。往往这种时候会有大量的买入时机出现。

第四种情况当你能够很清晰的看到短期催化剂时，所谓的短期催化剂，就是你能看到非常明确的来自公开信息的，对业绩有明显提振的信息时。

比如当国家公布了海南要开放免税品政策之后，中国国旅（后改名为中国中免）的股价在很短的时间内暴涨了70%之多。开放免税店政策叠加海南自由贸易港的地位和未来潜力，促使投资者对中国国旅的垄断地位和预期发生了逆转。尽管2020年第一季度中国国旅亏损，但是依旧挡不住投资者的热情，股价从100涨到了170元附近，依旧没有止步的迹象。这就是短期催化剂的力量。

再比如，恒瑞医药的某一个重量级抗癌药物宣布增加了癌症的适应证之后，这意味着恒瑞又打开了一个新的几十亿元的市场空间时，先知先觉者们就会涌入恒瑞医药买入恒瑞。这也是一类短期催化剂。

最重要的是你要及早识别市场的趋势或者市场的情绪点，这一点尤为困难。因为有2种截然不同的可能性，一种是市场并没有充分预期，一种是市场已经充分预期了，其股价的结果是完全相反的。

金融投资大鳄乔治·索罗斯说过，"世界经济史是一部基于假象和谎言的连续剧。要获得财富，做法就是认清其假象，投入其中，然后在假象被公众认识之前退出游戏。市场已经有充分预期了，当预期变成现实时，股价往往是回调的。正所谓 buy in rumor（传闻时刻买入），sell in truth（落实时刻卖出）。如果之前市场并没有充分的预期，那么当现实披露之后，如果证明了事实远远超越了预期时，这意味着股价将会迅猛的折射这一超越预期的现实。"

不同的人对不同时间的预期的理解也是有巨大偏差的。例如当市场有传闻说美团要并购摩拜单车时，市场的反应是什么呢？如果市场的主流资金（也就是那些大玩家们）是不看好这桩交易，他们觉得并购之后给美团带来很多财务包袱，导致美团未来的业绩走低。如果这种思考占据了掌握大资金的大基金经理和职业投资者的脑海，那么美团的股价将走低。如果反之，如果大咖们觉得美团并购摩拜会给美团带来海量新增用户，这对于长期业绩有巨大的好处，那么美团的股价将不断走高。

股市是关于预期的游戏，你要及早识破这个游戏，然后投入进去。在趋势还在继续但是还没有逆转时及早离开。要掌握这个尺度是很困难的。没有 10—20 年，甚至 30 年股市经验的人很难把握住。

表 43

| 预期内 or 预期外 | | |
|---|---|---|
| 一次性<br>预期内 | 一次性<br>预期外 | 一次性影响<br>or<br>长期影响 |
| 长期<br>预期内 | 长期<br>预期外 | |

可以用上表来分析遇到的事件，如果发生的事件对于企业的盈利是一次性的，是短暂的，而且投资者已经预期到了，那么这样的事件往往不会诱发企业的股价暴跌，即使有暴跌，也会迅速反弹。

选择股票的买入时机很难，这是一门艺术。不过我认为，即使你没办法很好掌握股票的买入时机，如果你选择了最出色的企业，只要企业的业绩长期是增长的，那么股票的长期收益是可以保证的，也就是上涨的空间是有保证的。但是什么时间上涨取决于业绩如何发展，市场的情绪如何发展，什么时间上涨通常是无法预测的。

仓位管理篇

# 第二十四章　仓位、组合和投资风格

散户死于仓位，高手死于择时。这句话的意思大致是说普通人做股票投资，往往很难控制好仓位，追涨杀跌，涨的都是小仓位，浮亏都在大仓位股票上；而一些股市的老手或者自诩高手的人则往往过度自信去择时操作，妄图抄底逃顶，最后出现大亏往往败在择时。

这的确也是我个人投资生涯中的一个深切体会。如果读者尚未有如我一般的感受，说明你要么天赋异禀，要么涉足股市的时间尚短和投入的金钱尚少。过去十多年，我看过许多关于投资的书，很少有书会详细解释仓位管理，大概因为仓位是每一个投资者最为隐秘的事情。

仓位管理是比较个性化的事情，犹如我在本书一开始说的，一人一投资，每个人都有自己的喜好，故而大家在阅读下面的这十多个章节时，只需要把这些内容看成一个唠叨啰嗦的经验分享罢了，切勿拿去模拟操作，因为最终你还是需要找到属于你自己的实践方法才行。

在接下来的章节中，我会和大家分享在过去十多年投资股票的生涯中，我对仓位管理的一些感悟和实践经历，希望能够让大家有机会战胜自己，战胜市场。

要理解仓位管理，首先要理解什么是仓位，什么是管理。开始一个股市的投资后，就需要时刻考虑把资金投入到哪些股票上，分配多少资金，账户上还有多少资金，这些工作统称为仓位管理。

例如，我一共拿出了10万人民币投资股市，我可能用5万买入了招商银行股份，那么这个股票的"仓位"在此刻就是占我的股票资产的价值的50％，我另外还有50％的仓位全部是现金。

资产仓位

招商银行50％

现金50％

有些投资者会说"我半仓招商银行"，就是这个意思。在后续操作中，你可能会增加买入一些股票，也可能会卖出，你的股票会增加，会减少，现金会增加，会减少。这一系列操作（买卖）就是仓位管理中的"管理"。

在做股票投资中，有许多种"投资风格"，比如有的人特别喜欢只买入一只股票，用他们的话说，他们每次只喜好做一只股票，等这只股票做出来了，他们才会去做下一只股票。有的人喜欢"组合投资"，就是买入多只股票，做成一个组合，分散一下风险。有的人喜欢快进快出，持有一只股票，每次半仓，亏损几个点，就马上卖掉，然后再去买下一只股票，持有几天，赚到 2—3 个点就卖掉，然后再伺机买入其他股票。有的人却是耐心很好，设计一个组合之后，拿着不动，放半年到 1 年之后，如果有盈利才会操作。有的投资者比较果断，一旦浮亏立刻砍仓换股，有的投资者宁死不割肉，一只股票拿 2—3 年，就是为了等待解套，一旦解套，立刻转移出资金，再也不买股票了。诸如此类，我接触过很多不同的投资者，每一个投资者在仓位管理上的做法几乎都是完全不同的。

我个人投资的风格比较倾向于组合投资模式的仓位管理。我接下来的内容也会围绕着这个组合投资模式的仓位管理来介绍。不过我需要再次申明和强调的是，组合投资的仓位管理并不一定适合你，你到底适合什么模式，还是需要自己独立思考，自我实践验证之后才能做出最终的判断。

有几种投资风格是给我留下深刻影响的，

有一种投资者持仓时间比较长，基本在 1 年到若干年，他们的做法是拿一笔闲钱（长期不用的钱）买入 1—2 个看好的公司，长期持有一段时间（1—3 年左右），然后看看总体回报。这类投资者通常比较看好大市值公司，有高分红的，或者长远前景非常好的企业。这些投资者看长做长。这类投资者的思路是"这样的公司前景不错，拿着放两年看看，应该大概率不差"，他们不一定精通财务，但是对趋势能够基本理解和把握。这类交易者我觉得一般可以成为长线投资者。成功的长线投资者一般具备极好的心理素质，能够熬过股价的波动起伏。长线投资者要想赢，必须在选股上特别强才行。

还有一类投资者持仓时间很短（几天到几个月），围绕着一些他们熟悉和看好的企业反复做波段操作或者做 T。

所谓的波段操作，就是指在相对长的一段时间内，低价买入，高价卖出，卖出价格比买入价格高，在这段时间内，忽略中间的波动。

例如：

第一天，你拥有 10000 股三一重工，18 元收盘价格。资产一共 18 万，现金为零。

三个月之后，三一重工的股价涨到 19.5 元，并且每股分红 5 毛。

不计算交易成本的情况下，你的资产中的股票数量没变。你的现金多了 5000 元（三一重工的现金分红），你的总资产变成了 20 万元。

$$20 万元 = 19.5 * 10000 股 + 5000 元$$

所谓的做 T，可以看成是一个超级短时间内的波段操作，例如很多投资者爱好在临近收盘的 2:30—2:55 这个时间段内买入一只股票，在第二天的早晨 10:30 左右卖出。这个思想的基本元素是赌博，赌这只股票明天会高开（股价比前一天的收盘价高，就是高开）。这种做 T，称之为先买入，再卖出。还有一种做 T 的手段是先卖出，再买回来，前提是显然的，前提是你有一些这个公司的股票仓位。例如你已经拥有一些三一重工的股票了，可能你迷恋于近期股市总是高开低收（指开盘股价冲高，收盘时往往会回落一些），所以你在早晨开盘后卖出三一重工，然后在收盘时，遇到一个股价低点把这部分股票买回来。这样你账面上就会多出一些富裕的现金。

例如：第一天，你拥有 10000 股三一重工，18 元收盘价格。资产一共 18 万，现金为零。第二天，你早晨 10:00 分，18.1 元卖出 5000 股三一重工。第二天，你下午 2:40 分，17.9 元买回 5000 股三一重工。

不计算交易成本的情况下，你的资产中的股票数量没变。你的现金多了 $(18.1 - 17.9) * 5000 = 1000$ 元。

很多投资者每天都会做一些这样的动作，乐此不疲。这种投资者一般我称之为短线交易者，或者叫做日内交易者。这样的投资者非常非常多。据说很多"80后""90后"出身的投资者平均持仓时间是三天，他们是绝对主流的日内交易者。但是日内交易者失败的概率也是非常大的。风险在于一旦你卖出，有可能你需要用更贵的价格追着买回来，而如果你心态不坚定，意志不坚定，那么有可能你在卖出之后，没有能力买回来，那么就意味着你卖掉了一个赚钱的机会。绝大多数人内心很难接受用更贵的价格把自己原本持有的股票买回来。

他们只会自嘲的说：我又卖飞了。我 20 元买过，赚了 5 元走了，现在 40 了。哎。

也有一些投资者是介入这两类风格之间的，比如有的长线投资者由于耐不住寂寞，忍不住不看股票行情软件，会采用大比例资金的仓位长期投资一些公司，保留一些小比例资金的仓位去做波段或者日内交易来排解自己的手痒和无聊。例如有的人曾经和我说：我有好几个账户，小资金账户做做短线，大资金账户我买了招商银行，中国平安，长期拿着放着等翻倍。

是不是看到了自己熟悉的身影？

我不想去评论谁对谁错。或许谁都有对和错的一面。对于投资，我的一贯标准就是：能不能赚到钱才是评估的唯一标准。能赚到钱你就是 90 分，能可持续的赚到钱你就是 100 分。

什么是组合呢？一个股票组合指的是什么意思呢？

例如我有 10 万资金，我现在来举例说明什么是组合：

10 万资金在不同股票，股票或者现金，或者基金中分配，就是一个组合。

假设我的组合安排如下：

3 万买入中概互联基金（代码：513051，互联网服务行业的基金）占我的仓位 30％

3 万买入新希望 1000 股，假设新希望股价 30 元。（代码 000876，农业和食品加工业）占仓位 30％

3.6万买入韦尔股份200股,假设韦尔股份180元左右一股。(代码603501,芯片设计和分销行业)占仓位30%

保留4000现金,占仓位4%

所以这个组合相当于是包括了互联网服务行业,芯片设计业和农业三个行业,股票仓位96%,现金仓位4%。

这就是一个组合的样本。这个组合的优点可能在于分散在三个行业,每个行业的仓位占比都在30%左右。比较聚焦在热点,高科技领域。缺点是现金仓位比较少,如果遇到大面积暴跌时,由于缺少现金,股票组合调整的可操作性比较差。

再举一个例子,100万资金在不同股票,股票或者现金,或者基金中分配,就是一个组合。假设组合安排如下:

1万买入中概互联基金(代码:513050,互联网服务行业的基金)占仓位1%;

2万买入桃李面包400股,假设桃李面包股价50元。占仓位2%;

35万买入招商银行1000股。假设招商银行股价35元,占仓位35%;

7万买入牧原股份1000股,假设牧原股份股价70元。占仓位7%;

1.85万买入壹网壹创100股,假设壹网壹创股价185元。占仓位1.85%;

18万买入格力电器3000股,假设格力电器股价60元。占仓位18%;

7万买入京沪高铁10000股,假设京沪高铁股价7元。占仓位7%;

剩余全部保留现金,大概占仓位28%左右。

这个组合有点类似一个杂货铺,什么都有一点,什么都不够聚焦。优点可能在于比较分散,而且现金仓位比较多。股票组合调整的可操作性比较好。但是比较容易出现小仓位的股票涨幅大时,股票总市值并没有增长。

再举一个例子。50万资金在不同股票,股票或者现金,或者基金中分配,就是一个组合。假设组合安排如下:

招商银行5万,中信证券5万,中国平安5万,新华保险5万;陕西煤业10万,宝钢股份10万;保留10万现金。现金仓位20%。

这个组合的特点就是出现了 4 个金融类的股票。2 个保险公司，一个券商，一个银行。还有 2 个强周期股票，一个煤炭，一个钢铁企业。现金仓位比较多，这看上去是一个优点。而且几乎每一个公司的估值水平可能都很低。而且每一个公司都有一定的分红，看上去是一个低估值，高分红的组合。但是这个组合有可能遇到一个问题，就是其实金融类的企业因为本质接近，在利率下行周期，往往同涨同跌。而低估值的企业由于经济下行压力比较大，有可能出现估值长期得不到提振，而且分红也不是绝对的，存在企业有可能调低分红的概率。这样一看，这个组合虽然每一只股票的仓位都比较均匀，但是金融占比 40%，强周期（大宗商品）占比 40%，20% 现金。如果在经济下行的周期上，这个组合也同样有可能遇到长期滞胀的可能性。

再举一个例子。100 万资金在不同股票，股票或者现金，或者基金中分配，就是一个组合。假设我的组合安排如下：70 万牧原股份，5 万兆易创新，5 万中概互联，1 万京沪高铁，5 万招商银行，14 万现金。

这个组合的特点就是单一公司仓位占比非常大。这类组合会遇到的问题就是如果这单一公司出现暴跌时，你会非常难受，出现暴涨时你会忘乎所以。这也是常见的一类组合的模式。

还有的投资者因为持股历史非常长，在股市已经五六年甚至十多年了，积累了很多老股票，中的新股，还有一些很多年之前亏着没有割肉的老股票，后来又陆陆续续的增加了一些资金买的新股票，所以整个账户里面，股票非常散乱，有多有少，有 st 的股票，有亏损的，有 100 股的股票，有可转债，有几百股新股，还有一时冲动买的重组股等等，这样的组合也非常常见。这种组合最大的问题就是每一个组合里面的股票都牵挂着一段往事，由于人的心理因素，往往剪不断理还乱，我见过几个老投资者都是有这样那样的不舍，所以他们的组合也比较杂乱无章。但是他们又往往舍不得重新组合，重新组合可能会让他们卖出一些过去曾经亏过的股票，可能没办法计算清楚成本等等。

到底哪种组合更好呢？这个是一个见仁见智的问题了。因为每一个投资者在管理自己的股市资金时，都会遇到这样类似的问题，只能说，在仓位管理的执行过程中，有一些好的经验，也许适合你，也许不适合你，仅供你的参考，最终还是要靠你自己的独立思考，而且往往仓位组合要符合你个人的性格特质和喜好，这样你才能找到自己的投资风格。

我个人的经验是，

第一，保持组合聚焦在 3—5 个行业的龙头，每个龙头的仓位占比接近。

第二，3—5 个行业的龙头相关性不会很大，避免重复投入一个行业。

第三，不要让自己的组合变成杂货铺，既不单一过度重仓，也不过度分散。

# 第二十五章　如何构建一个安全的股票组合

买入一组股票，就是构建一个股票组合的过程。

需要说明的是，如果你对某一只股票有确定性极高的把握，你并不真的需要去买入多个股票来构建你的组合，你也完全可以持有一只股票来享受他的全部增长的过程。前提是你对这个公司研究透彻，对前景有很大把握，对这个公司抱有巨大的信心。这也是一种集中投资的手法。集中投资的好处在于如果你判断准确，那么你的投资回报率将有可能会非常高。

例如，2020年年初，五粮液的股价大概在130元左右，截至2020年6月初，五粮液的股价是160元左右，如果有一位投资者全仓（100％仓位）年初买入了五粮液，持有到现在，虽然中间跌到过100元左右，但是持有到6月初的投资回报已经是23％左右，这一收益率是非常出色的。在同一个时期，代表中国A股的大盘指数大概在3000点左右，截至2020年6月初，指数的点位在2930点左右。显然这位投资者是属于大幅度跑赢了上证指数了。而且年化23％的收益率也非常出色。

多个股票组合投资带来的负面效应就是如果你选错了组合，那么有的涨，有的跌，有可能导致组合整体收益率很低。例如，2020年年初，如果你把自己的资金一半买入招商银行，当时的股票是37.5元左右，另外一半买入五粮液，130元左右，那么截至2020年6月初，你的招商银行股价是35.3元，跌去了5.8％，从而导致你的整体收益率只有8.6％。

表37

| 股票 | 资金 | 仓位占比 | 涨幅 | 结果 |
|---|---|---|---|---|
| 招商银行 | 50 | 50.00％ | −5.80％ | 47.1 |
| 五粮液 | 50 | 50.00％ | 23％ | 61.5 |
| 现金 | 0 | 0.00％ | | |
| 汇总 | 100 | 100.00％ | 8.60％ | 108.6 |

那你可能会想，如果是这样，为什么不能就选中一个公司，全仓持有呢？因为绝大多数投资者，对持有一个企业并没有必胜的把握，也就是没有100%的确定性他一定会赚钱。另外，第二个心理就是投资者永远会想找到赢面更大的企业，这就是内心的贪婪在作怪。很多人，包括我自己，也经常会在事后后悔没有在一开始就持有一个公司一直拿住，但是在买入时也不可能会有十足的把握，从而还是会不断去寻找新的公司，第三个情况就是经常等我们想明白一个公司的确定性之后，却又发现估值已经很贵了，于是乎又去不断的寻找更有确定性，估值更加合理的公司。一切问题的根源还是确定性，确定性在哪里，往往当我们知道最终结果时，轻舟已过万重山了。

好公司、估值便宜、确定性高、前景好、管理层靠谱，这样的确定性哪里是这么容易鉴别的？在构建一个股票组合的过程中，的确是有一些经验可以分享给读者朋友的。

第一点，就是所谓组合，应该是不同类型的东西组合在一起，如果全部是一样的东西组合在一起，多个和一个其实也没有太多的不同。在股票上，就是说，你的股票组合里面每一个类别（行业）的公司一般来说只需要有1个就可以了，如果你买了好几个完全一个行业的公司，其实并没有太多的不同，同一类的企业往往在股市上会有非常类似的涨跌幅度。因为行业的大环境都是类似的。例如有的人一个组合里面，包括5个银行股。其实这个组合并不是5个股票，而更像是一个银行股基金。

在投资上，称之为相关性。投资上要把没有相关性，或者相关性比较低的股票组合在一起。一般来说，不同行业的公司相关性不大，就可以把不同的行业组合放在一起。例如组合中有银行股，有能源股，有食品股，有科技股，这些公司互相之间的关联度不高。在同一个大的经济周期里面，景气度的高低会有一些不同。这样的股票组合或许会比较容易跨越经济周期，得到超越指数的投资回报。

例如下面这个组合，就是一个相关性比较离散但是相对又比较均衡的组合：三一重工，桃李面包，迈瑞医疗，闻泰科技。这四家企业里面，我们来看一看他

们的行业前景和公司情况，

　　三一重工的股价驱动力是基建投资，主营业务是机械设备。桃李面包是做短保质期面包的全国性消费品牌企业。股价驱动力是居民的消费。面包属于食品，算生活必须品。需求是刚性的。迈瑞医疗是提供中高端生命支持医疗设备的，很多产品用在大医院。在中国是公认的医疗设备龙头老大。医疗行业属于长期稳健的行业，股价驱动力是医院设备采购和国产设备更新替代。闻泰科技是做手机代工和半导体元器件制造生产的。手机是"人体的器官"，属于刚需，闻泰科技属于半导体行业和消费电子零部件行业。算科技股。股价驱动力包括了手机销量的增长，5G 带来的换机热潮和半导体零部件的国产替代。

　　这个组合的特色，

　　第一，4 家企业都是本行业的细分领域的龙头企业。

　　第二，每个企业的行业驱动力不尽相同，4 家企业的相关性不大，可以互补。这样的情况下，就可以构成一个组合，每个股票占 20%—22% 的仓位，保留 8%—20% 的现金。这样构成的组合至少看上去是比较合理的。

　　第三，从行业区分上来说，这个组合又覆盖了消费，医药，科技，基建四个领域，看上去是符合当下国家和社会发展的趋势的。

　　举这个例子并不是让读者去买这些股票，而是大家从中去理解考虑一个股票组合的思路和角度。

　　构建安全组合的第二点，在构建组合时要注意看到产业链之间的上下游关系，有时几个上下游的企业放在一起混着组合，其实他们之间可能虽然不是直接相关，但是他们的业绩驱动因素却有可能是互相对冲，互相矛盾的。

　　例如，注意留意大宗商品价格对不同企业股价的影响，从而在组合内有效规避，中国石油是中国最大的原油采掘企业，同时也做少量炼化，天然气和销售汽油的业务，其股价和原油价格直接相关度很高。基本上会出现原油涨，中国石油股价涨，原油跌，中国石油股价跌的特征。那么中国国航是中国最大的航空运营企业，原油是航空燃油的主要成本，也就是说原油涨时，中国国航的利润就会被削弱，因为成本在飞速增加。如果在你的组合里面同时有中国石油和中国国航，那么原油涨时，中国石油股价涨，中国国航股价跌。原油跌时，中国石油股价跌，中国国航股价涨。是不是很矛盾？

再比如上游、中游、下游的重叠度如何把握？天齐锂业是做锂矿石加工的，把从澳大利亚进口来的锂矿，在四川本地做深加工，变成汽车锂电池的主要原材料之一：氢氧化锂，碳酸锂。然后卖给电池企业或者整车汽车。宁德时代是开发电池的。虽然两家企业都是各自细分行业的龙头，但是这两个企业，恰好一个是上游，一个是中游。如果你的组合里面包括了这两家企业，会出现一种什么样的情况呢？

当锂矿石涨价，天齐锂业的股价可能会涨价。当锂矿石涨价，推动了汽车动力锂电池的成本增加，而这时如果宁德时代没有办法把这个成本的增长推销给自己的下游客户，例如汽车整车企业上汽，吉利，奔驰，宝马等公司，那么宁德时代只能吞下这笔成本增长，那么宁德时代的利润就会被削弱。

但是，如果汽车电动电池产业集中度很高，宁德时代过于领先，那么宁德时代对下游溢价能力很强大，对上游的压价能力很强大，因为宁德时代目前在动力电池领域是龙头老大，那么就会出现另外一个可能性，宁德时代因为在汽车动力电池领域市场占有率和技术都领先，宁德时代就会压低上游的碳酸锂和氢氧化锂的价格，这样锂矿石涨价就很难。宁德时代不但会压榨上游，还会挤压下游汽车整车企业的利润。

类似这样的情况下，股票组合之中如果同时纳入宁德时代和天齐锂业就显得非常多余了。

再举例来说，在一个产业链条里面布局投资真的很好么？其实看清每一个企业盈利驱动的核心因素更加重要。

海大集团是做鱼饲料起家的，这些年发展到禽类饲料，养猪等业务。牧原股份是养猪的。但是牧原股份其实也自己给自己生产饲料，双汇发展是做猪屠宰生意的，兼着也做一些肉制品加工成火腿肠和各种肉制品的买卖。等于这三个企业在产业链的上游，中游，下游是互相有重叠的部分。而新希望的业务则是贯穿全行业的，从饲料到养鸡养鸭养猪，到进入零售渠道销售自己的小酥肉全部都做，现在还有乳品企业。

海大饲料，养殖

牧原饲料，养殖，屠宰

双汇屠宰，肉制品

新希望饲料，养殖，屠宰，食品加工业（肉制品，乳品）

那么你在投资时，表面上他们互相都是某一个细分领域的龙头，例如海大是饲料龙头，但是其实海大在 2020 年的利润增量主要来自养猪。牧原是养猪龙头。双汇是火腿肠龙头，但是实际上盈利主要来自屠宰的盈利。屠宰和猪的出栏量有关，猪少，屠宰就少。新希望表面是全产业链，实际上业务最大增量来自养猪行业，而且最近 2—3 年全力以赴发展的是养猪行业。海大集团饲料行业优势强劲，但是你细读财报，会发现驱动海大业绩增速的是养猪这部分新业务，这时就要区分清楚，如果多个本质接近或者类似的企业在同一个组合里面，其实也是涨跌的节奏会比较雷同的。

更多的案例在于，有的企业依赖进口原材料，成本是美元支付的，但是收入主要在国内，收入是人民币。当人民币汇率下跌的周期，企业需要支付更多的成本，偿还债务时需要用更多的人民币兑换美元去支付债务。有的企业是做出口业务的，收入是美元，成本是国内的人工和机器设备厂房折旧。这类企业自然是人民币相对于美元贬值对自己有利。

银行、房地产企业都持有的是人民币资产，当人民币贬值时，银行和房地产的估值都会受到压力，但是人民币贬值时，出口多的企业，例如出口卫生防护手套的英科医疗，出口家电的美的却是获益的。因为对于出口企业来说，成本是人民币和国内制造业的成本，赚取更多的美元和外汇了。如果你的组合里面恰好布局了人民币贬值利好的企业和人民币贬值利空的企业，那么当人民币汇率波动时，你的组合有一部分收益就会被平衡掉。

所以在构建一个组合时，每个股票的选择出来，还需要考虑一下相互之间的关联度，考虑一下他们的股价的催化剂，无论是正面因素还是负面因素。这样做组合时才能立于不败之地。

构建安全组合的第三点是，如果你对自己组合中的每个股票的公司品质，业绩前瞻，公司的确定性认知都是基本一致的，那么你给予每个股票的仓位分配应该是差不多的才对。

表 38

| 股票 | 资金 | 仓位占比 |
|---|---|---|
| A | 30 | 30.00％ |
| B | 30 | 30.00％ |
| C | 30 | 30.00％ |
| 现金 | 10 | 10.00％ |
| 总资产 | 100 | |

经常遇到的朋友出现的问题是，涨得好的公司仓位买的太少，买的多的公司却并不涨。

表 39

| 股票 | 资金 | 仓位占比 | 涨幅 | 市值 |
|---|---|---|---|---|
| A | 50 | 50.00％ | 1％ | 50.5 |
| B | 20 | 20.00％ | 15％ | 23 |
| C | 20 | 20.00％ | 7％ | 21.4 |
| 现金 | 10 | 10.00％ | | 10 |
| 总资立 | 100 | | | 104.9 |
| 总回报 | | | | 4.90％ |

换句话说，在确定性类似的前提下，仓位分配应该趋于一致，例如每个都平均分配10％—20％就是一个不错的策略思考。如果有的公司50％，有的公司5％，甚至1％，那么其实每一个公司对你的组合盈利的贡献差异就会很大。一般来说，如果仓位分配少于10％的股票，对整体组合盈利的贡献几乎可以忽略不计。例如在下面这个组合中，投资者一共买入了9个股票，每个股票的仓位从3％—20％不等。其中股票F，G选的不错，有30％，40％的涨幅，但是仓位太小了，都只有3％，整体组合的回报率才3.3％。这个组合看似平淡无奇，其实这是股票投资者中非常常见的组合现象。

表40

| 股票 | 资金 | 仓位占比 | 涨幅 | 市值 |
|:---:|:---:|:---:|:---:|:---:|
| A | 10 | 10％ | 1％ | 10.1 |
| B | 10 | 10.00％ | 15％ | 11.5 |
| C | 10 | 19.00％ | 7％ | 10.7 |
| D | 10 | 10.00％ | 0％ | 10 |
| E | 10 | 10.00％ | 0％ | 10 |
| F | 10 | 10.00％ | 30％ | 13 |
| G | 10 | 10.00％ | 40％ | 14 |
| H | 10 | 10.00％ | −5％ | 9.5 |
| I | 10 | 10.00％ | 0％ | 10 |
| J | 10 | 10.00％ | 0％ | 10 |
| 总资产 | 100 | | | 108.8 |
| 总回报 | | | | 8.80％ |

但是同样还是这A—I这9个股票，假设将每一个公司的仓位分配全部是10％仓位，那么奇迹就出现了，在同样的时间段，同样的涨跌，同样的公司，组合投资回报率增加到了8.8％。

表 41

| 股票 | 概率 | 潜在收益率 | 预期回报率 |
|------|------|-----------|-----------|
| 涨 | 70% | 20.00% | 14.00% |
| 跌 | 30% | −5.00% | −1.50% |
| 数学期望值 | | | 12.50% |

"在你拿到好牌时尽量去赢,在你拿到坏牌时尽量少输。"安德烈·科斯托拉尼的这句话犹如比喻我们在看到确定性高、业绩好、股价上涨概率大的股票时,要尽量多安排大比例仓位,而如果手里的股票确定性不高,或者业绩不佳,或者出现了问题和风险时,股价上涨概率不大,但是有大概率要回调时,要尽量控制仓位。

安德烈·科斯托拉尼,被誉为"20世纪金融史上最成功的投资者之一",他在德国投资界的地位,犹如美国股神沃伦·巴菲特。他毫不讳言自己就是股市里的一个"投机者"。科斯托拉尼对我个人的投资风格影响很大。我自认为自己的投资风格主要来自三个人,彼得林奇,安德烈·科斯托拉尼和沃伦·巴菲特。有一天,我希望自己也能成为一个像他们一样,在投资和投机的世界中穿梭自如的投资家。

为什么仓位管理如此重要?就是因为为一个投资目标投入多少比例的资金,对你的投资业绩是起到决定性的作用的。下一个章节来分析一下如何判断一个企业应该分配多少仓位?

**投资者类别**

科斯托拉尼主要是做中期大波段操作,他将股票投资者分为以下三类:

1. 赌徒——交易所的小投机手:利用每一次微小的股市波动来获利,例如在101元的价位上买进一种证券,然后在103元的价位上卖出;接着在90元的价位上买入另一种证券,在91.50元的价位上卖掉。

2. 马拉松赛跑者——投资者。从不看行情,想长期投资于股票的那部分资金就一直投资于股票。对投资者来说，最好的方式就是投资于多种标准股票，也就是所谓的蓝筹股。

3. 战略家——投机者。只看趋势，关注不同的基本因素：货币与信贷政策、利息率、经济扩张、国际形势、贸易平衡表、商业消息等。他们不受二手消息的影响，设计一个理想的投资组合和战略，根据每天发生的事件来调整。

**关注投资心理**

此外，他向散户揭秘"心理学造就 90％的行情"，把资金流通量与股票之间的关系、乐观或悲观的心理因素这二点，简明扼要地列出一个方程式：

$$T（趋势）＝G（资金）＋P（心理）。$$

他认为股市的涨跌是公众贪婪与恐惧心理状态的反映，人性心理共识才是股市行情变化的最重要的推动力。"只有损失才是真实的，获利不过是一种错觉。"他精辟地告诉散户牛熊转折的特征："当最后一个悲观者也变成了乐观者时，市场也就走到了'牛市'的尽头；当最后一个乐观者也变成了悲观者时，市场也就走到了'熊市'的尽头。"他建议散户不可用简单的技术指标和数学逻辑来判断股票的走势。

**想象力的重要性**

想他人之所想，他特别强调"想象力"在股票交易中的重要性。这种"想象力"既是独立的思考，又是从思考中绽放而生的睿智。为何炒股者总是大多数人输而少数人赢？他发现，正是大众不愿独立思考、缺乏想象力和习惯于跟风的心理使然。只有那些从大众普遍心理挣脱出来的人，才是赢家。他认为，仅仅是取得股票信息是不够的，想象力才是投机操作的原始动力和成功的先决条件。"对于股市大盘走势，想象力和资金要比基本面的分析更能发挥决定性的影响。""在股市上成功，不是靠计算，而是思想，用脑子思想"，"在别人不喜欢的地方寻找以后他们会喜欢的东西"，"投机者利用别人的愚蠢所获得的利益往往比靠自己的智慧得来的多，人们可以从别人的愚蠢之处汲取教训。"

他认为，对于大众心理反应强弱的关键时机，经验老到的投机家有时是可以预测到的。比如一旦察觉出大众心理过于狂热，投机家就会退场。在股票投机的天地里博弈，他坚信其中的诀窍如同玩牌："做一个投机商就仿佛在玩扑克牌，你必须在拿到坏牌时尽量少输，拿到好牌时尽量多赢。"

# 第二十六章　如何给投资标的分配仓位

当你决定买入一个公司的股票时，你需要做出的下一个决定就是买多少仓位的问题。

假设我现在给你一张白纸，请你凭借你的直觉写下那些因素会影响你的仓位的分配大小，你可以思考一下，你会写下什么呢？或者说，我给你一张白纸，请你在左边写下如果有哪些因素满足，你会加大仓位，在右边写下如果出现那些问题或者因素，你会减少仓位，那么你会写什么呢？

你可能会在纸的左边写下：行业的龙头企业（在所在的1—2个甚至多个细分领域，都是行业内的龙头地位）；盈利不断增长（收入增速，利润增速都非常不错）；企业前景看好（符合发展趋势，刚需）；企业经营管理非常良好（有良好的业内口碑，无不良丑闻）；资金不断买入，不断被各种指数纳入（例如沪深300指数，MSCI中国指数）；目前估值合理甚至略微低估；如果不是增长性的企业，但是有良好的历史分红记录和强劲的资产负债表；没有巨大的不合理的超越常规的债务；没有大股东财务造假，占用上市公司资金，大股东将自己几乎全部股权抵押套现或者其他的超常规的减持等资本动作；某些我信赖的著名投资人买入；短期有刺激业绩或者其他重大的利好事件发生；其他可能未来会强化和利好公司未来行业地位，收入，利润的任何因素。

在纸的右边写下：行业的老二老三老四，或者并非行业龙头，但是可能也有一定的业绩和前途；行业前景可能会受到中美博弈的严重影响；主要供应商有可能出现断供；企业前景出现了一些暗淡的迹象（经济下行压力，货币贬值压力，需求不足，成本飙升）；企业经营管理出现了各种开始走下坡路的迹象（削减研发费用，裁员，债务违约，丢失大客户订单，消费者投诉）；资金不断减持或者离场，被主要指数移除成分股清单；目前估值显著偏高，甚至超越历史顶峰；突然宣布削减分红；财务总监或者主要管理层没有清晰理由的辞职；来自各种消息来源的丑闻（大股东或者核心管理层的，财务造假）；某些我信赖的著名投资人减持或者卖出；短期有刺激业绩或者其他重大的利空事件发生；其他可能未来会弱化或利空公司未来行业地位，收入，利润的任何因素；

写完之后，耐心看一下，再思考一下，可以总结为几个核心角度：

第一，基本面越好，确定性越好。（确定性越好，投资者信心越强大）。

第二，公司财务健康，有增长，而且确定性要好。（收入，利润的增长的确定性比较强）。

第三，资金面有人买，有人参与，而不是卖掉或者做空（减持，移出指数等），或者离场。

第四，行业前景远大，前途光明（选对行业）。

第五，公司透明清晰，能够看得懂（最重要是自己能够看得懂，别人看得懂自己看不懂的也不能算数）（需要在自己的能力圈范围内）。

第六，估值要合理甚至低估的（否则没有太多的上涨空间）。

第七，短期的对公司有正面或者负面的影响的事件。

这些因素有基本面的，有资金面的，有情绪面的，有短期催化剂的层面的，归纳起来可以说影响投资者对一个公司股票买入仓位分配的因素有：

基本面：

- 公司基本面的变化（收入、利润、经营管理）
- 估值当下的高低贵贱
- 产品价格的变化
- 需求的变化
- 成本的变化

资金面：

- 大股东管理层增持减持
- 外资和大基金增持减持
- 指数调整引发的资金调整

● 汇率波动引发的资金调整

情绪面:

● 新闻,各种事件引发的投资者对公司预期的心理变化

● 短期催化剂:短期业绩、新闻、事件、利率、汇率,大趋势波动引发的投资者情绪变化会很快折射到股价的短期波动上

所有这些因素交织在一起构成了当下对一个公司的综合整体判断,最终汇聚成为一个赚钱概率大小的心理预期。恰恰是这个心理预期影响了我们出手买入时的仓位分配。但是这个依赖心理预期的做法对不对呢?

绝大多数人的直觉都是自己觉得自己能够看得懂的,确定赚钱的,有上涨空间的公司仓位会多分配一些。反之就少分配一些。这里面还会掺杂对时间的考量,比如自我感觉短期(几天到几个月,有概率涨的)上涨概率大的,就会不自觉的多分配。

● 自己看得懂的

● 确定赚钱的

● 有上涨空间的

自己看得懂的好公司更多是一个投资者内心对于选股的基础判断,确定赚钱,有一定的上涨空间更多是投资者内心对于赚钱概率大小和心理期望回报率的一个反应。

所以,这个过程,我以为可以归纳为:在分析了大量的数据,财报,和各种各样的信息之后的一个总结:买入一只股票之后在一个时间周期内的赢面的概率判断。我把这个思维归纳为【仓位判断思维模型】。

仓位推导的结论=(期望的回报率,大量的数据分析和信息

过滤得到的上涨概率,时间条件)

这个判断思维模型尝试解释了投资者在分配多少仓位这个问题上必须自我回答的 3 个问题:涨多少?涨得概率有多大?什么时候涨。

例如可以这样描述仓位推导：

计划分配的仓位多寡＝（期望上涨 5%，上涨概率 51%，1 周内）

或者，

计划分配的仓位多寡＝（期望上涨 20%，上涨概率 60%，6 个月内）

又或者，

计划分配的仓位多寡＝（期望上涨 100%，上涨概率 90%，3 年）

随机事件是指在相同条件下，可能出现也可能不出现的事件。概率是指一件事情成功的几率。概率，亦称"或然率"，它是反映随机事件出现的可能性（likelihood）大小。投资者在内心经过了复杂的，但是又非常神速的思考之后，得出了自己的判断，这个公司上涨的概率有多大。

股市的价格波动，到底是随机事件呢？还是有规律的事件呢？这个问题答案我想大家都能猜到，在我前面的章节之中，已经分析过这个问题，在短期，股市的价格波动，是一个随机事件。股价的涨跌平（上涨，下跌，持平）更多取决于当时那一个时刻的买卖双方的力量对比，折射的是交易情绪和心理活动的博弈。而在中长期，股市的价格波动，则取决于公司的价值。拉长时间，人们会逐步看清楚一家企业的价值，换句话说，时间拉长了，人们对于一家公司的判断也会更加准确，对于什么是大概率会发生的事情也就有更大的把握。

数据显示，中国有 1.2 亿普通投资者（账户资金在 10 万以下）。根据中国证券登记结算公司（以下称，"中国结算"）官网数据，截至 2020 年 4 月 30 日，全国股票投资者人数达到 16498 万户，比 2016 年底的 11811 万户多出了 4687 万户。目前，投资者市值分布情况没有最新官方数据，参考中国结算最近一期即 2016 年 12 月发布的《中国结算统计月报》投资者市值分布表数据：1 万元市值以下投资者占比 24.35%，1 万—10 万元市值投资者占比 47.87%。两者合计，10 万元市值以下的投资者占比 72.22%，推算当前 10 万元市值以下投资者数量约为 1.2 亿人。

在股市中有时我们会感觉到市场有时追逐高增长的股票（这些股票通常行业前途光明，收入利润增速很快），有时会追逐低增长高分红的股票（这些股票通常在传统行业，比较稳定，公司经营历史很长）。国际市场上流传着这样的说法，大量资金涌入国债市场，大量资金涌入新兴国家等等。资金是持续要赚钱的，所以有句俗话叫做资金永不眠。当钱从一个资产（货币、股票，债券、房地产、大宗商品）出来了，他不会停滞在银行的账户上什么也不干，他必然会选择新的投资品种（货币，股票，债券，房地产，大宗商品）和投资方向（做多，做空），资金选择稳健低回报的资产还是波动大高回报的资产，这种行为一般被称之为风险偏好。1 亿多投资者，他们每一个人的风险偏好都可能不同。这意味着股市有 1.2 亿人和上万个机构投资者和大户在一起博弈。

所以要明白的是，在短期，影响股价的涨跌的因素是如此之多，基本面，情绪面，资金面和短期各种催化剂，市场上有这么多投资者和投机者，所以只能说大概率什么事情会发生，什么事情不会发生，或者说股价的涨跌概率是多少。

概率是一个分布，之所以叫做概率，就是因为会有随机发生的小概率事件。

任何公司，股价在一定的时间段内都有可能出现涨跌两种情况，当你对市场上的判断一无所知时，这个涨跌的概率也许是相等的，都是 50％对 50％，当你对企业的基本面有了一定的了解之后，你可能会觉得这个概率是 60％涨，40％跌。你越是了解这家公司，越是了解和掌握详细的信息和整个市场上参与者的情绪和资金情况，你越是会变得对自己的概率判断越是有自信。

第一个系统地推算概率的人是 16 世纪的卡尔达诺。记载在他的著作《LiberdeLudoAleae》中。书中关于概率的内容是由 Gould 从拉丁文翻译出来的。

卡尔达诺的数学著作中有很多给赌徒的建议。这些建议都写成短文。然而，首次提出系统研究概率的是在帕斯卡和费马来往的一系列信件中。这些通信最初是由帕斯卡提出的，他想找费马请教几个关于由 ChevvalierdeMere 提出的问题。ChevvalierdeMere 是一知名作家，路易十四宫廷的显要，也是一名狂热的赌徒。问题主要是两个：掷骰子问题和比赛奖金分配问题。

概率是度量偶然事件发生可能性的数值。假如经过多次重复试验（用 X 代表），偶然事件（用 A 代表）出现了若干次（用 Y 代表）。以 X 作分母，Y 作分子，形成了数值（用 P 代表）。在多次试验中，P 相对稳定在某一数值上，P 就称为 A 出现的概率。如偶然事件的概率是通过长期观察或大量重复试验来确定，则这种概率为统计概率或经验概率。卡尔达诺死后发表的《论赌博游戏》一书被认为是第一部概率论著作，他对现代概率论有开创之功。

希罗多德在他的巨著《历史》中记录到，早在公元前 1500 年，埃及人为了忘却饥饿，经常聚集在一起掷骰子，游戏发展到后来，到了公元前 1200 年，有了立方体的骰子，6 个面上刻上数字，和现代的赌博工具已经没有了区别。但概率论的概念直到文艺复兴后才出现，概率论出现如此迟缓，有人认为是人类的道德规范影响了对赌博的研究——既然赌博被视为不道德的，那么将机会性游戏作为科学研究的对象也就是大逆不道。第一个有意识地计算赌博胜算的是文艺复兴时期意大利的卡尔达诺，他几乎每天赌博，并且由此坚信，一个人赌博不是为了钱，那么就没有什么能够弥补在赌博中耗去的时间。他计算了同时掷出两个骰子，出现哪个数字的可能最多，结果发现是"7"。17 世纪，法国贵族德·梅勒在骰子赌博中，有急事必须中途停止赌博。双方各出的 30 个金币的赌资要靠对胜负的预测进行分配，但不知用什么样的比例分配才算合理。德·梅勒写信向当时法国的最具声望的数学家帕斯卡请教。帕斯卡又和当时的另一位数学家费尔马长期通信。于是，一个新的数学分支—概率论产生了。概率论从赌博的游戏开始，最终服务于社会的每一个角落。

回到前面介绍的"仓位判断思维模型"。

仓位推导的结论＝(期望的回报率，大量的数据分析和信息
过滤得到的上涨概率，时间条件)

投资者分析了所有的得到的信息，凭借自己的评估，会在内心得到了一个大致的股票上涨概率，结合期望的回报和所限定的时间，这时就会比较容易得到一

个仓位的分配了。实事求是的说，这一评估，往往是无形的，有时它会瞬间形成，有时又需要很长时间的反复思考，而非一蹴而就。所限定的时间越短，概率的预判就越发困难。

同时，在不同标的之间的比较，也可以利用这个仓位判断思维模型来做一个比较，

例如，2020 年 12 月，假设你计划现在开始买入，你发现了几个不同的标的，经过分析，你内心的判断是这样的，

标的 1：三一重工，中国的建筑工程机械龙头企业，股价 31.9，2020 年业绩非常不错，目前估值动态市盈率 16 倍，90％概率半年内能涨 9.7％；

标的 2：桃李面包，短保质期面包之王，股价 61.26，2020 年收入增速一般，目前估值动态市盈率 45 倍，利润增速很好，85％概率明年有可能涨幅 15％左右；

标的 3：鸿路钢构，从事装配式建筑的钢结构件，国内龙头企业，股价 37.5，2020 年收入，利润双丰收，目前估值动态市盈率 29 倍。40％概率一年后涨幅 40％左右。

标的 4：牧原股份，目前市值 3000 亿，国内最大的养猪龙头企业，股价 78.2，动态市盈率 10 倍左右，50％概率未来 2—3 年将有可能市值进入 5000 亿—8000 亿。

那么你会如何给他们分配仓位呢？

实践中，很多投资者的做法是比较随心所欲的，一边买一边看各种新闻，各种消息，并不存在预先思考仓位分配的过程。我的做法则略微不同，我会根据自己的股票账户总资产，按照仓位判断之后，大体先做一个决定，然后逐步分批买入。

例如假设我根据对三一重工的理解，我觉得他上涨是概率最大的，但是因为估值相对历史已经接近比较贵的区间，短期涨幅不会很大，我会计划分配给三一重工 7％的仓位，然后根据我目前持有三一重工的数量，逐步去增持到 7％左右。一旦三一重工基本达到了 7％的仓位，我就在一个比较长的时间内，不会继续买入。

# 第二十七章　概率、赔率和时间

当我们决定给一只股票分配多少资金时，一定在内心会权衡一番，实际上这种权衡是在很短时间内，融合了你所有的知识，股市操作经验，对企业的理解，对市场情绪的理解，对市场资金面的理解，还有注入了很多你的个人情绪，最终形成的一种对概率的判断。

概率（probability）其实和赔率（odds）有非常密切的关系。赔率是普通投资者经常会忽略的一个因素。

在体育博彩中，经常会出现赔率这个概念。简单说，比如一场足球比赛，A队伍和B队伍比赛。假设你可以押注A队伍赢球，如果这时博彩公司告诉你赔率是1∶3. 意思是，如果你押对了，A队伍获胜，那么你每押1元会得到3元，也就是赔率1∶3的意思。那么这个赔率如何理解呢？

任何一场比赛，都只会有3个结果，赢，平，输。和买卖股票一样，假设你猜买入一只股票之后的一段时间后的结果，也只有三个，上涨（赢），股价不动（平），下跌（输）。买卖股票的人根据自己的经验去做判断，他可能会觉得买入股票此刻是明智的，等于他在下注结果是赢，类似在足球博彩中买赢。

比如你参与了意甲联赛中尤文图斯主场与AC米兰的比赛，博彩公司通过分析得出尤文图斯胜出的概率为40%左右，平局的概率可能是5%左右，输掉的概率是55%左右。

尤文图斯对AC米兰：赢概率40%，平概率5%，输概率55%。

40%、5%、55%加总就是100%，这就是一个概率分布。他覆盖了所有可能发生的情况，下注博彩的人就需要从中选出自己打算下注的。这时博彩公司就会分别对尤文图斯主场与AC米兰比赛给出赢，平，输三个赔率。

博彩公司给出赔率的基础是他们对赢，平，输做出了概率的判断之后才能给的，这个概率就和上一个章节分析的那样，结合了球队的基本面和市场上各种各样的情况，历史，甚至当天的天气等复杂情况作出的综合判断。

那么就用一个公式来计算一下：赔率＝1/概率

所以，因为博彩公司判断尤文图斯主场与 AC 米兰比赛赢的概率是 40％，那么赌尤文图斯主场胜 AC 米兰的这个赔率就是：1/40％＝2.5

第二步 2.5－2.5×10％＝2.25（注意：这个 10％是博彩公司作为开出这个赌局的一个利润空间，博彩公司在计算赔率时通常会先扣掉这个部分）那么，博彩公司开出尤文图斯胜的赔率会在 2.25 左右。

高赔率意味着博彩公司和所有下注的人一起总体上对这个赌局的结论并不看好。意味着博彩公司和下注的绝对多数人认为这个赌局赢面很小，假设赔率 2.25. 意味着你投入 1 元，如果你赌对了，博彩公司要赔给你 1.25 元，你一共拿回 2.25 元，包括你的本金。收益率等于 2.25/1－1＝125％，收益率非常高。

低赔率意味着博彩公司和所有下注人一起总体对这个赌局的结论是看好的。意味着博彩公司和下注的绝对多数人认为这个赌局赢面大，假设赔率是 1：1.2. 意味着你投入 1 元，如果你赌对了，博彩公司会赔给你 0.2 元，你一共拿走 1.2 元，包括了你的本金。收益率等于 1.2/1－1＝20％，收益率一般。当然 20％的收益率在股市已经是了不起的收益率了。

反过来说，当你看你赔率时，你是可以倒着演算出博彩公司认为的概率的，也就是每一种比赛结果的赢面。这种博彩公司认为的赢面，和你的认识可能是不一样的。这种不一样就类似于一种认知差别。

举例来说，假设一个 28 岁的强壮的男人和一个 65 岁的老太太一起比赛摔跤，按照常识，我们认为 28 岁的强壮的男人赢的概率可能是 99％，而输掉的概率是 1％。但是其实这次比赛之前，这个 28 岁的强壮的男人刚刚和其他人打过架，受过很重的内伤，而这个 65 岁的老太太有一个不为人知的信息是她其实从小练武，会降龙十八掌。那么假设博彩公司为这个比赛开出赌博盘口，

强壮的男人赢的概率是：99％，赔率是 1/99％＝1.01 倍

老太太赢强壮的男人输的概率是：1％，赔率是 1/1％＝100 倍

如果你其实知道的背后的内幕更多，而博彩公司此刻却并不知道这个事情，那么这就是一个标错了赔率的赌局。这时你买入老太太赢，并且下重注，那么博彩公司会输掉一大笔钱给你。

在股市上来说，这种认知差别就有点类似于定价（估值）的差别。赌局中的庄家就是博彩公司，股市上的庄家好像就是市场先生（泛指整个市场），每天博彩公司根据情况给出很多不同的赌局让你参与，犹如股市上的市场先生每天对不同的股票给你不同的报价，有时市场先生酩酊大醉，稀里糊涂给你一个错误的离谱的价格，有时又极其精明，给你一个赚不到几个子儿的报价。短期市场先生的报价也是忽高忽低，这时，经常容易出现给你错误定价（错误估值）的股票报价。这个错误定价的报价，犹如一个标错了赔率的赌局，而如果我们能发现这样标错赔率的赌局，也就是发现那些被错误定价的股票，赢面就会大很多，我们就会赢得超额收益！

高赔率的赌局往往收益率很高，但是我们要寻找的是不仅仅是高赔率的赌局，而是标错赔率的赌局。你必须拥有足够多的知识（基本面，资金面，情绪面，短期市场的催化剂等等），才能知道赌局的赔率是不是标错了。这就是投资的本质之一。

略微观察一下股票的价格波动，我们就会发现，任何一只股票在一定的时间段内，可能是3个月，也可能是几周，甚至是几天，其向上波动和向下波动的范围都非常大，而且非常随机。有时这个波动范围可能从－30％到＋30％。但是在相对比较长的时间段，例如1年，2年，3年的时间范围里面，假设公司的业绩是长期稳定逐步增长的，你会看到公司的股价波动是围绕着一条若有若无的主线在向着东北方向发展的。而波动是围绕着这个主线的。也就是我们常说的基本常识-价格围绕价值上下波动。

股价的价格波动好像一个概率的随机分布，从－30％到＋30％。你很难预测。市场先生（博彩公司和所有下注人构成的总和）每天都在给出不同赔率的赌局让你参与。

概率，就是一个事情发生的可能性或者说几率，是风险的数学语言。

一只老虎生出一只熊猫的可能性有多大？这个概率是 0。太阳明天从东方升起的可能性有多大？这个概率是为 1。原油价格变成负数的可能性有多少？这个概率是 0？还真不是，最近在美国股市不就发生过了原油价格变成了负的了。美国原油期货价格 2020 年 4 月 20 日暴跌，5 月交货的 WTI 原油期货价格暴跌约 300％，收于每桶－37.63 美元，历史首次跌入负值，盘中最低报每桶－40.32 美元。

在概率论中，所有事情发生的可能性将介于 0～1 之间，而这种可能性主要用百分比来表述，而确定这个数值就是概率论主要研究的。

在概率论和统计学中，数学期望（或均值，亦简称期望）是试验中每次可能结果的概率乘以其结果的总和，是最基本的数学特征之一，反映随机变量平均取值的大小。在股市里面，可以这样的运用数学期望值这个概念，假设买入一只股票，一段时候后，其结果只有上涨，股价不动，下跌三种情况，忽略股价不动这种情况（非常小概率），简化这个思考-其结果只有上涨和下跌两种情况。

那么可以用这样的数学期望值来模拟运用到股票投资中，假设你觉得一只股票的上涨的概率是 70％，涨幅设定为 20％，下跌的概率是 30％，下跌的跌幅设定为 5％，那么你期望的回报率的数学期望值的计算就是：

期望回报率＝上涨的概率 * 上涨的预估涨幅＋下跌的概率 * 下跌的幅度

期望回报率＝70％ * 20％＋30％ * －5％＝12.5％

表 42

| 场景 | 概率 | 潜在收益率 | 预期回报率 |
| --- | --- | --- | --- |
| 1 暴涨 | 5％ | 40％ | 2％ |
| 2 涨 | 65％ | 20％ | 13％ |
| 3 跌 | 25％ | －5％ | －1％ |
| 4 超跌 | 5％ | －10％ | －1％ |
| 数学期望值 | | | 13.25％ |

按照我们对于股票的了解，股票经常会由于投资者情绪（人性）的过度乐观或者过度悲观而有一定的概率走向极端，要么涨过头，那么跌过头，也就是说存在出现暴涨和超跌两种小概率的结果，我们把场景变成 4 个，1 暴涨，2 涨，3 跌，4 超跌 4 种情况在买入股票之后都有可能出现，其概率（可能性）也是不同的，假设你判断暴涨的概率是 5％，涨的概率是 65％，跌的概率是 25％，超跌的概率是 5％，那么整个预期回报率（也就是概率论中的数学期望）是 13.25％。

那么在这个假设的 4 个场景下，也就是当你买入这个股票之后可能出现的 4 个结果，其概率分布将会是：

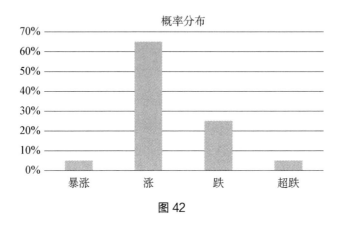

**图 42**

但是这个概率分布是你个人的猜测，而你这个个人的猜测，有可能和市场给出的赌局和赔率是并不匹配的。理查德·费曼说："有高明的猜测，也有拙劣的猜测，概率论就是研究如何作出高明猜测的系统。"在投资股票的过程中，需要思考如何分配最佳的仓位，也就是需要基于大量的历史数据，信息，大量现在的情况作出一个综合的判断。但是要明白的是任何选择都是有一定的概率的。要选择那些聪明的大概率事件。找到大概率的事件＋错误定下了赔率的赌局，如果能够找到这样的机会，我们就会找到超额收益。

提供 2 张图，供读者思考。

图 1：当你把不同的投资机会（投资标的）放入图中，试图去思考一下自己

的持仓那些属于大概率发生的事件，并且市场给出的赔率比较高的，或者是市场标错了赔率的。

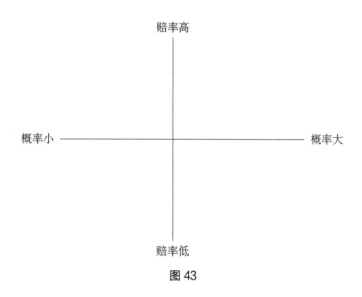

图 43

图 2：当你把不同的投资机会（投资标的）放入图中，试图用三维理念去思考一下自己的持仓。感悟一下在不同的时间段对于概率，赔率选择的影响。

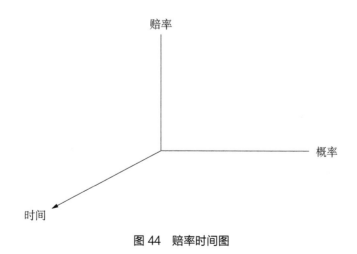

图 44 赔率时间图

# 第二十八章　比凯利公式更有效的仓位公式

在概率论中，凯利公式（也称"凯利方程式"）是一个在期望净收益为正的独立重复赌局中，使本金的长期增长率最大化的投注策略。该公式于 1956 年由约翰·拉里·凯利（John Larry Kelly）在《贝尔系统技术期刊》中发表，可以用来计算每次游戏中应投注的资金比例。在股票投资的实践中，凯利公式并不非常有效，但是我觉得其所折射的基本原理是可以参考的，简单说就是一句话-当你赢的概率很大时，要下重注。关键不在于公式，而在于你是如何判断赢的概率的。概率越大，你应该下的注越大（也就是仓位越大）。只要记住这个就可以了。

后人（具体是谁我也无从知晓）总结了一个简单的公式，我反而觉得这个公式比较适用于投资股票的普通投资者：

$$仓位＝2 * 赢的概率－1$$

例如：假设你觉得有 50％的概率这个股票会涨，那么换句话说，你也觉得50％的概率会跌（等于是瞎掰）的情况下，

$$仓位＝2 * 50％－1＝0$$

就是说：在这样的情况下，最好的仓位是 0，也就是别参与。

这个公式的意思就是假如你真的想赚钱，一定要找大概率股价会涨的公司股票，也就是你自己判断整个概率要至少大于 51％。我分别用不同的概率，来利用这个公式演算，大家可以看到一些有启发的数字：

- 仓位＝2 * 51％－1＝2％
- 仓位＝2 * 52％－1＝4％
- 仓位＝2 * 53％－1＝6％
- 仓位＝2 * 54％－1＝8％
- 仓位＝2 * 55％－1＝10％

- 仓位＝2＊60％－1＝20％
- 仓位＝2＊70％－1＝40％
- 仓位＝2＊80％－1＝60％
- 仓位＝2＊90％－1＝80％
- 仓位＝2＊100％－1＝100％

这些数字已经足以说明一个道理：要想放大仓位，必须对所选择的股票，所选择的公司要有非常大的胜算把握才行。这个公式也提醒读者，当你动不动就叫着要满仓这个公司，抄底那个公司时，真的需要扪心自问，是不是真的那么有把握？真的那么有自信？真的觉得不会有任何的小概率时间发生了呢？纵观历史上的投资大家（无论是巴菲特还是查理·芒格，还是中美历史上的著名投资者，鲜有一个单一股票超过自己30％仓位的投资经历）。

所以在我前面的文章中，我推荐了一个组合，将资金的20％—22％分配给4个主要的目标，平均分配给每个组合中的股票，然后保留一定的现金仓位这样的做法，有其合理性，也有其不合理性，这样做的前提，恰恰是说明我对这些股票的赢的概率的感觉基本是一样的，而且20％的仓位，意味着我认为其股价上涨的概率大概在60％左右。但是实际上，这样做，依旧有出错的可能性。而且更为合理的做法，是在这4个标的中，依次诚实的判断自己对于每一个公司的赢面的概率，然后适当的调整仓位，不一定要追求绝对的平均。

另外一个启发是，如果你对于一只股票没有51％的概率觉得他会赚钱，那么你买入他干什么呢？而如果你已经看上这个公司的股票了，你觉得他至少有51％的概率会上涨，那么你至少也应该买入2％吧。

第三个启发在于，假如把持有时间这个因子代入，你会发现又一些新的发现。假设我们计划持有时间是3年，假设我们期望的涨幅一致，那么很多赢的概率就会提高。

前面几个章节都在分析的是在选好股票之后，如何分配仓位的一些思考，仓位分配多少，和你掌握的知识，信息和洞察力有直接的关系。也和你的投资预期期望值，和你计划投资的时间有莫大的关系。我的大致经验是这样的。在股票组合中分配仓位，上涨概率（赢率，胜算，胜率）最大的股票，应该分配最大的仓位。分配多少和你对概率的把握有关系。你对概率的把握和你理解的企业护城河、基本面、资金面、股价的催化剂、对未来盈利的预期、估值、市场情绪都有关系，是一个非常复杂的判断，这个判断展示你的综合洞察能力。分配仓位时要考虑自己计划持有的时间，时间对概率大小的判断是有影响的。短期持有，长期持有对于概率有很大影响。很多股票短期看上涨的概率比较小，长期看上涨概率都很大。

基于你个人思考出来的上涨概率（赢率，胜算，胜率）和市场给出的上涨概率（因此市场给出的不同赌局的赔率也是不同）是不同的。因此市场给出的不同赌局的赔率也是不同的，找到标错赔率的赌局，找到高赔率的赌局和找到错误定价的股票是一样的概念。恰恰是因为股市上存在非常多的错误定价的股票，才能博取收益。

当你设定自己的期望回报率时，要综合考核所有潜在的概率分布下回报率的可能性。股价可能涨，也可能跌，可能暴涨，也可能暴跌。因为股市是由1.2亿之多的股民和1万多个机构构成的。影响市场先生报价，影响博彩公司给出赔率的因素非常多。

# 第二十九章　如何构建股票池

在调仓换股时，一个无法回避的问题就是如何买入的问题。如何买入包括了三个问题，第一个问题是买什么，第二个问题是什么时候买，第三个问题是买多少。

这三个问题总结起来就是：

买什么——选股

什么时候买——时机问题

买多少——仓位管理的问题

当你卖出一部分股票时，意味着你有一部分的仓位腾出来了，变成了现金。这时你的现金仓位增加了，你的股票仓位缩小的，现金仓位不会下跌，但是也不会上涨。所以你本能的会去想寻找会上涨的股票买入。

如果你毫无准备，那么大概率你有可能会追逐热点而犯错，这也是为什么平常要建立一个属于自己长期观察的股票池的原因，每一个公司的股票在交易的过程中，都可能会有跌宕起伏，都必定会出现市场错误定价时，一般来说，你可以根据自己的能力圈建立起一个10—50个股票的股票池来观察这些公司的股价，基本面情况和发展。如果你精力旺盛，能力超群，自然可以观察更多。这样当时机出现时，你就可以出手了。

著名的美国股票投资基金经理彼得林奇，在他的书中经常是常年观察几百个股票。一般业余投资者应该是没有这个时间和精力的，也并没有必要，毕竟我们的能力圈是非常有限的。所以一般来说，观察10—50个股票就差不多了，读者需要注意的是这些股票可以属于同一个行业，也可以不同的行业，经验上来说，最好不要超过6个不同行业。

那么如何去构建一个股票池呢？

这是一个能力圈的问题，有些人本职工作是在IT行业的，那么沿着自己熟悉的行业去研究，分析，理解，显然是非常容易的事情，例如你本职工作如果做 IT 行业，那么你自己对软件，硬件，互联网会了解的比一般人多得多，自然会很轻松理解内存，服务器，数据中心的运作，自然能理解游戏公司的开发，测试，美工之间的分工合作。你可能很容易就能理解海康威视其实是做软件硬件一体化解决方案的，因为它销售的是带硬件和集成服务的一套东西，里面有和海康威视自己制造的摄像头和录像机，有软件需要提前安装，然后工程师要去现场帮助客户调试，可能还要返工修改代码来配合这个行业的解决方案。你在 IT 行业工作，其实你就会发现 IT 和通讯行业比较接近，你理解了芯片，就能理解到芯片的产业链条包括了芯片上游设计，下游代工制造，如果你沿着自己熟悉的逻辑链条去分析，你会比较其他人更快更好的了解汇顶科技，闻泰，中芯国际，三安光电，中微公司他们在产业链条的什么位置。你有同学，朋友，或者老上级，老同事，你可以去打听一些第一手的资讯，或许你有个大学同学在某些你感兴趣的公司工作，你自然可以得到大量超越一般投资者的第一手信息了。

找公司第一妙招，就是从自己熟悉的，略微懂一些的领域出发，然后沿着这个领域的产业链条去找，去打听最牛的到底是谁，集中度如何，公司业绩如何，然后再去慢慢建立对这个公司的分析和理解基础，包括财务的信息，产品的信息和公司经营管理信息，慢慢的你脑海里面就会对这个公司有了感觉。一个产业链条，上游、中游、下游，看看哪一个集中度高，整个产业哪一个环节利润最高最好，然后慢慢的对这个行业有那么一点点感觉了。然后再去查阅这个公司里面上市的上市公司的财报。每个产业链环节的都看一下，你会比普通投资者更快的找到最好的公司。大概粗略的看过公司的财报，可以看看竞争对手的，看看上游供货商的，看看下游客户群的，看得越多，感悟越深刻。对吗？

有的读者会说，我过去就是做一般普通工种的，比如我就是一个会计，虽然我在这公司，其实对公司业务也不太懂。现在我又退休了，更是什么也搞不懂了。我也看不全那么多财报，咋办呢？这类情况下，我的秘诀就是聚焦生活消费品和医药行业。我关注厨房组合和女性组合。

厨房组合，顾名思义就是在厨房里面出现的上市公司的组合。虽然我很多人可能对行业内的业务不甚了解，但是，在家时总要吃饭吧，总要做饭吧。最好去厨房多看看，不单纯看自己家里的厨房，也可以到邻居朋友的厨房多看看，比如他们平常喝什么酒？他么用哪个牌子的酱油，他们用哪个牌子的醋？平常做面包么？揉面么？用的哪个厨师机？用的平底煎锅是哪个牌子的。看看抽油烟机，看看是哪个公司生产的，包括冰箱里面有什么？喝的什么牛奶？吃肉多不多？最近肉贵了还是便宜了？早晨吃不吃燕麦？平常买哪款面包给孩子当点心吃？孩子上哪所学校？用的什么品牌的橡皮和铅笔？平常自己的女儿喜欢看什么电视连续剧，或者电视里面最近什么产品的广告特别多？

要说这些，可能一天一夜都说不完。厨房组合几乎是适合任何人的。吃是中国人永恒的主题。而且吃也会让中国人有共同的话题。而围绕着吃中国A股可能有上百家上市公司。其中不乏出现了这些大牛股：白酒中的茅台、五粮液、牛栏山、汾酒、古井贡酒；酱油中的海天味业；食醋中的恒顺醋业；厨房的美的电器、海尔冰箱、小熊的揉面机、搅蛋器、新宝股份的摩飞锅等等。

所以说，股票投资有时就是这么容易。女性组合就是最好的财富密码。家里总有几个女性吧？女性是这个世界的动力。记得有一个著名的分析说，在消费领域，需求的强度是这样排序的：

- 年轻女性大于婚后女性

- 女性整体大于小孩

- 小孩大于老人

- 老人大于猫狗

- 猫狗大于男人

分析研究女性的喜好，也是相对容易的，多看看电视，多上上淘宝，多观察一下女性朋友同学、妈妈、女儿、闺蜜、女同事。看看她们喜好吃什么、穿什么、戴什么、平常聊天聊什么。

女性最大的需求：化妆品（这就多了，能列出很多家上市公司，都是超级大牛股）；女性最喜欢逛的地方：免税店，如买包（俗称：包治百病）；女性结婚之后最大的开销：孩子教育和玩的费用；女性喜欢吃的零食：绝味、周黑鸭；女大学生最喜欢吃的零食：绝味、桃李面包；女性最多使用的手机品牌：苹果、Vivo、Oppo；结婚后女性最想做的事情：带父母和孩子出去旅游；女性日常最经常去的地方：永辉超市、美团外卖、盒马生鲜；未婚女性喜欢玩的游戏：王者荣耀（＊你们没发现王者荣耀里面小学生和女性非常多么?）；女性需要防治宫颈癌，需要定期做妇科检查等等；女性都担心自己的小孩子没有接受最好的教育，个字长不高，近视眼，等等。

那么，老年人退休了，最喜欢的事情是什么呢？旅游。人到中年之后，生活上有一定经济基础和多年的积蓄，自然会比较多的想去全国各地，世界各地走走看看，旅游是一个巨大的产业，里面也有许多大牛股。不过到了老年，去医院的概率自然就增大了许多。特别是中国人老龄化的趋势还在加强。所以你自然能够理解到，医疗行业自然是非常火的，发展迅猛，医药，医疗器械，医疗服务领域也是非常多的大牛股。老年人最常见的病，即癌症、心脑血管疾病、慢性病等等，想想做癌症药物的公司，做高血压、心脏病、糖尿病的医药公司，做骨科、眼科、牙科的医疗器械公司。

例如现在大家都要去做新冠病毒的核酸测试，你可以想一下，这些测试需要用什么样的仪器，需要采用什么样的试剂？现在什么地方都要被测量体温，哪一家上市公司在销售红外热成像的仪器？大家或许还能总结出更多的特点来，按照这个思绪，我们或许能够找到过去 10 年和未来 10 年所有的大牛股。大牛股就在身边。

买什么的问题可以归结为如何去选择一个不错前景的公司的问题，也就是选股的问题，从自己从事的行业出发，从家里出发，从身边的人出发，这是三个很好的办法。

在做股票投资的过程中，最忌讳的，或者说最容易出错的，就是买一些自己不太懂的股票，比如化工类，科技类，西药类的企业，往往很多普通投资者因为自己的工作生活缺乏和这些东西的关联度，其实是缺少认知的。

有很多投资者明明自己在腾讯控股工作，但是执着地买了一些新能源汽车的股票；自己在物业公司工作，买了一个化工企业的股票。往往离开了自己最熟悉的领域（能力圈），涉足一些其他不熟悉，不了解，没感觉的行业。去超市买东西时货比三家，在股市里面花几万，几十万买股票时从不调查研究，非常冲动。明明自己刚刚买了安井的馒头蒸了做早餐，但是买股票时从来不会去想一下，其实可以看看上市公司安井食品如何。

最忌讳的就是因为这个股票涨了，所以去选择这个股票。或者是因为现在市场上有某种热点，就去选择这个股票。很多投资者嘴巴上老是说：这个票，那个票，其实"票"这个词汇本身就透露着自己的错误道路。

股票的背后是公司。自己不懂的，不了解的公司的股票，还是不碰为妙。这是买入时最重要的原则之一。也可以理解为很多投资大师经常挂在嘴边的"能力圈"原则。

当你有了股票池时，你还需要养成经常观察的习惯，不单单是把这些股票存在自己的行情软件 app 的自选股菜单下面，而是需要不断跟踪了解公司的各种情况。

为什么厨房组合和女性组合能够长盛不衰呢？有一个简单的缘故，就是厨房组合和女性组合都属于消费品，都比较容易观察到他们的产品和市场情况。经常看到自己所投资的企业的产品，对于任何投资者来说，都有莫大的心理安慰和暗示的作用。消费者可以经常去看看自己投资的企业的产品，不少投资者都会在超市流连忘返的观察自己心爱的股票的产品，例如茅台酒，洽洽瓜子，桃李面包，他们会主动的购买一些自己投资公司的产品，然后带回家好好品尝评价一番。这些都是非常好的习惯。

亲爱的读者，不妨问一下自己，你一天之内检查几次股价？有没有 10 次到 20 次？所谓的经常观察，不是观察股价！经常观察的意思是，不断的跟踪公司的经营情况和业绩，听取各个方面对公司的评价，反馈，然后自己不断的做分析和总结的过程，例如：

- 定期看财报

- 留意看公司相关的新闻

- 留意公司管理层的讲话

- 如果有可能，适当可以使用公司的产品

- 和公司的员工，客户，渠道，合作伙伴，竞争对手去聊聊天，了解一切信息

- 其他可能对观察公司有帮助的事情

很多投资者都会有这样的心理习惯，看着一个公司从 50 涨到 100，就是不买，问他原因，他会告诉你，我觉得太贵了。这些投资者往往缺乏对企业分析和估值的能力，尽管他们对企业的大概方向是看好的，由于偏执的对估值的怀疑，又或者是虽然直觉上感觉这个公司很好，但是由于不了解而不敢买入。有个朋友说，我隔壁有好几个小女孩打了生长激素，家长担忧孩子个子太矮对以后找工作不利。长春高新 200 多时我就关注了，太贵了，不买。去年这时我老王就推荐我看牧原了，没留意，存自选股了，后来就没关注。养猪多赚钱啊。听说大学生一个月 2 万工资。羡慕啊。华熙生物？听过，我姨妈做美容，用的就是这个牌子啊。好不好用？好用？什么？上市了，不知道啊。看一眼，哎呦 120 了。还能回到 80 么？等便宜了我再买吧。这样类似的情况是不是觉得非常熟悉？

对于这一类投资者，假如资金许可的情况下，我倒是有一个建议，我称之为"先买 100 股"原则。"先买 100 股原则"就是：如果你经过一些快速的分析和直觉的判断，觉得这个公司还不错，你可以先买入 100 股，然后再跟踪观察，再做后续的分析和判断。中国股市和美国股市不一样，每一个公司你一买就至少是 100 股，如果是科创板，有的公司一买就是 200 股，香港股市也是如此。有的公司要求一买就是 1000 股，2000 股。而美国股市可以支持 1 股买卖。人性有个特点，当自己买入的东西，拥有的东西，就会自觉不自觉的去打开账户经常看看，就会留意，跟踪这个公司的情况，从而加深了自己对这个公司的认识和理解。这

个股票也会显示在你的账户上，这样就会推动你不断的追踪，观察和分析了。这是一个很好的防治你错过大牛股的手段。而买入 100 股之后，也为日后你是否建仓留足了机会。即使你未来决定不再持有，放弃也相当要容易的多。

建立属于自己的股票池，长期不断的关注，跟踪，然后再择机买入。

# 第三十章  高水平组合对阿尔法和贝塔的追求

一个高水平的组合，应该是易涨难跌的组合。即使回撤，也不会回撤太多，这样的组合，投资者拿着心安，拿着晚上睡得好，不用过度操心，特别适合普通投资者持有。大家常说的高阿尔法收益和低贝塔收益是什么意思？

阿尔法大意是说你的投资回报比平均的投资回报能超过多少。比如在赛车中，假设赛车手小王能在 2 分 30 秒完成，而所有的赛车手（包括小王）平均的耗时是 2 分 45 秒，那么等于是说小王有能力超越平均水平 15 秒，这 15 秒就是小王的阿尔法。

股票投资一般会看长期国债收益率，比如现在是 3.1%，那么假设你一年能做到 5%，你的阿尔法可以简单定义为 5%－3.1%＝1.8%．就是你的投资回报超过市场基准的回报率。你的阿尔法越高，可持续性越强，说明了你的投资能力越强。阿尔法说明了你能比大多数人强多少。

但是这有一个时间维度，假设我们这样定义：

1. 短期（3—9 个月内）

2. 中期（1—3 年内）

3. 长期（3—5 年甚至更长）

那么能够在长期可持续性的获得超越基准收益的阿尔法高的，是非常厉害的投资者。说的通俗一点，就是能持续跑赢大盘的都是高手。能持续是很关键的，有不少基金经理的特色是今年跑赢大盘，明年被大盘跑赢。

那么什么是贝塔呢？贝塔是衡量你的组合的回撤（波动）和基准指数的波动之间的差距的一个说法。

在 A 股，沪深 300 指数是选择了全中国股市中最好，最有代表性的 300 家企业构成的一个指数。这个指数经常用于和其他的基金比较，看看其他基金的收益率能不能超过这个标准。假设你的投资回报和沪深 300ETF 指数比较，如果沪深

300ETF 指数涨 1%，你能够涨 1.14%，如果沪深 300ETF 指数跌 1%，你会跌的更多，你会跌 1.14%，那么你的贝塔就是 1.14。

贝塔是用来衡量风险的。在投资世界中，可以粗略理解为回撤的力度，或者说波动的幅度，或者说弹性。投资者和投资者为什么不同？水平体现在当大盘剧烈下滑时，有的人回撤很少，有的人回撤很大。回撤很大会影响投资者的心态，投资者心态的不同又会把普通投资者和超级投资者区分开来。

当你持有一只股票仓位特别重时，比较容易出现剧烈波动的贝塔。但是如果你选对了，在一个不同的时间段里面，你有可能看到不同的阿尔法。

显然，投资者需要考虑的是，如何让自己的组合，

1. 尽可能扩大阿尔法（超过全行业基准的回报率）——高阿尔法

2. 尽可能缩小贝塔（尽量控制风险和回撤）——低贝塔

阿尔法是和无风险回报收益率（国债收益率，通货膨胀率）比较。

贝塔是和市场基准（大盘，指数）比较。

用更加庸俗的一句说法，就是易涨难跌。

但是其实缩小贝塔，也存在可能性会导致阿尔法缩小。这个在投资世界中折射的就是你可能买了一些所谓的低估值的公司，波动很小的大盘蓝筹，你的贝塔缩小了，但是你的阿尔发基本也没有了。

但是归根结底，还有 2 个因素并没有纳入这个考量，

1. 时间段（显然不同时间段衡量的标准是波动的，长期，中期，短期）

2. 可持续性。（如果一个投资者 1，2 年做到高阿尔法和低贝塔和 10 年 20 年有能力可持续做到，水平自然是千差万别的）

低贝塔，高阿尔法的投资者万中选一。或者用通俗的话说，控制回撤好（相对小），跑赢通货膨胀和国债收益率（超额收益高），并且可以十年如一日，那么水平已经傲冠群雄了。

# 第三十一章　对于卖出的思考

俗话说，会卖的是师傅。何时卖出和如何卖出也是一个需要不断实践才能掌握的艺术。

当然，正如投资大师说的，最好的买入就是找到伟大企业和它一起慢慢成长，永远不需要卖出最好。

一般情况下，有 3 种情况下你需要卖出。

1. 基本面发生了变化。

并非所有的基本面发生变化你都需要卖出，而是当企业的基本面发生了改变，会影响到企业的收入和利润的前景时，这时你就需要考虑卖出，原因是因为这个基本面的影响对于企业的估值是致命的。

例如：当医药公司要集采，而如果你分析到，或者是意识到你目前手里这个公司的核心盈利产品是要被集采的，而且很可能遇到大幅度的利润影响时，你就必须要重估企业的价值。假设过去我们对这家医药公司的评估是年利润 10 个亿，那么 200 亿左右的市值是便宜的，600 亿左右的市值是贵的。这个大家都能一目了然。但是现在如果这 10 个亿利润贡献中，其中有 5 个亿的利润贡献的某一个产品，可能在集采后，利润会变成 1 个亿了，这时你就必须要十分小心去匡算，假设这个预想是对的，那么意味着利润可能从预期的 10 个亿变成了 6 个亿，下滑 40%，这时，从逻辑上来说，按照 6 个亿的 20—60 倍估值将是新的估值动态范围。假设当下这个企业正在 60 倍左右的市盈率交易，那么显然，一来估值的中枢变了，从 10 个亿变成了 6 个亿，二来这个 60 倍的市盈率也在估值的比较贵的区间，这时，估值一定是被下调的。这时你要当断则断，迅速卖出。

再例如，在教育行业，过去大家上辅导班，都是先交钱，后上课，一次交一年的，有时甚至一次交三年的。因为这是辅导班要求的。有的家长为了上课，没有办法，一次性交三年的。但是有的公司经营不善，可能到了第二年，就出事了，无法履行上课的义务，消费者就和培训机构开始打官司。最终国家出台明确要求，补习班、培训班一次只准收取最多 3 个月的培训课程费用。这样一来，对这些培训机构的估值逻辑就有一些变化，对其收入和现金流的预测就会挤出一些水分了，这时，培训机构的估值也会有对应的下调。但是对于培训机构中的龙头来说，这不一定是坏事，因为这个政策会给那些小培训机构带来压力，但是由于大的培训机构资金雄厚，老师的力量比较强，即使一次性只收取 3 个月的收入，对于他们来说也问题不大，那么一段时间之后，大的培训机构的估值不但不会下调，反而会因为培训行业的集中度上升而带来上涨。这时，如果你看好了一个大的培训机构，当这类政策出台诱发了培训机构的股票下跌，这时你就不是卖出的，而是应该择机买入。

再比如说在医疗美容机构里面，大家都知道目前我们国家其实取得医美资格证书的整容医院是非常非常少的。市场上大多数医疗美容机构都是无证经营的。当国家要求整治无证美容机构时，和上面这个案例一样的道理，首先投资者会意识到这可能会导致销售美容类产品的企业销售减少，然后担忧这美容类产品的销量会不会下滑。然后会影响到美容产品类企业的业绩，从而影响到股价。但是是事实上，恰恰想法，因为国家加大了监察黑中介、黑美容机构的力度，而大概率推动更多的消费者去有证照的美容医院，这样推动了现在的美容整容产品销售反而会更好。

我曾经有 2 个卖出的案例。

一个是三七互娱，三七互娱是国内游戏发行第三的企业，仅次于腾讯和网易，业绩非常不错。在我持有三七互娱一段时间之后，我意识到买量运营不同类型的游戏的这种商业模式有可能将来会遇到大问题，因为毕竟游戏公司主要还是要依赖精品游戏，而三七互娱截至 2020 年年中似乎并没有什么太好的单款爆款游戏，而其花费在游戏广告营销的销售费用占比（也即是买流量花费的钱）是远远超越一般游戏公司的，所以当时尽管三七互娱的业绩非常不错，财务数据也非常亮眼，我选择了卖出换成了其他公司。三七互娱的广告大量选择了冯小刚、葛优这类人物，也是我放弃三七互娱的一个原因，因为我认识到依赖让游戏玩家不断氪金的运营模式很可能无法长期维持下去，而拥有好玩的游戏才是王道。2020 年 11 月，我当时在玩了日本任天堂的塞尔达传说之后，我就意识到，和塞尔达传说类似的米哈游的原神非常有可能变成爆款，果不其然，原神获得了比塞尔达传说更加巨大的成功。

另外一个卖出的案例是欧菲光，欧菲光是做摄像头模组的，因为本身不提供摄像头芯片和镜头，这两块是摄像头利润的大头，摄像头的 cmos 芯片来自类似索尼东芝和豪威科技这类企业，镜头则来自中国台湾的大立光和宁波的舜宇光学科技这类企业，摄像头模组的核心技术主要是组装，相对来说毛利润率和净利润率都比较低。在手机厂家金立爆出负债出现了问题，签了不少手机供应链企业的债务时我就选择了卖出欧菲光。因为我当时意识到了，欧菲光的技术含量低，比较依赖大客户，债务高企和毛利润率、净利润率比较低，其实并非一个好的商业模式，而有了金立手机这个案例，一定大概率会影响欧菲光的当年业绩。

2. 估值已经贵了。

当企业的估值已经明显贵了，例如制造业变成了 60—80 倍市盈率，食品饮料变成了 60—100 倍市盈率，20 倍市销率，互联网公司的市盈率高达 200 倍，300 倍时，这时我都会高度警惕。一旦在公司前景，基本面，或者大股东质押股权，减持等信息逐步逐步出来时我会毫不犹豫减持或者清仓掉这些估值已经明显贵了的企业。尤其是如果企业的估值已经接近或者超越历史最高估值水平时。

例如，对于金融类企业大概率来说市净率超过 2 倍；对于制造业来说动态市盈率超过 60 倍，远期预期市盈率也超过了 30 倍；对于互联网企业来说，如果市销率超过了 10—15 倍；对于食品饮料行业，如果远期预期市盈率超过了 30 倍，这都是危险的信号。我也会观察，假设这个公司的动态 PE、PB、PS 都接近历史最高点的 95% 甚至已经超过了历史最高点时，这些对于我来说都是估值过高的迹象。

3. 有更好的替代的股票标的了。

如果你现在组合里面有 3 只股票，突然你发现最近由于大盘回调，原来你更看好的一家企业的股票价格已经剧烈回调了 20%，而你现在组合的某一只股票还在比较高的位置，这时，就存在一个替代的机会。显然如果你卖掉原来组合中的股票，兑现了一部分利润，然后买入你更加看好的股票，等于你为自己的组合赢得了更多的赚钱时间。

当然，更好的替代标的还有一层意思，更好指的是企业的更好，你把你的投资从一个护城河很弱或者没有护城河的企业，转到一个护城河更深，长期发展潜力更大的企业上去也是一个更好的替代。更好并不是单纯指从市盈率高的企业转移到市盈率低的企业。

所以时刻保持对自己股票池中的企业的密切观察是非常重要的。

有人曾疑惑，"您认为一只股票最大跌幅到多少必须止，有时最怕是因为自己没考虑到的问题带来了下跌，越跌越怕，然后就是深深的自我怀疑；另外就是当一只股票，价格已经涨到自己测算的较高涨幅区间，是否需要止盈，或者说止盈点应该如何选择？有些大牛股提前下车之后又涨了很多很多，让人瞠目结舌，反过来也真的是会懊恼不已。"

这是一个非常有代表性的问题，也是在交易过程中很重要的一个问题，什么时候卖，什么时候补，是需要技巧的。这个问题并无标准答案，只能说我分享一些我个人的做法。我投资股票的做法是先定性（是不是选中作为股票池备选），而后定量（仓位）。定性之后，我的做法是把我股票池中的公司分为 3 类公司。

第一类公司，超级出色的好公司，我只聚焦研究"好"这个字。只要好我就会放入我的股票池，这类公司如果我持有，我不会轻易卖出，甚至会持有数年。过去几年被我定义为超级出色的好公司包括万华化学、三一重工、腾讯、中公教育、美团、小米等。

第二类公司，细分行业的龙头企业，这类企业我会买入之后持有获取盈利，我会在我认为估值高或者出现泡沫的区间抛售，在估值相对合理的区间买入甚至追加买入。我并不会给自己设定一个盈利百分之多少就卖出，我遵守的还是高估甚至带有一定泡沫时卖出的原则，或者基本面有重大改变产生问题时卖出的原则，或者是我认为有更好替代对象时卖出的原则。

对于第一类公司和第二类公司，如果买入之后持续下跌，如果产生了7％—10％的浮亏时我会考虑重新评估，如果评估之后，我认为我对其基本面判断有失误，我会选择卖出，也就是大家理解的止损。如果评估之后我认为对其定性没有错误，公司的业务也在非常好的发展之中，我会逐步增持，但是并不是无限制无节制的增持。我会遵守一个仓位管理的原则配合我的操作，那就是：单一股票总仓位占我个人总股票市值不超过10％—20％的原则。对于第一类公司原则上不超过20％，对于第二类公司则不超过10％，也就是说如果我已经持有这只股票，股价持续下滑，如果我依旧看好，我会补，但是如果这个股票的市值已经占我总市值的10％左右就不会再补，纵然股价继续下滑我也不会继续再补了。我会耐心持有到盈利的一天。

第三类股票是我非常看好的，但是短期明显估值泡沫很大，或者暂时还没有透彻理解的，我会采取100股法则，先买入一些建立一个观察仓位。慢慢择机增持或者砍掉。

# 第三十二章　削峰填谷和调仓换股

削峰填谷的含义，就是把赚钱了的标的一部分股票仓位卖出，然后买入目前估值合理或者相对低估的企业的仓位，这样最大化利用资金。

举个例子，假设我们有个股票组合，拥有 3 只股票，每只股票 30％的仓位，留有 10％的现金仓位。

表 44

| 股票 | 资金 | 仓位占比 |
|---|---|---|
| A | 30 | 30.00％ |
| B | 30 | 30.00％ |
| C | 30 | 30.00％ |
| 现金 | 10 | 10.00％ |
| | 100 | |

假设当 B 涨了 10％，那么组合中各个股票和现金的仓位占比就会发生改变。

表 45

| 股票 | 资金 | 仓位占比 |
|---|---|---|
| A | 30 | 29.13％ |
| B | 33 | 32.04％ |
| C | 30 | 29.13％ |
| 现金 | 10 | 9.71％ |
| | 103 | |

这时大家可以看到，仓位 B 占的仓位已经变成了 32.04％，而其他几个的仓位也适当减少了。这时就存在一个动态仓位的平衡和削峰填谷的可能性。

假设我们现在卖出 B 盈利的部分，则 B 的市值回到初始状态，这时组合仓位里面，现金仓位多了，A、B、C 三个公司的股票占总仓位都是一样的，依旧保持平衡。

表 46

| 股票 | 资金 | 仓位占比 |
|------|------|----------|
| A | 30 | 29.13% |
| B | 30 | 29.13% |
| C | 30 | 29.13% |
| 现金 | 13 | 12.61% |
| | 103 | |

这时，假设我们看上了一个公司 D，这个公司 D 也是非常看好的企业，恰好这时这个公司的股价也在调整之后，这时我选择用现金仓位的一部分将其买入，变成组合中的一部分。这时组合就变成了这样：

表 47

| 股票 | 资金 | 仓位占比 |
|------|------|----------|
| A | 30 | 29.13% |
| B | 30 | 29.13% |
| C | 30 | 29.13% |
| D | 3 | 2.91% |
| 现金 | 10 | 9.7% |
| | 103 | |

这就是削峰填谷的一种作法，其好处在于你用盈利部分买入了价格合理，甚至低估，但是增长潜力不差的 D，为组合日后更大幅度的盈利打下了基础。

再举一个削峰填谷的例子，假设我们初始的组合依旧是 A、B、C 三只股票，而且仓位基本均衡在30％，并且我保留了10％的现金仓位。

表48

| 股票 | 资金 | 仓位占比 |
|------|------|----------|
| A | 30 | 30.00％ |
| B | 30 | 30.00％ |
| C | 30 | 30.00％ |
| 现金 | 10 | 10.00％ |
|  | 100 |  |

假设持有一段时间之后，A盈利了20％，B盈利了10％，C有10％浮动的亏损，组合变成了这样：

表49

| 股票 | 资金 | 仓位占比 |
|------|------|----------|
| A | 36 | 33.96％ |
| B | 33 | 31.13％ |
| C | 27 | 25.47％ |
| 现金 | 10 | 9.43％ |
|  | 106 |  |

这时我们的总市值是106，盈利6％，在这个时刻，我们的组合表现是非常不错的。这时假设我们非常看好C，并且计划补仓，这时我们可以将A的盈利部分仓位卖出，换成C的仓位，这样我们的组合就会变成：

表50

| 股票 | 资金 | 仓位占比 |
|------|------|----------|
| A | 30 | 28.30％ |

| 股票 | 资金 | 仓位占比 |
|------|------|----------|
| B | 33 | 31.13％ |
| C | 33 | 31.13％ |
| 现金 | 10 | 9.43％ |
| | 106 | |

总市值没有变，还是 106，但是 A、B、C 的仓位和现金仓位基本是保持不变的。依旧比较均衡。而 C 由于得到了增持，其浮亏降低了也并不大，并且我们有机会增持我们看好的公司，这样投资者的心态就会比较好。

再举一个例子。假设我们初始的账户还是 A、B、C 三个公司，各 30％仓位，保留 10％现金。假设 A 股票持有 30 股，每股股价为 1。

表 51

| 股票 | 资金 | 仓位占比 | 浮动盈亏 | 股价 | 股数 |
|------|------|----------|----------|------|------|
| A | 30 | 30.00％ | | 1 | 30 |
| B | 30 | 30.00％ | | | |
| C | 30 | 30.00％ | | | |
| 现金 | 10 | 10.00％ | | | |
| | 100 | | | | |

持有一段时间之后，假设 A 出现了比较大的浮亏，浮亏了 20％，而这时又非常看好 A，决定采取用现金仓位补仓。

这时 A 股还有 30 股，但是股价下滑到了 0.8. 由于 A 股下滑比较大，导致总市值下滑了 6％，到 94。此时现金仓位不是 10％了，而是 10.64％，因为总市值小了，现金相对于总市值的比例就大了。这时用现金买入 A，也类似一种削（现金）峰填（A）谷的做法。

表52

| 股票 | 资金 | 仓位占比 | 浮动盈亏 | 股价 | 股数 |
|------|------|----------|----------|------|------|
| A | 24 | 25.53% | −20.00% | 0.8 | 30 |
| B | 30 | 31.91% | | | |
| C | 30 | 31.91% | | | |
| 现金 | 10 | 10.64% | | | |
| | 94 | | | | |

现在用现金全部买入 A，仓位则改变为：

表53

| 股票 | 资金 | 仓位占比 | 浮动盈亏 | 股价 | 股数 |
|------|------|----------|----------|------|------|
| A | 34 | 36.17% | −15.00% | 0.8 | 42.5 |
| B | 30 | 31.91% | | | |
| C | 30 | 31.91% | | | |
| 现金 | 0 | 0.00% | | | |
| | 94 | | | | |

这时，现金都用掉了，满仓状态。但是持仓结构变了，A 股的股数变成了 42.5 股，每股股价 0.8，A 的总市值为 34，实际投入的成本是 40，浮亏亏损 15%，浮亏减少了。

假设继续持有一段时间之后，A 反弹 10% 左右，A 股价变为 0.88，A 的市值变为 37.4，总市值变为 97.4，总体浮亏就从 6 个点缩小到了 2.6 个点。

表 54

| 股票 | 资金 | 仓位占比 | 浮动盈亏 | 股价 | 股数 |
|---|---|---|---|---|---|
| A | 37.4 | 38.40% | −6.50% | 0.88 | 42.5 |
| B | 30 | 30.80% | | | |
| C | 30 | 30.80% | | | |
| D | 0 | 0.00% | | | |
| 现金 | 0 | 0.00% | | | |
| | 97.4 | | | | |

在这时，作为总市值浮亏 2.6 个点的账户来说，进可攻退可守，自我感觉会比较良好。对于 A 这部分的仓位来说，占总体仓位 38.4%，有点过高，也可以选择将这部分盈利的部分卖掉恢复到现金仓位，这样总体仓位就会变成：

表 55

| 股票 | 资金 | 仓位占比 | 浮动盈亏 | 股价 | 股数 |
|---|---|---|---|---|---|
| A | 26.4 | 27.10% | −12.00% | 0.88 | 30 |
| B | 30 | 30.80% | | | |
| C | 30 | 30.80% | | | |
| D | 0 | 0.00% | | | |
| 现金 | 11 | 11.29% | | | |
| | 97.4 | | | | |

这时你会看到仓位再次进入一个舒服的平衡状态，现金仓位 11.29%，A，B，C 三个公司仓位都在 30% 左右。浮亏 2.6%。

这样的例子还有很多。削峰填谷还有一种手段，当企业现金分红时，用分红到账面的现金来做填谷的动作，也就是不对原公司做增持（就是分红再投入本公司），而是改为买入其他增长速度更快或者相对更优质的公司。这样一旦增速更快的公司股价上扬时，整体的资金回报更高。例如假设你去年买入了分红高的保利地产，今年保利地产的现金分红到账之后，你用现金分红买入了创业板的英科医疗，那么因为全年评估来看，英科医疗的增幅远远超过保利地产，等于你这一笔现金分红运用的效率就高很多。

股价会波动，公司的基本面也会发生变化，股市的市场情绪会变化，股市的魅力也在于此，在这个不确定性的环境中，采用削峰填谷有几种情况，

对于削峰来说，

第一，如果股价已经很贵了（估值），而这个公司又并不是值得长期持有的最出色的企业之一，并且有好的切换目标，那么自然可以削峰填谷。这是时候削峰指的是卖出一部分估值过高的企业股票，买入（填谷）其他的股票。

第二，如果持有中的企业是值得长期持有的优秀公司，自己又愿意持有比较长的周期，那么就没有必须一定要削峰，但是这时随着这个公司的股价越涨越高，其在总体仓位中占比就会越来越大，这时仓位就有可能出现极其不平衡的情况。例如，假设你本来有 100 万资金，在茅台 1000 元时买入二手，茅台的市值占总市值比例为 20%，假设其他的股票涨跌并不是幅度特别大，而这时，市场热情都在高档白酒，茅台已经涨到了 1800 元一股，这时茅台的市值占总市值的比例已经从一开始的 20% 增加到了 31% 左右，这时就需要考虑是否可以削减一些茅台的仓位留作现金，买入其他的股票。

在股市中，每一只股票的上涨并不是同步的，每一只股票的估值波动也不是同步的，有的公司当下估值 80 倍，有的公司估值当下可能在 25 倍，有可能这个股票年初到现在已经涨了 15%，另外一只股票才涨了 3%，但是随着时间推移，已经涨了很多的股票有可能会停下来，等一等落后的其他股票，还没有涨的股票可能会奋起急追一下。想一下，我们是不是经常遇到这类情况呢？当仓位不平衡时，适当的兑现盈利（削峰），然后下注落后的其他股票，也是一种提高资金运作效率的手段。

对于填谷来说，也有 2 个角度，

第一，股票池中某些好公司出现暴跌时，如果你恰好有机会削峰填谷买入，

那么可以得到超额收益。

第二，看到某些股票池的好公司估值明显偏低出现机会时，如果和你已有的持仓相比更有性价比，更有吸引力，自然可以做削峰填谷重新调整自己的持仓。

有读者问我，我到底是买低估的新公司，还是增持已经持有的公司，或者是增持自己组合中浮亏的个股呢？这个问题其本质还是一个选股的问题。填谷是买入的动作，就和其他任何的买入一样，从买入的角度去考量就好。

削峰填谷，调仓换股，都需要投资者不断在实战中运用和练习，并不存在一个绝对正确的答案。

# 第三十三章　如何挽救已经浮亏的账户

大多数投资者经常遇到的一个问题是，自己的账户经过一段时间的买卖交易，已经出现了浮亏，要么是某一只股票浮亏，要么是整体总资产相比较当初投入的本金已经出现浮亏，这时，投资者的心态往往是比较难受的，尤其是当浮亏已经超过了10％之后，这时应该如何办呢？

要挽救已经浮亏的账户，首先要理解亏损的基本原理，

当你买入一只股票时，如果浮亏在10％之内，往往是比较容易扭亏为盈的，但是如果超过了10％，则会变得越来越困难。这是一个数学问题。大概你的浮亏在10％之内，那么你需要扭亏为盈的幅度基本上和跌幅是接近的，

例如，如果你浮亏为5％，那么你只需要涨5.26％就可以变成扭亏为盈了，如果你浮亏6％，只需要原地涨幅在7.53％左右就可以扭亏，但是，如果你浮亏超过了10％，那么你就需要比较多的涨幅才能填平你的浮亏，这通常是非常困难的。当你的市值被腰斩，那么你的账户需要涨幅100％，也就是翻倍，你才能扭亏为盈，这时遇到大罗金仙都非常困难挽救你的账户。

按照投资界的历史，绝大多数年份，大多数投资者的平均股市投资业绩也就只有7％左右，所以我一般在正常情况下，如果某一只股票出现了超过7％的浮亏，我就需要做思考是不是应该换股或者清掉，以回避潜在的更大的跌幅。

这时，绝大多数投资者往往会出现不冷静的心态，比如最常见的是会追加投资去补，这样做法的误区在于，如果你错了，很有可能出现越补，这个股票的仓位越大（占你总资产的比例），一旦这只股票继续暴跌，你的总资产的浮亏将会迅速扩大。

表 56

| 本金 | 市值 | 浮亏 | 扭亏为盈需要的涨幅 |
|---|---|---|---|
| 100 | 99 | －1.00％ | 1.01％ |
| 100 | 95 | －5.00％ | 5.26％ |
| 100 | 93 | －7.00％ | 7.53％ |
| 100 | 90 | －10.00％ | 11.11％ |
| 100 | 85 | －15.00％ | 17.65％ |
| 100 | 80 | －20.00％ | 25.00％ |
| 100 | 75 | －25.00％ | 33.33％ |
| 100 | 70 | －30.00％ | 42.86％ |
| 100 | 65 | －35.00％ | 53.85％ |
| 100 | 60 | －40.00％ | 66.67％ |
| 100 | 50 | －50.00％ | 100.00％ |

在绝大多数情况下，如果你的仓位中出现了浮亏 7％—10％的单一股票，你就必须要思考你的持仓策略：策略 1，砍掉换股；策略 2，不动，不加仓也不减仓；策略 3，减仓一部分；策略 4，增加投入资金去补充。

对于第一种情况来说，如果这时砍掉，也就是俗称的割肉，那么浮亏就变成了真正的亏损。这一笔钱就实实在在的亏掉了。如果一笔接着一笔的割肉，最终你的股票账户的亏损就会越来越大。这时就会因此非常难以挽回的局面了。

策略 1 的核心是你如果能在浮亏还比较小时，如果能换到更好的公司上去，那么你依旧是有前途的。例如从省广股份换到牧原股份上，从蓝色光标换到英科医疗上等等。但是如果你换错了股票，那么结果有可能更惨。

应该说这种情况是绝对要避免的，除非你真的已经意识到这个公司未来前景不妙，基本面有巨大的问题，你已经犯了很大的错误而你的账户总体又是盈利的。

我们的原则应该是轻易不割肉。2020 年中，面对突如其来的疫情，巴菲特终于割掉了航空股。他肯定是预见到了或者从大量的情报中终于想通了未来几年全球将面临无法收拾的局面，航空、旅游业将非常艰难，他才做出如此之决策的。

对于第二、第三类情况，我们可以来做一个比较。

如果减仓，也会导致事实上的浮亏，这个做法的好处在于如果你的持仓股票在未来几个交易日继续下跌，那么你可以有一定的概率用更低的价格将其买回来，那么有可能你会降低你的总体持仓股票成本从而降低你的浮亏。举个例子。

表 57

|  | 总资产 | 现金 | 本金 | 市值 | 股数 | 股价 | 浮亏 | 扭亏为盈需要的涨幅 | 波动 |
|---|---|---|---|---|---|---|---|---|---|
| 1 | 100 | 0 | 100 | 100 | 100 | 1 | 0.00% | 0.00% | |
| 2 | 90 | 0 | 100 | 90 | 100 | 0.9 | −10.00% | 11.11% | 股价下滑 |
| 3 | 90 | 45 | 100 | 4.5 | 50 | 0.9 | −10.00% | 11.11% | 减仓一半 |
| 4 | 87.5 | 45 | 100 | 42.5 | 50 | 0.85 | −12.50% | 14.29% | 股价继续下滑 |
| 5 | 87.5 | 2.5 | 100 | 85 | 100 | 0.85 | −12.50% | 14.29% | 把减仓的一半买回来 |
| 6 | 93.5 | 2.5 | 100 | 91 | 100 | 0.91 | −6.50% | 6.95% | 股价反弹 |
| 7 | 94.5 | 2.5 | 100 | 92 | 100 | 0.92 | −5.50% | 5.82% | 股价继续反弹 |

例如你本金为100，现在浮亏10%，市值为90。这就是上面表格中的情况2，当你判断有可能股票会继续大幅度下滑，你选择策略3，减仓一部分，例如减仓50%，就是上面表格中的情况3，也就是卖出45的持仓，那么你的现金变成45，市值变成45.

这时假设股价继续下滑，就是上面表格中的情况4，股价假设从0.9跌到了0.85，那么你的浮亏放大到12.5%，在这时，你选择将之前卖掉的股票全部买回来，就是上面表格中的情况5，这时你账面多了2.5的现金，你总资产没变，浮亏也没变。

过了一段时间，假设股价反弹了，也就是上面表格中的情况6，这时奇迹就出现了，你的浮亏大幅度减少，你又回到了浮亏在10%之内的安全地带了（参考上面表格中的情况 6、7)。

那么假设这个场景下,股价波动完全一模一样的情况下,假设什么都不做会发生什么呢?

表 58

|  | 总资产 | 现金 | 本金 | 市值 | 股数 | 股价 | 浮亏 | 扭亏为盈需要的涨幅 | 波动 |
|---|---|---|---|---|---|---|---|---|---|
| 1 | 100 | 0 | 100 | 100 | 100 | 1 | 0.00% | 0.00% | |
| 2 | 90 | 0 | 100 | 90 | 100 | 0.9 | −10.00% | 11.11% | 股价下滑 |
| 3 | 85 | 0 | 100 | 85 | 100 | 0.85 | −15.00% | 17.65% | 什么也不做 |
| 4 | 91 | 0 | 100 | 91 | 100 | 0.91 | −9.00% | 9.89% | 什么也不做 |
| 5 | 92 | 0 | 100 | 92 | 100 | 0.92 | −8.00% | 9.70% | 什么也不做 |

如果先减仓一半,浮亏控制在 5.5%,如果什么都不做,浮亏是在 8%。这就是积极管理仓位的一种实践。

当然,投资者也会考虑采取增加一些资金去补仓(第四种选择),这类情况的前提是你有增持的资金。往往在市场出现大面积暴跌时,投资者是没有额外资金补仓的。并且补仓很容易使得单一股票在整体资产中占比过高,从而为未来的失败埋下伏笔。

浮亏对任何投资者的心态都是一种巨大的折磨,这也是为了巴菲特已在告诫世人,投资的第一秘密是不要亏损,第二秘密是记住第一条。

不要产生巨大的浮亏,核心就是要买入价格合理。一旦买入价格不贵了,就等于把自己时刻置身于股价因为市场情绪,因为估值等因素导致的潜在回落之中,浮亏本身并不算太可怕,可怕的是浮亏对一个人的内心造成的巨大的影响。

在投资领域,理性的人非常少,更多的是感性的人,人有内心情绪的波动,人有获得感满足感失落感挫败感,任何一种情绪到达高峰,都会推动人去做出十分不理性的行为,成功的投资者往往是非常有耐心,非常理性的。

理性也是查理·芒格在他多次讲话中反复强调的优秀投资者的必备品质。

理性非常难。对于我来说，在投资历史上，由于自己情绪导致的失误简直是多到罄竹难书。

再从另外一个维度来看待浮亏这个问题，当你投资股票时采用了组合投资的模式，也就是一个组合中可能有3—5只股票，那么如果出现了单一股票的浮亏，那么你的整体组合的抗压能力（回撤的控制）就会有明显的提高。

前面章节中提到过一些组合的建议，大家还记得么？假设现在有个组合，其中有3类相关性不是非常大的股票，分别叫做消费股、科技股、医药股，然后这个组合保留一定的现金。那么，如果一只股票大幅下跌，对于组合整体的攻击力有多大影响？

例如下表案例中，有消费股、科技股、医药股，同时保留了10％的现金。

表 59

| 股票 | 市值 | 仓位 | 跌幅 | 市值 | 仓位 |
|---|---|---|---|---|---|
| 消费 | 30 | 30.00％ | −1％ | 29.7 | 30.84％ |
| 科技 | 40 | 40.00％ | −10％ | 36.2 | 37.59％ |
| 医药 | 20 | 20.00％ | 2％ | 20.4 | 21.18％ |
| 现金 | 10 | 10.00％ | 0 | 10 | 10.38％ |
| 总计 | 100 | | | 96.3 | −3.70％ |

假设在某一时刻，持仓40％的科技股出现了9.5％左右的暴跌，消费股下跌1％，医药股轻微上涨2％，那么总体持仓的跌幅在3.7％左右。

对于单一股票，暴跌接近10％的确是非常难受的事情，但是对于总资产，如果只是跌幅在3.7％，或许还是可以承受的。

股市通常在多个不同的板块之间轮动涨跌，出现所有的公司一起暴跌的情况在历史上市比较罕见的，而历史性的暴跌通常也不会维持很长时间。暴跌（整体大于5％—8％的指数级跌幅）往往是由于一些事件引起的，由情绪推动的连锁式反应。

保留一定比例的现金仓位对于自己的组合也是一种坚实的保护。

从上表可以看到，在暴跌之后，现金没有变，但是现金的仓位占比上升了，从10%增长到10.38%。

别小看这一点儿现金，在这个案例中，当科技股暴跌时，如果你用这10.38%的现金去增持科技股，那么当市场反弹之后你反而将获得巨大的回报。

例如，在刚刚的案例中，用5%的现金增持了科技股，那么资产组合变成了：

表60

| 股票 | 市值 | 仓位 | 跌幅 | 市值 | 仓位 |
|------|------|------|------|------|------|
| 消费 | 30 | 30.00% | −1% | 29.7 | 30.84% |
| 科技 | 40 | 40.00% | −10% | 41.2 | 42.78% |
| 医药 | 20 | 20.00% | 2% | 20.4 | 21.18% |
| 现金 | 10 | 10.00% | 0 | 5 | 5.19% |
| 总计 | 100 | | | 96.3 | −3.70% |

如上表所示，我们将现金拿出5买入了科技股，这时科技股在组合中的比例变成了42.78%，现金的仓位变成了5.19%。而这时等于科技股的平均成本被摊薄了。

当科技股在未来的交易日稍微反弹时，这个组合就会看上去不那么糟糕了。

如下表所示，假设第二个交易日其他公司持平，科技股反弹5%左右，那么科技股的市值就明显增长了，整个组合的浮亏缩小到了1.64%，这几乎是一个可以忽略不计的波动。

表61

| 股票 | 市值 | 仓位 | 跌幅 | 市值 | 仓位 | 反弹 | 市值 | 仓位 |
|------|------|------|------|------|------|------|------|------|
| 消费 | 30 | 30.00% | −1% | 29.7 | 30.84% | | 29.7 | 30.20% |
| 科技 | 40 | 40.00% | −10% | 41.2 | 42.78% | 5% | 43.26 | 43.98% |

续　表

| 股票 | 市值 | 仓位 | 跌幅 | 市值 | 仓位 | 反弹 | 市值 | 仓位 |
|------|------|------|------|------|------|------|------|------|
| 医药 | 20 | 20.00% | 2% | 20.4 | 21.18% | | 20.4 | 20.74% |
| 现金 | 10 | 10.00% | 0 | 5 | 5.19% | | 5 | 5.08% |
| 总计 | 100 | | | 96.3 | −3.70% | | 98.36 | −1.64% |

理解了亏损的基本原理之后，来看看如何去挽救一个已经出现很大浮亏的账户呢？其实，这依旧还是一个数学问题：

假设一个账户初始组合有三个公司股票，初始是 25 的总市值，现在变成了16. 三个个股分别亏损了 70%，60%，40%。

初始总市值 25. 当下组合市值只剩下了 16. 这意味着回本需要 56.26%，换句话说，即使在现在的市值上翻倍也很难回到本金了。

表 62

| | 初始组合 | 当下组合 | 个股浮亏 | 回本需要涨幅 |
|------|------|------|------|------|
| | 25 | | | |
| A | 10 | 3 | 70.00% | |
| B | 10 | 4 | 60.00% | |
| C | 5 | 3 | 40.00% | |
| Cash | | 6 | | |
| 总市值 | 25 | 16 | | 56.25% |
| 浮亏 | | 36.00% | | |

如果已经产生比较大的浮亏，那么只有 3 个方案能够挽救自己浮亏的账户，

第一，增加本金，来摊薄持仓的成本，从而使得扭亏为盈需要的涨幅回到一个相对合理的程度。我个人看法是如果能控制在浮亏在 7% 之内是比较安全和合理的，换句话说，是有前途回本甚至盈利的。但是很多读者的账户往往不是只亏

损在 7％之内，而是一个巨大的数字，就和上面的这个账户一样，亏损高达 36％。

所以，第一个最简单的办法就是增加本金。增加投入了 16 的本金之后。回本需要的涨幅就只需要 21.88％了。

表 63  增加本金

|  |  |  | 增加本金 | 回本需要涨幅 |
|---|---|---|---|---|
| A | 10 | 3 | 70.00％ |  |
| B | 10 | 4 | 60.00％ |  |
| C | 5 | 3 | 40.00％ |  |
| Cash |  | 22 |  | ＊增加 16 |
| 总市值 | 25 | 32 |  | −21.88％ |

如果一个账户还需要 22％左右才能解套，其实这时是可以考虑第二种解决方案的。第二类解决方案就是，选择那些有潜力有巨大涨幅空间的股票完全代替现有的股票组合。

要做到这一点非常困难，例如在 2020 年如果你选择了英科医疗（一次性丁晴医疗手套最大的厂家之一）当然可以有可能赚到几倍的利润，但是这样的机会靠普通的智慧是几乎不可能选中的。换股是一个清晰的思路，换什么对于绝大多数人来说是非常困难。

这也是为什么我在前面的章节提到过，对于普通的投资者应该建立一个自己能够熟悉，能够跟踪的股票池的原因，当你已经有了一个股票池涌金门投资笔记-46 构建股票池和先买 100 股法则，就会比较轻松的考虑换股的时机，考虑在换股时选择哪一个你已经长期看好，又适逢买点的公司了。

那么在换股时，如何去选择出来那些有巨大涨幅空间的公司呢？

有几点是值得注意的，比如在这个案例中，你需要选择有几个股票能够涨幅超过 22％，你才能脱困，对吧。所以你的选择自然是要选择那些经过你的评估，涨幅潜在能力远远大于 22％，我把这个称之为：盈利距离感。要找那些盈利距离感大的企业。因为股市往往不会如你所愿，而同时你的估计也有可能出现偏差，所以从概率的角度，如果你期望盈利 22％ 让自己的账户扭亏为盈，那么你换股时，必定需要选择上涨潜力远远大于 22％ 的才行。而且这样的潜力股你可能还需要多选择 2—3 个来构成一个全新的组合，如果只选择一个，一旦你选错，那么你的错误会放大很多倍。

如果你死也不肯换股，也不愿意割肉，持有的公司还是类似的小盘热点股，题材，或者业绩很差的，不是行业龙头的企业，甚至于是一些被 st 的亏损企业，那么我觉得第三个解决方案，也就是最后的解决方案-熬到解套的哪一天，只能熬着了。在股市时间长了的投资者都知道一个基本原理，由于企业的业绩是逐步逐步发展的，长期来看，企业的业绩都会慢慢增长，如果企业的业绩不断增长，股价不涨反跌，那么随着时间的推移，意味着企业的估值/盈利比越来越吸引人，股价最终还是会折射盈利的。

也就是说，如果你拿着的企业业绩每年稳步向上，你总有解套的哪一天。当然你失去的也许更多！因为你卖出的当时，你可能对，可能错，但是拉长时间看，你的损失可能是巨大的。你损失的是巨大的机会成本。

例如：

2015 年 7 月，贵州茅台的股价是 150 元左右，5 年后，贵州茅台的股价是 1650 元左右。

2015 年 7 月，蓝色光标的股价是 15 元左右，5 年后，蓝色光标的股价是 7.5 元左右。

同样是从 2015 年 7 月持有，到今天，两个公司的长期命运竟然有这么大的差距，如果当时换股，那么其投资的结果竟然是巨大的差异。

如果挽救浮亏的账户？我来总结几个要点给读者，

1. 尽量在浮亏只在 7％ 左右时（甚至之前）就做出决定是不是换公司还是坚守。而不是等到浮亏 20％，30％，甚至 50％ 时。犹如你看到一个孩子第一次犯错你原谅了他，第二次犯错你又原谅了他，第三次犯错你如果不去纠正，以后可能就铸成大错了。如果你本身对这个企业没有足够的理解，没有足够的信心，那么在浮亏最多 10% 时，就应该毫不犹豫的换股，毫无纠结的离开而不是一直在纠结自己的这一点儿沉没成本而无法自拔了。更不应该去补仓，一个没有足够理解的公司，你投入越多，一旦遇到股价不断下挫，你的信心将会面临崩溃的边缘。

2. 投资最有前途的好公司，投资那些业绩持续向上的行业龙头企业，投资身边的最好的消费品企业，最好的医药企业，最优秀的细分行业龙头企业，投资最有前途的好公司，才能有赚到大钱的机会。如果你投资了最好的公司，第一来说，浮亏的是时间，但是套不住人，时间不长，估值就越来越便宜了，新的投资者有会逐步涌入，股价回升是确定性极高的事件。第二个维度，由于全球资产荒的境地，好的公司的股权资产，犹如王冠上的明珠，基金和普通个人投资者都是在抢夺最优秀公司的股权。在出现浮亏时，可以将自己组合中浮亏比较大的平庸的企业切换成在某些前景很不错的优质企业上，这样可以获得优质企业的增长和业绩保证，从而在同一个时间段内，获得股价涨幅的优势。

投资最有前途的好公司，就等于是给自己的投资建立一个保护罩，作为投资系统中的一个护城河会长期存在对自己组合的保护。

3. 在自己的账户里面，最好能够时刻保留 10% 左右的现金，这样当账户出现比较大的浮亏时，可以利用这笔钱来增持某些已经持仓的股票来摊薄成本，或者用于购入一些更有潜力的企业股份。

投资要学会忘记自己买入股票时候的成本，那些都是沉没成本，而这个时代最大的风险就是不曾拥有任何伟大的公司的股权（股票），现金存在银行里等着贬值，在全球利率为负的时代，在经济不断下行压力增大的时代，货币越发越多，货币的贬值是非常确定的事情，这时最大的机会成本就是没有投资优质公司的股票所丧失的机会成本。

沉没成本是经济界最棘手的难题之一，处理不好很容易导致两种误区：害怕走向没有效益产出的"沉没成本"而不敢投入；对"沉没成本"过分眷恋，继续原来的错误，造成更大的亏损。

1. 策划或决策失误。2. 前期调研、评估、论证工作准备不足，造成中途出问题而无法进行下去。3. 有良好的策划、计划，但执行中偏离轨道，造成事与愿违。4. 执行中发现存在问题，但没有及时调整策略、方案而是一意孤行。5. 危机处理能力不足或措施不当，使事态扩大及漫延。

实际工作中，人们往往会对因为过去的决策造成大量设备积压、闲置，"大马拉小车"现象产生一定的心理负担，随之而来的相关决策，总是希望"能多少挽回点损失"。这是可以理解的，但最终的结果可能会事与愿违，甚至在错误决策的道路上越走越远。实际上，在"是否继续使用"的决策上，过去的采购成本已经作为"沉没成本"的形式"固定下来"了，不会随未来决策的改变而改变，在制定决策时可以不予考虑。但在这些资产是否继续使用的决策里，必须注意到相关的成本仍会发生，如运营费用、维护费用等等。因此，事关"未来"的决策一定要"向前看"，而不是"向后看"。

# 第三十四章　保持健康的持仓心态

选择买入时机、仓位分配、建仓、卖出、调整仓位、换股，都是每一个自己操作股票交易的投资者必修的功课。

对于一只股票，绝大多数投资者的对于这只股票的持仓会有两种状态：一是持有，二是不持有（我把不持有这只股票也看成一种状态）。

如果细化一下，则会有六种状态：一，持有一点儿（没有一个可观的仓位）；二，持有可观的仓位；三，重仓（持有仓位已经能影响你的个人总资产）；四，重仓并且融资或者借钱（持有仓位有可能创造巨大的浮动亏损）；五，不持有但是这个公司感兴趣，吸引我；六，不持有也不感兴趣，无感。

我定义可观的仓位的标准是总资产的 3%—10%。简单说，如果你有 100 万总资产，如果花费 3 万投入到这个股票上，我定义为这是一个可观的仓位。可观的仓位一般在 3%—10%。超过 10% 的话，从 10%—30%，我定义这算作重仓持有。当然读者朋友们可以自己定义自己的标准，对于资金较少的读者，这个标准可以更加宽泛一些。

为什么要去分析这个呢？因为你会意识到，在不同状态下，你的持仓心态是不同的。例如人们习惯于会和你说，没事，买了玩玩。这代表他的持仓可能在状态 1.

如果你注意到这位投资者非常积极的分析，了解，从一切渠道挖掘这个公司的信息，并且在任何场合都会自觉自愿的维护这个公司，甚至于失去理性的维护，那么这往往代表他的持仓在状态 3.

前面谈到，当我们遇到一个好公司，持仓状态是 5，但是我们往往把握不住，这时有个策略，就是运用 100 股法则，其实就是买最低的持仓，随后就有机会逐步建仓了。

当股票组合中持有部分现金时，这笔现金可以看成是一个不会涨跌的股票，但是可以灵活应对各种复杂局面。有两个重要用途，一个是留待未来买入某些股票，因为你可能看好了某些股票，但是嫌这些股票目前的价格（或者说估值）太贵了。另外一个，在于用在仓位需要调节时。当某些已经持仓的股票暴跌时，如果你思考了这个股票暴跌的原因，认为是短期情绪影响，那么你可以用这些现金买入来完成一次漂亮的出击。例如 2020 年 2 月 3 日，由于对新冠疫情的悲观和恐慌预期，A 股出现了比较大的恐慌性暴跌，这一天如果你买入任何好公司的股票，到 2020 年年底一看，都是巨大的收益，但是如果你没有现金，就毫无办法。这部分现金，是仓位管理可以主动管理的基础。如果满仓，那么我们只能什么也不干，干瞪眼等着市场先生让我们的账户增值了之后，我们才能选择卖出之后用利润来做其他操作了。

当你的持仓状态在 1、2 时，如果遇到剧烈调整，你是有余地去做分析，思考和调整的。当你的状态在 3 时，如果遇到股价暴跌或者长期下滑，大多数的人会遇到巨大的心理折磨，割肉，换股会经常发生在这个阶段。如果当你的持仓状态在 4. 当股价暴跌或者长期下滑时，大多数的投资者很难支撑，个别人有可能会崩溃。很多投资大师所说不鼓励投资者借钱炒股，不鼓励放杠杆炒股，我以为主要指的就是这个状态。我本人更欣赏安德烈科斯托拉尼的观点，并不完全赞同这种观点。年轻人，没有钱的人，只有不断的努力的积累本金，不断的追求超额收益，才能获得逆袭的机会。如果你把自己的选股做好，耐心又足够，是可以在合理合法的范围内运用杠杆的。

假设你遇到了一个非常好的公司，例如海天味业，贵州茅台，爱尔眼科，你内心其实很看好这个公司，但是你反复问自己为什么不买这个股票，很多人的答案都是太贵了，已经涨了这么多等等。但是内心又非常纠结的是，20 元时就看好，嫌贵，没买，现在 60 了，还是嫌贵，不买。这种心态是非常常见的。

因为你惧怕从不持仓的状态 5 到持仓状态 3. 在买入之后遇到调整，比如调整了 20%—30%，如果买少了，还可以加，买多了，心理受不了，而且有可能那个时候你已经没钱了（没有现金仓位了）。

一切的困惑都源于对企业的信心和对仓位的管理。如果对企业有深深的信仰，而且对仓位管理比较谨慎，时刻留有一定的富裕现金，适当分散组合投资，这样你的持仓心态会比较平稳和健康，你也能更长时间去持有一些最好的公司，那么成功对你来说，并不那么遥远。

## 彩蛋：如何检视自己的仓位和浮亏

有一些共性的问题：

A 股票你感觉如何？

B 股票跌到底了么？

C 股票我要不要补一些？

D 股票我已经浮亏了 15％了要不要割掉？

我也见过许多人的账户，总结起来，大多数投资者的散户会出现几个问题。

某一个股票仓位很重，单一股票持仓超过 70％，这些投资者有 2 类人，一类人极端自信和固执，要么大盈要么大输，另外一类人的信仰是我喜欢做完一只，再做下一只。

某一个股票浮亏远远超过 30％，而且持有时间非常长，其他股票浮盈和浮亏不等，浮盈的股票通常持有时间比较短。浮亏比较大股票往往持有时间很长，他们喜欢说，我想就放着吧，总会回来的；或者他们会说：万一我卖掉它就涨了呢？

账户中有 10 多个股票，基金，可转债混杂在一起，每个都只有一点点钱，我称之为杂货铺型持仓组合.

几乎没有任何现金仓位，有些人现金只剩下几元钱，他们往往常年都是满仓或者接近满仓操作，喜欢一把梭。

有的账户里面全部是各种同一行业的股票，例如有的人"分散"的同时持有3 只银行股。

每每遇到这样的问题，我通常会询问他们的工作情况和所在行业，也会详细问到其总市值是否盈利，主要都有哪些股票，分别的盈亏比例，这样我才好做出准确的判断。从经验上来说，如果投资者买入自己所在行业的公司，往往成功概率比较高，他们通常会选择这个行业内比较不错的企业，但是一旦出圈，例如我见过医生买了化工股，老师买了保险股，化工专家买了芯片股，腾讯员工买了新能源汽车，做了多年会计的退休老阿姨买了 st 公司，这样的例子太多了。

那么如何去检视自己的仓位和浮亏呢？给大家分享一些简单直接的步骤和方法。

第一，首先看自己总市值是不是盈利的，如果和自己年初股市总市值（或者投入的资金相比）总体是盈利的，那么意味着你可以做任何调整，无需有任何心理负担。做投资一定要忘记自己的个股盈亏，要时刻去看总市值是不是盈利。不要忘记自己来股市是为了赚钱，不要和任何单一股票谈恋爱，更不要沉迷于某一只股票的涨跌。在总市值盈利的前提下，投资者可以自如对所有的股票做调整，不要陷入某一只股票我非常喜欢，舍不得卖，某一只股票我浮亏了 20％多，我要熬着等他解套再调整等等想法，因为这些想法都是并无意义的。

从总市值的维度出发去看自己的个股，犹如站在战争全局看一个局部战场，比较容易取舍。而如果站在个股，则容易陷入焦灼而不能自拔。站在总市值的维度，是不是卖掉某一只股票就比较容易决断。

第二，拔掉野草，留下鲜花。犹如培育花园一样，野草多了（仓位过重），鲜花自然难以获取营养（仓位）。此建议尤其使用股票账户中持有大量股票的投资者，杂货铺型投资者。建议就是将自己不了解的公司，看不懂的公司，道听途说的公司，业绩不佳的公司，亏损的公司，st 的公司，劣迹斑斑的公司都拔掉，即使他们在短期看，当时的仓位是浮亏的，也不用惧怕，然后将这些仓位转移到那些盈利的，行业龙头，出色的优质企业上（留下鲜花）。有些投资者的持仓中，某些公司是出色的，但是大家要记住的是，如果这些公司你不懂，即使你赚钱了，或者本质上是极其出色的公司，也最好建议是主动拔掉。

例如：有位读者总资产大概在 130 万左右，组合盈利 2％，其中有 12 个公司构成组合，其中有 8 个公司自己半懂不懂（或道听途说，或一知半解，或将信将疑），有 4 个公司是自己内心比较长期看好的，也略有理解的，2 个浮亏，2 个浮盈。现金没有。

这种情况下，如果要做仓位调整，我的建议，1，130 万资金体量，持仓在 5—6 个公司即可，保留 10％资金机动。即保留 13 万现金仓位。2. 将 8 个自己半懂不懂的公司全部卖掉。4 个比较看好的公司持仓增加到各自 15％左右。共计 60％仓位。完成 1 和 2 之后，再考虑如何分配另外 30％仓位去投资其他更好的公司。最终，将自己的组合变成大概是 6 个公司，每个持仓在 15％左右，10％现金。

例如有位读者总资产在 10 万左右，组合浮亏 10％。持有 10 个公司，没有现金。10 个公司之中，其中大多数都只有 100 股—300 股左右不等。10 个公司中 6 个都非常看好。其中有若干个已经深套 30％以上。有 4 个公司自己也不太确定。

10 万左右的总资产，持仓 3—4 个足矣。这种情况下，如果要做调整，我的建议是：1. 将组合中 4 个不确定看好的公司首先卖掉。将资金全部集中到自己最看好的公司上去。2. 此刻投资者需要耐心对其余 6 个公司做一个优先级排序，拷问自己的内心，审视所有的自己能够得到的信息（包括公司基本面，盈利预期，行业前景和格局，未来可能的趋势和未来 2—3 年的动态估值水平等等），做出一个综合判断，只保留其中 3 个或者 4 个即可。在把其他的资金增仓到剩下的 4 个上时，要逐步建仓，同时保留一些现金仓位，绝对不要满仓操作。

假设调整到 4 个公司每一个仓位 20％左右，保留现金 20％，这样调整之后，看好的 4 个公司原本如果有浮亏的，会缩小不少，一旦反弹，整体总市值盈利的概率就会增大许多了。

第三，在做调整时，一般来说，同一个行业的股票最好只需 1 只即可。例如自己仓位有多个银行股，选一个足矣。如果持有 3—5 只股票，建议不要同一个行业的重叠，每个行业尽量选择最好的公司。例如：在自己组合中，比较理性的行业配置可以是：3331。30％消费类企业，30％医药行业，30％科技或者制造业，

10％现金配置。或者4222。40％医疗行业，20％消费，20％制造业，20％现金仓位。当然，这么安排的前提是，你并非对某一个行业的某一家企业情有独钟深刻理解，如果你对某一个行业的某一家企业拥有强大的信心，自然可以重仓，例如4：4：1：1也无不妥。

把握住以上几个简单原则，结合前面的章节中提到的一些调仓换股，如何挽救浮亏的仓位的一些办法，慢慢实践，慢慢就能把仓位调整到自己感觉舒服的程度，然后慢慢逆转自己的收益率也将会水到渠成。

# 第三十五章　决定股市投资成功的要素

前面的章节讨论了什么是股票组合，如何构建适合自己的安全的股票组合，以及如何给股票分配合理的仓位，讨论了如何理解概率，赔率的关系来帮助自己确定仓位等。

在股票交易的实战中，会很突出的遇到一个问题：就是调整自己的仓位和换股的过程会让你非常困扰。这涉及几个基本的问题，也是仓位管理的核心问题，如何买入，如何卖出，如何选股。调仓换股往往和每一个人的性格有关，比如你在日常生活中是急性子还是慢性子，是谨小慎微还是做事果断勇敢，这些性格中的因素往往对你本人的操作有莫大的影响。

俗话说：性格决定命运。这话真的一点儿都没错。

绝大多数时，能不能赚到钱和我们的性格有巨大的关系。有人守株待兔，长期坚守几个自己看好的公司，会赚很多钱，尽管他们并不清楚的能计算估值，分析企业。例如那些在过去几年重仓了腾讯，在开盘买入了美团的人，熬过了漫长的调整之后，迎来了欢欣鼓舞的收获。有的人经过了严格的训练和历练，能够看懂财务报告，能够分析企业，但是因为个性的患得患失，又或者是狂妄自大，却在股市中折戟而归。

到底是运气？还是实力？还是胆量？让我们在股市中成功的因素到底是什么？这个问题是没有标准答案的。在某些时候，家庭妇女的投资回报率可能会远远超过顶尖的基金经理。股市的随机波动性是一个很迷人的特色，你的过去不代表将来。今天你赚钱了，不代表你明天就能赚钱。今天你赔钱了，也不能代表你此刻的选择就一定是错的。

股市的成功是一个人综合价值观、性格、知识和能力（洞察），还有运气综合结果。在股市取得成功的关键是管理好你的情绪。

价值观呈现的是你如何看待这个世界的趋势，如何理解世界的格局和中国的局势，如何看懂方向，如何能够明辨是非，然后决定自己如何参与其中还是置身事外。性格决定了你是不是能够控制自己的情绪，股价的波动，消息的刺激对你有多大的影响，能不能在海量的信息中做出理智的抉择。知识和能力所形成的洞察力，决定了你判断许多事务的基础。假如你缺乏某一个方面的知识，你可能很难对企业做出定性的判断。而这个定性的判断往往对买入股票或者卖出股票具有一锤定音的影响。知识和能力决定了你的洞察力的基础。没有知识和一定的自我学习，自我思考，自我提高的能力是没有办法形成洞察力的，而洞察力是每一个成功投资者必备的素质。而在股市，和其他专业领域不同的一点是：很多成功其实都来自运气。在合适的时间踩到了合适的节奏，做出了果断的选择，从而获得巨大成功，有时的确是需要一些运气的。股市恰恰是这样一个神奇的地方，运气也是股市这个随机波动的市场，一个非常显著的特征。我经常告诫自己，上一次的成功不过是运气罢了，一旦你得意忘形，市场很快将以另外一种形式给你一个响亮的耳光。

马克·塞勒尔是对冲基金 Sellers Capital Fund 创始人，曾在晨星担任首席股权战略师，以下文字摘自他的一次演讲：

我认为，至少有 7 个特质是伟大投资者的共同特征，是真正的优势资源，而且是你一旦成年就再无法获得的。事实上，其中几个特质甚至丝毫没有学习的可能，你必须天生具备，若无就此生难寻。

第一个特质是，在他人恐慌时果断买入股票、而在他人盲目乐观时卖掉股票的能力。每个人都认为自己能做到这一点，但是当 1987 年 10 月 19 日这天到来时（历史上著名的"黑色星期一"），市场彻底崩溃，几乎没人有胆量再买入股票。而在 1999 年（次年即是纳斯达克大崩盘），市场几乎每天都在上扬，你不会允许自己卖掉股票，因为你担心会落后于他人。绝大多数管理财富的人都有 MBA 学位和高智商，读过很多书。到 1999 年底，这些人也都确信股票被估值过高，但他们不能允许自己把钱撤离赌台，其原因正是巴菲特所说的"制度性强制力"（institutional imperative）。

第二个特质是，伟大投资者是那种极度着迷于此游戏，并有极强获胜欲的人。他们不只是享受投资的乐趣——投资就是他们的生命。他们清晨醒来时，即使还在半梦半醒之间，想到的第一件事情就是他们研究过的股票，或者是他们考虑要卖掉的股票，又或者是他们的投资组合将面临的最大风险是什么以及如何规避它。他们通常在个人生活上会陷入困境，尽管他们也许真的喜欢其他人，也没有太多的时间与对方交流。他们的头脑始终处在云端，梦想着股票。不幸的是，你们无法学习这种对于某种东西的执迷，这是天生的。如果你没有这样的强迫症，你就不可能成为下一个布鲁斯·博克维茨（Fairholme Funds 的创始人，选股思路深受巴菲特影响，组合集中、低换手率、很少越界）。

第三个特质是，从过去所犯错误中吸取教训的强烈意愿。这点对于人们来说是难以做到的，让伟大投资者脱颖而出的正是这种从自己过去错误中学习以避免重犯的强烈渴望。大多数人都会忽略他们曾做过的愚蠢决定，继续向前冲。我想用来形容他们的词就是"压抑"（repression）。但是如果你忽略往日的错误而不是全面分析它，毫无疑问你在将来的职业生涯中还会犯相似的错。事实上，即便你确实去分析了，重复犯错也是很难避免的。

第四个特质是，基于常识的与生俱来的风险嗅觉。大部分人都知道美国长期资本管理公司（1990 年代中期的国际四大对冲基金之一，1998 年因为俄罗斯金融风暴而濒临破产）的故事，一个由六七十位博士组成的团队，拥有最精妙的风险分析模型，却没能发现事后看来显见的问题：他们承担了过高的风险。他们从不停下来问自己一句："嗨，虽然电脑认为这样可行，但在现实生活中是否真的行得通呢？"这种能力在人类中的常见度也许并不像你认为的那样高。我相信最优秀的风险控制系统就是常识，但是人们却仍会习惯听从电脑的意见，让自己安然睡去。他们忽视了常识，我看到这个错误在投资界一再上演。

第五个特质是，伟大的投资家都对于他们自己的想法怀有绝对的信心，即使是在面对批评时。巴菲特坚持不投身疯狂的网络热潮，尽管人们公开批评他忽略科技股。当其他人都放弃了价值投资时，巴菲特依然岿然不动。《巴伦周刊》为此把他做成了封面人物，标题是"沃伦，你哪儿出错了？"当然，事后这进一步证明了巴菲特的智慧，《巴伦周刊》则变成了完美的反面教材。就个人而言，我很惊讶于大多数投资者对他们所买股票的信心之微弱。根据凯利公式（Kelly Formula，一个可用于判断投资和赌博风险的数学公式），投资组合中的20％可以放在一只股票上，但很多投资人只放2％。从数学上来说，运用凯利公式，把2％的投资放在一只股票上，相当于赌它只有51％的上涨可能性，49％的可能性是下跌。为何要浪费时间去打这个赌呢？这帮人拿着100万美元的年薪，只是去寻找哪些股票有51％的上涨可能性？简直是有病。

第六个特质是，左右脑都很好用，而不仅仅是开动左脑（左脑擅长数学和组织）。在商学院，我曾经遇到过很多天资聪颖的人。不过主修金融的人，写的东西一文不值，他们也无法创造性地看待问题，对此我颇感震惊。后来我明白了，一些非常聪明的人只用一半大脑思考，这样足以让你在世上立足，可是如果要成为一个和主流人群思考方式不同的富有创新精神的企业投资家，这还远远不够。另一方面，如果你是右脑占主导的人，你很可能讨厌数学，然后通常就无法进入金融界了。所以金融人士很可能左脑极其发达，我认为这是个问题。我相信一个伟大投资家的两边大脑都发挥作用。作为一个投资家，你需要进行计算，要有逻辑合理的投资理论，这都是你的左脑做的事情。但是你也需要做一些另外的事情，比如根据微妙线索来判断该公司的管理团队。你需要静下心来，在脑中勾画出当前情势的大图景，而不是往死里去分析。你要具备幽默感、谦卑的心态和基本常识。还有最重要的，我认为你也得是一个好的写作者。看看巴菲特，他是商业世界里最杰出的写作者之一，他同时也是古往今来最好的投资家之一绝非偶然。如果你无法清晰地写作，我认为你也不能清楚地思考。如果不能清楚地思考，你就会陷入麻烦。很多人拥有天才般的智商，却不能清楚地思考问题，尽管他们心算就能得出债券或者期权的价格。

最后、最重要的，同时也是最少见的一项特质：在投资过程中，大起大落之中却丝毫不改投资思路的能力。这对于大多数人而言几乎是不可能做到的。当股票开始下跌，人们很难坚持承受损失而不抛出股票。市场整体下降时，人们很难决定买进更多股票以使成本摊薄，甚至很难决定将钱再投入股票中。人们不喜欢承受暂时性的痛苦，即便从长远来看会有更好的收益。很少有投资家能应对高回报率所必须经历的短期波动。他们将短期波动等同于风险。这是极不理性的。风险意味着你若押错了宝，就得赔钱。而相对短时期内的上下波动并不等于损失，因此也不是风险，除非你在市场跌到谷底时陷入恐慌，被损失吓得大乱阵脚。但是多数人不会以这种方式看问题，他们的大脑不容许他们这么想。恐慌本能会入侵，然后切断正常思考的能力。

我必须申明，人们一旦步入成年期就无法再学到上述特质。这时，你在日后成为卓越投资者的潜力已经被决定了。这种潜力经过锻炼可以获得，但是无法从头建立，因为这与你脑组织的结构以及孩童时期的经历密切相关。这不是说金融教育、阅读以及投资经验都不重要。这些很重要，但只能让你够资格进入这个游戏并玩下去。那些都是可以被任何人复制的东西，而上述 7 个特质却不可能。

以上是他的演讲内容，非常精彩。

巴菲特曾经说过，在股市投资，需要学习两个学问，一个是如何识别好公司，另外一个是如何给好公司估值，其实他没有说第三，也是对于普通投资者更重要除了选股和估值之外，其实是情绪管理。对于普通投资者来说，如果能掌握选股，估值，择时，仓位管理的部分内容已经不易，但是其实在股市要想获胜，可能还需要花费许多心力管理好自己的情绪。尤其是在持有的阶段。这个情绪管理包括了 2 个层面，第一个层面，在交易时，无论是买或者卖，都要保持理性。第二个层面，在持有阶段则要情绪稳定，耐心。

我虽然已经投资股市 20 年，也依旧会如同那个少年，时而无法控制自己情绪，买入卖出，一时兴起，追涨杀跌也是家常便饭，所幸运气好，十次操作幸得四五次对了，不然现在早已破产，或者在哪个公司无奈持续打工生涯。每当朋友们问我，自己又熬不住了，拿不住了，心慌了，想卖出时，我总是会告诉他们：管理好自己的情绪很难，我也没有什么好的办法。

　　当股价暴跌时，我们故作镇定，高喊抄底抄底。当股价持续下跌，又叠加各种各样负面信息，我们惊慌失措，急急慌慌来个韭菜三问：这公司咋了？这公司还能买么？是不是出啥事情了，要割么？

　　坦白说，我也经常这样惊慌失措。每次股票暴跌时，我唯一的办法就是重新审视公司的基本面，看看是不是公司高估了，是不是公司基本面发生什么大事了，是不是我当初的判断有了巨大失误，然后继续过我的日常生活。心中默念：基本面没变，公司业绩不错，没事儿没事儿。耐心等待，耐心持有。

　　我们不是巴菲特，有保险资金做源源不断的加仓资金，我们不是拥有数家上市公司的原始积累和成功商业历史的段永平，我们也不是时间的朋友张磊，更不是嬉笑怒骂自称自己永远对的林园，我们也没有早年就闻过时间的玫瑰花香的幸运，更没有时代的眷顾，我们没有高瞻远瞩，我们只有默默承受，我们还能成功么？

　　能。只要选对了投资的方向和企业，只要管理好自己的情绪。所以，亲爱的读者朋友们，努力去做一个能管理好自己情绪的投资者吧！这些年来，我看到了很多的例子，很多普通人即使没有伟大投资者的特质，也能从股市赚到不菲的财富。其奥秘往往在于他们选对了出色的公司，而后能够耐心的管理好自己的情绪，耐心持有。这才是股市成功的核心的秘密。

　　分享给读者朋友们一些小技巧，如何去管理好自己的情绪，秘诀是两条，

　　第一，不要天天看股票的价格，而改为只看和自己持有或者关注的企业的新闻和经营情况信息，公司的网站，公司的产品信息跟踪。这样你会逐步培养一种感觉：我们投资的是这一家企业，而不是股票本身。

　　第二，改变自己的心态，在自己每天日常的语言里面修改自己的词汇，潜移默化，时间长了，自然会有所改变。你可能会觉得这有什么用呢？其实，最关键的是通过日常说话做事，让你能够修正自己投资股市的心态，从买卖交易股票变为投资好企业。这个做法是非常有效的。

　　例如把日常你说话的用词从左边的常用词，修改为右侧的词汇：

| 票 | 企业，公司 |
|---|---|
| 炒股 | 投资股市 |
| 亏了 | 浮亏 |
| 赚了 | 浮盈 |
| 干 | 择机买入，择机增持 |
| 涨多了 | 估值 |
| 跌出翔 | 回调 |

例如你说：这个票我亏了，可以改成：这个股票目前我浮亏了 2%。

例如你说：我现在干顺丰。可以改成：我现在看好顺丰这家公司，我计划择机买入。

例如你说：最近我的海尔生物跌出翔了。可以改成：最近我的海尔生物回调幅度比较大，从高点回调了 7.5%

第三，可以尝试运用百分比，概率，和总市值这些基础的思想。例如有些读者经常会因为某一天股市大跌而懊恼不已，甚至很难入睡。有些读者会说，今天太惨了，一天亏了我一年工资。但是如果学会从百分比去看，实际的真实的情况是一天产生了 3.5% 的浮亏。而很有可能从年初到现在是盈利了 20% 左右，这一天浮亏，更多的是利润的回撤。如果这么想，自心情就会好很多，就会处之泰然的多。如果你想：这一天我亏了 15 万，但是事实是，这一天我浮亏了 2.15%。给人的感觉是截然不同的。假设你的股票组合有不止一只股票，也不用时刻盯着每一只股票的浮亏或者浮盈，而是主要看总市值的增长。

## 彩蛋：拿不住怎么办？

很多投资者认为自己能自己独立分析，能找到好公司，也有一定的财务知识大概看懂每个季度的业绩，但是就是拿不住，尤其是公司股票一涨，盈利了，就会拿不住。拿不住应该怎么办呢？其实我也经常会这样，往往买入一个公司股票之后，赚取了短暂的一段盈利之后，就内心痒痒的，老想卖出。

曾经我和一位问过我这个问题的股友说，要不你这样：你买入之后把密码给你亲戚朋友，修改一下，然后 2 年之内不告诉你，你看看这样行不行？

有几个基本事实我们需要知道。

第一，过去我本人对买入卖出的思考是，在低估时买入，在合理或者高估时卖出。但是随着两个趋势的变化，你会发现现在市场上低估的公司极其难以找到。那种格雷厄姆烟蒂式投资标准的企业很难发现，除非是在周期的低估期。连沃伦·巴菲特的同门师弟施洛斯①，也是本杰明·格雷厄姆的亲传弟子之一，也在一次访谈中感叹到，现在几乎找不到我们那个年代的标准的股票了。为什么呢？因为现在股票投资和过去不同，现在股票投资已经成为大众生活的一部分，券商的分析师也越来越多，几乎很难找到哪一个公司没有被若干个分析师调查过，跟踪过，评估过的了。

现在你很难找到一个明显低估了许多的企业股票，这也意味着如果你在合理（仅仅是合理）的位置上卖出，这大概率不会给你带来出色的收益。

我现在对买入卖出的思考是，对于优质的公司，在合理的价格买入，在泡沫很大时卖出。对于已经长期观察了数年之后，认为具备伟大公司基因的企业，我会考虑在合理的价格买入，尽量不卖出。

第二，对于个股孰高孰低的判断，一是要结合定性去看，二是要结合历史估值高低波动范围去看，此二点我在前面的章节中都分析过，三是要动态的看，而不能静态的看，要站在未来看现在。假设你买入了一个公司的股票，这个公司你30 元买入，现在涨到 40 元了，对于你来说，显然已经是有一个不错的回报率，这时你非常想卖出，这时这么办呢？或许可以试着想一下用未来 2—3 年之后的远期去思考一下，例如，假设你 30 元买入时，每一股当年盈利的预测是 1 元，也即是说，你在 30 倍当年预期市盈率买入的。那么如果你预期 2 年之后，其业绩可能

---

① 沃尔特·施洛斯，1916 年出生，美国沃尔特·施洛斯有限合伙公司的创始人，最受华尔街推崇的价值投资大师之一，是 20 世纪最伟大的投资者之一。

会到 2 元，那么 2 年之后的当年预期市盈率 30 倍就对应着股价是 60 元了。如果你这么思维，或许又会觉得 40 元不贵了。这样是不是能拿住的更长更久了呢？

这个思考核心的假设是 2 年后的预期业绩到 2 元左右，当我们持有这只股票时，只要影响这个预期业绩到不了 2 元左右的重大因素没有实质性的出现，那么，我们就持有直到 60 元左右。如果某一天这个股价到了 60 元，也许是一年后，也许是半年后，这其实取决于市场情绪，可以尝试在那个时间节点，再向后看 2 年，看看预期业绩是多少，如果预期变成了 3 元，而未来 2 年的预期股价也完全有可能到 90 元之高。

不妨一试改变自己的思维和视角，站在未来看现在。

第三，我个人的经验是，每每当你想卖出时，不妨多看看公司的基本面，憧憬一下未来这个公司的前景，你越是对公司的情况深入了解，越是能拿得住。如果实在忍不住，兑现一部分也未尝不可。但是如果你深入了解，长期看好的企业，最理想的是不要卖出。因为，大多数人的悲剧都是一旦卖出，就再也买不回来了，或者付出更高的代价，追高买回。这样的经历我已有许多次了。

## 彩蛋：小资金的逆袭之路

我接触到的绝大多数普通投资人，他们的年龄通常在 30 岁到 45 岁左右，其中男性居多，最近几年，也出现了很多 30 多岁到 40 岁的女性朋友，掌握着家里的财产大权，由于富裕起来了，有一些闲钱，也积极的开始理财。他们可以用来投资股票的资金大多在 30 万—100 万左右。

这里面有很多原因，一部分原因是不少家庭夫妻是双方分开管理各自的闲钱，每个家庭成员可能都只有 20—50 万人民币不等的资金。这个数字已经不少，因为根据很多数据，在中国证券账户的金额超过 50 万的已经是少数。很多数字都能佐证这一点判断，

2018 年的数据显示：

"招商银行 2018 年金葵花及以上客户 236 万户，占总户数不到 2％，占总资产比例 80.98％，人均 230 万；私人银行 73000 户，资产占 30％，人均 2800 万。"

2020 年中登公司的数据显示：

A 股个人投资者有 1.67 亿人，股票市值 50 万以上 600 余万，占比不到 4％，100 万以上市值 160 万，约 1％，1000 万以上市值仅 15000 人。

2020 年 5 月，李克强总理在接受采访时曾经说：中国是一个人口众多的发展中国家，人均年收入是 3 万元人民币，但是有 6 亿人每个月的收入也就 1000 元。

2020 年 6 月，根据全国股转公司近期透露的数据，截至 6 月 30 日，新三板合格投资者账户累计达 130.8 万户，较 6 月初增长了 30 多万户。新三板开户是需要最少账户有 100 万人民币。

从这些数据来看，我们国家可能投入股市资金在 50 万人民币以上的人大概在 600 万—1000 万人左右，按照我们国家 14 亿人口计算，去掉大约 2—3 亿老人和低年龄儿童，我们估算 10 亿吧，大概是 0.5％—1％左右的人群。

这里说的是可用于投入股票，理财产品的闲钱的现金部分。并不是指包括房地产在内的个人总资产。因为我们都知道，绝大多数中国人的个人资产都被房地产的价值给夸大了。

按照历史的长期经验，能够从股市获取年化的回报在 20％已经算非常不容易了。这个回报率的问题我在笔记的最早几个章节已经讨论过，所以，对于资金规模在 50 万左右的投资者来说，大概率能够赚到 10 万一年的回报已经算很不错了。这就引出了一个话题，有没有一种可能性让小资金投资人逆袭获得超额回报的可能性和概率呢？

这个问题说通俗一点，就是对于小资金的投资者有没有可能性逆袭呢？结合我个人的观察，我觉得是有可能的。

或许有两条途径可以选择。

我记得德国著名的投资家安德烈科斯托拉尼在他著名的著作《大投机家》中曾经说过，没有钱的人，必须投机。我很理解他的意思。他是说，如果你由于各种原因，没有太多资本起步，那么你如果希望逆袭而上改变尽早自己的财富状况，在早期你将必须采取一些办法去超越普通的投资回报率。例如你有没有可能获得年化超过 50%的投资回报率？

实事求是的说要获得年化超过 50%的回报率是比较困难的。这需要投资者拥有大量的实践经验。在现实中，在 A 股，服务普通投资者的券商其实有 2 个工具是给普通投资者逆袭的：

期权（上证 50ETF，沪深 300ETF 期权）

融资融券

期权是一种加杠杆做多或者做空的工具。他的概念比较简单，简单说，如果你觉得现在的沪深 300 指数可能还会涨，那么意味着沪深 300ETF 目前的点位，还可以买入，那么你可以买入沪深 300ETF 指数的看多期权。如果你觉得现在的沪深 300 的股票可能会跌，那么意味着作为一个沪深最好的 300 个公司的集合体-沪深 300ETF 目前的点位已经贵了（高了），有很大概率会跌，这时你可以选择买入沪深 300ETF 指数的认沽期权。由于看多期权和认沽期权都叠加了 10 倍到 50 倍甚至 100 倍左右的杠杆，那么你有可能以小博大去提高你的赢面。（截止 2020 年 7 月，沪深 300ETF 一份大概价格在 4.7 元）我们国家目前并没有大规模推出面向个股的期权（也就是让你赌博一个个股的涨跌），而是让你去猜一个指数（一揽子股票，上证 50，或者沪深 300）的涨跌。这个工具需要投资者对择时和大盘指数的估值有丰富的经验，而并不需要投资者对个股有很强的分析理解洞察力，而择时在投资股市的 4 个平衡角度（选股，择时，仓位管理，估值）中是最难的。

另外一个值得注意的手段就是采用券商提供的融资工具，相对于指数期权这个工具，我认为券商提供的融资融券工具更好。

券商的融资功能，说白了，就是券商根据你的资产（无论是账户上的现金还是账户里面的股票，都可以算一个担保品）借钱给你，你可以用这笔钱去买入股票。等于券商给你加了杠杆。

不过券商给你的杠杆是有 4 个绝妙的好处，第一，券商借钱给你的年化利率大概在6%—7%左右（这个利率是截至2020年5月的数据，不同资金的人会得到不同的券商的不同的贷款利率）。这个利率看着很贵，但是券商给你的资金，你使用起来是非常方便的。而且计算利息是按照天计算的。举个简单例子，假设券商借给你100万，7%的利率，那么一年的利息是7万元，折合一个交易日的利息大概是190元左右。这个利息是按天计算的。如果你用这100万买入了一只股票，如果你持有了这个股票一个月的时间，只有1个点的回报，1%的净回报，那么你的收益是1万元，而你的利息是5700多元左右（190元乘以30天的大概估算）。听上去还是一个满有利可图的手段，实践中也的确如此。

最重要的是，第二，券商给你的是一个真实的随取随用的100万，而不会像银行的各种名目的抵押贷款那样要求你抵押你的房产证，而且还要求你每个月按照一个月供的模式连本带利的还钱给银行。银行贷款给你100万，放款给你了，但是却要求你每个月还几万元去银行，同时还要扣押你的房本。这变相等于你其实并没有得到100万新增的本金了。

券商将这100万的本金允许你随时使用。应该说这是非常便捷的融资手段。除了你不能把这笔钱取走去大吃大喝一顿或者买东西，对富有经验的投资者来说，这绝对是一个美妙的利用机会。

券商和其他人借款给你也有很大的不同。比如你的父母和亲戚朋友同学战友如果借钱给你，这里面有一层情面，你借了，将来就算是还了，你还有一笔额外的利息可能在未来的任何时间点需要你用金钱或者非金钱的模式去付出，这里面还可能给你留下一笔未来的人情债。

当然，任何人利用杠杆去炒股都是需要承担比较大的风险的。这一点大家必须心中有数。我写这一个章节并非是鼓励读者去券商开通融资融券业务。借钱买股票总归是有巨大的风险，并不是每一个投资者都有足够的能力去控制自己如何利用好杠杆。

第三，融资业务还有一个特色，券商是按照担保品的价值去给你开放融资额度的，这里面的巧妙之处就在如果你本人的账户已经有一部分股票，这些股票也可以做担保品抵押，然后借出钱来再投资。例如你有 100 万的股票，那么根据你持有的股票，券商有一个自己的抵押率，绝大多数股票只能给你 60 万—70 万的贷款额度（60％—70％）。但是如果你在你自己的股票账户上存的全部是现金，那么就不一样了，券商对现金作为担保品是采取 1 比 1 比例给你提供贷款额度的。

也就是说，你可以现在你的股票账户上存入 100 万现金，券商就会给你 100 万的融资额度，这样你就可以买入价值 200 万的股票了。

这里给个数学模型，解释如何充分利用券商的融资工具合法的博取潜在的超额收益。

假设你的投资账户目前有 50 万元的本金，也开通了融资融券的权限和信用账户，你的 50 万元已经在融资融券信用账户里面了。按照下表的步骤从 1 到 17 来逐一介绍一下如果操作能够放大自己的获利概率。

在这个模型中，我忽略了融资利息这个部分，暂时将其放在一边。

需要提醒大家注意的是，我假设了在一年的时间内，无论你如何操作，假设你每次操作收益率是 10％，这个模型假设你一年内做了四次投资。需要说明的是，每次操作赚取 10％并不一定非常容易。对于很多人来说，甚至都是非常困难的。但是你选择了最出色最优秀的好公司，却又是一个并不是完全不可触及的目标。

### 表 64

| 步骤 | 具体行动 | 账户本金 | 融资部分 | 假设每次收益率 | 账户市值 |
|---|---|---|---|---|---|
| 1 | 持有本金 | 50 | 0 | | 50 |
| 2 | 本金 1 比 1 融资 | 50 | 50 | | 100 |
| 3 | 账户本金也投入买入资金 | | 100 | | |
| 4 | 融资买入股票盈利 | | 110 | 10％ | 110 |
| 5 | 卖出股票还掉融资之后 | 60 | 0 | | 60 第一次清仓 |
| 6 | 再次 1 比 1 比例融资 | 60 | 60 | | 120 |

续　表

| 步骤 | 具体行动 | 账户本金 | 融资部分 | 假设每次收益率 | 账户市值 |
|---|---|---|---|---|---|
| 7 | 账户本金也投入买入资金 | | 120 | | 120 |
| 8 | 融资买入股票盈利之后 | | 132 | 10％ | 132 |
| 9 | 卖出股票还掉融资之后 | 72 | 0 | | 72 第二次清仓 |
| 10 | 再次 1 比 1 比例融资 | 72 | 72 | | 144 |
| 11 | 账户本金也投入买入资金 | | 144 | | 144 |
| 12 | 融资买入股票盈利 | | 158.4 | 10％ | 158.4 |
| 13 | 卖出股票还掉融资之后 | 86.4 | 0 | | 86.4 第三次清仓 |
| 14 | 再次 1 比 1 比例融资 | 86.4 | 86.4 | | 172.8 |
| 15 | 账户本金也投入买入资金 | | 172.8 | | 172.8 |
| 16 | 融资买入股票盈利 | | 190.08 | 10％ | 190.08 |
| 17 | 卖出股票还掉融资之后 | 103.68 | 0 | | 103.68 第四次清仓 |

按照 17 个步骤一个一个解释一下，很快你就会发现这其中的有趣之处。

步骤 1，假设你存入了 50 万现金进入账户。

步骤 2，你融资得到了另外一个 50 万。

步骤 3，你先融资买入 50 万，然后用自己的本金买入 50 万，买入若干股票。也就是说你用足了全部 100 万买入了股票。

步骤 4，经过了若干交易日，你获得了 10 个点的盈利，那么你的账面市值就会变成 110 万。这时你需要做的是清仓。

步骤 5，清仓之后，你偿还掉融资的 50 万，盈利全部保留，你的账户上就有了 60 万了。

步骤 6，你再次采用 1 比 1 的比例融资 60 万，这样你账面就可以购买价值 120 万的股票了。

步骤 7 和步骤 3 一样，你需要先用融资的 60 万买入股票，然后用自己的本金 60 万买入股票。这次你再次用足了全部的 120 万买入了股票。

步骤 8，经过了若干交易日，你再次获得了 10 个点的盈利，那么你的账面市值就会变成 132 万。这时你需要做的是清仓。

步骤 9，清仓之后，你偿还掉融资的 60 万，盈利全部保留，你的账户上就有了 72 万了。

步骤 10，你再次采用 1 比 1 的比例融资 72 万，这样你账面就可以购买价值 144 万的股票了。

步骤 11 和步骤 3 一样，你需要先用融资的 72 万买入股票，然后用自己的本金 72 万买入股票。这次你再次用足了全部的 144 万买入了股票。

步骤 12，经过了若干交易日，你再次获得了 10 个点的盈利，那么你的账面市值就会变成 158.4 万。这时你需要做的是清仓。

步骤 13，清仓之后，你偿还掉融资的 72 万，盈利全部保留，你的账户上就有了 86.4 万了。

步骤 14，你再次采用 1 比 1 的比例融资 86.4 万，这样你账面就可以购买价值 172.8 万的股票了。

步骤 15 和步骤 3 一样，你需要先用融资的 86.4 万买入股票，然后用自己的本金 86.4 万买入股票。这次你再次用足了全部的 172.8 万买入了股票。

步骤 16，经过了若干交易日，你再次获得了 10 个点的盈利，那么你的账面市值就会变成 190.08 万。这时你需要做的是清仓。

步骤 17，清仓之后，你偿还掉融资的 86.4 万，盈利全部保留，你的账户上就有了 103.68 万了。

神奇么？如何在完全一样的假设下去比较不同手段得到的回报率？

第一种办法，如果按照传统的复利模型，假设你有 50 万本金，一年内，如果能够连续做 4 次 10% 的收益，那么回报是 73.2 万，回报率是 46.4%。

第二种办法，如果你不连续做四次，而是找到一个公司长期持有，假设你有 50 万本金，一年内，除非你找到一个一年内能涨幅超过 46.4% 的股票，否则你很难打败第一种办法。

第三种办法，按照我刚刚介绍的数学模型，假设你有50万本金，一年内，如果你能够连续做4次10％的收益，同时利用券商的融资，那么回报是103.68万，大概就是一个翻倍的收益率了。即使考虑到这种模型的盈利稳定性，利息的损耗，这个投资回报也是很惊艳了。

当然第三种办法的前提是你有能力稳定的持续的得到4次10％的收益。这同样是非常不容易的。这也只能算一个理论的数学模型。如果你每次做不到稳定的10％呢？如果你其中有一次出现了亏损呢？同样，代入这个数学模型来看看结果。

假设的每次收益率如果出现了波动，那么显然，这个模型的最终得到的回报也是不一样的。按照下表，如果你每次的回报率波动，最终收益可能就无法翻倍。但是同样会战胜在完全一样的假设下不用融资的投资。

表65

| 步骤 | 具体行动 | 账户本金 | 融资部分 | 假设每次收益率 | 账户市值 |
|---|---|---|---|---|---|
| 1 | 持有本金 | 50 | 0 | | 50 |
| 2 | 本金1比1融资 | 50 | 50 | | 100 |
| 3 | 账户本金也投入买入资金 | | 100 | | |
| 4 | 融资买入股票盈利 | | 111 | 11％ | 111 |
| 5 | 卖出股票还掉融资之后 | 61 | 0 | ● | 61 第一次清仓 |
| 6 | 再次1比1比例融资 | 61 | 61 | | 122 |
| 7 | 账户本金也投入买入资金 | | 122 | | 122 |
| 8 | 融资买入股票盈利 | | 128.1 | 5％ | 128.1 |
| 9 | 卖出股票还掉融资之后 | 67.1 | 0 | ● | 67.1 第二次清仓 |
| 10 | 再次1比1比例融资 | 67.1 | 67.1 | | 134.2 |
| 11 | 账户本金也投入买入资金 | | 134.2 | | 134.2 |
| 12 | 融资买入股票盈利 | | 137.2866 | 2％ | 137.2866 |
| 13 | 卖出股票还掉融资之后 | 70.1866 | 0 | ● | 70.1866 第三次清仓 |
| 14 | 再次1比1比例融资 | 70.1866 | 70.1866 | | 140.3732 |

续　表

| 步骤 | 具体行动 | 账户本金 | 融资部分 | 假设每次收益率 | 账户市值 |
|---|---|---|---|---|---|
| 15 | 账户本金也投入买入资金 | | 140.3732 | | 140.3732 |
| 16 | 融资买入股票盈利 | | 158.6217 | 13% | 158.6217 |
| 17 | 卖出股票还掉融资之后 | 88.43512 | 0 | ● | 84.43512 第四次清仓 |

假设在 4 次投资中，有一次出现了浮亏，然后你果断砍仓出局重来，结果有可能是下表所示结果。

表 66　有一次亏损

| 步骤 | 具体行动 | 账户本金 | 融资部分 | 假设每次收益率 | 账户市值 |
|---|---|---|---|---|---|
| 1 | 持有本金 | 50 | 0 | | 50 |
| 2 | 本金 1 比 1 融资 | 50 | 50 | | 100 |
| 3 | 账户本金也投入买入资金 | | 100 | | |
| 4 | 融资买入股票盈利 | | 111 | 11% | 111 |
| 5 | 卖出股票还掉融资之后 | 61 | 0 | | 61 第一次清仓 |
| 6 | 再次 1 比 1 比例融资 | 61 | 61 | | 122 |
| 7 | 账户本金也投入买入资金 | | 122 | | 122 |
| 8 | 融资买入股票盈利 | | 119.56 | −2% | 119.56 |
| 9 | 卖出股票还掉融资之后 | 58.56 | 0 | | 58.56 第二次清仓 |
| 10 | 再次 1 比 1 比例融资 | 58.56 | 58.56 | | 117.12 |
| 11 | 账户本金也投入买入资金 | | 117.12 | | 117.12 |
| 12 | 融资买入股票盈利 | | 121.8048 | 4% | 121.8048 |
| 13 | 卖出股票还掉融资之后 | 63.2448 | 0 | | 63.2448 第三次清仓 |
| 14 | 再次 1 比 1 比例融资 | 63.2448 | 63.2448 | | 126.4896 |
| 15 | 账户本金也投入买入资金 | | 126.4896 | | 126.4896 |
| 16 | 融资买入股票盈利 | | 139.1386 | 10% | 139.1386 |
| 17 | 卖出股票还掉融资之后 | 75.89376 | 0 | | 75.89376 第四次清仓 |

这个场景只是假设你中间又一次亏损了 2%，这不算太大的浮亏，来假设其中有一次你出现了 7% 的浮亏，你迅速的止损出局，这时，你的回报就毫无惊艳可谈，而变成了一场自己的瞎折腾了。还不如找到一个好公司老老实实的持有到老。

表 67　瞎折腾

| 步骤 | 具体行动 | 账户本金 | 融资部分 | 假设每次收益率 | 账户市值 |
|---|---|---|---|---|---|
| 1 | 持有本金 | 50 | 0 | | 50 |
| 2 | 本金 1 比 1 融资 | 50 | 50 | | 100 |
| 3 | 账户本金也投入买入资金 | | 100 | | |
| 4 | 融资买入股票盈利 | | 111 | 11% | 111 |
| 5 | 卖出股票还掉融资之后 | 61 | 0 | | 61 第一次清仓 |
| 6 | 再次 1 比 1 比例融资 | 61 | 61 | | 122 |
| 7 | 账户本金也投入买入资金 | | 122 | | 122 |
| 8 | 融资买入股票盈利 | | 113.46 | −7% | 113.46 |
| 9 | 卖出股票还掉融资之后 | 52.46 | 0 | | 52.46 第二次清仓 |
| 10 | 再次 1 比 1 比例融资 | 52.46 | 52.46 | | 104.92 |
| 11 | 账户本金也投入买入资金 | | 104.92 | | 104.92 |
| 12 | 融资买入股票盈利 | | 109.1168 | 4% | 109.1168 |
| 13 | 卖出股票还掉融资之后 | 56.6568 | 0 | | 56.6568 第三次清仓 |
| 14 | 再次 1 比 1 比例融资 | 56.6568 | 56.6568 | | 113.3136 |
| 15 | 账户本金也投入买入资金 | | 113.3136 | | 113.3136 |
| 16 | 融资买入股票盈利 | | 124.645 | 10% | 124.645 |
| 17 | 卖出股票还掉融资之后 | 67.98816 | 0 | | 67.98816 第四次清仓 |

以上分析说明两点。

第一，假设你不是连续做了 4 次 10%，而是 6 次，甚至 10 次，那么回报将是惊人的,显然,这是在复利的基础上,再叠加杠杆的力量。沃伦·巴菲特之所以能够取得如此傲人的成就,和他拥有一家保险公司,源源不断的获得了很低成本的融资,也就是保险金,来做他的个人股票投资是非常有关系的,而且巴菲特的投资非常稳定持续。

如同下表,在上面的模型中,即使你每次做不到10％的回报,如果你能一年5次,每次7％的回报,但是稳定不出错,那么利用好券商给你提供的融资,同样你几乎能够赚到翻倍的收益率。

表 68

| 步骤 | 具体行动 | 账户本金 | 融资部分 | 假设每次收益率 | 账户市值 |
|---|---|---|---|---|---|
| 1 | 持有本金 | 50 | 0 | | 50 |
| 2 | 本金1比1融资 | 50 | 50 | | 100 |
| 3 | 账户本金也投入买入资金 | | 100 | | |
| 4 | 融资买入股票盈利 | | 107 | 7％ | 107 |
| 5 | 卖出股票还掉融资之后 | 57 | 0 | | 57 第一次清仓 |
| 6 | 再次1比1比例融资 | 57 | 57 | | 114● |
| 7 | 账户本金也投入买入资金 | | 114 | | 114 |
| 8 | 融资买入股票盈利 | | 121.98 | 7％ | 121.98 |
| 9 | 卖出股票还掉融资之后 | 64.98 | 0 | | 64.98 第二次清仓 |
| 10 | 再次1比1比例融资 | 64.98 | 64.98 | | 129.96● |
| 11 | 账户本金也投入买入资金 | | 129.96 | | 129.96 |
| 12 | 融资买入股票盈利 | | 139.0572 | 7％ | 139.0572 |
| 13 | 卖出股票还掉融资之后 | 74.0772 | 0 | | 74.0772 第三次清仓 |
| 14 | 再次1比1比例融资 | 74.0772 | 74.0772 | | 148.1544● |
| 15 | 账户本金也投入买入资金 | | 148.1544 | | 148.1544 |
| 16 | 融资买入股票盈利 | | 158.5252 | 7％ | 158.5252 |

续　表

| 步骤 | 具体行动 | 账户本金 | 融资部分 | 假设每次收益率 | 账户市值 |
|---|---|---|---|---|---|
| 17 | 卖出股票还掉融资之后 | 84.44801 | 0 | | 84.44801 第四次清仓 |
| 18 | 再次 1 比 1 比例融资 | 84.44801 | 84.44801 | | 168.896● |
| 19 | 账户本金也投入买入资金 | | 168.896 | 7％ | 168.896 |
| 20 | 融资买入股票盈利 | | 180.7187 | 7％ | 1807187 |
| 21 | 卖出股票还掉融资之后 | 96.27073 | 0 | | 96.27073 第五次清仓 |

第二，从上述数学模型中，也可以再一次领悟到，每一次出手，每一次投资不亏损的重要性，不亏损，那么对整体资产的损害将降到最低。

稳定长期的盈利，即使每次盈利的比例都不大。叠加一定程度的安全可靠的合法的融资，等于提高了资金运营的效率，这是投资界的圣杯。百年投资历史，大家都在追逐的，不就是可持续盈利的魔法么?

需要提醒的是，对于普通投资者，如果缺乏比较丰富的操作经验和稳定的心态，是不适合利用券商的融资融券业务来投资的。再次提醒大家，本文主要解释了利用融资融券来放杠杆之后逆袭的数学原理和实践，并非提倡所有的投资者利用杠杆融资炒股。对于没经验的人来说，借钱炒股的危害十分严重。

# 漫步行业篇

# 第三十六章　一行有一行的赚钱门道

每个行业都有其特点，不同行业有不同的赚钱的门道，看透看懂这些门道，对我们在股市上赚钱是非常有价值的。中国人有句老话，男怕入错行，女怕嫁错郎。有的行业天生赚钱容易，有的行业自古就非常艰难。不过理解和洞察行业，对于投资者却是大有裨益的一个工作，也是投资者终其一生都应该细心努力去做的一件事情。

## 房地产行业

房地产行业属于非常古老的行业，从古到今，都有建筑行业。盖房子也是人类的刚需，每个人都需要一个家，尽管这几年房地产行业不那么吃香了，但是盖房子这一行怕是很难消失，就算进化到了机器人，人工智能时代，还是需要有人给我们盖房子住，盖房子工作的。只不过将来的建筑，或许都是智能化和可装配化建筑了。

房地产行业有这么几个特征，盖房子会拉动很多子产业。钢铁，水泥，混凝土，建筑设计，园林艺术，对 GDP 贡献巨大。所以从国家政策的角度，想调控房地产行业，但是不会杀死房地产行业，一个房地产行业倒下了，影响的产业，影响的就业人口之庞大，是不能承受之重。担忧房地产产业完蛋是完全没必要的。房地产行业开发从投标拿地，到设计，规划，政府披露，盖楼销售完成交付业主，时间比较长，有的长达 3—5 年，短的也需要 2—3 年，所以从财务角度来看，房地产行业的销售收入反应的是过去 2 年的销售结算收入，业主收房了，财务上才能确认为最终收入。

从财务上，我把房地产行业当年的合同销售，在资产负债表上部分体现为合同负债看成是房地产行业的真实销售收入。而房地产行业每年的结算收入，也就是当年收房了之后结算为房地产企业的结算收入（账面收入）其实反映的是过去2年的成果，这笔收入可以看成是房地产的运营能力的一个体现。

房地产行业往往负债巨大，对融资能力的要求比较高，因为开发一个房地产项目对资金占用比较大，但是房地产行业因为会提前售楼，资金回笼计入了资产负债表的合同负债项目下，故而，真实的房地产行业负债率，其实是扣除了合同负债之后的债务除以房地产的总资产。观察房地产公司的资信水平，只需要观察他的融资利率（银行贷款的利率和发债的利率）就可以知道了。

一个房地产企业真正的资产是什么呢？拍卖到的土地和已经盖好或者正在建设的楼，还有账面的现金和合同负债（也就是已经按照合同收取回来的钱）。如果要判断一个房地产企业的价值，就要学会仔细研读房地产公司的财报，搞明白一个房地产企业的土地价值和没有出售的楼的货值就基本差不离了。可以这样思维，假设现在把一个房地产企业清算了，他的清算价值是什么呢？大概会等于这家企业所有的土地，货值和账面上的已经收取的全部的房屋预付款，然后假设我们兑现所有已经销售的楼和房屋之后这个公司剩余的盈利。然后把这些资金按照一定的折现率折现到今天算一个总价值。

投资房地产企业，我核心考量的是融资能力和融资成本，土地和楼盘商品房的权益货值（属于上市公司的权益部分的总货值）和每年的现金分红能力。土地的所在位置也很关键。如果土地都在偏远的三四线小城市，自然是没有土地和楼盘都在大湾区值钱了，这是用常识就能想清楚的。

## 银行

银行之间的竞争越来越激烈了。读者朋友们感觉到了么？很多新闻都在说银行的女职工被领导考核逼着去大街上一个汽车一个汽车问有没有安装 ETC 啊。抖音上出现了银行的男职工的段子——去银行工作，头 2—3 年就在柜台里面蹲监狱。其实这些都是银行竞争压力大的一个折射。银行的产品是什么？钱，货币就是银行的主要产品。银行的核心业务就是提供钱，管理钱。银行就是资金的掮客。自古以来，银行就是存款立行，放贷款靠息差赚钱。这个商业模式非常古老，从中国早年的钱庄发展历史就能理解了。

所以从投资银行业来说，密切观察的就是几个点，银行拉存款的能力强不强，银行的客户基础如何，放贷款的能力如何，竞争是不是激烈，手上的客户是不是优质客户，因为如果银行的客户基础好，贷款就能万无一失的收回来，银行每一笔贷款就能赚到钱，积少成多，银行的利润就有保证。客户质量好，坏账自然少，银行服务好，拉存款的能力就强，客户对蝇头小利不敏感，银行的净息差就会比较同行略微高那么一点儿，就这么一点儿，就赚了大钱了。但凡金钱从银行过一手，银行总要揩一点儿油。银行的存款越多，贷款就越多，资产规模越大，净息差越高，银行的生意就滚滚而来，蒸蒸日上了。现在银行的敌人就是网络银行，换句话说就是腾讯、阿里巴巴，美团这些公司，为什么呢？这过一道手的通道（支付，转账）现在腾讯、阿里巴巴涉足了。贷款的买卖腾讯、阿里巴巴、美团、京东都涉足了。银行和银行之间的竞争和互联网巨头对银行的压力相比就不算什么了。

给银行做估值，一般来说，银行的估值用市净率比较准确，0.5倍不算低，2倍就已经贵了。看银行，重点看净息差，看生息资产的规模，看拉存款的能力和放贷款的能力，看客户是谁，是零售客户多，还是企业客户多，看客户的质量，客户质量决定了银行资产的质量。把握住这些关键点就足够了。当下中国的金融服务行业竞争激烈，而且未来几年的竞争格局都不会太好。

三年之前，曾经有读者朋友问过我ATM机的供应商，我问他：大家现在都网络支付，都几乎不用纸币了，你觉得ATM机器还能有前途么？

## 电影院、电影公司、影视剧制作公司

每个时代都有每个时代的偶像。曾几何时，中国人喜欢港台明星到了无以复加的程度，不过今天都已经是过眼烟云了。曾经的港台明星现在也要和90后的国内小鲜肉同台参加娱乐圈的活动了，60多岁的港台老阿姨和20多岁的小仙女姐姐，小鲜肉哥哥一起参加综艺节目，混个面孔赚钱，想来也是悲催的事情。曾经玩过的三国游戏，看过的七龙珠漫画现在也找不到原始版本了。那些童年的记忆一去不往返了。

拍电影，拍电视剧，都是靠爆款，可持续性不一定能够保证。谁能保证这个电影你火了，下一个你一定继续火呢？所以拍电影，拍电视剧的公司，有个特点，一本电视剧火了，股价涨涨炒作一下，然后就偃旗息鼓了。曾经的成功不能证明未来的成功，是这个行业的普遍规律。所以这类企业的现金流会呈现一个脉冲式的增长，然后逐步减少，再有一个火的电影或者电视剧上映，又会有新的爆发式的现金流。

至于开电影院这门生意，和餐厅不同的是，餐厅被外卖压榨，电影院则被网络视频平台所碾压。在国外有奈飞、迪士尼这样的大玩家，在国内小米视频、腾讯视频、爱奇艺这几个，现在内容丰富，而且大家习惯于在家里看电影电视剧的人越来越多。电影院的生意是有压力的。如果能够多上一些体验性的项目，例如AR、VR游戏，也许还能活下去，但是电影院固定资产比较大、将来折旧大，还要支付很多场地租金和上映电影给版权方、发行方的分成，比较难赚大钱。

## 游戏开发商

开发游戏也是一种靠爆款的生意。很多小企业就靠一款游戏发家，游戏的商业模式是前期投入巨大，研发，美工，制作和发行费用都很大，一旦失败，自然就是没有机会了。如果一款游戏成功，往往有可能在未来1—1年半左右的时间贡献现金流，之后由于玩家玩腻了或者游戏本身如果缺乏很好的运营和后续延续生命的手段，不能吸引玩家，自然也是逐步逐步衰败的命运。所以游戏企业需要不断的投入资金开发新的游戏，不断创造新的现金流，但是游戏从产品策划到设计到开发出来，到营销，推广已经初步变成大玩家的市场。无论是时间还是金钱，一般小型企业都耗不起，所以在游戏行业会出现很多开发游戏的，委托自己的游戏给某大游戏企业运营和发行，然后分成，这样自己就只是专注在研发上。业务贯穿产业链（从策划，研发到发行到后续运营）的公司，能提供多个品类的游戏的公司业务就相对稳定的多。例如腾讯、网易等。游戏公司的自由现金流一般都比较好，它属于轻资产，核心资产是研发人员和研发的技术平台和团队多年的积累。但是如果只有一款游戏，或者一个主要的电影，或者影视剧作为核心资产的企业并不值得冒风险投资，因为后续如果没有新产品推动，市值很难有巨大的增长。

## 保险公司

保险公司的基本商业模式是左手卖保单，右手做投资。本质和银行类似，都是赚取资金中介的价差。保单会带来大量的现金，这些现金保险公司并不需要像银行一样去支付利息给客户，所以对于保险公司来说，保单带来的资金等于是一笔白来的钱，这笔钱大量沉淀在保险公司的账户上，形成了大家说的"浮存金"。保险公司用这笔钱去投资房地产，股票，债券市场来获取投资回报。简单的说，如果投资获取的收益远远大于公司的运营成本和保险公司必须支出的偿付，保险公司就赚了大钱了。

大家都知道沃伦·巴菲特拥有很多保险公司，这些保险公司的保险金，也就是消费者和企业客户缴纳的保费，都成为了巴菲特用于投资的本金。巴菲特的盈利模式之一，就是巴菲特用保险公司不断增长的保费去投资其他更有价值和前途的企业股票，由于巴菲特杰出的投资能力，保险公司的保费获取了巨大的回报，这些保费对于巴菲特而言，相当于是几乎没有成本的融资。而且更重要的是，因为保费一直在收取，意味着巴菲特一直有钱用于买股票，用于补仓。

在投资保险公司时，核心要观察，第一，保费是不是一直在增长，尤其是新增保费，新增保费指的就是新的客户带来的新保单。这个相当于是保险公司的源源不断的新的投资资金的来源。第二，保险公司的总体投资回报率。由于保险公司大量配置的资产是债券，而债券的收益率基本是跟随十年期国债收益率走势的，当国债收益率增大时，债务投资回报率自然增加，总体投资回报也会增加。

保险公司的估值比较复杂，尤其是国内很多保险公司都是综合金融集团，故而整体评估一家保险公司需要采用分部估值法。例如：如果保险公司同时有银行，券商和寿险，财产险业务，那么需要分部给予估值，然后把每个分部的估值加总方可。例如银行一般按照市净率估值，常见的波动范围在 0.8—2 倍左右。券商一般按照市净率估值，常见的波动范围从 1—3 倍不等。保险又可粗略分为寿险（健康险、终生人寿保险）和财产险（例如车险等），保险又可有团体险，个人险，又可分为一次性趸交或者按期定期缴纳等等，保险公司销售的保单定价也比较复杂，而保险公司最核心的资产其实就是手中的一份份保单的价值总和了。

所以寿险公司一般需要采用内含价值估值，可以简单理解为寿险公司的内含价值主要是包括了所有保单的价值。（实际还要复杂得多，在本书不详细解释了）内含价值就基本等同于寿险公司的清算价值了。给寿险业务估值时有一个好处，基本所有的保险公司都会在每年的财报中披露自己的寿险的内含价值，对于业余投资者来说，可以直接拿过来用。所以寿险公司的市值一般是其内含价值的0.5—2 倍左右。也就是很多投资者经常说的 PEV 在 0.5—2 之间波动。

所以很多综合保险集团的估值采用的办法是这样的：

总估值＝银行估值（按照 1 倍净资产）＋券商估值（按照 1 倍净资产）＋财产险（按照 1 倍市净率估值）＋寿险业务（按照当期寿险公司的内涵价值 EV 结算）＋其他业务（如果有的话）

总估值/股本＝相对合理的股价

保险行业有利有弊，利在于保险行业目前在中国还是朝阳产业，中国人买保

险的意识逐步提高，保险业务员推销保险总体不难，弊在于竞争激烈，我国逐步
开放保险市场，保险公司的产品大同小异，竞争激烈，很难构成垄断地位。其
二，保险公司的盈利需要依赖其投资回报，所有保险公司的投资团队非常重要，
但是目前保险公司的过去几年的投资回报率也大概就在5%左右。

其三，保险公司的价值会受到长期国债收益率的很大影响。

大家都知道，保险公司因为承担了保险保障的功能，消费者买了保单，如果
出事，保险公司要按照合同条款赔付，所以保险公司的赔付能力是要保证的，国
家是要求保险公司按照保单的一定比例计提保险公司的保险责任准备金的。保险
责任准备金，是指保险公司为了承担未到期责任和处理未决赔款而从保险费收入
中提存的一种资金准备。保险责任准备金不是保险公司的营业收入，而是保险公
司的负债，因此保险公司应有与保险责任准备金等值的资产作为后盾，随时准备
履行其保险责任。

国债收益率提高，就会影响保险公司的责任准备金的。因为保险责任准备金
是按照一些规则，用贴现率来计算的。那么对于保险公司来说，保险公司收取了
保费，是要提取一部分的钱做保险兑付责任保证金的。就是说，有人要理赔时，
你要有钱准备着。然后才能拿走这笔钱去投资增值。简单的说，就是比如过去你
一年后要赔付100元，按照5%的贴现率，现在就要准备95元。如果贴现率提高
到6%，那么你只需要准备94元就行了。所以贴现率提高了，意味着什么？意味
着保险公司不需要在财务报表中留存那么多的保险兑付责任金了，这些钱就会释
放出来变成利润。

国债收益率的变动对保险公司利润和内含价值均会产生影响。对利润的影响
主要通过保险准备金的重估实现。由于保险公司在会计口径下的保险准备金评估
采用了最优估计的原则，在每个资产负债标日均需按照最新信息来评估准备金。
其中，准备金评估的贴现率一般按照"750日国债平均到期收益率＋一定溢价"
的评估标准，如此国债收益率的下行将引起贴现率的下降，造成需要计提更多的
保险合同准备金，进而减少当期税前利润，而国债收益率上行则有相反影响。近

期国债收益率的上行将在一定程度上对减少准备金重估对税前利润的负面影响，缓解保险公司业绩压力。保险公司的投资配置很多都在国债。国债收益率下行反应的是长期投资者对经济不看好，对通货膨胀也不看好。但是国债收益率上行则反应的是对经济长期前景看好，并且对通货膨胀有更大的预期。那么现在国债收益率提高了，保险公司的内含价值计算是依赖对保险公司长期投资回报率的一个假设的。保险公司的投资回报率和国债收益率是正相关的。所以也会间接的提高保险公司的内含价值的计算。

# 白酒

白酒行业属于商业模式一流的行业，白酒因为能够长期保存，所以对于白酒来说，库存是真正的核心资产，常年存放的白酒不但不会贬值，还会升值。白酒行业整体的特点是整体白酒消费量是在萎缩的，消费者现在的大趋势是：少喝酒，喝好酒。白酒最核心的观察特征就是品牌力，就是品牌在消费者心目中的地位。白酒的品牌并不是几天，几年能建立起来的，是几十年，几百年来逐步逐步培养起来的，品牌融合了中国国内历史变迁。高档白酒的市场份额都集中在几个大的品牌上，行业集中度越来越高。故而长期来看，目前高档白酒的几个品牌，如果不出大的意外，未来都会持续保持领先地位。白酒行业过去主要依赖渠道销售，所以在资产负债表可以观察预收账款（合同负债）项目的波动来判断渠道的提货量，这也算研究白酒企业的一个小技巧。目前的白酒行业竞争依旧是很激烈的，高中低档次的白酒中，高档白酒的商业模式最好，可持续性最强。基本上，观察白酒的品牌力，就看价格。如果在某一个层次的价格能够销售很好，就折射了这个白酒的品牌力。无论和平年代还是战争年代，男人们都会酷爱烈性白酒，并将此爱好作为社交的主要工具。白酒企业还有一个独特优势，能够在通货膨胀情况下涨价。可以说，从 A 股历史来看，白酒企业几乎是普通投资者最好的投资标的之一。能涨价的食品饮料企业通常都是大牛股的重要特征。

# 化妆品

化妆品行业也是一个古老的行业，几千年的中国文明中，早就有化妆行业，绝大多数文献描述胭脂早在汉代初期就已经流行了。女性对颜值的追求几乎从来没有改变过。化妆品行业可以粗略分为护肤，彩妆和抗衰老产品。从流行趋势上来谈，化妆品一直在护肤，彩妆，抗衰老几个产品线轮动。可能会出现这两年流行功能护肤，这两年流行某种风格的彩妆，但是万变不离其宗，只要能对女性颜值有提升的，总是经久不衰的。化妆品公司中的翘楚雅诗兰黛其股价已经持续涨了 20 年，常年市盈率在 30 倍以上。化妆品公司的支撑力在于女性对美颜的追求，这一追求极度刚需，化妆品并不是可选消费品，其实是日用消费品中的刚需消费品。投资化妆品和白酒行业有很多类似的地方，观察点核心是品牌力和价格。价格融合了一个品牌的全部内涵，价值和消费者认可，高档的化妆品增速远超中低端化妆品。化妆品公司的成本结构中，要特别注意的是优秀的化妆品公司一定会在产品研发，营销上投入巨资。尤其在品牌塑造上投入的资金（包括广告，线上宣传，明星代言等），很多小品牌长不大的背后原因之一就是资金实力的问题，如果没有持续不断的资金投入到营销和品牌塑造上，良好循环很快就会逆转。故而化妆品公司削减营销费用并非好事情，销售费用占比并非减少才是好。但是如果销售费用的占比减少了，销售收入增速更快了，这说明企业的品牌力有所提高。这一点是值得留意。

# 医美

除了平常采用化妆品，女性对于颜值追求很高，也有相当大比例女性在美容院，美容整容医院做一些保养和微整容。这一块市场巨大，需求强劲。提供医美产品的企业发展潜力巨大，而且因为这一块涉足到了医疗二类，三类器械资质，需要有相应政府许可，进入门槛比较高，医美行业的护城河要相对于一般化妆品高许多。随着生物科技进步，今天人们用的医美产品很可能会日新月异，各种新技术，新手段层出不穷。医美产品和医美类医院服务机构也是值得关注的投资对象。

## IT 产业

IT 产业，顾名思义，信息科技产业，这个词汇覆盖面太大，大体我把 IT 产业划分为软件，硬件，硬件软件结合的解决方案产业，软件服务业，软件硬件结合的服务业这几个细分领域，软件公司的特点就是毛利润率极高，如果能够做到标准化，产品化，在客户群体极大的情况，软件企业容易诞生巨人企业，例如微软的 office、金山办公的 wps、腾讯的微信和 QQ 本质上也是软件。泛微网络提供办公软件，但是泛微网络的办公软件标准化不够，由于企业和企业的信息化办公需求不一样，故而泛微的办公软件系统在标准的模组之上还需要一定的定制，客群就比较受到限制，十多年艰苦努力，也就是 1—2 万个企业客户的规模，而且其中大多数都是大型企业客户。这类软件企业的财务特点就是毛利润率高，但是净利润率低，实施过程需要耗费的人力物力和定制化比较多，销售过程繁复。阿里巴巴的钉钉则不同，钉钉聚焦标准化软件，提供开放接口解决不同企业之间的定制化难度，发展迅速，已经有百万企业客户。而且软件本身可以运行在云端，还可以帮助企业节约大量部署成本，目前这类云服务的软件，按照月租或者客户数收费的模式称之为 SaaS（软件即服务）已经成为潮流。SaaS 类企业的估值模型，也可以利用市销率估值，或者长期自由现金流估值，钉钉、金山的 wps，广联达都走上这条道路。泛微网络的净利润率不足 10％，而金山办公的净利润率却可以达到接近 40％，差异就在于此。真正的核心软件企业毛利润率和净利润率都是惊人的高，因为这类企业主要的资产就是无形资产，就是代码，开发团队，基本不需要什么固定资产，一旦软件在某些领域形成习惯，用户的替代成本巨大，基本不会去换软件产品，其护城河和可持续竞争力也往往是极好的。

有些企业能结合软件和硬件，面向不同行业提供解决方案，比如海康威视，聚焦40多个不同的行业，提供围绕着视频和其他大数据提供决策支持的解决方案，这类企业的毛利润率往往在45%左右，净利润率往往在15%—20%左右。这类企业核心观察的是收入和利润的增长速度。由于这类企业要做大量非标准化的工作（因为每个客户的解决方案和客户自身的应用场景，数据特点，行业知识和定制化需求有关系），企业的成本大量在人力上，部署费用极高。故而严重影响了净利润率。还有些企业为自己的客户做一些定制开发，类似房地产的项目，做完收钱，还有一定的维护期，这些企业往往有大量的应收账款，尾款也非常容易形成坏账，这类我称之为系统集成企业，系统集成企业壁垒低，属于苦哈哈的业务，其投资价值寥寥，投资这类企业很容易失败。

## 零部件产业

我对零部件行业的定义是提供多个客户在某类最终销售给企业或者个人，家庭用户的产品（汽车，手机，摄像头，机器人，传感器，消费电子产品等）的标准核心零部件，组件，电子元器件公司。

如果投资这类公司要注意几点。第一，这类企业要研究其是不是有核心技术的存在。是不是有核心技术如何去判断呢？除了做行业内的研究之外，在财务数据上要观察的是，其一，要优先考虑毛利润率比较高的企业，毛利润率折射的是产品的定价高低，定价高，毛利润率高，说明市场上供应有门槛或者玩家是不足的，产能是不足的。如果毛利润率非常低，则说明这个行业竞争很剧烈，进入门槛不高，或者说明这个行业的需求端上游客户非常强势压价，这也意味着这个行业投资的价值不大。除非看到毛利润率是逐步改善的，否则不要轻易投资这类企业。例如服务器产业，毛利润率极低，其核心技术在芯片，内存这些核心电子元器件，供应端收到芯片，内存厂商压制，需求收到互联网巨头压价，两头受压，很难获取超额利润。其二，要分析企业的研发投入多不多，够不够，趋势如何，和同行相比是不是在研发上投入力量比较大，研发的员工占公司总在职员工的比例如何。生产部门的占比如何。例如如果一个企业研发员工占比不大，但是生产部门占比巨大，这类企业往往要么不是研发型企业缺乏长期竞争力，要么本质上并非核心零部件企业，而是代工企业。代工企业的常见三个特征，依赖大客户订单，毛利润率很低，净利润率也很低下，自由现金流少或者没有，库存占比很大，资金几乎都用于按照上游大客户订单去扩张产能，招聘了很多人，也做了很多研发，但是要备货（增加库存），然后前五大客户的收入占比至少40%，多的甚至70%—80%。代工企业如果遇到上游客户砍单，业绩就会暴跌。

第二，核心零部件企业要注意分析其行业格局，看看行业内究竟那几个公司能提供这类相关的产品，一般核心零部件企业的综合毛利润率可能在60%以上，甚至高到80%。如果行业中能提供类别产品的公司很多，自然毛利润率不可能维持太高，供应门槛太低，自然会竞争价格。例如猪肉养殖的猪肉就是这类情况。摄像头模组也是这类情况。但是摄像头模组里面的高端CMOS芯片竞争格局就比较稳定，核心技术就3—4家企业掌握。第三，要注意其应用的领域是不是广泛，例如红外热成像芯片。是不是有国产替代的巨大前景，例如机器人的减速器，国内90%都是用的国外的产品，自然国产替代的市场空间巨大。

如果核心零部件企业不依赖单一大客户（前五大客户占比低于20%），比较注重研发（每年研发投入大于5%，甚至超过10%），拥有一定的自由现金流，产品应用领域非常广泛，毛利润率大于50%，在一个细分行业的龙头而且市场占有率目前还并不大，往往是绝妙的投资标的。随着国产替代或者市场份额的逐步扩大，市值自然也是节节抬高的。

## 装备制造业和耗材型企业

装备制造业在不同的行业都有，往往为下游企业生产和制造某些产品提供设备，流水线和仪器仪表，这类企业的问题在于比较依赖下游的订单和扩产周期。例如目前比较火热的锂电池产业的配套设备提供，但是如果下游企业遇到订单削减，则装备制造行业会提前萎缩。相对于装备制造业而言，耗材型的企业更好，例如新能源汽车行业的锂电池，每年销售的电动车逐步增加，生产锂电池的企业自然业务会一直保持不错。因为每一台车都需要锂电池。但是生产锂电池的装备，流水线，对于生产锂电池的企业来说，有了一条生产线可能很长时间不一定需要扩产，不扩产就不会去主动买设备。类似的概念是口罩和口罩机，手套和手套流水线设备，也是道理雷同。在前面我谈到的核心零部件企业中也是这样，也需要分辨哪些核心零部件企业是给装备制造业提供核心零部件的，哪些是给耗材型企业做配套的，其投资结局大不相同。例如你给车床提供一些零部件，那么车床的采购订单是有限的。你充其量只能是装备企业的一环。但是如果你给最终的汽车提供电池，摄像头，雷达，屏幕，座椅那就是一台车配置若干套，而汽车又是消费品，市场巨大而且有每年的更新需求，那自然市场需求有保证了，那你就属于耗材型企业。

例如惠普公司的打印机在国内销售很不错。其打印业务的真实利润来源却是墨盒。市面上打印机几千元一个，更换墨盒也是这个价格。而墨盒用的多的情况下，短则半年，长则一年两年就需要重新购买，而惠普公司的墨盒尺寸规格又做成非标准化，打印机几乎不赚钱，但是利润都从墨盒上赚了回来。

## 医疗和大健康产业

伴随着中国人对健康的认知不断提高，伴随着中国老龄化不断加速，医疗和大健康产业在国内市场空间巨大。中国已经有接近 2.5 亿 60 岁以上的老人。不过医疗行业很多投资者会感觉不太容易投资，究其原委，因为医疗行业分类繁多，相对专业知识比较多，政策变化也比较多，很难吃透。这个产业可以大概粗略分为，药，医疗器械，医疗服务和药店分销零售渠道这几个细分。总体来说，中国已经实现了全民医保，故而国家要承担绝大部分国民的医疗费用，而中国已经迈入老龄化社会，国家拿不出这么多钱来，所以必然第一集采和压低成本，第二鼓励国产替代，是两个时代的主旋律，虽然我投资股市多年，对医疗和大健康产业也是循序渐进的逐步理解，至今都不敢说自己懂这个行业，只敢分享皮毛一二，供读者朋友们借鉴。

# 药

药是每个人都要吃的，种类繁多。如果是一般性药店能买到的非处方药物，往往厂家很多，竞争激烈，也不会有什么超额利润，如果是处方药，就必须通过国家药监局一致性评价和进入医保体系，病人开药开药报销，其销量才会上去。药种类繁多，涉及的学科也非常复杂，所以很多投资者很难研究一种药的未来。即使在医药行业专业人士，也很难预判某种在研发的药物是不是有多大的前途。

而且药物从研究，开发到临床试验，通过国家审核获得上市批文，时间比较漫长。所以对于药企来说往往是研发时间漫长，投入巨大，成功率有一定的不确定性。但是一旦某种药物上市，往往会给医药企业带来巨大的增量，业绩总有突变。所以用平常的现金流估值法，或者市盈率估值法，往往体现的是医药企业的现在已经在销售的药物的业绩，而并不是折射一个医药企业的全部价值。

分析医药企业就需要了解这个医药企业每年投入的研发，都聚焦在那些领域，这些领域的药物的未来前景如何，而这些都是非常困难的，带有一定预测风险的事情。从一些医药类企业的研发投入来看，其研发时间从几年到十几年不等。

老龄化社会自然要聚焦大品类，例如心脑血管疾病，心脏病，高血压，糖尿病，癌症，老年人的医疗服务，牙科眼科，精神类疾病，长期慢性病的管理都是比较大的领域。

医药企业要想做好，有几个观察点，第一，研发投入。研发投入是长期的，领先的医药企业在研发上的投入往往占收入比例在 10％或者以上。第二，好的医药企业同时在营销上也布局很多，有些企业医药研发投入巨大，但是销售团队如果不行，也是很难成功的。这一块也要关注，和多数人的看法不一样，我认为好的医药公司必然是销售费用占比很大，而且并不需要减少。药物推广除了学术的推广，要让中国千万医生知道如何在实际诊疗中用好这个药物，也是需要耗费大量的时间，精力的。对于一流的医药企业，必定是销售费用，研发费用都占比很大，而且持续不断的投入的。

依赖单一药物为主要盈利的医药企业投入要非常小心，一旦单一药物出现强劲对手，就会面临价格下滑，给利润带来巨大压力，而如果医药公司利润不够，则无力支撑持续的高额研发投入，几年就会衰败。所以如果研发的药物不是大品类，不是创新品类，或者没有特殊的竞争优势，如果销售能力不行或者销售的投入不够大，这些都会导致医药公司的失败。医药行业和食品饮料行业不同的一点在于，因为多数常用药物的大部分费用国家医保需要承担，故而集中采购药物和压低药物的价格是长期大趋势。医药公司并没有太强的定价权。除非首创药物，创新药物，暂时没有竞争的药物，那么在独一无二的前提下，也只能维持一段时间，一旦出现多个竞争对手，药物价格就会面临价格下调的巨大压力。

医药公司的现金流模式会是一浪接着一浪的模式，每一个药物都会有一个生命周期，故而我会选择那些有很强的药物研发能力，有很多药储备的公司去投资。这样即使前几个药物的黄金期逐步逐步过去，后续的药物也能创造新的现金流，也能不断贡献收入和利润。

故而，对于医药公司的估值，很难用单纯的市盈率，市销率来衡量，一款新药，一旦研发成功，批准上市，很可能在1—3年短短的时间内创造巨大的现金流，如果单纯用当下的业绩去评估这个医药公司的价值就会觉得医药公司的估值贵的不可思议，所以医药公司的估值一般需要用现存业务的估值加上未来药物可能创造的潜在自由现金流的估值之和来评估。尤其是对于创新药的研发企业，很多企业都是刚刚开始有收入，所以评估医药公司会非常困难。

## 医药企业研发和生产外包企业

医药企业研发和生产外包企业也是可以看作是医药公司的一个细分领域，这个领域和IT产业的软件外包公司类似，相当于是医药研发外包企业提供团队，帮助一些大型医药公司研发药物，做一些临床前的研究和临床后的研究，甚至帮助医药公司负责最终的药物生产和获批上市。这个领域的企业也有不少。这个领域财务上要关键关注的是订单多少，人均效率。但是医药外包企业和IT行业的外包企业，服装产业的ODM企业，化妆品行业的代工行业，消费电子的代工产业都有类似的地方，都会为自己上游客户的订单所制约发展。如果上游订单因为某种原因削减，都会影响到自己的业务。而医药外包企业和IT软件外包企业又会面临着人力成本不断提高的压力，所以需要仔细甄别，否则也很容易失手。

## 医疗器械

医疗器械种类繁多，医疗器械或许可以从两个维度去入手观察，一是手术类器械，围绕比较大的病种类别所需要的器械。心脑血管，骨科，癌症等手术类比较多的科室所需要的器械，包括病床监护，检查等器械都应该有机会。二是用于检查和化验必备的器械，一个粗略的观察是现在国内看病无论西医，中医，都比较重视化验检验，而各个地方的医生水平不一，所以大量依赖化验和过去的案例来帮助医生做出诊断和治疗，这一块相比也会有巨大的发展。想的略微远一些，或许今后器官移植，替代人的某些人类组织和器官的再生生物物质也会有很大的发展。

我观察医疗器械公司的财务情况，比较多观察研发能力，收入增速和毛利润率，净利润率，以及销售能力。医疗器械有一个转换成本高的优势，因为如果科室的大夫和护士已经熟悉某些医疗器械和耗材的使用，对其性能，使用方法适应证都有理解，自己如果用的得心应手，自然会依赖性比较大。如果突然更换器械耗材的厂家自然会有抵抗心理，同时使用和熟悉也有一个全新的周期。

## 医疗服务业

医疗服务业主要是医院。国内公立医院，私立医院上市的比较少。这一块应该是投入巨大，回报期不那么快。但是医院有个特点，时间长了，会形成品牌效应，例如在某些城市，当地的某些医院几十年都收到老百姓信赖，医院就诊人数不断增加，并且不受到周期的影响，所以我觉得如果有机会上市也是绝好的标的。医院上市之前几十年的口碑和品牌累积是无法用金钱来衡量的。尤其是大型综合医院和专科医院。

除了观察医院的就诊人数和门诊量，手术量，也要观察医院的医生数量和质量。所谓山不在高，有仙则名，水不在深有龙则灵，医院的核心资产是优秀的医生团体。总有美丽的大楼和完备的器械，若是没有一个好的医生团队，医院如果看病水平不行，长期也是难以隐藏，最终也会导致病人的流失。爱尔眼科曾经在一次会议上提到自己连锁医院的眼科医生已经占到全国眼科医生的八分之一，这其实是一种相当强大的护城河。

值得关注的是不断兴起的在线诊疗服务，中国人多医院少，尚有很多人生活在农村和偏远的乡镇，随着 5G 网络的发展，包括视频技术，通讯技术的发展，和在线教育类似，很有可能未来的诊疗服务会结合在线，远程，视频通话和一些人工智能技术一起来做，即使在偏远的地方也能得到最好的专家的意见。这个领域有可能诞生一些新兴的企业。目前有些企业联合医院，医生提供一些在线诊疗服务，每次远程诊疗服务 50—100 元人民币左右不等。就诊人次逐步提高。不过这个对主流医院的诊疗服务更多只是一个补充，绝大多数人目前并没有线上问诊的习惯和认可度。这个领域将来会不会逐步崛起，形成对医院的部分替代呢？

## 药店和分销零售渠道

药店本质上业务还是一个药品零售的过程，和超市类似，业务利润率不高。而且面临潜在的互联网销售的竞争，例如阿里巴巴，京东都有网络销售药的服务。未来趋势不是太明朗。评估分析药店要看药店是不是一直在开新店，以及国家政策的影响，长期来看，药和医是会逐步分离的，病人也有可能将来去根据处方去药店开药。因为药涉及人的生命健康安全，有一定准入门槛，同时也有一定的经营风险，但是利润率不高，护城河不高。

## 航空

航空公司核心成本是燃油。航空公司收入主要来源是旅行的客户，但是航空公司在很多国家都是不能独立定价，价格的制定受到政府的制约，而且很多国家都会要求航空公司承担一定的社会责任和义务。这些因素导致了航空公司在成熟的市场也很难赚大钱。例如当下，全球疫情尚在发展（截止 2020 年 12 月），全球商务旅行重挫，旅行减少，对航空公司的业务收入影响巨大，但是航空公司依旧要协助政府承担许多责任和义务，保障基本出行需求，所以并非太好的投资标的。

## 物流和快递

随着消费者在电商上购物的趋势日益加快，电商购物消费已经占到全社会消费的 25％—30％之多，目前尚没有停下来的趋势，电商采购之后从产地到客户手中，就需要依赖全国性的物流网络和完成最后一公里配送的快递服务公司，所以这一块的企业赚的是一个辛苦钱，大量依赖信息网络和飞机，火车，货车车队和信息化管理的网络和大量的人力资源，如果没有规模，品质和性价比，很难在这个市场上生存。最终市场大概率会集中到几大接近于垄断的巨头手里可能是不可避免的终局。

漫步行业，可以帮助我们找到自己看得懂的，最有吸引力的行业，也可以帮助我们不断提高投资的素质。横跨不同行业，观察不同行业的龙头的兴衰，假以时日，投资者的水平会越来越高。

# 投资系统篇：拥有自己的投资系统，做长期赢家

# 第三十七章　从头开始构建一个投资系统

一个投资者如果能在若干年内逐步形成一套自己的投资思想、方法并且能在实践中良好运用，达到能够可重复赚钱的程度，这就意味着投资者基本拥有或者掌握了一套投资系统。在中国股市，大概率超过 90％ 的人是完全没有自己的投资系统的。

投资系统就犹如武功一样，也有不同的流派和招式，当然有许多投资者是在不断观摩其他人的武功心法，或者自学，或者偷学，或者直接拜师等方法逐步结合自己的实践发展出了各自的投资系统。正如天下任何的武功都有破绽，任何投资的系统也都会存在不同的缺陷，在时间、回报率、波动这几个维度我们会观察到不同的投资系统。从择时、选股、估值、仓位 4 个维度，也能把不同的投资系统区分出来。长线投资者比较看重选股，某些短期交易者则比较看重择时。基金管理者比较重视仓位管理和选股，估值。

例如很多普通投资者选股靠抄大 v 的作业，择时靠自我感觉，估值靠看券商研报，仓位满仓满融，迷之自信自己是价值投资者忠实信徒。有的游资（小型团队）选股靠选风口，择时靠看线（技术分析指标和看图形），估值基本不看，仓位快进快出，持有时间不超过 1 周。

本章开始我会给读者朋友们介绍一下我的投资系统，这只是代表我的个人经验分享，而不是说教。在投资领域，没有老师，没有对错。有的只是赚钱的人和亏钱的人。对错的标准也异常简单，你赚钱了么？你能做到持续赚钱么？

我主要分享的是我个人的投资系统。我会谈及到我是如何构建我的投资系统的，这个投资系统的具体做法是什么，这个投资系统包括什么，这个系统需要如何去维护和管理等等。需要再次提醒诸位读者的是，投资系统往往带有巨大的个性化色彩，故而我在本书中反复提及，一人一投资，一花一世界的道理。适合你的就是最好的。不用强求自己一定要对标巴菲特芒格，也不用觉得自己的想法一定要和某牛人一致，只要你找到了适合你的做法并且你能够通过自己的办法和实践可持续赚钱，这就是最好的适合你自己的投资系统。

我构建一个投资系统时，会大概分为几个步骤。

第一，我首先会考虑构建一个股票池，也就是一组我会长期关注，跟踪，看业绩，观察市场动向的公司组合。一般来说，当普通投资者的资金在 5 万左右，我建议大家持有 1—2 只股票或者 1—2 只基金即可。每个公司的仓位可以控制在 30％左右。如果投资者的资金在 10 万—50 万左右，建议大家持有 2—3 只股票左右。每个公司的仓位可以控制在 10％—30％左右。如果资金量在 50—100 万左右，则大家可以持有 3—5 只股票左右。每个公司的仓位可以控制在 10％—30％左右。如果资金量在 100 万—500 万左右，则建议大家最多持有也不超过 6 只股票。每个公司的仓位可以控制在 10％—30％左右。资金量越大，在通常情况下，可以考虑适当分散，每个公司的仓位可以控制在 5％—20％左右。

那么股票池的公司，一般来说是你持仓的 3 倍左右的股票。例如我本人常年观察 100 家公司左右。在我的组合里面，重仓的公司一般不超过 10 个公司，我建仓的总公司数量不超过 30 家。有不少公司我采用了 100 股法则买入观察仓位。

熟悉我的朋友曾经和我说过，我的投资风格类似基金经理和彼得林奇。可能是因为我的持仓结构相对比较分散吧。

对于绝大多数本书的读者来说，假设你的资金量在 100 万人民币以下，我个人建议是持仓不超过 5 只股票，每个公司的仓位不超过 20％。但是你可能需要长期观察跟踪大概 10—20 个公司的发展，而这 10—20 个公司的所在行业不要超过三四个行业。每个人的精力，对行业的理解和洞察力都是有限的，有时非常困难跟踪这么多企业和行业。

每一个人在自己独立做投资时，就犹如运营一个公司一样，如果聚焦三四个行业，长年累月研究分析，自然对这三四个行业越来越精通和拥有直觉。否则就如同自己经营了一个多元化的企业，很难掌握，非常容易失手。

这和一些上市公司，一些民营企业老板，赚了点钱就喜欢去搞房地产，拍电影，什么热做什么，口罩热了投资口罩，抗癌药物热了去买医药公司，有点类似。多元化的企业往往和失败两个字连在一起。并非不能跨越到新的产业，经营企业还是要从自己的能力，经验，阅历和知识，认知（类似投资中的护城河）出发，逐步逐步延展到新的领域。投资股市也是如此。要想真的有所大成，最理想的是，你投资一个组合，这个组合最大仓位（最重仓）是你自己从事的行业的龙头企业或者行业里面你最看好的企业，这样往往容易事半功倍。

能不能深刻理解，能不能看懂这个行业，这些持仓的企业是构筑股票池最核心的基础。当你构筑这个股票池时，如果你不懂的行业，没办法深刻理解的行业，最好的选择就是不看，不听，不问。过去我的职业生涯涉足到了IT，计算机，咨询，通讯和消费者服务行业，我也给一些企业做过咨询顾问，也做过市场调查，分析和研究算是我个人的一个喜好。故而，构筑股票池时，我的风格是围绕着消费的需求来延展，我对消费类企业比较有兴趣，长期研究分析观察各种消费者的行为，研究男性、女性、老人、小孩的喜欢和趋势动态，我会构建很多组合，例如女性消费者组合，厨房组合，老人组合等等。我之所以这么做，背后的原因是我发现研究人，研究人性，研究消费者趋势是相通的，而这些消费的趋势，人人都能看到，平常看得见摸得着，不会觉得假大空，你看到的是真实的社会变化，消费者的购买习惯。这些消费者的消费趋势和思维变革帮助我去确定我选择的东西是不是有长远的支撑。这个视角，又会让我看到了女性，男性，老人，小孩子在医药行业的需求，在电商，物流配送，科技发展中的需求。

我的投资组合绝大多数会聚焦在消费，科技，医药领域。我本人比较少投资周期股，其背后深刻原因是我的生活背景和行业经历，令我对大宗商品的价格波动没有办法很好掌握，例如能源，有色金属，矿，农产品，新材料行业等等。我在20年投资股票生涯中，曾经多次折戟周期股，故而我对周期股怀着深深的恐惧。不过这并不影响我从股市中持续赚到钱，所以现在我基本不投资强周期股。我也已经学会了牢牢守住自己的能力圈，只投资自己深入研究过的企业，只投资自己能够看懂的领域。这一点是我投资哲学的基石。

第二，有了股票池之后，我会构筑一些不同的股票组合，通常我在我的组合中给予每个股票的仓位有最高和最低的限制来控制风险。

一般来说，我对于首次买入或者观察类的公司，我会采取 100 股法则。这个法则并不是说一定要只买 100 股，只是说你买入一个交易所要求的最小单位的股数，然后加以观察跟踪，之后可以考虑逐步增持或者清掉。有读者曾经问过我组合的分配原则，在绝大多数情况下，我会采取 3：3：3：1 的组合，也就是每个行业（消费，科技，医药）30％左右的仓位，保留 10％作为现金机动操作。

当然，如果你拥有强大的信心，大可不必学习这个组合的分配，你完全可以按照自己的心愿去做组合，例如：5：2：2：1.4：4：2 组合等等。

其实之所以要这样去做资金的分配，其中一个缘故是，每年无论在哪一个市场都能观察到在不同的时间段，不同行业在 A 股、港股、美股会呈现一定的板块轮动。消费，医疗，科技，传统周期股往往会出现一种基于回报率的轮动。另外他们之前往往具备了一定的不相关性，消费，医药，科技纳入组合，大概率会推动组合的资产收益率比较稳定和长期向上。由于消费，医药和科技类公司的不相关性也比较强，组合的平衡性就比较好。这里需要注意的是，我会回避在同一个组合里面，同一个行业的企业放入 2 个。我会尽量只买 1 个，并且只买那个龙头企业。

第三，我把我自己的投资系统定义为一个中心，四个平衡法则的操作系统，四个平衡法则就是选股，估值，择时，仓位管理的平衡。在选股上，我会非常注意的一点就是尽量不偏离我自己的知识结构和能力圈去选股。

数年之前，在我投资中免之前，我曾经问过一位在旅行社做主管的朋友，我问她，旅行社和会务到底赚不赚钱，结果她给我狂倒苦水，客户需求多变，难于伺候，利润率低下，中间人回扣，应收账款难以收取，现场各种问题和灾难式的客户投诉等等。在那个时候我就懂得了旅行社并非一个赚钱的生意。但是我问到她免税店的生意时，她非常直接的给予我一个答案：太好赚钱了。赚翻了。就他们赚钱。哎呦，去的人实在是太多了。女人的钱好赚呀。这个给我留下深刻之印象，直到今天，我都很清楚记得她的原话。我从哪个时候开始，就已经初步理解了免税店销售的护城河所在。

这也在之后推动了我大笔投资了中国中免（过去这个公司叫做中国国旅），当年的中国国旅财报就是一个最好的验证，旅行社几百亿收入，利润几千万，免税店几十亿收入，十几亿纯利。所以，读者朋友们，如果你对自己不能理解的，或者没有办法学明白的，或者自己不敢兴趣的（例如材料行业，我一听到材料行业头就大了，我读书时化学比较差劲，一谈分子式我就糊涂了，我的物理和化学基本是我学习最差的科目）公司，行业的投资标的，最好的办法就是不看，不听，不问，不浪费时间去研究分析。

天下何处无芳草？何必那么刻苦呢？投资大师说过，要学会跨越容易的栏杆，何必要去强求自己跨越对自己来说那么高，那么难的栏杆呢？无需过度的刻苦，每一个行业都有好公司，好的投资标的，无论你从哪里找到的标的，赚20%对于你来说，其实都是20%的利润。要学会释放自己，聚焦自己看得懂的。聚焦自己能力圈，聚焦自己认知范围内的公司，犹如比较低的栏杆，你跨越起来就不那么困难了。也更容易成功。

很多80后的妈妈，当手里有一些富裕闲钱，都会考虑去买一些股票，但是由于还要工作上班，还要带孩子，并没有太多的精力去研究企业，其实大可不必，不如耐心聚焦在医疗美容这个圈子，对于绝大多数女性来说，是很容易接触到的领域，也很容易理解化妆，医美，美容院这些产品，服务，如果投入一些富裕的闲钱在医美领域最好的公司，假以时日，很难不赚钱，很容易赚大钱。

这些通俗的道理，犹如容易跨越的栏杆，一旦点破，你是不是有种豁然开朗的感觉呢？

择时在我的投资系统中，我最关注的是6个节点。

第一，财报披露日前后，财报披露日前后，往往市场（所有的股市参与者）对于企业的定价（估值）会做一个重新的评估，大量的专业投资者（来自基金，资产管理人士，职业投资者，大户）都会去花费很多的时间精力去重新评估是不是要持有，增持，减持还是清仓。因为财报披露是最终的结果的检验，而之前的很多信息，充斥着谎言和刻意的引导，也存在很多投资者自己之前按照各种小道消息的感觉得到的评估，最终投资者还是会以财报披露作为基准的。

第二，暴跌时，在我的投资系统中，我最喜欢的就是暴跌的日子，尤其是那种突然暴跌时（并非由于业绩特别差劲的情况下的暴跌），对于出色的企业，在我的股票池里面，这意味着上天撒钱给我的机会。我会用最短的时间考虑我的操作手法。是进入，增持，还是调仓换股。

但是我只对我的股票池中的观察企业的暴跌感兴趣，对于我没有研究过的，没有长期追逐的公司，他暴跌也好，暴涨也罢，我都会采取不问，不听，不看的态度。尤其是股票池中最好的公司连续暴跌，回调的日子，那段时间，就好像是一个节日，我只恨自己没有太多的本金和胆量。

第三，利率的波动拐点的时刻。把握利率走向是很关键的。虽然并不容易，但是如果你长期坚持若干年观察，还是能找到一些规律的。因为利率走高还是走低，持续走高还是持续走低，央行的态度，听久了，就能找到些感觉了。国债收益率相对于股市的整体平均估值要更有吸引力时，或者说利率提高到一定的程度，或者说利息已经悄然走高，甚至已经走高了一段时间时，这个对我的提示是非常关键的。反之亦然。

对于股市中的大玩家来说（基金经理，私募，外资操盘，金融大鳄），利息会调整回报率的天平。

例如：当国债收益率越过 3.5% 并且能持续一段时间，这个回报率已经会超过那些市盈率在 33 倍左右的股市的吸引力了，这对资金的流动有很大的概率产生从股市流向债券市场的推力。

反过来说，如果国债收益率逐步走低或者维持，但是股票不断下滑了很长的时间，股市相对于债券的吸引力就会变大。股市的平均市盈率如果在 20—25 倍，这意味着接近于 4%—5% 的股权投资回报率，这显然比较国债收益要好得多。

当央行开始降息，往往意味着经济需要大量刺激，这时企业的盈利往往不会太好，这时你要警惕，这是入场的信号。当央行开始加息，或者采用各种手段变相加息时，这时你要感到一丝丝寒意。

第四，股票池中的公司按照现价买入的分红率远远大于当下的国债收益率时。比如有个公司，现在的价格买入，那么结合历史分红比例，和你对这个公司的明年的业绩的预判，大概能够估算出这个企业的明年的分红率，这时如果现在的价格买入，已经能够得到5％—7％的分红，这时是你要特别关注时。这种时刻往往意味着巨大的买入机会。由于国债收益率的中位值一般在3％左右，而如果股票单单分红就能得到2倍于债券利息，那么何必要去投资国债呢？

有些你一直观察的企业会在某些财报披露时公告自己计划分红派息的比例，这时如果企业宣布提高或者降息派息，往往会触发买入和卖出。最典型的例子就是历史上，香港汇丰银行突然宣布不派息导致股价腰斩。

第五，重要的指数调整时往往会带动大量的买卖和交易。比如沪深300指数，上证50指数，或者其他大量外资跟踪的主要反映中国经济的指数调整。道理也非常简单，这时，往往会触发新一轮的基金调仓换股，尤其是对于一些表现特别好的公司，如果被宣布调入更高级别，更大规模的指数，往往意味着会有很多跟踪指数的基金会触发大量的买盘。

第六，当整体股市的估值水平出现明显高估或者低估时，这时对于我来说，我会非常警惕。例如如果股市总市值明显高于当年预估的GDP，这时就要小心了。整体股市估值的水平在20—60倍市盈率之间波动，那么如果你能在20倍时和60倍时都长个心眼，其实你就大概率会把握住一次大的择时。

历年来股市市值/GDP超过100％的国家，其实都是固定且为数不多的几个。根据2019年的数据，这类国家包括日本（约120％）、新加坡（约187％）、马来西亚（110.76％）、澳大利亚（约106％）、美国（约144％）等，这也与其资产证券化率较高有关，而中国的这一指标在过去十年始终在40％～70％之间变化。

中国这一指标不够准确的一个原因是中国A股市值没有囊括在美国及在中国香港上市的很多中国企业，最大最成功的有腾讯、阿里巴巴、美团、小米、京东、拼多多。如果把这些市值都算上，中国已经超过 100％了。

2020 年 11 月 10 日前后，新闻上有这么一条不起眼的消息：

【巴菲特指标显示市场已处于泡沫领域】全球股市市值上周创下了 95 万亿美元的新高，相当于全球 GDP 的 108％，突破了 100％的门槛，为 2007 年以来的最高水平。这时投资者就需要警惕了。这就是择时的时机之一了。

至于其他所谓的择时，对于我来说，都是短期的，不改趋势的，也是无法预测，非常困难的。择时是 4 大平衡法则中最难的部分。直到今时今日我都并没有很好掌握。

估值是相对于其他来说比较容易做的，我自己花费不少时间理解公司的财务报表，虽然我不是财务专业毕业，但是长期在企业工作的经历，包括一些投资企业的经验，帮助我丰富了很多财务常识。这 20 年的股票投资对我提高很快的一点就是理解财务数据和报表。这算是一个意外的收获。

我觉得对于任何有志于长期从事股票投资的投资者来说，如果要做的好一些，的确是需要适当的学习一些股市的数字知识和基本的财务常识的，最起码要能够理解收入，利润，毛利润率，净利润率，现金流净额，库存和应收账款等 10 多个最基本的财务常识。财务常识是有助于你理解和识别估值的。如果你的水平足够，还可以从很多细微的数字看到企业发展中遇到的问题，如果投资者实在是对财务没有兴趣和精力去沉下心来看一下，最起码要多看一些券商的财报，至少要看明白他们预测的未来每股业绩情况，这样通过小学数学就可以完成的演算来搞明白其市盈率，市净率，市销率的数字，然后参考历史，就可以对大体估值的高低贵贱有一个感觉了。

如果不会自己算估值，最简单的办法就是按照券商的估值来推算。如果对某一个或者某几个券商不放心，可以取个平均值大概估算一下就好。举个最简单的例子：

某上市公司，假设券商的大多数分析这个公司未来 3 年的每股盈利是 1 元，1.5 元，2.5 元。假设过去这个公司年平均复合增速大概在 30％左右，你内心估计它有可能还能在 2—3 年内，大概率继续增长可以那么快，假设这个公司是制造业，那么其合理的可接受的远期市盈率应该在 15—20 倍左右，用 20 乘以 2.5. 得到的一个远期合理的股价就是 50 元人民币。

1 \* 20＝20

1.5 \* 20＝30

2.5 \* 20＝50

假设 1 元是今年，1.5 元是明年，2.5 元是后年，那么你也可以简单的匡算，今年的股价波动范围大概率在 15—30 元。（1 元乘以 30 作为高点匡算。1 元乘以 15 倍市盈率作为低点来匡算）

而明年的股价波动范围大概率是在 22.5 元到 45 元左右。

这样后年的股价波动范围有可能就在 37.5 元到 75 元左右。

在我的投资系统中，我对估值会采取的办法是：

1. 对每一类企业我都积累一些历史性的经验估值办法，在绝大多数情况下，我会同时看 PE，PB，PS，PEG，DCF，分红估值法，这 6 个估值办法。

2. 我会研究当下企业的价格折算回估值之后，在历史估值的波动中中处在一个什么位置，由此判断是高了，还是便宜了，还是暂时尚可。也就是说，我思考的角度是，现在的价格相当于当下（当前这个财年）的市盈率多少，明年对标的市盈率多少，后年对标的市盈率是多少。

3. 我会自己算，但是我也还会参考主要券商，分析师的估值来做一个参考。

对于哪一类企业采用什么样的估值办法为主，我列出一些我的经验值供诸位参考：

1. 对于金融类企业，核心看 PB，也就是市净率，看净资产回报率。这是核心。金融类企业合理的市净率在 1—3 倍左右。其 ROE 越高，能支撑其估值的市净率就可以更高。例如有些金融类企业，过去几年 ROE 都在 15％左右波动，而未来整体银行业的前景不乐观，这种情况下，估值能支撑的当年上限就是 1.5 倍—2 倍市净率（PB）左右。

2. 对于制造业，看市盈率为主。一般的制造业，远期动态使用率 15—20 倍是合理的范围。

3. 对于一些新的产业，还没有盈利的制造业来说，可以采用 PS 市销率估值。对于新兴的产业，有点类似 Startup 类型的企业，其市销率（PS）通常会稳定在 6—10 倍左右。

4. 对于有些已经稳定发展了多年的食品，白酒，消费医药类企业，如果已经能够在不反复消耗资本（也就是不断投入大量的资本消耗）的前提下，产生自由现金流，则可以采取用 DCF 估值的办法，也就是用对企业在全部生命周期能够产生的自由现金流折现到今天的总价值来匡算。

最经典的采用 DCF 估值的例子就是海天味业、贵州茅台、五粮液这类企业。这类企业会长久在这个世界上存在下去，所以其可以匡算自由现金流的年数就可以非常高。不过，这种办法并不适用于所有企业。同时也需要对这个企业的未来先做一个质的判断，预判企业未来的现金流的增速，也是不容易的。

5. 对于科技类的企业（提供科技类产品，软件，靠算法的，人工智能的，芯片，半导体等等）这类企业往往具备在一定的时间段内高增长的潜力，但是由于科技的日新月异，变革太快了，而且行业格局并不稳定，所以其无法采用评估稳定发展企业的 PE（市盈率）来做一个估值，这种情况下，最适合评估科技类企业的就是 PEG 法。

投资者需要牢记，估值是一门艺术。估值中既有科学，也有艺术，更有你对这家企业基本面定性的思考和全部洞察的融合。市盈率高的公司不一定不能投资，切记不要拘泥于一个市盈率的绝对数字，一看到市盈率大于 20 倍的企业，就默认跳过，然后还沾沾自喜的觉得自己是一个"价值投资者"，这是非常迂腐的。

估值办法有很多，在运用的过程中，投资者需要反复考量的是企业本身的商业模式，产生利润和现金的模式，才能预判什么是最合适的估值办法，这个估值办法是要通过摸索才能出来的。而且这也和其他的生命周期有关，在不同的企业的发展阶段，不同的生命周期，其估值方法的选择也是非常有技巧的。

举个最简单的例子来说，初创的企业需要大量收入，这时用市销率比较科学，因为这些企业往往没有盈利，大量的资金耗费在研发和投资了固定资产或者融入到项目的前期投入之中。高速发展的企业增速很快，但是利润率可能很薄，为了抢夺市场，价格战很平常，亏损也是经常会遇到的。进入一个相对稳定的阶段之后，用 PE 市盈率来评估往往是比较合理的。稳定的企业确定性高，也比较容易推测其未来 3 年的业绩，这时估值就会比较容易。

在我个人的投资系统中，我一直认为仓位管理是比较难的部分，也是比较体现出个人投资格局的一个部分，一般来说，如果你想知道一个人是不是真的看多还是看空，只需要问他的仓位就可以了解了。我的风格是在一年的绝大多数情况下，仓位会在 8 到 9 成。仓位管理是 4 大平衡法则的最难的部分，也是绝大多数普通投资者魂断蓝桥的地方。正所谓：高手死于择时，散户死于仓位。普通投资者经常会出现很多的问题，例如一只股票买入之后不断跌，不断补，补着补着就变成了自己第一大仓位，然后就变成了自己最大亏损的来源，补着补着就变成了最后不得不割掉的心头之疼了。在我的投资系统中，我个人是比较强调适度分散的，我不敢说我对仓位管理有多么精通，我只有几个纪律分享给读者朋友们。

1. 永不满仓。永远保留一点儿现金给自己一个管理仓位的机会。

2. 永不空仓，耐心持有这些最好的公司，即使你已经从这个股票上赚到钱了，如果你依旧是长期看好这个公司的，那么并不需要全部清仓。可以保留一部分。在资本市场，如果天上打闪电时你不在，那么什么时候开大太阳了，你也会大概率错过的。

3. 任何一个公司，原则上不超过总体仓位的 20%。这个 20% 的限制并非死的，我也是看我自己的信心和对这个企业的理解程度来决定的。但是原则上这样做的目的是为了分散一些投资标的。

4. 如果组合中某一个公司在很短的时间内出现了 10% 左右的跌幅，这时我一定会去重新审视公司的基本面，估值和对公司的未来的判断，我会考虑做一个决定是不是调整出我的组合或者继续保留。许多投资者在自己组合中某些公司出现了大于10%的跌幅之后，会采取卧倒装死的态度，听之任之。我是反对这种消极的处理问题的态度的，我的做法是如果公司基本面的确出现了很大的问题，比如支撑业绩的逻辑已经不复存在，那么我会毫不犹豫的砍掉这部分仓位换股。

投资大师芒格在很多场合有一些经典的发言，是反对我这种分散组合的做法的。不但反对，而且他认为这种做法有些愚蠢。他认为如果你已经深刻认识到这个企业的价值所在而决定买入，就应该集中投资，集中下注。我也认真思考过这个问题，虽然我很佩服芒格，但是我还是更喜欢我自己的做法，毕竟我不是芒格，我的心愿是做好我自己。在经历了20年股市的风风雨雨之后，我觉得做好自己是最重要的。这也是未来终其一生我的座右铭：做好自己，一人一投资。

这20%仓位的上限，是如何去运用的呢？

我的做法是对于我特别看好的公司，我会逐步建仓到20%的仓位，然后无论股票价格如何波动，我不会继续增持。当遇到的确低估或者暴跌后价值非常凸显时，我会运用仓位中的现金仓位去买入，在那个时刻，对于这个公司来说，在一段短暂的时间内，其仓位是超过20%的，但是等我新买入的仓位获利之后，我会选择卖出从而兑现一部分盈利，然后让这个公司占比我总股票资产的仓位，逐步降落回20%左右。

股票在上涨的过程中，其市值在你组合中的比例也会逐步逐步升高。假设组合中其他持仓没有同步的涨幅，那么这个股票的仓位占比就会超过原先的20%，有可能变成22%了。这时我会采取将超过20%仓位的部分（其实是一部分盈利）卖出变为现金仓位，然后伺机而动。

在构建自己的投资系统中，还有一个要牢牢记住的中心，就是理性。

在我看来，理性又可以分为两个部分，一个部分是控制自己的情绪，无论在买入，卖出，持有的过程之中，都要保持理性。比如不要一涨就追，一跌就割。不要一波动就难受的不得了。我平常有时会刻意培养自己不看股市，不看股价的能力。尽量多花一些时间去分析研究跟踪自己股票池的公司的动向，但是尽量少看股价。我曾经遇到过很多读者告诉我，开市时，几乎一天要看10次股价，多时甚至忍不住一天看 30 次股价。大家可以想一下，我们会一天看几次我们买下的房产的价格么？不会吧？因为也没有一个报价系统的存在。另外一层理性的涵义是要对公司的估值，市场的情绪有一个清晰的认识，对于投资者的热度，行情的热度要能够识别过热和过冷的判断。对于公司的股价对应背后的估值，要有一个过低和过高的判断。投资有两句老话，第一，树是不会长到天上去的。第二，涨的多了总是要回调的。

要清晰的认识到，估值贵了，总是要下滑的，公司基本面变了，理性投资者的资金早晚都要离开。有更好的投资回报率时，别人也自然会做出理性的选择。投资股票是为了赚钱而不是为了证明谁对谁错，更不是为了爱上谁，如果对了，就坚持。如果意识到错误了，要早做行动。这也是一种理性。

这一点之所以会上升到一个中心的高度，其背后恰恰是因为这是几乎最难的部分，保持理性，听着容易做起来是非常难的。几乎没有人是能做到 100％理性的。而控制好自己的情绪也非常困难。股价跌时我们的内心是不是能够平静和保持耐心的持有，是极度考验一个人的综合能力和智慧的。控制好自己的情绪是需要大量的智慧和情商才能做到的。时至今日，每年我都会有在一些时候犯下控制不好自己情绪的错误。作为投资者犯错几乎是肯定的，几乎没有不犯错时。在一个人的投资生涯中，要努力去做到的是少犯错误，如果犯错时，也要及早纠正。

# 第三十八章　投资哲学和交易系统

上一个章节，我谈到了我构建我的投资系统时的几个步骤，第一要建立股票池；第二，要建立组合，第三，时刻控制情绪保持理性，同时运用选股，估值，择时和仓位管理的技巧来管理自己的组合。构建一个属于自己的投资系统，还需要两个重要的环节，一个是所有的这些工作的思想基础，我称之为投资哲学，而另外一个择时投资系统的实战操作，我称之为交易系统。

投资哲学是一个看不见，摸不着的东西，它是把你的性格，家庭背景，工作背景和经验，你的人生观，价值观，世界观，金钱观融为一体的一个最终的展现。投资哲学不一定说的出来，但是你仔细想一下，就会发现他会指导你的全部交易，它是渗透在你所有的投资系统之中，在背后深刻的影响着你的。我经常会思考我的投资哲学，这些东西来自你生活的方方面面。不同的投资者自然会有自己不同的投资哲学，不同的投资者之间也完全有可能会有重叠的部分和不重叠的部分。

我的投资哲学可以总结为这么几点。

第一，不懂的不投资。我认为如果你没有办法在几天内基本搞懂的企业就暂时不要碰了。随着你个人经历的增长和能力圈慢慢扩张，有些公司可以再看，不要强求自己去研究分析和自己能力圈差距过大的东西。这样太累而且不一定有结果。我曾经见过很多在零售行业的投资者潜心研究半导体，搞建筑设计的研究煤炭，搞银行的研究新材料等等。其实很多人跨越自己的工作，所在行业去寻找财富，仔细想一下，为什么不能先从自己最熟悉的圈子，最了解的行业中去深度挖掘呢？

第二，没有兴趣的，缺乏激情的也不投资了。犹如换工作一样，人为什么要换工作？干的不愉快？伤心了？行业不适合自己？投资也是一样的，世界上标的那么多，何必非要在一棵树上吊死呢？没有必要的。如果说你对这个行业，这类企业没有兴趣，虽然你能理解，但是如果找不到1, 2 个让你自己感觉兴奋，有激情的点，那么还不如放弃。

第三，聚焦投资最牛的企业。投资股票就是投资企业。研究好公司永远是股票投资的源头。行业龙头，有发展，久经考验，在竞争中脱颖而出，有可靠的资产负债表和坚实的护城河。无论在哪一个时代，无论市场情绪现在在哪一个风头上，行业的龙头企业都是最强的，即使寒冬来临，即使经济下滑，最强的企业也有最大的概率能够度过危机。不要在平庸的企业上花费太多的时间研究，把时间聚焦到最牛的企业上，收获会更大。

在衡量一家公司牛不牛的问题大，赛道，竞争格局，企业本身的竞争力，核心优势，盈利能力，长期价值之外，还需要牢记的是：投资就是投人。通过耐心观察一家企业的 CEO 的言行，在理解了这个人的价值观之后，会极大的帮助我们判断这个企业是不是值得投资。最牛的企业必然拥有一个非常厉害的 CEO 和一群团队。这些都是要考察的因素。如果这个 CEO 或者这个公司的主要管理层存在大量和我三观不和的行为，我就会对这个公司大大的打上一个问号了。

第四，重仓才入投资之门。重仓是一个相对概念，而不是一个绝对概念。你有 100 万人民币财富，你拿出 20 万来投资股市，赚了 50%，你的财富变成了 110 万人民币。你很开心。但是你的财富增长是 10%。你有 100 万人民币，你拿出 80 万来投资股市，赚了 20%，你的财富变成了 116 万人民币。你是不是更开心？你的财务增长是 16%。找到一只股票下注，在同一个时间段，赚 20% 容易？还是赚 50% 容易呢？道理浅显，一想就通了。敢于重仓，懂得如何重仓。敢于重仓看好的最出色的企业。只有最出色的企业才敢于重仓，即使回报率每年只有 15%—20%，但是确定性强，敢于重仓，最终取得的投资成绩是非常傲人的。

第五，投资要选对方向。方向哪里来？艺术来源于生活。投资也是一样的。真正的好公司必然对我们的生活会产生巨大的影响，必然会对我们的生活品质，生活方式产生巨大的积极的影响。今天的任何一个人，能离开手机么？能离开微信么？我们每天吃的、喝的、用的，每天我们的生活都在被很多上市公司的产品和服务所影响。很多社会发展的趋势在一点一点揭开，随着社会的进步，人类永远都是在追求更好的生活，更长的寿命，更好的环境，我们的未来将面临着人口老龄化，机器替代人，每个人都会生活在网络上，受到网络的巨大影响，人工智能的影响未来将有可能是无处不在的。寻找真正的刚需，寻找社会转型和发展的方向，从对未来的预判中去寻找正确的今天应该下注的方向。把眼光看长远一些，多用用自己的想象力。真正意义的投资和击球，射击类似，投资投的是预期，投资是关于预期的艺术。投资要用超前的眼光聚焦在动态的未来，而不是静态的当下。当你打出球时，你的眼光要放在数年之后，而绝对不是当下。

投资者如果要做到能够一定程度的把握投资方向，平常要多观察，多阅读。

第六，在选对方向的前提下，做投资要保持客观理性，控制好自己的情绪，要明白树是不会长到天上去的。要懂得在投资的时间，回报率的空间上取得一个相应的平衡。对自己的预期回报率要客观，理性。尽管可以发挥自己的想象力，但是依旧要保持冷静和理性，参与这场泡沫，但是又要时刻提醒自己不要全身陷入。

第七，成功的投资一定以赚钱为结果的。赚钱的投资几乎都有低买高卖的特征。而不赚钱的几乎不是好投资，则可能是源自各种各样的错误。在投资过程中，一定要牢记初心，我们是来股市赚钱的，我们是来股市持续赚钱的。一切有利于我们完成这个目标的才是成功的投资。

不要教条的把自己列入投资还是投机，也不用为自己的投资冠名"价值投资""价值投机""成长股投资"，或者其他的什么各种花哨的名字。投资就是投资，不赚钱就是失败，不用过度解释，也不用惧怕亏钱。错误是投资生涯中的一部分，每一个投资者都会犯错误。我们终其一生的目标就是努力在股市获得可持续赚钱的能力。这将是最伟大的能力。

投资哲学一旦形成，是很难改变的，它会潜移默化的影响你的投资系统的方方面面，犹如性格决定命运一般，投资哲学也会决定你的最终高度。

在投资系统中，我还会比较关注如何建立我自己的交易系统，这个交易系统包括了我对于买入，卖出，持有的一些考虑。交易系统并不是一日就成的，回顾我的投资生涯，交易系统的逐步形成大概耗费了若干年的时间，并且不断在改善和完善，这里面包括了：

1. 追踪一些关键经济数据的来源和行业数据的分析的源头，得到这些数据，然后定期的去理解和分析。例如我会看利率，GDP，通货膨胀率，股市整体估值水平，例如我会查看汽车，手机的销量，挖掘机的销量，查阅淘宝天猫的零售数据等。这些数据多数可以从正规渠道获得，有些收费，绝大多数是免费的。为什么要采集这些数据，核心是数据可以验证很多你平常的观察，同时也可以帮助你去预见到未来的一些情况。例如 10 年期国债收益率的走势，能让我们看到利率的走势。例如挖掘机销售情况能够帮助我理解到基建的情况。

2. 为每一个持仓的企业建立一个财务分析的主要数据表，从而对这家企业的财务情况做一个追踪。这个工作需要大量耐心细致的工作，这个工作也是工作量比较大的。我差不多用了数年的时间才得以建立起来一个追踪 100 家企业的数据分析库，然后不断更正分析和完善，直到今天。

3. 从 1 和 2 这些基础的工作入手，逐步逐步建立了对几个我有兴趣的行业的理解，慢慢我又扩建了一批行业核心数据的累计，用于不断参照和验证我的观察和判断。这一过程直到写书的此刻还在继续。我个人理解这是把我自己的能力圈用更加量化和数字化的手段固化了一部分。

这个过程中，定期追踪上市公司的财报（年报，季度报告）是非常重要的。所以要反复的，大量的阅读财报。

对于 99.99％的普通业余投资者是没有必要，也没有时间和精力（如果还有正常的日常工作）去把 1，2.3 项目整理出来的。其实通过国外一些投资机构的服务和数据也是对自己有所帮助的。

所以 1、2、3 对于读者朋友来说，并不是一定必须要有的，你完全可以通过缩小的股票池范围，国外一些第三方数据来获得这些资料。

4. 在交易系统中，最核心的是如何买入，如何卖出，如何持有。这些都是需要不断的实践的。我不能说我的做法一定是最好的，我只能分享给读者一些我的个人交易经验。

买入

1. 如果发现好公司到了低估时候我会买入，当然这个标准是每个投资者内心的标准。说白了，一个人可能是一个标准。

2. 如果认清了好公司的护城河，核心竞争力所在，判断其值得长期拥有，我会分批建仓。当价格过于昂贵时，我的建仓会分批择机，也就是遇到比较大的调整时才会建比较大的仓位，一开始时我会采用 100 股法则。

3. 买入之后，如果股价不断回调，不要急于补。而是应该按照自己对这家企业的理解，在内心预先分配一个仓位，买够仓位即可，不要轻易破坏自己定下的仓位安排。例如你一共有 100 万，计划买入招商银行 20 万。那么你可能逐步逐步买入，在买入的过程中，可能有些买入之后出现了浮亏，于是乎，你就想补仓，这是几乎 99.99％的投资者都会去这么做的，但是，唯一需要控制的就是仓位的整体比例。也就是你在招商银行这一只股票上投入的资金（本金）不要超过 20 万。

卖出

1. 公司基本面有巨大变化，会影响后续的业绩时。

2. 估值已经透支了未来 2—3 年的业绩，呈现出明显高估时。

3. 相对于其他的标的，相对不具备吸引力了时。或者说你看到了比当下这个标的更有吸引力的标时也可以考虑卖出。

4. 卖出时我会采取分批卖出，不会一次性卖出，尤其是如果只是在高估阶段。因为高估到底能到什么阶段，往往是无法预判的。很多时候我感觉到这个价格有些高估了，这时其实我并没有太好的现金管理的手段，也就是说我也没有更好的手段去管理卖出之后产生的现金时，我会选择持有。

5. 有一类情况下，我会选择清仓。当我意识到我原来的投资逻辑有了重大的方向性错误时，或者我意识到我持仓的这个股票有基本面方面的重大问题时，我会毫不犹豫的卖出。

持有

1. 对于一流的好公司，股价波动是经常性的，在持有时我的原则就是耐心坚守。只要这个公司没有巨大的基本面变动，对业绩会产生巨大影响的话，我会持续的耐心持有。

2. 持有的公司如果在一段时间内有比较大幅度的回调，例如30％—50％，这时99.99％的投资者会内心动摇，这时，要耐心的分析和重新评估其投资长期逻辑或者投资的短期逻辑是不是还没有改变。要耐心的分析和重新评估其当下的估值到底有没有透支未来的业绩，透支了多少。不要因为股价下跌了，就不闻不问，这是不对的。

股价波动虽然不是永远的风险，但是搞清楚股价波动的背后原因，是基本面出现了问题，还是估值已经比较贵了，还是随着大盘波动调仓换股或者某些资金立场，这个背后的原委要尽量去分析清楚。如果并没有预料之外的原因，依旧要做的是：耐心持有。

我有了自己的初步的投资系统之后，若干年我做的事情只是会不断的重复着我的实践，然后不断的去完善这个系统，犹如练习开车，练习打球，练习做饭一样，随着日子一天天过去，慢慢的就能感觉到自己能够驾驭部分了，慢慢的这种有系统，有体系的投资的感觉就出来了。

正所谓实践出真知。股市就是这样的一个市场，在不断波动中给予每个普通人逆天改命的机遇。这也是我喜欢股市的一个重要原因。

# 第三十九章 我的投资系统之三：
# 交易中的时间和空间

在投资股市时，每个投资者在做出买入，卖出，或者持有的决定之前，无论你意识到或者无意识，潜意识，你都会面临一个时间和空间的选择。如果我们买入一个公司，对多长时间之后的期望回报率是多少呢？这个简单的问题，蕴含了投资的2个本质问题，一个是时间，多长？你打算持有多少时间呢？一周？一个月？半年？一年，三年？五年？第二个触及到本质的问题是空间的问题，也就是从你买入的这个市值开始，你对其未来市值增长空间的预判是多少，是20%，还是50%，还是300%，而空间的问题必须在一个时间维度的大背景下。

例如你可能会判断某公司股票有可能在半年后有50%的涨幅。在这句话中，50%是空间的概念，半年后，也就是6个月后，是一个时间的概念。

例如在下图中，假设买入股票的起点在1，预期股票的涨幅就是空间，预期将来有一天股价的价格会到2。

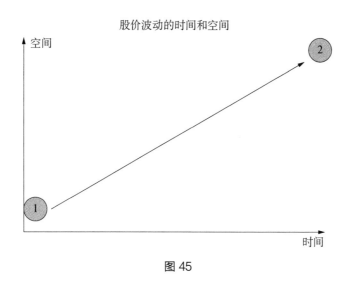

图45

但是任何人都无法穿越时间，而且在这个时间段内，有可能这个过程不是一条那么清晰的折线，而是弯弯曲曲的才能从1到达2。例如下图，从1到2的路途不仅仅遥远，而且还挺曲折的。这才是股市常态。

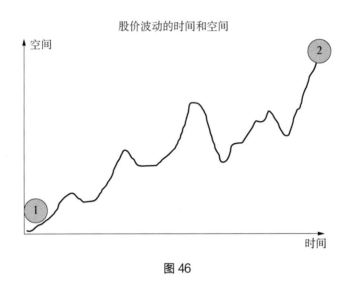

图 46

所以，在我们决定要交易一只股票时，要提前对时间和空间有一个大概的认识，也就是说真实的回报率其实一个包括了时间，空间的函数。

期望的回报率＝综合考量（基本面，时间，涨幅）＝在一定时间内期望涨幅折算的复合增长率。

这句话如何理解呢？举个例子。

例如，A公司，假设公司当下股价60元，假设这个公司股本是1亿股，市值为60亿人民币。当下年度利润是3亿，推测未来3年的利润分别是：4.2，5.8，6.8亿。

那么可以大概算出，其3年的业绩复合增长率（复合增速）大概是：31.3%。也就是大概平均这个公司的业绩会每年增长31.3%。

表 69

| 某公司 | 2019 | 2020 | 2021 | 2022 | 复合增速 | 股本 |
|---|---|---|---|---|---|---|
| 利润 | 3 | 4.2 | 4.8 | 6.8 | 31.36% | 1.00 |
| 利润增长倍数： | 126.67% | | | | | |
| 每股收盗 | 3.00 | 4.20 | 4.80 | 6.80 | | |
| 复合增速 | 31.36% | | | | | |

假设这个公司属于制造业，按照制造业的特点，如果市盈率在 15—20 倍左右都是一个合理的估值范围。目前股价 60 元，每股 3 元业绩（EPS，每股盈利），那么股价交易在大概当年动态市盈率 20 倍左右的价格上。

假设现在在 2019 年的某一刻，我们看到的是一个动态市盈率 20 倍的股票。但是，如果把时间的视角调整到 2022 年的某一个时刻，我们会发现这个 60 亿市值的公司，在 2022 年有 6.8 的每股盈利，这时意味着我们站在 2022 年的时间点上，股价对标当时的动态市盈率是：8.82＝60/6.8 这就意味着在 2022 年时，投资者看到一个当时（2022 年某一个时候）动态市盈率为 8.82 倍的制造业公司。这显然是一个机会了。

换句话说，现在看（2019 年）价格合理，可能你基于某些考虑有点舍不得买，但是如果你站在未来（2022 年）看，这等于是一个 8.82 倍市盈率的优秀制造业股票了，你会买么？答案是显而易见的。在 2022 年看，这个股价就低估了。正是因为这个原因，所以这家企业的股票不一定会在 2022 年时给你这样的机会。因为市场上的投资者有 1 亿多人，每个人的眼光都在选择中，真的到了 2022 年，那么股价大概率会在哪里呢？

2022 年的股价大概率会在 2022 年的动态市盈率的 20 倍左右波动，也就是 20 * 6.8＝136 元。

2019 年 60 元买入，2022 年，如果你能在 136 元卖出。其投资回报率将会是 1.26 倍。当然，前提是你要熬过这三年的时间。

这就是时间换空间的这句话的涵义。

并且这个回报率还是没有考虑到现金分红的维度，那么来试试测算一下加上分红再投资之后的回报率，假设 2019 年买入这个公司，出价 60 元。假设这个公司每年大概有 30% 左右的当期净利润现金分红了，那么：2020 年：得到 2019 年的当年利润的 30% 分红，3 亿 * 30% ＝ 9000 万，这 9000 万折合到每一股的分红就是 0.9 元一股，股息率大概在 1.5% 左右，不算很高。

2021 年：得到 2020 年的当年利润的 30% 分红，折算 1.26 元一股，因为你是用 60 元买入的，股息率就是 2.1%。2022 年，你会得到 2021 年的分红，大概是 1.44 元每股。

如此，你这笔 60 元的投入，还能在你 2022 年卖出之前得到 2019，2022，2021 三年的现金股息分红，总共是 3.6 元，也就是 3.6/60＝6% 的回报率。

表 70

| 某公司 | 2019 | 2020 | 2021 | 2022 | 复合增速 | 股本 |
|---|---|---|---|---|---|---|
| 利润 | 3 | 4.2 | 4.8 | 6.8 | 31.36% | 1.00 |
| 利润增长倍数： | 126.67% | | | | | |
| 每股收益 | 3.00 | 4.20 | 4.80 | 6.80 | | |
| 复合增速 | 31.36% | | | | | |
| 分红比例： | 30.00% | 30.00% | 30.00% | 30.00% | | |
| 股息： | 0.90 | 1.26 | 1.44 | | | |
| 股息率： | 1.50% | 2.10% | 2.40% | | | |

2019 年 60 元买入，2022 年，如果你能在 136 元卖出。其投资回报率将会是 1.26 倍的股价涨幅加一个 3.6 元（6%）的现金分红。当然，前提是你要熬过这三年的时间。

还有，别急。

如果你在 2019 年 60 元买入，2022 年，如果市场情绪高涨，这家企业由于被很多投资者看好，有可能市场的热情推动股价的估值到了 30 倍，那么你将得到更多。

2022 年的某一个时刻，股价有可能达到：30 * 6.8＝204 元。加上 3.6 的现金分红个，一共是 207.6 元的回报，这样的话，你熬三年的总体回报就是：2.46 倍了。

但是从 2019 到 2022 年的时间段内，股价是完全有可能上下波动的。而且有可能你 60 元买入，会有一天跌破 60，你会产生浮亏，甚至你有可能做好多次大的过山车，股价涨到了 100 元，然后又回调到了 65.60，55，50 甚至更低。

这个过程就是我们过去在股市中经常看到的波动过程，而这个过程也让很多投资者非常痛苦，以至于熬不住了清仓、割肉、换股等。在交易中，需要仔细考虑这两个维度，做出一个结合我们实际情况的最好的选择，每个人的情况不同，承受能力不同，资金来源不同，时间和空间都是不能回避的问题。空间蕴含了我们对企业的洞察和理解，包括了我们的预测，预测是有可能发生错误的。预测不总是对，即使类似巴菲特和芒格这么伟大的投资者也会犯错。

时间对每个人都是公平的，假设大家都有同样起点的资金，谁最能利用好时间，把时间的效率发挥到最大，那么谁必定成为最终最富有的那个投资者。在同样的时间段内，如果才能获取最大的回报呢？

所以投资者需要做一个权衡，在不同的标的之间做选择，这时要综合考虑很多因素：公司盈利增长的确定性？中短期的催化剂是不是存在？向上的空间推测有多大？大概会在什么时间内？

不得不说这很难，有时即使你推测对了，你也有可能完全是运气蒙对了而已。

回到文章中谈到的这个例子，如果你买入之后，后续几年市场热度减退，或者这家企业短期（某几个季度）盈利不是非常好，市场有可能不会给一个 20 倍的市盈率，而是有可能会交易在 12—15 倍市盈率的话，那么你的投资将会有可能承受很大的浮亏，而且有可能会维持很久。

例如，你在 2019 年某一刻 60 元买入，进入到 2020 年，某个季度这个公司的业绩不算太好，市场悲观，这时，有可能市场预判企业的盈利不是 4.2. 而是 3.5. 这时如果市场悲观，大家交易这只股票在 15 倍左右的市盈率，那么股价就完全有可能波动到 15 * 3.5＝52.5 元左右。这时，你就会产生了 12.5% 的浮亏。

你突然发现自己 60 元买入的股票，因为 1，2 个季度的业绩不及预期，现在浮亏了，而市场只给予了 15 倍左右的动态市盈率交易。(例如下图中点位 3 的位置)

股价波动的时间和空间

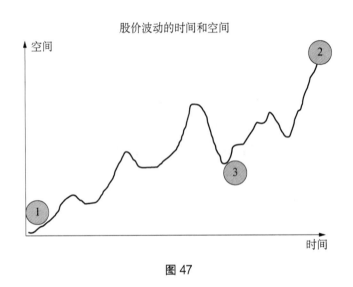

图 47

如果这时，你情绪不能很好控制，换股或者减持，或者割肉清仓离开，都有可能造成实际性的损失。如果你想做波段操作，例如你在点 1 处买入，然后在有了一定的涨幅之后卖出，那么你并不能保证你一定能够在点 3 时那么巧注意到，又或者是那么巧手里有足够的现金将其股份买回来的话，那么你大概率也会错过从点 3 到点 2 的巨大涨幅了。

所以，投资说简单也简单，但是并不完全是这样，在这个颠簸的股价运动过程中，你需要不断权衡时间和空间的关系，不断稳定好管理好自己的情绪。

时间和空间的关系还表现在这个三年的过程中，其实每一个时刻，股价都会有一个上下波动的巨大空间。

例如，这个公司作为制造业，合理的估值范围可能是在 15—25 倍左右。刚刚假设了我们买入的市盈率是在 20 倍左右，在买入那一刻，因为我们预测到这一年（2019 年）的业绩是 3 元，所以我们在 20 * 3＝60 元买入了。

但是由于股价的短期波动会收到股市整体（大盘），行业资讯（外在各种信息），投资者情绪的干扰，所以，大概率，即使你在 60 元左右买入，股价也会在一个很大范围内波动。

对于制造业来说，如果给予 12 倍市盈率，按照经验值是比较便宜的了。给予 30 倍是比较贵的了。现在假设这个公司股价每年的最高点和最低点波动都大概在当年的动态市盈率 12 倍—30 倍的波动范围内，那么你会发现：

2019 年，业绩预测 3 元，这时，理论波动范围将会在：

12 * 3＝36 元

30 * 3＝90 元

2020 年，业绩预测 4.2 元，那么理论波动范围将会在：

12 * 4.2＝50.4 元

30 * 4.2＝126 元

2021 年，业绩预测 4.8 元，那么理论波动范围将会在：

12 * 4.8＝57.6 元

30 * 4.8＝144 元

2022 年，业绩预测 6.8 元，那么理论波动范围将会在：

12 * 6.8＝81.6 元

30 * 6.8＝204 元

表 71

| 某公司 | 2019 | 2020 | 2021 | 2022 | 复合增速 | 股本 |
|---|---|---|---|---|---|---|
| 利润 | 3 | 4.2 | 4.8 | 6.8 | 31.36％ | 1.00 |
| 利润增长倍数： | 126.67％ | | | | | |
| 每股收益 | 3.00 | 4.20 | 4.80 | 6.80 | | |

续　表

| 某公司 | 2019 | 2020 | 2021 | 2022 | 复合增速 | 股本 |
|---|---|---|---|---|---|---|
| 复合增速 | 31.36% | | | | | |
| 分红比例: | 30.00% | 30.00% | 30.00% | 30.00% | | |
| 股息: | 0.90 | 1.26 | 1.44 | | | |
| 股息率: | 1.50% | 2.10% | 2.40% | | | |
| 最高市盈率 | 30.00 | 30.00 | 30.00 | 30.00 | | |
| 最低市盈率 | 12.00 | 12.00 | 12.00 | 12.00 | | |
| 股价波动范围-最高 | 90.00 | 126.00 | 144.00 | 204.00 | | |
| 股价波动范围-最低 | 36.00 | 50.40 | 57.60 | 81.60 | | |

从这组波动范围可以看出，即使真的能很准确的评估企业的价值，甚至都在企业价值的中轴买入，我们也并不一定能够买入即赚钱，或者说买入后持有不浮亏。

我们在20倍左右市盈率的交易价格买入后，股价在一个短期，有可能因为某些事件触发的情绪波动推动股价向下波动到12倍，从而给我们创造巨大的浮亏，也可能因为某些时间触发的热情将股价向上推动波动到30倍，在这个过程中，我们其实只能模糊的感觉到什么时候，在当下这个时间段，贵了，什么时候，在当下这个时间段，便宜了。

真实的股价波动很有可能比这个假设的公司模型推算过程更加曲折，以上的匡算只是一种理论模型。但是我认为他非常有参考价值，这个理论模型，成为我投资系统中重要的一个评估环节和交易系统的支撑环节，它很好的指导了我在交易过程中的思路。交易中的时间和空间是我的投资系统中很重要的一环，也是我经常考虑的问题。

其重要性在于，你对企业的业绩的判断影响了你的持有期内的可能的波动空间，你需要有足够的思想准备，例如：一种常见的场景是买入之后有可能由于市场过激下探到低市盈率交易区间造成自己账户的浮亏严重。另外一种场景可能是上涨过程可能来的比你预想的要快要早，这时是否需要及时卖出兑现盈利或者耐心持有，这段时间你会很纠结，但是最终有可能做了一回剧烈的过山车而已，这时你有可能会把仓位搞得一塌糊涂。在持有过程中，各种各样不同的信息，财报的披露，业绩可能大超预期，也可能不及预期所导致的股价剧烈波动对自己心态的折磨和摧残，企业经营中总是有可能有一两个季度业绩不理想，后面一两个季度又追赶了，但是由于季度财报的披露，各种各样的新闻，信息漫天飞，对我们的心理影响是巨大的。季度业绩不理想你也有可能会不看好，但是往往没想到的是下一个季度居然又飞速的恢复了。一来一去，都是得失。所有这些因素都会影响你的交易。

　　时间和空间的问题很难绕过去。我会每个季度都根据所投资股票的财报披露去做一次重新评估，来决定自己是不是继续持有或者调整，同时平常会比较注意收集所投资股票的信息和情况来辅助我的投资决定。

# 第四十章　交易过程中的量价心理

在股市里面，很多人热衷技术图形的分析，我几乎从来不用任何技术图形分析的指标来辅助我的交易决策。我是从另外一个维度来理解这个的，也就是买卖双方的心理活动是如何透过量，价格来折射的。前面我已经谈过，股价在波动时，折射的是买卖双方的心理活动。放在一个短期看，跌的多了就会涨，涨的多了就会跌，为什么会这样呢？

究其本源，还是因为买的人有个心理预期，卖的人也有心理预期，当想买的人更多，而卖的人觉得公司价值不止这个价格，卖的人大部分不愿意卖出，那么股价会波动上行。当卖的人更多，而买的人又觉得暂时价格不够划算，这时股价会逐步下滑。直到买卖双方的力量达到一个相对的平衡为止。也就是在股价某一个位置，买卖双方达到了一个新的共识。当买卖双方的心态进入僵持，股价也会进入僵持阶段，这时买的人觉得贵，卖的人觉得卖掉不划算了，大家都是你看看我，我看看你，互相干瞪眼。就看谁能才打破这个平衡，或者有新的力量进来。例如新的资金进来，例如有人大规模减持，清仓等等。

我们要观察的是：新闻，公司财务信息，公司经营情况对投资者心理的影响

交易中的量，交易的价格和估值水平。

把这三类因素结合起来，在一个短期内观察量、价、换手率，结合股价的运动和企业相关的信息，基本面情况，我认为是有一定分析价值的。其中有几点值得留意。

第一，在股票的股价图形中，有一种形态，经常是在某一段时间内，股价似乎在一个箱子里面运动，到了某一个箱子的下边框就不再跌了，到了这个箱子的上边沿就往往会反转向下，这些都是折射了买卖双方的心态。

第二，股价在波动时还有一个特色，买卖双方在僵持了一段时间后，就是股价往往会朝向阻力比较小的方向运动。换句话说，当暂时没有上涨的理由，买卖

双方交易意愿都很淡时，股价往往下行的概率比较大。

第三，股价僵持，上行，或者下滑往往不是一天两天，往往是一段时间。股价僵持的阶段，也就是每日交易只有轻微波动时，成交量往往不大，这时折射的可能是没有利好也没有利空，信息都被投资者消化了。投资者情绪稳定。如果买的人相对卖的人多，但是成交量不大，股价是慢慢的波动上行，这时大概率说明买的人的心态相对于卖出的人乐观积极，看好，但是这时买入的人力度不大，这种趋势往往会维持一小段时间。如果卖的人相对买的人多，但是成交量也不大，股价慢慢的回落，但是很难看清楚趋势，这个趋势也有可能会维持一小段时间。

如果这时，交易量突然暴涨，则说明有比较强的新的力量介入。比较大的交易量要么说明有人大量卖出离场，要么说明有人大量买入入场。这时要结合企业基本面，当下的估值，近期催化剂，成交量等因素去分析，不可一概而论。

如果卖的力度过大，而且量很大，卖方出价比较快，比较猛，而买的人非常少，这时折射了卖的人比较急迫，而买的人心态并不急迫，这时有可能会出现跌幅比较大，甚至出现成交量量很大的暴跌。如果价格在跌势，但是量并没有很快放大，则折射了买卖双方的心态都比较谨慎，买入的人还在思考，卖出的人也还在试探，这时如果卖出的人比较急迫，买入的人非常谨慎，则股价会出现逐步下滑的连续趋势，这时成交量也是不会很大，和平均水平类似，这时往往趋势会维持一段时间。尤其是缩量下跌。

当然量比较小的下跌，也可以解释为想抛售的人基本都卖掉了，其他的人暂时不太想卖了，这时股价又会慢慢的稳住甚至出现回升。

在公司基本面，当下估值，短期催化剂不同的情况下，成交量和价格的走势的解读是完全不同的。假设我抽象了公司基本面为三种状态，不变，变好，变差，当下估值为贵、合理、便宜，短期催化剂为正向、负向、无（催化剂），按照这个思维框架，也有 27 种不同的情况。

表 72

| 公司基本面 | 当下估值 | 短期催化剂 |
|---|---|---|
| 不变 | 贵 | 正向 |
| 不变 | 贵 | 负向 |
| 不变 | 贵 | 无 |
| 不变 | 合理 | 正向 |
| 不变 | 合理 | 负向 |
| 不变 | 合理 | 无 |
| 不变 | 便宜 | 正向 |
| 不变 | 便宜 | 负向 |
| 不变 | 便宜 | 无 |
| 变好 | 贵 | 正向 |
| 变好 | 贵 | 负向 |
| 变好 | 贵 | 无 |
| 变好 | 合理 | 正向 |
| 变好 | 合理 | 负向 |
| 变好 | 合理 | 无 |
| 变好 | 便宜 | 正向 |
| 变好 | 便宜 | 负向 |
| 变好 | 便宜 | 无 |
| 变差 | 贵 | 正向 |
| 变差 | 贵 | 负向 |
| 变差 | 贵 | 无 |
| 变差 | 合理 | 正向 |
| 变差 | 合理 | 负向 |
| 变差 | 合理 | 无 |
| 变差 | 便宜 | 正向 |
| 变差 | 便宜 | 负向 |
| 变差 | 便宜 | 无 |

　　例如某上市公司基本面总体发展越来越好，财报业绩变好，当下估值非常贵，这时市场出现一个利好公司的新闻，例如国家政策的扶持，或者公司又达成了什么战略合作等等，这时公司基本面变好，估值贵，短期催化剂正向，但是我们依旧很难准确断定会涨或者还是会跌。短期的涨跌还会涉及投资者的情绪，大盘整体的走势等等。结合基本面、当下估值、短期催化剂，当下的量价走势，做出解读也不一定能够100％准确，这是因为在股市上交易，存在很大的不确定性和偶发性。例如某一天的股价暴跌放量，有可能只是因为某个基金的基金经理一时的心血来潮，也有可能是因为某一天某个大户的个人行为，在股市这么多参与者的情况下，预测短期波动基本是徒劳的。

　　在短期，市场上的信息，新闻，企业有关的报道，财报的数字都有可能影响买卖双方的情绪，推动股价波动。有些投资者喜欢追踪这些，然后做出交易操作，其实是非常累的事情。虽然我分析了股价波动背后，量，价格，信息，投资者情绪之间的联动，但是我倾向于这些都只是在短期有效，对于股价在长期的表现，公司的业绩才是决胜的因素，股价永远围绕公司的价值上下波动。我们可以利用这些经验去分析判断，但是要想在股市中获得大的成功，还是要回到投资股票就是投资企业这个基本点上。投资最好的企业，耐心持有，管理好自己的情绪才是赢家之道。

# 第四十一章　跨行业横向选股

在投资过程中，会有众多来自不同行业不同商业模式的投资机会，那么投资者需要面对一个问题——如何在众多的投资机会中做比较，然后做出权衡？同时，股票投资也需要和其他一些投资项目做比较。比如和朋友一起经营小企业的机会；买银行理财产品的机会；买股票 A 或者股票 B、股票 C、股票 D 的机会；贷款买一套小户型公寓出租的机会；把钱给亲戚投资个小生意的机会，等等。

这里重点谈的是如何在不同的股票之间做出选择，要考虑什么因素，对于投资结局会有什么影响。例如我们可能需要在煤炭股和一个眼科医疗诊所，一个做面包的，还有几个做设备，开发游戏还有一个养猪的公司之间选择，比如在下列这些公司中，假设你的资金有限，你如何选择呢：国瓷材料，陕西煤业，牧原股份，爱尔眼科，吉比特，桃李面包，寒武纪，先导智能，腾讯控股，中宠股份。

这个问题要从几个维度来一层一层分析。

第一层，我搞不懂商业模式的公司我是不会选择的，直接放弃。也就是说，我的做法首先是不懂不投。随着年龄增长，我的学习能力也在衰退，能力圈的扩张比较缓慢，所以我采取的原则是不断强化原有的能力圈，而尽量不去扩张自己的能力圈。所以如果这个公司我没有接触过，没有看懂过，我就不看不问。我告诉自己这笔钱不是我应该去赚的。赚钱的机会太多了，这个机会对于我来说，我把握不住。还有很多其他机会。人很难持续赚到自己认知不了的钱。

第二层，在基本看得懂，自己也有一定兴趣的情况下，我会考虑赛道这个核心因素。如果这个赛道，也就是企业经营业务的主要细分行业，长期来看有巨大的增长空间和潜力，这个就是值得去逐步培养自己的认识和能力圈的，而且也比较容易出大市值的公司。

其实这是一个简单的数学问题。假设研究一个公司 A，其所在的行业，比如每年可能规模在 3000 亿左右，行业整体增速可能在 6% 左右。

在一般情况下，一个公司可能能占据 50% 的市场份额就已经很了不起了，假设有一个公司 A 将来会占据了 50% 的市场份额，那么收入规模就会大概在 1500 亿左右，而假设这个行业在经过了激烈的发展，逐步逐步稳定之后平均利润率大概在 15% 左右，那么其净利润的顶部可能在 225 亿左右。

那么假设未来中国 GDP 长期增速在 2%—3% 左右，这个行业增速在 6% 左右，假设这个获得了全市场 50% 的份额的企业公司 A，能做到比平均增速略快，长期来说，这个公司 A 是很难超越 GDP 增速的限制，行业平均增速的限制的。所以我假设给予这个公司 2 倍行业增速的 PE 市盈率估值，假设其市盈率有可能在 12—30 倍波动，这意味着其市值顶部有可能在

12 * 225＝2700 亿到 30 * 225＝6750 亿之间波动。

这个匡算就能大概估算出这个公司的顶部区间。

假设目前这个公司的市值已经在 1500 亿左右了，那么你就能够很简单的预判，即使到顶部也就是只有 2—4 倍左右的空间。

按照这个判断的思路，你可以去尝试测试所有的企业，主要估算的就是这个企业的未来的市值空间，和所需要的时间，和你所愿意承担的时间，然后你综合考虑一下，觉得你值不值得，你有没有这个能力等待这个时间段去看到最终的市值空间增长。

做另外一个假设，假设一个行业每年规模大概就是 300 亿左右，长期增速可能在 8% 左右，假设你判断这个行业是很难会有一个公司一统天下的，可能最大最好的公司也就是能拿下 10% 左右的市场，那么意味着这个公司的收入天花板可能也就是在 300 * 10%＝30 亿左右。即使这个企业净利润率能做到 30%，其利润的顶部区间可能也就是 30 * 30%＝9 亿左右。

这意味着即使按照 30 倍的平均估值给这家企业定价，这个企业市值如果在 270 亿（30 * 9）也就差不多到头了。所以如果这个企业目前已经 150 亿市值了，对于你来说，未来市值增长的空间也就是 1 倍不到一些。

当你这么做横向比较时，就能比较容易的做出选择。

从上面这两个简单的例子，相信读者都能顿悟到如果在不同行业，不同商业模式的企业之间做投资标的的选择，我们需要考虑行业空间、增速、企业在这个行业内的市场地位和成长性了。

第三层，更重要的是，不同的行业也有不同的商业特质和行业格局，我们可以从历史中学到很多。例如，汽车行业一贯百花齐放，品牌众多，汽车竞争了百年，最终没有一家企业公司能掌握超过10%以上的份额，而汽车的款式则更是五花八门，多达上千种不同品牌款式的汽车。那么今天出现了很多新能源汽车，也就是采用了动力锂电池的汽车，而不是传统的燃油汽车，那么这个新能源汽车会不会出现一个车厂，一个品牌占据20%，甚至50%的市场份额呢？

我认为大概率是不会的。两个女人都不愿意穿一样的衣服。汽车属于个性化的消费品，消费者的需求是千变万化的。未来汽车整车行业就完全有可能是百花齐放，纵然是最大的汽车品牌也不一定能够获得超过20%的市场份额。

然而在快递物流配送这个市场，则大有不同，物流配送企业服务于企业客户，从行业竞争格局来说，全中国最后胜出的只有头部的5—10个企业，因为物流配送需要很大的投资，在全中国布局网络，信息化，资本投入很大，经历了过去30多年的发展，物流配送行业的门槛是很大程度已经提高了，很多仓库，运输线路和经营许可，包括网络都构成了很高的护城河和门槛，这个行业就会出现强者恒强的格局，在美国有UPS，在中国有顺丰控股。

这个行业竞争到最后，头部可能只能留下几个企业。但是快递物流的需求是非常刚性的，而且随着经济和贸易活动的增长，快递物流的需求逐年增长，长期来看，又是和经济走势高度相关的。

全球现在都非常依赖线上交易，购物越来越快的转移到线上，而电商没有物流配送的支撑是混不下去的，这决定了在今后很长的一个时间段，快递物流行业都会长期存在并且越来越强。美团做餐厅点评起家，一开始并不是十分成功，直到美团介入了外卖领域，才开始飞速发展，而现在外卖几乎已经成为每一个中国人生活的一个组成部分了，外卖使用频次高，黏性大，而且外卖员是刚性成本，要培养起这个团队，要构建一个高效的物流配送网络和实时算法需要大量的投入，门槛也是越来越高。这些年这个市场进入了美团、饿了么两个寡头之间的竞争，美团占据了高达 65％的市场份额，开始盈利。这个行业竞争格局非常像芯片行业的 intel 和 AMD、英伟达公司。

又例如养猪产业的牧原、新希望、正邦、温氏，这几家虽然都是养猪产业最大的企业，但是截至目前，也没有任何一个企业在行业内拥有超过 5％的市场份额，其中一个原因就是养猪门槛比较低，农户自己养个几十头，上百头猪也是相对比较容易的。这个行业最终会不会出现一个企业占有 20％的市场份额其实到现在依旧存在变数。

再比如零食行业的情况，零食属于食品，这个市场显然是非常巨大的，中国 14 亿人口，一个人一年吃个几百元零食不多，这就是一个上千亿规模的产业，实际上零食市场可能达到万亿规模。但是零食对于消费者来说，自然是品类繁多，选择繁多，消费者也并没有太大的忠诚度，这个行业也是一个竞争激烈的市场，目前头部的上市公司已经不少，而且还不断涌入新的零食品牌，现在的这些品牌未来能活几年也非常难说。

再比如小家电行业，小家电行业产品繁多，过去有一段时间美的被称之为中国小家电之王，但是后来小米，小熊电器都涌入了小家电市场，他们在这个市场里面都获得了不俗的增速。竞争越来越多，美的在某些细分的小家电领域又不可能通吃整个市场。

这些例子说明，在横向比较不同的投资机会时，除了看到估值的差异，还需要更深入的去思考这个行业的市场空间，商业本质和行业格局，才能更好的做出决定。

如果赛道不理想，市值增长空间太小，其潜在的回报率就不高，如果行业格局不稳定，竞争比较激烈，那么则有可能面临不确定性比较高，其利润率，增速都有可能被竞争对手颠覆。

我个人投资的大原则是尽量选择市场空间大，前途光明的赛道，然后在这个赛道下，行业格局相对稳定，选择那些在这样的细分行业已经初步获得胜利，或者未来有很大概率成为霸主或者王者的企业。要么选择已经有的霸主或者有垄断地位的领导者，要么选择那些新锐的你看好的挑战者。例如，高档白酒的王者茅台、五粮液；物流快递行业的霸主顺丰；社交和游戏领域的霸主腾讯；电商和云服务领域的霸主阿里巴巴；电商领域的挑战者拼多多；小家电领域的挑战者小熊电器；手机和消费电子领域的挑战者小米；电动汽车领域的新锐挑战者理想、小鹏汽车；电动电池领域的霸主宁德时代，等等。

第四层考虑，对于不同企业要考虑其当下的估值水平，和其他不同的投资标的之间的估值水平的比较。从估值这个维度去考察，例如一个估值 70 倍的化妆品龙头企业和一个估值 10 倍的银行股，你会选择哪个呢？

这真是一个尖锐的问题。这更像是一个思考，也就是投资哪一个公司从资金利用效率上更好？但是通常这个问题非常难回答。

犹如我之前在笔记中所说，投资股票的时间和空间这 2 个维度是需要结合的，在短期，70 倍化妆品的龙头企业由于业绩的增速高，赛道好，其 2—3 年之后的前景非常美妙，但是一个估值 10 倍的银行股，由于几乎没有增速，分红也只是在 4—5 个点，尽管同样从市盈率角度去看，10 倍市盈率当然会比 70 倍市盈率更有吸引力，但是遗憾的是，10 倍市盈率的银行，2—3 年以后如果净息差继续萎缩，现在的利润可能都保不住，2—3 年之后的市盈率就有可能翻倍了。

我给读者朋友们演算一下，在下表中，假设公司 A 是一个高速增长的化妆品的公司，你在 70 元买入，因为当年业绩为 1 元，意味着你是在 2020 年动态市盈率 70 倍时买入。如果这个公司一直能保持高速增长，那么这个价格相当于是你在 2023 年用 25 倍的市盈率买入其实是一回事。

表 73

| 公司 A | 2020 | 2021 | 2022 | 2023 |
|---|---|---|---|---|
| 业绩 | 1 | 1.4 | 2 | 2.8 |

续　表

| 公司 A | 2020 | 2021 | 2022 | 2023 |
|---|---|---|---|---|
| 当下股价 | 70 | | | |
| 市盈率 | 70 | 50 | 35 | 25 |
| 公司 B | 2020 | 2021 | 2022 | 2023 |
| 业绩 | 1 | 0.9 | 0.8 | 0.7 |
| 当下股价 | 10 | | | |
| 市盈率 | 10.00 | 11.11 | 12.50 | 14.29 |

　　而如果你买入了公司 B，因为业绩下滑了，你在 2020 年按照 10 倍市盈率买入的公司 B 等同于你在 2023 年 14.3 倍市盈率买入。

　　说到这里，大家都会瞬间明白了吧？当你站在 2023 年的视角看问题时，由于过去的良好增长，市场给予公司 A 的预期增长会在 30％左右，给 25 倍是很低的。所以公司 A 在 2023 年时也很难会在 70 元这个价格上停留了。而那个时候给公司 B 的预期增长可能大家觉得未来不会有增长，投资者会觉得给 10 倍市盈率都有点贵了，何况 10 元的价格已经对应的是 2023 年 14.29 倍的市盈率了，所以这个价格，在 2023 年的股市市场大概率是顶部而不是底部。

　　70 倍的化妆品和 10 倍的银行也会出现另外一种结果，如果 70 倍的化妆品公司在未来 1—2 年经营不佳，遇到太多的竞争，业绩增速下滑，那么同样这个高估值的 70 倍是支撑不住的。而非常有可能 10 倍的银行股虽然说没有太大增长，但是由于某些经营上的努力，利润稳定，而且每年提高了分红，反而能够一直维持在这个市盈率水平上，回报也还是不错。

　　重点在于两点。第一，你的视角要学会在时光穿梭机中遨游。你穿越到未来去看现在，有些东西看着就不那么贵了。第二，你要学会理解股市是关于预期的艺术，一切都是预期。在股市，给股票定价的是全体投资者，而全体投资者主要是看预期的业绩和预期的增长来给股票定价的。

某位投资大师的名言：股票短期是投票机，股市长期是称重机这句话如何理解呢？短期，股票的价格是无数多的投资者用钱交易出来的，所以好像一个投票的机器，大家投票时看的是预期，看的是未来。长期而言，由于股票的内在价值最终会被价格体现，因为股票的背后是企业，企业的内在价值是由企业的市场地位，前景综合决定的，长期，股票的价格是会贴近企业的真实价值的。

第五个考虑的层次，是把握好短期和长期之间的矛盾，在不同股票标的之间比较时，结合股票交易的实践，还需要考虑到短期的市场交易空间和长期的企业发展空间，结合自己实际情况去选择和操作，这样才能增加胜率。

所谓短期的市场交易空间，就是根据今年的业绩来做一个判断，对年内的估值范围有一个判断，绝大多数股票都有可能在一年内出现一个高点，这个高点在时候看，往往对应的是年内动态市盈率的高点。

也就是说你有可能买入了一只股票之后，这一年年内的涨幅不大了，或者说已经过了那个当年的顶点，随后的日子或许股票会调整3—6个月才会再拾升势。

但是市场并不是所有的股票都一起到这个顶点的，由于市场情绪和热点，新闻，各种企业业绩的波动情况，政策和消息面的综合作用，当股市得到了这些信息消化了之后所呈现的反应时间点，也是不一样的。所以当你手中有一笔资金，而这个时间点恰好可能对于某些企业来说，还没有到年内的估值高点，对于另外一些企业来说，则可能已经刚刚过去了，这时你评估短期的市场交易空间对你的交易来说，就变得有意义了。

另外一个需要考虑的是企业长期发展空间。很多问题拉长了看，都只是上升途中的小波动而已，例如当我们买入了一个公司，如果拉长了看，我们全年都在山底，如果缩短到本年度，我们有可能已经在从山顶下滑到半山腰的位置上了。读者朋友可以去看看每一只股票的月K线和日K线，就能体会到这一微妙之处。

# 第四十二章　如何控制回撤和保护组合

对于绝大多数投资者来说，如何控制自己股票组合的回撤是一个挺大的问题，这个问题在于，当你买入之后，如果组合的总股票资产只是下滑 2—3 个点，你可能会非常轻松，然后不太在乎，但是，当组合下滑到 5 个点，10 个点，15 个点，20 个点时，绝大多数投资者是做不到非常淡定的。

这里面或许有几个原因。

第一，绝大多数投资者很难管理好自己情绪，股票跌了几个点之后，就会心态变差，就会非常焦虑，不停的想找到原因，或者就急于补仓。结果，补着补着就变成了第一大仓位的重仓股票，然后这个股票可能还会继续下滑，投资者的情绪就会非常难受。在情绪失控的情况很容易做出追涨杀跌的事情，从而犯下更大的操作错误。然后一旦股价反弹，投资者又会在刚刚解套之后急于卖出，几次操作之后，指数涨了，股价涨了，许多投资者的账户总市值反而是浮亏的。

第二，市场上绝大多数投资者对一家企业的理解并没有那么深刻，假设市场上一共有 100 个投资者，其中 90 个投资者都是在道听途说中买入股票的，有的是依赖从亲戚朋友同事上司那里得到的一些信息和建议，有的是看了券商的研究报告或者听了某些媒体文章的宣传，但是 100 个投资者中至少有 90 个投资者是从来不会真的把一个公司的财报从头到尾读过，思考过，自己去匡算一下企业的价值，去分析一下公司的战略和业绩估算。几乎没有人会这么做。这就是这个市场上绝大多数投资者的真实现状。

所以这些投资者通常很难持有一只股票太长时间，由于对企业的业务，经营前景判断不清楚，就会不断的陷入一个循环：跌了慌，涨了也慌。跌了就怀疑自己搞错了，没有耐心持有，涨了就在想着什么时候卖掉，再去追下一只股票，在这样的情况，如果组合出现比较大的回撤，他们会非常慌，比较容易在买卖过程中损失到本金。

曾经看过一份资料，分析说，中国的投资者平均持有一只股票的时间大概在3—5天。

那么到底要不要控制回撤呢？如何去控制回撤的风险呢？

要不要控制回撤？我的做法是我会去控制回撤。

但是我会区分不同的情况来操作，例如：对于我自己有深入洞察，仔细研究过之后的企业，我会持有，如果跌到合理偏低的位置，我会开始增持。如果是一些我看不太清楚的公司，或者基本面出现了一些波动和模糊的情况下，我会在短期获利之后就抛售兑现盈利，或者我会彻底从我的组合中撤掉。有些公司如果我看好，但是有些公司的问题还没有想太透彻，我会持有不动，继续观察。同时我会继续深入的研究企业本身的核心竞争力和护城河，投资逻辑，估值，驱动力，短期催化剂，看看在这几个因素中那些因素影响了股价。

在我的投资系统中，我是如何控制好自己组合的回撤的呢？

首先要认识自己的局限性，其实我无法保证自己买入的位置一定是最低点，这基本是不现实的。其次，我会只买入我深入研究过的好公司放在我的股票池里面，对这些公司进行操作。不在我股票池里面的公司，除非我自己深入研究过，否则我都会毫不犹豫的从我的组合中拿走。

我的股票池选择就是我投资系统保护组合的第一层防护。因为我只在这些公司中选择交易的标的对象，从而确保我大大降低了踩雷的概率。也就是误打误撞买入了一些亏损企业，造假企业，经营情况不善的企业。所以我比较注重不断的跟踪和更新我的股票池。同时，我会长期分析和研究围绕着我股票池内的企业的行业，不断的去提高我自己对股票池的公司的理解和洞察力。

简单的说，就是 A 股 5000 只股票，我只观察其中的 50—100 只股票。而这些 50—100 只股票在我的能力范围内，能基本理解，同时又基本全部是比较优质的好企业，所以就保护了我的组合。

我的投资系统的第二层防护，对于自己持有的股票，我会在估值上比较重视，通过长期的分析和研究在动态的交易过程中，判断其估值水平，如果估值水平偏贵了，我会考虑兑现一部分盈利，如果估值合理甚至偏低，我会考虑买入或者增持。

和大多数投资者不同的是，我并不通过观察跟踪技术图形，或者某些传统的技术指标来做分析判断，例如均线系统，布林线等。我是用历史动态估值的角度去看待每一个公司的估值高低的。这一点，在我从前的笔记里面有一些已经反复介绍过了。

第三层防护，在我的投资系统中，我会时刻保留 10％—20％ 的现金在我的整体组合中，我也从不空仓。所以当股价出现大幅度调整，例如某些暴跌之日，我会采用我的现金仓位来调节我的持仓仓位，做出增持或者换股的操作。

读者朋友需要记住的是，如果你总是满仓，这意味着你把仓位管理完全交付给了市场，当股市大势整体调整时，你组合的股票或多或少都会有所调整，当大势泥沙俱下时，你也很难逃脱浮亏的命运，这时，如果你握有一定的现金仓位，可以充分利用这笔现金仓位去做增持或者换股的操作，从而把一定的主动权掌握在自己手里。

相信如果有 1—2 年以上交易经验的投资者都会深有体会。

第四层防护，过去 20 年，从我开始投资股票，我就比较注重一定程度的组合分散，我很少在一只股票上下注超过我总资金的 20％，随着资金增长，我的组合在多数情况下重仓 6—10 个公司，平均仓位在 7％—15％ 左右。另外有 10—20 个公司仓位比例在 1％—5％ 左右。还有一些 100 股法则实践买入的公司。

我也曾经反思过很多次，为什么我会采取这么保守的分散组合策略，我认为这和我的年龄，资金规模和性格有关。我厌恶风险和回撤。从一开始我就不是投资风格大开大合的路数。例如有一些投资者盯住一只，不从一只股票上获利，就死也不离开做第二只股票，如果套住了，他们会一直去熬着，一直等下去，或者就是割肉走人。我一直是动态的，主动的，积极的管理我的个人组合。有些投资者喜欢热点，题材，喜欢追踪热度很高的公司，我则相反，我喜欢按照我自己的节奏来，我从不理会市场现在什么是热点，我只根据我对这个国家的经济走势，消费者的趋势去分析，看到那些领域会落到我自己熟悉的领域，或者有兴趣的领域里面，我才会去分析一些企业，如果不懂我放弃，如果没兴趣我放弃，如果公司一般般我放弃，如果公司有很大问题我放弃，对于我来说定性远远比定量更加重要。对于我来说，没有被我定性为好公司的股票我一律不看不听不问不闻。这为我节约了大量的时间和精力，他推动我聚焦在那些我看得懂的好公司上，我逐步逐步的在围绕着自己对世界的认知赚钱。这是一种非常幸福的感觉。

组合投资的好处在于你可能会躲过万一选错一个公司的毁灭性打击。假设你一共 100 元资金，其中有 80％重仓了一只股票，那么假设你选错了，这个股票暴跌了 50％，你的资产将只剩下 60 元。对于任何一个投资者来说，这都是内心很难承受的打击。假设你一共 100 元资金，20％分组投资了 4 个公司，保留 20％做现金。那么假设你选错了一只股票，暴跌了 50％，你的资产还有 90 元。假设你选了四只股票，其中有 2 只都选错了，各自暴跌了 50％，那么你的资产还有 80元，然后如果你用剩余的 20％现金仓位做一些补仓，等反弹之后再调整的话，损失可能会控制在 10％之内，甚至会很快盈利。

组合投资的缺陷在于其投资综合回报率会被平滑。例如你 100 元资金，一个公司 20％仓位，投资了 4 个公司，保留 20％做现金。假设 4 个公司分别获得了收益率为－10％，20％，50％，10％的收益率，那么总体你的收益率将会是：

$$20 * (1-10\%) + 20 * (1+20\%) + 20 * (1+50\%) + 20 * (1+10\%) + 20$$

$$=18+24+30+22+20=114$$

总收益率只有 14％。

故而，如果你有持仓标的有非常强的信心和预判，你并不需要采用这种组合投资的办法，不过我的投资系统则是严格的按照这个思路去做的。我从不单一重仓下注在一个公司上。

例如：在 2020 年第二季度开始，A 股市场有无数多的投资者重仓下注了牧原股份。他们都坚定的认为牧原将是超级大牛股，虽然我的仓位也包括了牧原股份，不过我并没有重仓。因为我对牧原的理解不足以给我这么大仓位的信心。

通过前面提及的四种手段，只投资最出色的公司，牢牢盯住估值，时刻保留现金，组合和适度分散，可以比较好的保护组合的大幅度撤回和构建属于我自己的投资系统护城河。这些年我一直如此实践，才得以平稳可持续的盈利了数年之久。未来如何，留待历史去验证。

有读者朋友问我，如果你遇到了极端情况下，股市泥沙俱下，而且持续很长时间，你已经补的没有现金了，如何处理呢？我想：如果你选择的公司基本面并没有出现巨大的问题，如果真的到了这个阶段，就一起熬过去吧。熬过去了，你会发现这只是伟大公司股价长期持续向上的过程中，中间一朵美丽的小浪花罢了。

一人一投资，一花一世界。找到属于你自己的可持续赚钱的投资系统，把握住四大平衡（估值，择时，选股，仓位管理），耐心管理好自己的情绪，找到属于你自己的投资之路，人生会变得更加精彩！

# 后　记

　　本书是在我投资股市的过程中陆陆续续完成的，它记录了我的投资心路历程。在北京、杭州、成都、海口、三亚等地陆续完成。写作的过程也是我在不断投资不断反思的过程。

　　我写本书是希望帮助普通投资者和业余投资者，面向的读者是普通人，都是我周围的亲戚朋友同学同事，也有不少是新认识的股友，我在文字上不惜笔墨，不求精炼，但求能够让普通投资者读懂，所以很多人问我为什么不厌其烦地解释一些基本概念，一是因为我知道许多投资者是毫无基础的，二是我觉得大道至简，许多最基本的东西恰恰是绝大多数投资者忽略或者忘却的。

　　2020 年，新冠病毒疫情暴发，中国是世界上最快恢复、最强劲复苏的经济体，全世界都看在眼里，人民币从 2020 年的年初的 1∶6.96 发展到现在的 1∶6.56 左右（截至 2020 年 12 月初），在全球经济下滑的情况下，人民币汇率不断升值，和其他国家相比，中国的经济依旧很健康。伴随着美国国际地位的衰退，内部的分裂和缺乏制造业的基础，美元将会逐步逐步让出一些国际地位给人民币，相信在未来 5—10 年，一个崛起的更加国际化的人民币，伴随着一个日益强大的中国将会在世界资本市场上得到更多的关注和尊重。

　　中国已经进入老龄化社会，老龄化将是我们面对的严峻挑战，一个完善的医疗保障体系，可负担的药物和治疗水平都是全体国民需要的。尽管中央政府医药集采席卷了整个医疗行业，对医疗类上市公司的估值造成了一定的打击，但是我坚定的相信，如果未来有一个行业将会迅猛发展，其中之一，依旧是中国的医疗行业，在这个行业里面，围绕着中国老年人的眼科，牙科，心血管疾病，癌症和肿瘤的各种治疗，检测仪器和试剂，包括基层医疗卫生系统的扩张和建设，包括从买药到就诊到慢性病管理等一系列的医疗服务，可能会持续 5 到 10 年的高投入和高增长。未来，生物科技的发展，生物制药的发展，人类的寿命也非常有可能得到延长，我们面临着一个全新的时代。或许再过 20 年，我们的社会中也会存在不少采用生物再造技术生产的人体器官，人类的寿命大大延长，资本市场也完全有可能更加长盛不衰。

在这场空前的疫情下，人们更多地开始依赖网络生存，全社会的效率因此得到了提高，线上生存是每个人面临的切实挑战。疫情之后，线上生存会越来越流行，其中有一部分将永远改变人类的生活习惯。可以看得见的短期内，我们手机不离身，网购、看直播，几乎全部消费转移到线上消费。直播、在线游戏和在线教育会持续火热；电商纷纷投资仓库和计算机管理系统，引入物流合作，让消费者需求的商品最快最安全地送到家里。无人驾驶、无人机物流在不少城市都已经开展了试运营。

有一些大企业已经宣布其大量的工作岗位将永久变成在家工作的模式。也有很多学校将一半的课程都永久列入线上学习的范围。随着网络日益发达，利用最先进的通讯技术，即使是远程医疗，即使是做复杂的心血管手术也可以远程利用网络通讯和在线视频监控结合手术机器人等技术手段执行。人类不一定要居住在繁华的都市，很多都市的办公室、写字楼等资产会逐步供大于求。

随着科技逐步成熟，利用传感器、摄像头、计算芯片和内存，各种各样的设备都会逐步智能化，都能逐步逐步理解如何和人类交互，运用它们的人工智能技术，和先进于人类百倍的机械科技，它们很有可能会在人类日常工作场景中大量出现，甚至替代掉很大一部分产业工人，服务行业的人工。未来的人类社会，人将会和机器并存，我们的生活人将完全有可能会有大量的机器人同事和我们一起工作。从投资的角度，人工智能，机器人，传感器，摄像芯片，内存和其他核心设备都有可能飞速发展起来。这一潮流将延续数十年。这一大潮一定会有非常值得的投资。很快，无人驾驶也会逐步成熟乃至流行起来。

人工智能利用采集到的各种数据，利用企业的工业场景，做出分析、预判、统计等工作，现在已经有很多的技术手段运用到了现代制造业的内部流程上，帮助企业更好更快的完成经营目标。全球 54 家灯塔工厂已经有 16 家坐落在中国，折射出中国的供应链对于全球的重要性，也说明中国制造业越来越强的趋势。

目前全球经济很难不陷入深度衰退，全球各个国家都面临巨大的债务压力，当一个国家的生产效率不足以生产出足够的利益来覆盖自己的债务，国家机器就会面临停滞的风险。新冠病毒从一个出乎意料的角度打击了全球所有的国家，这场新冠病毒诱发的危机或许还远远没有结束，其影响可能比 2008 年全球金融危机更加深远。从现在来看，2021—2022 年，全球各个国家都需要花费巨大的人力物力去弥补这场疫情带来的副作用。

我相信在未来 10 年，中国将投入海量的资源在科技创新领域，很快我们全社会的效率和产能，供应链和数字化就将站在世界领先的位置，我们就完全有可能引领全球进入下一轮增长。

投资股市 20 年，随着时间流逝和股市资产的逐步增长，我深刻认识到复利之伟大，同时我也日益认识到自己的平庸和能力圈的有限。幸运的是我性格喜欢总结分析提炼，又乐于分享，逐步发展了一套自己的投资系统，加上多年阅读不断学习，这才能在这个激烈的市场上得以生存。

未来我会继续围绕消费、医药、科技领域继续我的投资生涯。我相信沿着中国的发展趋势，找到其中最好的公司投资，然后保持耐心和理性，个人财富会随着国家的发展而迅猛增长。我坚信这一点。未来会更加美好！

希望本书让读者朋友们有所收获。

道法自然

2020 年 12 月

# 读者感悟

欢迎读者朋友们参加我的投资会员俱乐部和我一起探索可持续赚钱之道。

附联系方式如下：

微信公众号：道法自然的投资笔记

微博：道法自然的文摘

知识星球：道法自然的投资俱乐部

**读者感悟**

本书写作过程中得到了很多网友和读者朋友的大力支持，在此一并感谢，因篇幅限制，附上部分网友的投资感悟供读者参考。（注：大多数网友写下自己的投资感悟时间是 2020 年 12 月）：

@yaon 西安

2017 年通过微博初识道法自然，当时并未意识到这于我的投资生涯来说是一个重要转折点，甚至可以说，遇到他之前，我的投资生涯并未开始，之前在 A 股打打闹闹四五年，并未盈利，纯属兴趣使然而继续坚持，幸甚，遇到道法自然，他是一个特别可爱的人，痛恨别人叫他老师，因为 A 股叫老师的大多是骗子，然而于我个人而言，他确实是我的良师益友。2020 年 6 月我们面谈后我更确信了这一点，在我看来，他的理念超然又接地气，如果说在我脑海中对道法自然的投资有一个关键词的话，我第一个想到的，就是"平衡"，在我看来他对于一家公司的财报，业务能力、产品、管理团队、消费市场、甚至管理者人心的细微洞察都堪称艺术，他的眼光犹如精致的手术刀抽丝剥茧般排查各种数据最后汇总成自己的投资策略，最重要的是，他每次都站在人性的高度来审视公司，如此宏观却又可以每次精确的排除投资风险。道哥并不是传统的呆板的价值投资者，市场上拥簇众多的银行保险等行业他并不喜欢，相反，他的理念是拥抱泡沫，因为他知道，投资者来到 A 股市场是来赚钱的。他在每次行情难看，灰心丧气时会提醒我可以准备开始市场泡沫的钱了，而在每次忘乎所以时唯独他又提醒投资者准备止盈注意风险，他不忍看投资者亏钱，永远是那个可爱，永远清醒又深谙人性的投资者。我强烈建议每个初入股市的人都认真看一下《涌金门投资笔记》，曾经我也幻想过在 A 股一夜暴富，后来才知道稳定盈利该如何开始，投资体系应该如何构建，道法自然说用最简单的话告诉了我们如何构建一个稳定的、安全的、可盈利的投资框架，也希望更多人能像我一样可以重新出发，在 A 股市场有如此良师益友指导和鞭策。

@傅磊金华

跟着道哥一年以来觉得自己进步很大，特别大，非常大！选择好公司，耐心持有，无视短期起起落落。道法自然，赚钱就是这么简单！股海无涯苦作舟，书山有路道为径。一起加油吧！

@wangyafeng100 北京

《涌金门投资笔记》没有刻意去追求高深的理论，没有生搬硬套晦涩难懂的语言文字，而是结合道哥自己日常投资中的一点一滴、成功经验、心路历程，用近乎大众化、平民化的随笔旁白的形式揭示了股市投资的底层逻辑和秘密：如何选择企业、如何组合投资、如何进行仓位管理、如何应对心理波动、如何控制大幅回撤等，对于广大散户朋友来说，舍得分享实属难得，应该珍惜、感恩、学习！我本人和道哥相识于微信一年左右的时间，观其言、察其行，我认为道哥是值得信任的，也期待有机会能向道哥当面请教、把酒（茶）言欢、共话投资，走出一条属于自己的财富自由之路！

@袁文广广州

新起点，从自我否定开始。14—15 年，第一本投资类书是《日本蜡烛图》，还有一本讲量价时空的书，后来都不知道什么时候被扔了，16 年还购买过年费一万多的短线培训课程，再往后点还购买过月费 2600 多的会员，18 年开始认可绩优股投资策略但是想法和真正行动还是有十万八千里的距离，18—19 年小账户在绩优股上微利润，然后觉得可以大展身手了，2020 年初加大资金投入，然后是新冠疫情然后绩优股的大牛市，然而靠运气赚的钱最后靠实力亏损了。没有找到适合自己且能持续赚钱的路之前，总有一种能被收割的方式在前面等着。短线、技术，有时有用，就是这个有时有用能害死人，行情好时赚钱了，会把行情的红利错当成自己的能力。很多时候两个股中二选一，买入的跌而没有买入的大涨，以为是自己运气不好，实际是筛选出来买入的是更符合自己内心想法的，最后亏损的结果是操作思路或者体系的真实体现。今年的英科医疗、韦尔股份、兆易创新、金山办公当初的买入点都算是很好的，可是为什么都基本没有盈利呢，这也是自己目前操作策略的真实反映，不是卖出时运气差，是水平（选股、择时、心理各种综合水平）这是如此。遇上道哥，学习了选股、估值、仓位、择时的四大因素，自己亏损在把仓位和择时放在了首位，而把选股和估值放在了末尾。作为一个最原始的小白，没有独具慧眼发现被埋没的金子的能力，对财富的渴求会渴望赚快钱，渴望越强烈就越没有耐心，缺乏耐心是绝对的大忌。今年的经历，让自己开始彻底否定过去的思路和策略。现在改变思路，为时未晚。如果能在投资路上走得更远，今年巨亏的经历将是最宝贵的财富。道哥的选股、估值、仓位、择时，削峰填谷，值得拥抱的大道。对于一般的散户，思路比金钱更重要，思路对了，赚钱只是时间的问题，但是思路错了，亏损也只是时间的问题。

@陈小本青岛：

陈小本同学下班回家送我一份礼物，是道哥的《涌金门投资笔记》书稿，其实我早已经关注了他推荐给我的道哥公众号，开启了我的拜读之旅。道哥这位素未谋面的朋友，他的投资理念深深地影响了我家的顶梁柱小本先生，道哥和他的文字也成为我们夫妻之间沟通聊天的一个重要内容。前天小本先生让我猜猜他完成了年初定的哪些目标。这还用猜吗？道哥分享推荐的书应该都读了，如果理财目标没有完成，应该对不起道哥分享会上认真做的笔记，还有平日分享给我的理财思考吧。人到中年，很难再被别人影响和改变。但我知道，这一年来，小本先生在道哥的无私分享帮助下，认真思考总结，他开始慢慢找到了适合自己的投资之路。

@王锤锤嘉兴

曾经的我也是股海里一只迷途的小羔羊，有幸认识了道哥，道哥孜孜不倦的教导我，要关注公司基本面，眼光要长远，不要在乎市场短期，要买公司的确定性，受益良多，感谢道哥，让我真正进入了投资的领域，作为散户，碰到道哥是我们的幸运，祝道哥新书大卖。

@牛魔王深圳

亦师亦友、疫情期间教会了我如何买卖美股期权、如何集中一篮子买入优质的中国互联网企业（中概互联 ETF）、如何看财务报表和对企业的盈利进行估值的估算、也让我知道了紫燕百味鸡和芭比馒头绝味食品是可以边吃边赚钱的。终究、做个合资格的吃货是投资者必经之路

@刘海涛北京

成为道哥投资圈的一个铁杆粉丝，也经历了一个过程。从开始懵懂互添加为好友，到半信半疑的见面聊天学习讨教，然后经过近年的在投资方面的多次学习、沟通、交流、实操，自己也慢慢进化成道哥的一个忠实粉丝。认识道哥之前，自己做投资也有近 20 年了，20 年来，走过了很多弯路，也犯过所有普通投资者在初学投资过程中所有可能犯过的所有错误。之后才开始真正学习做投资，看《滚雪球》《聪明的投资者》《投资中重要的事》等等名家著书，学习张磊，但斌，邱国鹭，李驰等等投资大家的投资理论和思路。但自我感觉，自己真正把投资系统化，简单化还是得从认识道哥开始，人人都说投资就是一场修行，在从道哥在投资中的言传身教，言行举止中，有以下几点让我深有感触：胸怀利他的无私思

维。A，张磊《价值》一书中说，投资只有一个标准，就是是否创造真正的价值，这个价值是否有益于社会的整体繁荣，道哥的每次选股，是从公司从事的业务，实控人的言行，公司的运营情况等，实时多方面的考察公司的真正价值。B，互联网公司有一个公司文化是"利他"，就是做出来的产品，要站在用户的角度让更多的用户来愿意分析产品的价值。道哥的每次和粉丝分享都是不吝忠言，善言，苦口婆心，希望让更多的投资朋友从中获益。看得出来，道哥的投资笔记也有如是初衷。第一，精益管理。传统制造业推崇精益管理，这个词汇在道哥的投资理念中发挥得淋漓尽致，道哥对自己关注的公司研究得很透彻，有时感觉不亚于在这个行业摸爬滚打多年的行业专家。同时，自己也真正意识到，自己之前好公司在手里拿不住的重要原因之一就是对持有的公司没有做详细透彻的研究了解分析。其实这个就是道哥常说的要聚焦公司。即对持有的公司做更多的精益研究分析。第二，道哥投资修行中的值得我去学习的还有很多很多，只是以上这二点，普通投资者能做到得已然不多。其他的投资修行的方方面面，在日后的投资道路上还需要我多参悟，多体会。

@张锴江西吉安

书中的内容实用、可操作性强，是一本价值投资入门的好书，"一个中心思想和四大平衡法则"更是全书的精髓。通读全书，让自己对"投资就是投企业，耐心持有好公司，与伟大的公司共成长"有了更深层次的领悟。

@长猪的翅膀杭州

作为一名小米前员工，曾经充分体现了投资上的"灯下黑"，除了原始股、很长一段时间并未拿住小米的股票，直到关注道哥的微信公众号，加之有幸提前阅读《涌金门投资笔记》，让我重新反思过去舍近求远、追逐热点的投资经历。目前，结合本书，我走在建立自己投资系统的路上，我相信这是对道哥写作本书最好的感谢。

@Steven上海

本书带我清晰地看到一位普通投资者是如何建立投资体系并走向成功的，收获良多，其中详实和直观的例证是其他投资类书少有的，非常值得一读。

@jerry 山东济南

投资 20 年，复利已经成为道哥的利器。一人一投资，一花一世界，真的是一点都不假，懵懵懂懂入市，近几年才有所斩获，不禁要拍大腿，为什么我刚入门时没有遇到道哥，没有遇到这本书，没有早早买入并持有伟大公司，没有遇到长长的坡厚厚的雪，转念一想，投资这事真的不是个急活，也急不得，需要慢慢来，都是需要岁月和实践的历练以及个人自我修养不断完善。用巴菲特老人家的话就是让自己有这个能力匹配上。其实，我们每个人不是都在各自人生的道路上在修炼么？如果一件事情逻辑没有搞明白，数据没有清楚，那么这个道理本身可能就是混乱的，非常明显道哥这本投资笔记做到了这一点，重剑无锋，感谢道哥让我刷新了对一些公司的认知，例如万华化学就是消费品等等，其中美妙需要在书里面找到答案，要想在股市能获得一定收益，本书应该是你进入市场的第一本书，祝国运昌盛大 A 红。

@薏米深圳

"一人一投资，一花一世界，只有持续赚钱的投资者才是最终的赢家！"仔细阅读了《涌金门投资笔记》手稿，简单易懂，边看边对照反思自己的投资思路，有哪些需要改进。也不禁感叹，就像有人说的，只要你愿意学习，好的老师会自然的出现，道哥的书稿和公众号讨论问题都是有理有据，让人信服，同时引导我多看，多思考，寻找出一条属于自己投资体系的康庄大道。期待自己这个投资小白，能在道哥的帮助下，完成自己的财务自由！

@sophie 北京

2019 年入市一年多的我还是颗新韭菜，买入天齐锂业后就开始阴跌不断，为研究天齐锂业在微博上认识了道哥，后加入道哥的读者群，结束了之前没头苍蝇似的韭菜之路。除了持续稳定的投资收益率外，道哥给我印象深刻的是直至本质的看问题角度、超乎常人的勤奋以及强大的包容之心。《涌金门投资笔记》是一本面向像我一样普通投资者可操作的投资系统书，包含了道哥 20 年的心血与大爱，希望有缘的你珍惜。

@暖暖北京

很荣幸还是很不幸的 2007 年开了股票账户，自然是被套在了高岗上。有一只股票叫中国嘉陵，从 2007 一直拿到了 2015 年回本。记忆犹为深刻。这 10 多年来一直像个无头苍蝇一样，无所适从。2020 年初遇到道法自然，太难得能遇到愿意教你常识的人，经济学的文章我看不懂，但道哥写的文章说的话，我都能懂。道哥常挂在嘴边的就是选最好最牛逼龙头公司，然后耐心耐心耐心，好的公司会自己照顾自己。这一年真的学到了太多，也是唯一一年录得正收益的一年。心存感激。希望更多的人能像我一样幸运，那么恭喜你，当你读到这本书时，就是那个幸运的时刻了。

@冯景丰盛天津

作为 A 股的一名标准小散，自身炒作的习气具备了个十成十，看线，做 t，追高，割肉，日子过得就像高空跳伞时候还踩着缝纫机，坏了心态又亏了本钱。认识道哥以后浮躁的心才慢慢的沉静下来，跟随着道哥去发现身边的好公司，嗑的瓜子，吃的酱油，买的电器。财富也慢慢的跟来了，遗憾没有早点认识道哥～

@白首 pyth 东莞

作为 2015 年入市的一名小散户，一开始苦心专研 K 线图形指标一路亏损至前年，后来接触到价值投资理念慢慢转变，今年终于有盈利了，逐渐意识到：投资，就是投垄断，投伟大的企业，拒绝平庸，与优秀长寿企业为伴。投资中最严重的错误依次是：错误的仓位、错误的标的、错误的价格。仓位搞错了，是最大的错误。拥有合理健康的仓位体系并不能让你马上赚到更多钱，却可以大幅提高组合的容错能力，才能有更长时间去削峰填谷享受复利收益。

@秋秋南京

作为一名去年刚入市的股市投资者，遇见道哥我觉得是极幸运的，这一年多以来我对投资这事儿越发感悟，投资的核心是确定性投资，你一定要对所持公司深度理解，要心中有数，心里有底，才能长期复利。

@小俞金华

本人年近四十，股海沉浮十余载，前十年所有小散韭菜能犯的错，我一样没落下，追涨杀跌、乱听消息、买卖权证、付费进荐股群被骗，字字都是带血的教训。好在自己并没有因此倒下，之后做每一笔交易时，我都记录买卖的原因，一点点的积累经验，在 2013 年后就能做到每年都不亏或略盈利，能做到 7 亏 2 平 1 赚中的"2 平"，但是此后好像就遇到瓶颈一样，很难突破了。直到 2019 年，一个偶然的机会进了道哥的圈子，起初我也是怀着一颗谨慎的心，很少发言，默默地关注着道哥每一次发言、每一笔交易、每一只股票，渐渐地发现道哥是我的明灯，是打通我股市"任督二脉"之人。道哥之选股从行业景气度，该股在此行业中的地位、市场占有率、可替代性，该股现在的盈利能力及持续的盈利能力等方方面面做出详尽的分析，第一次让我觉得原来自己的选股在道哥面前就是只小"燕雀"，自己以前选股就是凭一点小道消息或者喜好就进行了交易。再聊聊持股，因为有了之前的分析，在买入股票之后的持股阶段更加有信心，更加能悟住牛股，每隔 2—3 周道哥会给我们做一个股票池的股票分析，从方方面面审视手中股票的走势及变化，从而做出下一步交易决定，在此过程中让我惊叹的并不是股票涨了多少，而是道哥在各个行业都能明明白白地说出其中的逻辑关系，信息量之大、知识面之广，让我叹为观止。我之前总是拿不住牛股，赚 3—5 个点就跑了，而今年我有一只股票已经盈利超过 50％，而且还很有信心的继续持有下去，因为我也开始对行业，对上市公司进行深入分析。在仓位管理方面，道哥也给了我许多建议，例如一只股票占总仓位的多少比较合适，涨跌途中加仓减仓如何操作，凡有请教，道哥必倾囊相助。在买卖点方面，道哥会根据股票的股价是否在合理的价格区间来帮助我们，低估了买一点，高估了获利了结一些，我就是实实在在的获益者。其实在 2019 年时，我并不太认可道哥的这一套交易思路，因为我自己也从事股票交易了 10 几年，有一套自己的交易思路，和道哥的有些格格不入，我开始慢慢学习和接受道哥带给我的内容，逐步逐步地修正自己的交易行为和选股思路，把我自己以前好的东西保留下来，再配合上道哥教我的，在 2020 年开始量变到质变了，2020年我的主账户盈利40％，跑赢沪深指数，这一切离不开道哥的谆谆教导。最后说一句谢谢，感谢道哥。

@阿虎安徽安庆

道哥一直孜孜不倦的纠正我们，不要谈票，要谈企业。跟道哥学习的时间，他总能用最平实，最简洁的语言将复杂的道理讲给我们听，毫无保留的。拿结果来说，跟着道哥买最优秀的公司，我的账户也实现盈利了。现在我还只是个门外汉，要跟道哥学习的东西太多了。

@空空上海

关注道法自然的微博近一年，发现有很多相似的不谋而合，之后就加了微信聊上了各自的投资理念！对于一个长年投资金融股的'价值投资'小白，虽然回过头来看收益还是很不错的，但自从和道哥的接触深聊下，发现投资就是投资，其实没有所谓的夹头或非价投，赚钱是硬道理，看事物不能太狭隘，不要把自己局限于一角，会错过很多美好（比如小米的3倍，华熙等等）。道哥对公司的思考方式，年报业绩的执着把关，对仓位控制的严格执行都让我受益良多～期待继续加油，早日和道哥一样财务自由

@岑雪生深圳

与道哥相识于新浪微博，深交于微信，算是"网上情缘"吧。虽未谋面，却已神交以久，期间深深的为道哥投资理念所折服。正如书中所说：一花一世界，一叶一菩提。投资之道千万条，并无优劣之分，只有合适与否。但投资理念就是战略，只有正确方向的战略才能让战术更容易成功。而道哥在书中分享的投资理念和选股策略正是值得我们学习的战略，后面介绍的波段操作、削峰填谷等等战术，则在正确的选股策略下更为有效。读完全书，更是慨叹与道哥的相识恨晚，深感还君明珠双泪垂，恨不相逢未嫁时。不过相信有缘的人终会相遇。古人云："桃李不言，下自成蹊"，就是现代人说的"你若盛开，蝴蝶自来"。在投资的路上，碰上喜欢的人，一起用证明过成功的理念，一起做喜欢的事，一起赚大钱，那才是令人向往的自在境界。希望在股市里奋力拼搏的投资者们能幸运的碰上这

本书，然后幸福的找到投资者的圣杯吧。

@宇《夏．天晴》贵阳

相识，相知伴随到涌金门笔记的生成，在我个人投资生涯的此段过程中不断获得了一个又一个的领会与感悟，这是令人思考进步的阶段。从对投资的认知到实践过程，进而获得财富，这既不是容易的过程，也是容易的过程。不容易是方法不对，认知不对，从而投资获益难。容易的是，读一本好笔记，学会正确的思考点与投资方法，进而得到认知内的投资收益，易。从心而论，亦友亦师的笔记作者，为人谦逊的态度与专业的知识，是作为读者的我最为欣赏的品格。这一点，自然也就造就了此笔记的高质量。

# 致　谢

本书中引用了一些上市公司的公开信息和资料，首先声明所有的资料和数据都多次参考了同花顺行情软件英为财情、理杏仁和上市公司财报中的披露信息，其次向所有以下上市公司表示感谢，限于作者的水平，如有错漏的地方，请诸位上市公司领导和有关工作人员一笑而过：同花顺、贵州茅台、五粮液、华熙生物、珀莱雅、丸美股份、三一重工、海康威视、华熙生物、腾讯、阿里巴巴、美团、小米、小熊电器、格力电器、美的集团、顺丰控股、牧原股份、新希望、英科医疗、兆易创新、韦尔股份等。

## 图书在版编目（CIP）数据

让伟大公司为你打拼的秘密：涌金门投资笔记/道法自然著. —上海：上海文化出版社，2021.7
ISBN 978 - 7 - 5535 - 2323 - 1

Ⅰ. ①让… Ⅱ. ①道… Ⅲ. ①股票交易—基本知识
Ⅳ. ①F830.91

中国版本图书馆 CIP 数据核字（2021）第 133049 号


出　版　人：姜逸青
策划编辑：汤正宇
责任编辑：张　彦
封面设计：汤　靖
版式设计：华　婵


书　　名：让伟大公司为你打拼的秘密——涌金门投资笔记
作　　者：道法自然
出　　版：上海世纪出版集团　上海文化出版社
地　　址：上海市绍兴路 7 号　200020
发　　行：上海文艺出版社发行中心
　　　　　上海市绍兴路 50 号　200020　www. ewen. co
印　　刷：上海天地海设计印刷有限公司
开　　本：710×1000　1/16
印　　张：25
版　　次：2021 年 7 月第一版　2021 年 7 月第一次印刷
书　　号：ISBN 978 - 7 - 5535 - 2323 - 1/F・042
定　　价：88.00 元
告 读 者：如发现本书有质量问题请与印刷厂质量科联系 T：021 - 64366274